Die neue Finanzordnung

Robert J. Shiller bietet innovative Ansätze für die Debatte um unsere sozialen Sicherungssysteme. Er stellt zahlreiche neue Modelle zur Diskussion, wie beispielsweise eine Lebensstandard-Versicherung, innovative Kreditmodelle sowie Maßnahmen zur internationalen Risikokontrolle.

»Eine neue Finanzordnung bedeutet eine vollkommen neuartige Risikovorsorge mit einer radikal veränderten Infrastruktur, die den Wohlstand der Nationen sichern soll.« (Aus dem Vorwort)

Robert J. Shiller ist Ökonomieprofessor an der Yale University. *Shillers* letztes Buch *Irrationaler Überschwang* ist ebenfalls im Campus Verlag erschienen.

Robert J. Shiller

DIE NEUE FINANZORDNUNG

Einkommensgebundene Kredite
Lebensstandard-Versicherung
Weitere Instrumente für eine bessere Risikoverteilung

Aus dem Englischen von
Brigitte Döbert

Campus Verlag
Frankfurt/New York

Die Originalausgabe erschien 2003 bei Princeton University Press, Princeton, New Jersey, unter dem Titel »The New Financial Order«.

Bibliografische Information der Deutschen Bibliothek
Die Deutsche Bibliothek verzeichnet diese Publikation in der Deutschen Nationalbibliografie. Detaillierte bibliografische Daten sind im Internet über http://dnb.ddb.de abrufbar.
ISBN 3-593-37327-0

Umschlaggestaltung: mancini-design, Frankfurt am Main
Satz: TypoForum GmbH, Seelbach
Druck und Bindung: Druckhaus Beltz, Hemsbach
Gedruckt auf säurefreiem und chlorfrei gebleichtem Papier.
Printed in Germany

Wiederum sah ich, wie es unter der Sonne zugeht: zum Laufen hilft nicht schnell sein, zum Kampf hilft nicht stark sein, zur Nahrung hilft nicht geschickt sein, zum Reichtum hilft nicht klug sein; dass einer angenehm sei, dazu hilft nicht, dass er etwas gut kann, sondern alles liegt an Zeit und Glück.

Prediger 9,11

Inhalt

Teil 3

Sechs Vorschläge für eine neue Finanzordnung

Teil 4

Fragen der Umsetzung

Teil 5

Die neue Finanzordnung als Teil der historischen Entwicklung

Vorwort zur deutschen Ausgabe

Die globalen Trends des 21. Jahrhunderts, die im Zeichen zeitgemäßer Strategien des Risikomanagements und neuer Informations- und Kommunikationstechnologien stehen, betreffen alle Nationen gleichermaßen. In Deutschland schlägt die öffentliche Diskussion über die Notwendigkeit der Umgestaltung sozialer Sicherungssysteme hohe Wellen. In einer wirtschaftlich schwierigen Phase stehen überkommene Systeme der sozialen Absicherung auf dem Prüfstand, gefragt sind Visionen, zukunftsfähige Modelle.

Die deutsche Wirtschaft hat in den zurückliegenden Jahrzehnten Höhen und Tiefen erlebt. Anfang der fünfziger Jahre staunte die Welt über ein »Wirtschaftswunder«: Deutschland erholte sich überraschend schnell von der Zerstörung und dem Chaos nach dem Zweiten Weltkrieg, es wurde zur Wirtschaftslokomotive Europas. Dies hatte so niemand vorhergesehen. Der Ölpreisschock setzte in den siebziger Jahren einen vorläufigen Schlussakkord für das ungebremste Wachstum, die Zeiten wurden schwieriger. Auch die Hausse des Neuen Markts gegen Ende des Jahrhunderts erwies sich bald als Spekulationsblase. Die ökonomische Gesamtsituation verschlechterte sich fortlaufend, die Wachstumsraten sanken dauerhaft. Erst nach langem Zögern gestand man sich endlich ein, dass irgendetwas nicht stimmte. Nun scheint die Krise unabwendbar, es müssen neue Wege zu Wachstum und Wohlstand in sozialer Gerechtigkeit gefunden werden.

Wirtschaftliche Entwicklungen sind kaum vorhersehbar, manchmal verlaufen sie geradezu überraschend: Das deutsche Wirtschaftswunder zeigt es. Wie aber kann man eine Entwicklung, die unerwartete Wendungen nehmen kann, handhabbar machen, wie kann man sich gegen unliebsame Überraschungen schützen? Dieses Buch bietet eine Antwort an: durch neue oder erweiterte Institutionen des Risikomanagements. Wir müssen unser Haus versichern, bevor es abbrennt, und ebenso sollten wir frühzeitig gegen eine Verschlechterung der ökonomischen Lage Vorsorge treffen.

Mit wirtschaftlicher Unsicherheit kommen die wenigsten Menschen gut zurecht. Man weiß einfach nicht, was die Zukunft bringt, sie ist schwer einzuschätzen. Deutschland kann sich aus eigener Kraft von der wirtschaftlichen Schieflage erholen, die Situation kann sich aber auch noch erheblich verschlimmern. Einige werden sich in den nächsten Jahren gesundstoßen, andere werden zu Sozialfällen werden. Wen welches Schicksal ereilt, steht heute noch nicht fest. Dieser Umstand mag Politiker betrüben, die nach einer mitreißenden Botschaft für ihre Wähler suchen, aber es ist der Stoff, aus dem Finanz- und Versicherungstheorien gestrickt sind.

Viele Fachleute glauben zu wissen, dass die rigiden Arbeitsgesetze und das zu gut gepolsterte soziale Netz mit für die derzeitigen Schwierigkeiten in Deutschland verantwortlich sind. Es wäre nur zu schön, wenn die Dinge so einfach und offensichtlich lägen, denn diese Rahmenbedingungen lassen sich – wenn auch mit Mühe – so doch ändern. Wie, das wird derzeit in Parteien, Verbänden und Öffentlichkeit heftig diskutiert. Doch bleiben wir fair: Die Tatsache, dass arbeitnehmerfreundliche Gesetze und der Wohlfahrtsstaat erst in der Krise als Hemmnisse ausgedeutet wurden, lässt vermuten, dass es mit diesbezüglichen Änderungen allein nicht getan sein wird.

Die Politik reagiert immer nur auf die offensichtlichsten Probleme, wie die Arbeitslosenrate von 11 Prozent, die wachsende Zahl deutscher Unternehmen, die Betriebsstätten ins Ausland verlagern, und die demografische Verschiebung innerhalb der Bevölkerung zu Gunsten der Älteren, die die Sozialversicherungen stark belastet. Dass etwas geschehen muss, ist unbestreitbar. Aber die Deutschen täten gut daran, die Probleme grundsätzlicher anzugehen. Eine Aufweichung zum Beispiel des Kündigungsschutzes und Einschnitte ins soziale Netz könnten einige Schwierigkeiten lindern, aber gleichzeitig neue Probleme schaffen – die Unsicherheit der einzelnen Bürger und Bürgerinnen steigt ebenso wie die wirtschaftliche Ungleichheit.

Die Weltwirtschaft befindet sich in ständiger Veränderung. Technische Fortschritte revolutionieren die Produktionsweise, und die Globalisierung lässt die Welt zusammenschrumpfen. Zu einem guten Teil sind die deutschen Probleme nicht hausgemacht, sondern sie sind Folge weltweiter ökonomischer Verwerfungen.

Die Institutionen der Risikovorsorge stehen in Deutschland auf dem Prüfstand. Um sie zu bewerten, ist es sinnvoll, sich auf die Grundlagen und die Ursprünge dieser Institutionen zu besinnen. Das geschieht in diesem Buch, und das Fazit lautet unter anderem, dass es vorteilhaft ist, bestehende Institutionen zu nutzen und zu erweitern, statt sie einfach einzureißen. Wir müssen uns darauf einstellen, dass sich die Zukunft radikal von der Vergangenheit unterscheiden wird, nicht zuletzt wegen der neuen Technologien, aber auch infolge geänderter Einstellungen. In der Zukunft werden unsere Institutionen wichtige neue Aufgaben übernehmen müssen.

In Deutschland ist die Sicherung eines Mindestlebensstandards für alle ein wichtiges Ziel, niemand soll ins Elend abrutschen. Während in anderen Ländern die Gefahr des Scheiterns als Anreiz gilt, will man sich hierzulande auf eine solche Leistungsmotivation nicht einlassen. Aber ist es denn wirklich notwendig, dass Deutschland diese Werte jetzt aufgibt? Muss das Land wirklich in einen rüden Kapitalismus zurückfallen, in dem die »kreative Zerstörung« einzelne Menschen in den Abgrund stößt?

Die deutschen Gewerkschaften kämpfen für den Wert der Gerechtigkeit. Seit einiger Zeit sind sie als Hemmschuh einer zukunftsfähigen Entwicklung ins Gerede gekommen. Man wirft ihnen vor, verzweifelt ihre Mitglieder zu schützen – auf Kosten jener, die aus dem Arbeitsprozess herausgefallen sind. Nur wenn die Macht dieser Gewerkschaften gebrochen würde, so der Tenor, sei die deutsche Wirtschaft wieder in Schwung zu bringen. Eines jedoch darf man nicht übersehen: Gewerkschaften haben viele nützliche Funktionen in einer Gesellschaft. Sie sind nicht nur für das Bewahren von Arbeitsplätzen und die Durchsetzung von Lohnforderungen wichtig. Heute schon schützen sie ihre Mitglieder vor verschiedenen ökonomischen Risiken. In Zeiten der Globalisierung sollten die Gewerkschaften überlegen, ob sie diese Rolle weiter ausbauen könnten, und wie. Denkbar wäre nicht zuletzt, dass sie für ihre Mitglieder bessere Risikomanagement-Instrumente aushandeln.

Deutschland könnte die derzeitige Krise aktiver bewältigen, wenn es sich an die Spitze einer Bewegung stellte, die neue Finanzinstrumente für die eigentlich bedeutsamen Risiken entwickeln will. Denn, so seltsam das auf den ersten Blick scheinen mag, Institutionen wie Versicherungen, Wertpapierhäuser und Banken können einen wegweisenden Beitrag leisten, die Hoffnungen auf ein anständiges Einkommen für alle Menschen zu erfüllen. Sie sind damit vertraut, Risiken einzuschätzen und zu bewältigen. Richtig angewandt kann Risikomanagement auch jene Gefahren abfedern, die Deutschlands Wirtschaft und die wirtschaftliche Existenz eines jeden Einzelnen bedrohen.

Deutschland war weltweit ein Vorreiter des sozialen Risikomanagements. Der schöpferische Umgang mit dem Risikomanagement, der im Deutschen Reich die erste nationale Sozialversicherung der Welt hervorbrachte, findet auch heute noch ein reiches Betätigungsfeld. Wenn die deutsche Regierung die Sozialversicherung den heutigen Herausforderungen anpasst und die im Folgenden vorgeschlagene Demokratisierung des Risikomanagements vorantreibt, dann kann sie die ökonomischen Risiken der Bürger und Bürgerinnen reduzieren und gleichzeitig Leistungsanreize für den Einzelnen schaffen.

Vielleicht wirkt so mancher der folgenden Vorschläge ein wenig futuristisch. Vielleicht scheint deren Umsetzung auf den ersten Blick wenig wahrscheinlich. Aber dieses Buch möchte weit in die Zukunft blicken, in eine Zeit, in der fortschrittliches Finanzmanagement im Verbund mit fortschrittlichen Informationstechnologien alltäglich geworden ist. Exakte Prognosen sind schwierig. Trotzdem brauchen wir zukunftsweisende Ideen, um die seit Jahrzehnten andauernden Wirtschaftsprobleme in den Griff zu bekommen.

Die Zukunft, von der im Folgenden die Rede sein wird, erschließt sich unserer Vorstellungskraft nur als Vision. Die Lösungsvorschläge sind flexibel genug, um ernst genommen zu werden. Es geht um die Zukunft der Finanzordnung. Die scharfen Kanten der unpersönlichen Märkte können durch ein fortschrittliches Risikomanagement geschliffen werden. Nicht die Rückkehr zu den ungezügelten Kräften des freien Marktes steht im Mittelpunkt des Buches. Es geht um eine intelligente und ehrgeizige *Ausweitung* und *Demokratisierung* der Finanzinstrumente und -institutionen des freien Marktes, damit diese im 21. Jahrhundert besser für uns arbeiten können.

Robert J. Shiller

Vorwort

Wirtschaftliches Wachstum durch technischen Fortschritt garantiert noch kein besseres Leben. Die bereits heute beträchtlichen Unsicherheiten und Ungerechtigkeiten in der Welt drohen sich zuzuspitzen, obwohl sich die wirtschaftliche Leistungsfähigkeit zu immer neuen Höhen aufschwingt. Neue Ideen für das Management von Risiken könnten uns in die Lage versetzen, zahlreiche Gefahren – gegenwärtige wie künftige, hiesige wie weit entfernte – zu bewältigen und der »schöpferischen Zerstörung«, die dem Kapitalismus eigen ist, Einhalt zu gebieten. Doch diese Ideen sollen keineswegs nur negative Auswirkungen auffangen, sondern mehr Freude am Risiko gestatten. Risikofreude ist eine Triebfeder des Kapitalismus und sie muss nicht mit Verantwortungslosigkeit einhergehen. Uns steht der Weg zu einer vielfältigeren, lebendigeren und anregenderen Welt offen!

Eine neue Finanzordnung bedeutet eine vollkommen neuartige Risikovorsorge mit einer radikal veränderten Infrastruktur, die den Wohlstand der Nationen sichern soll. Dieser besteht in den Milliarden kleinerer und größerer wirtschaftlicher Erträge, die die Lebensgrundlage der Menschen weltweit bilden. Selten sind diese Thema der Nachrichten und auch selten Gegenstand der öffentlichen Diskussion und bilden doch den Grundstock jener schwer erarbeiteten Sicherheit, ohne die sich jeder Fortschritt als schöner Schein erweist. Indem wir unsere Finanzinstitutionen auf eine ganz neue Basis stellen und die Risikovorsorge für kleine wie für große Gefahren radikal verändern, werden wir ein besseres Leben führen können – weit besser, als es die übliche Flickschusterei zuließe.

Nach dem derzeitigen Stand der Dinge kann man sich gegen Veränderungen mit katastrophaler Wirkung versichern: seine noch nicht erwerbsfähigen Nachkommen gegen den eigenen Tod, seinen Hausrat gegen Feuer oder Diebstahl und so weiter. Neue Erfindungen auf dem Gebiet des Finanzwesens könnten die Menschen gegen systemimmanente Risiken absichern.

Im Rahmen einer solchen Infrastruktur könnten Menschen ihre Träume zuversichtlicher verfolgen, als es ihnen derzeit möglich ist. Ohne eine vergleichbare Absicherung können junge Menschen heute kaum noch die Ideen und Fähigkeiten einbringen, die in einer Wachstumsgesellschaft das Rohmaterial zum Erfolg bilden. Ein Misserfolg würde für sie persönlich das Aus bedeuten, und dieses Risiko verhindert nur zu häufig, dass sie ihre Energie in sinnvolle Produkte und Dienstleistungen für die Gesellschaft investieren.

Bislang reflektierten Wirtschaftstheoretiker Risikomanagementprinzipien vor dem Hintergrund zeitgenössischer Erkenntnisse und Annahmen. Die jüngsten Fortschritte der Finanztheorie und der Informationstechnologie, aber auch auf dem Gebiet der Psychologie erlauben uns heute die Entwicklung völlig neuer Methoden zur Bewältigung technischer und ökonomischer Risiken. *Karl Marx* konnte sich derartige Risikomanagement-Instrumente nicht vorstellen, als er 1867 *Das Kapital* veröffentlichte. Ebenso wenig standen sie dem Begründer der modernen liberalen Wirtschaftstheorie, *John Maynard Keynes*, zur Verfügung, als er 1936 seine *Allgemeine Theorie der Beschäftigung, des Zinses und des Geldes* publizierte. Und noch *Milton Friedman* musste 1962 bei der Drucklegung seines Werks *Kapitalismus und Freiheit* ohne sie auskommen.

In *Die neue Finanzordnung* geht es um die Anwendung fortschrittlicher Risikovorsorge auf unser tägliches Leben. Eine neue Kultur des Risikomanagements ermöglicht es, die vorhandenen ökonomischen Institutionen elektronisch so zu vernetzen, dass sie Wohlstandsmotor und Sicherheitsnetz in einem werden. Ich will dabei weder einen Reiseführer für Utopia liefern noch ein Allheilmittel, lasse mich weder von politischen Ideologien noch von Sympathien mit der einen oder anderen gesellschaftlichen Schicht leiten. Es geht um realistische Vorschläge, die unser aller Leben verbessern. Dabei will ich Anregungen, nicht einen fertig ausgearbeiteten Zukunftsplan vorlegen. Mehr als eine grobe Richtungsvorgabe ist nicht möglich, denn weitere Experimente, Erfindungen und Fortschritte der Finanztheorie sind unentbehrlich. Auch kann erst die Zukunft zeigen, wie risikorelevante Informationen in Datenbanken abgespeichert und aufbereitet werden müssen. Hier sind die Sozialwissenschaftler gefragt und die Psychologen, damit eine benutzerfreundliche Infrastruktur entsteht.

Nach Jahren des Nachdenkens und Schreibens über das Problem verbesserter Risikoinstitutionen begann ich 1997 mit der konkreten Arbeit an diesem Buch. 1993 legte ich das Fachbuch *Macro Markets: Creating Institutions for Managing Society's Largest Economic Risks* vor, begleitet von einer ganzen Reihe wissenschaftlicher Artikel zum Thema, die in Gemeinschaftsarbeit mit *Allan Weiss*, *Karl Case*, *Stefano Athanasoulis* und anderen entstanden waren. Das alles blieb unverbundenes Stückwerk, das kein großes Publikum erreichen konnte.

Ich wollte die Einzelteile in ein allgemeines Bild von Gesellschaft und Wirtschaft integrieren, wollte die gewaltigen Missverständnisse in der öffentlichen Meinung zu technologischen und wirtschaftlichen Risiken korrigieren und ein genaueres Bild der tatsächlichen Gefahren zeichnen. Ich wollte die Existenz verschiedener Formen von Bedrohung erklären, die sich oft nicht auf den ersten Blick erschließen und die uns an der Entfaltung unseres ganzen Potenzials hindern.

Ende der neunziger Jahre verdichteten sich jedoch die Anzeichen für eine Börsenblase, die es so noch nie gegeben hatte. Auf den Rat meines Kollegen und lebenslangen Freundes *Jeremy Siegel* entschloss ich mich, die Arbeit an diesem Buch zu unterbrechen und mich auf das aktuelle, geradezu klassische Beispiel falsch verstandener und falsch behandelter langfristiger Risiken zu konzentrieren, Risiken, über die ich so lange wissenschaftlich geschrieben hatte und die sich nun in diesem Börsenboom exemplarisch manifestierten. Das Buch *Irrationaler Überschwang* erschien ziemlich genau auf dem Höhepunkt der Aktienmanie.

Eine der Schlussfolgerungen aus *Irrationaler Überschwang* geißelte nicht nur die Übertreibungen der Märkte, sondern die Fixierung der Menschen auf Aktien, denen viel zu viel Bedeutung zugeschrieben wurde und wird. Die Börse wird uns weder reich machen noch alle unsere wirtschaftlichen Probleme lösen. Die Bürger und Bürgerinnen sind schlecht beraten, wenn sie ökonomische Vorgänge nur mit dem Ziel der richtigen Aktienauswahl verfolgen. Von reiner Dummheit jedoch zeugt, wenn man an nur eine Richtung der Kursentwicklung glaubt – die nach oben.

Die neue Finanzordnung setzt da ein, wo *Irrationaler Überschwang* aufhört. Ich will unser verzerrtes Risikoverständnis verdeutlichen, verschiedene wichtige Vorschläge zur Lösung des Problems unterbreiten und hoffe, dass meine Schilderung eines grundlegend neuen Risikomanagements überzeugt. Wir stehen in der Tat am Beginn einer neuen ökonomischen Ära, ob der Aktienmarkt nun robust ist oder nicht, und wir müssen über die Implikationen der neuen Techniken nachdenken. Denn sie treiben den ökonomischen Wandel in Wirklichkeit voran, und von diesem Wandel sind nicht nur einzelne Unternehmen und deren Aktien betroffen, sondern wir alle. Wir sollten verstehen, wie sich Institutionen in der Vergangenheit aufgrund von technischen Neuerungen gebildet und verändert haben, und wir sollten uns mit mehr Fantasie und Wagemut in der veränderten Umgebung bewegen können. *Die neue Finanzordnung* zeigt in Umrissen, wie dieses Ideal Realität werden könnte.

Wer sich kritisch mit dem Thema beschäftigen möchte, sei auf eine Reihe von fachwissenschaftlichen und Hintergrundartikeln verwiesen, die im Internet unter der Adresse http://www.newfinancialorder.com zusammengestellt sind.

Einleitung
Das Versprechen sozialer Sicherheit

Die großen Laboratorien des Kapitalismus liegen an der Wall Street, in der Londoner City und den anderen Finanzzentren der Welt. Hier wurden und werden neue Ideen ausprobiert. Das moderne Finanzwesen – nicht nur der Wertpapierhandel und das Bankwesen, sondern auch Versicherungen und öffentliche Finanzen – fußt auf mächtigen Theorien, sowohl mathematischer wie psychologischer Natur, und hat ökonomische Erfindungen von größter Nützlichkeit hervorgebracht. Trotz der gelegentlich an die Oberfläche geschwemmten Finanzskandale funktionieren diese Erfindungen, meistens zumindest. Sie funktionieren, weil sie letztlich auf vernünftigen Ideen beruhen und weil die Finanzwelt gelernt hat, sie real existierenden Menschen mit allen ihren Wahrnehmungsverzerrungen und psychologischen Ticks nahe zu bringen.

Wichtigster Gegenstand der Finanzwissenschaft ist das Risikomanagement. Denn die Finanzwissenschaft fasst die zahlreichen Formen menschlicher Enttäuschung und wirtschaftlicher Not als Risiken auf, denen sich Wahrscheinlichkeiten zuordnen lassen und deren Folgen sich mit Hilfe verschiedener Finanzkonstruktionen auffangen lassen. Erschütterungen für den Einzelnen kann man dämpfen, indem man sie auf eine größere Zahl von Menschen umlegt. So helfen uns finanzielle Instrumente bei der Verwirklichung unserer Träume. Sie geben kreativen Köpfen Mittel und Wege an die Hand, um ihre Ideen zu verfolgen, ohne alles auf eine Karte setzen zu müssen. Der Mut zu großen Risiken im Dienst einer guten Sache wächst, etwa wenn agile Persönlichkeiten ein neues Unternehmen gründen und von Wagniskapitalgebern unterstützt werden.

Bedauerlicherweise fanden die Einsichten der Finanzwissenschaft nur in eingeschränkter Weise Anwendung. Das Prinzip der Risikoverteilung gilt vorrangig für eine schmale Palette versicherbarer Ereignisse, etwa für Börsencrashs oder Wirbelstürme, oder für das Risikomanagement konventioneller Anlageinstrumente, etwa durch die Diversifizierung eines Portfolios oder das Hedgen von Kursschwankungen. Von solchen Errungenschaften profitieren meist nur jene, die ohnehin besser gestellt sind. Die Risikominimierung für die kleinen Vermögen, die Einkommensaussichten von Durchschnittsverdienern, die Eigenheime der Mittelklasse oder auch den Wunsch, einen kreativen Beruf zu ergreifen, hat die Finanzwissenschaft hingegen sträflich vernachlässigt.

Wir müssen das Finanzwesen demokratisieren und die Vorteile, die bisher nur den Klienten der Wall Street zur Verfügung standen, auch den Kunden von *Wal-Mart* zugänglich machen. Wir müssen die Exklusivität der Finanzzentren auflösen und die ganze Welt in das Finanzwesen einbeziehen. Wir müssen es von den Sachvermögen auf das Humanvermögen ausdehnen und die Risiken abdecken, die in unserem Leben wirklich von Belang sind. Zum Glück ist das Finanzwesen inzwischen so weit entwickelt, dass diese Ausweitung auch möglich ist. Wenn wir eine blühende Gesellschaft wollen, muss Risikomanagement viel weiter unten ansetzen.

Das Finanzwesen demokratisieren heißt vor allem, die grundlosen wirtschaftlichen Unterschiede zu beseitigen. Mit »grundlos« ist jene Ungleichheit gemeint, die sich nicht rational rechtfertigen lässt, etwa durch unterschiedliche Leistungsbereitschaft oder Begabung. Die Finanzwissenschaft könnte sich mithin einem Problem widmen, das seit Jahrhunderten utopische oder sozialistische Denker umtreibt. In der Tat hat die Finanzwissenschaft strenger als andere Disziplinen über die Reduzierung zufälliger Einkommensunterschiede nachgedacht.

Dank der Digitalisierung könnten wir diese finanziellen Lösungen heute in die Wirklichkeit umsetzen. Wir sind Zeugen der rasend schnellen Fortentwicklung elektronischer Informations- und Zahlungssysteme, von Märkten im Internet und anderen technologisch induzierten Neuerungen, in deren Folge sich unsere Wirtschaft innerhalb der nächsten Jahre stark verändern und binnen weniger Jahrzehnte fast vollständig umgebaut werden wird. Dank der neuen Technologie ist heute preiswert, was einst unerschwinglich war: systematisches Risikomanagement und zahlreiche neue Informationsquellen. Wir können Wagnisse streuen und die Gefahren eindämmen.

Radikal neue Finanzideen könnten das Finanzwesen weiter demokratisieren und unsere wirtschaftlichen wie gesellschaftlichen Verhältnisse stabilisieren. Und es ist angesichts der ungewissen Zukunft in Zeiten des globalen Wandels und der problematischen, unangemessenen Gestalt des derzeitigen Finanzwesens unsere Pflicht, auf dieses Ziel hinzuarbeiten. Das vorliegende Buch stellt einige Ideen vor, wie eine neue Finanzordnung, ein neuer Kapitalismus, eine neue Wirtschaftsstruktur aussehen könnten und es beschreibt, wie sich solche Ideen realistischerweise entwickeln und verwirklichen ließen.

Anreize für große Leistungen ohne moralisches Wagnis

Finanzielle Absicherung soll uns von der lähmenden Angst vor dem Scheitern befreien, aber sie soll nicht dazu verleiten, sich auf Finanzpölsterchen auszuruhen oder sich gar unrechtmäßig zu bereichern. Diese Gefahr, für die sich der Oberbegriff »moralisches Wagnis« (moral hazard) eingebürgert hat, tritt immer dann auf, wenn die finanzielle Konstruktion die Nutznießer zu eher destruktivem als produktivem Verhalten anregt, also zum Beispiel zu Scheinabschlüssen zur Täuschung der Investoren, leichtfertigen Ausgaben oder Unregelmäßigkeiten in der Buchhaltung.

So mancher Unternehmer schreckt vor der Realisierung einer vielversprechenden Geschäftsidee zurück, weil er sich nicht für den Rest seines Lebens verschulden will, falls die Idee scheitert. Dieses

Problem lässt sich mit heutigen Finanzinstrumenten meistens lösen. Wagniskapitalgeber bieten an, das Risiko zu tragen, dem Unternehmer ein Gehalt zu zahlen und ihm mit Aktienoptionen trotzdem Leistungsanreize zu geben. Der Ideengeber wird am Erfolg seiner Firma beteiligt, aber das Risiko, das ihn von seiner Neugründung hätte abhalten können, scheint zu verschwinden. Natürlich »verschwindet« das Risiko nicht, aber seine Auswirkungen fallen in den riesigen internationalen Portfolios nicht ins Gewicht. Die extreme Diversifizierung dieser gewaltigen Anlagevermögen gibt dem Wagnis, das dem einzelnen Unternehmer wie ein Mühlstein um den Hals gelegen hätte, das Gewicht einer Feder. Jeder der internationalen Portfolio-Betreiber – *Kabuto-Cho*, *Dalal Street*, *Piazza Affari*, *Avenida Paulista* und wie sie alle heißen – übernimmt solche unternehmerischen Risiken, aber wenn der Anteil einer Firma am Gesamtvermögen weniger als ein Millionstel beträgt, verflüchtigt sich das Wagnis. Unternehmerpersönlichkeiten können sich, ohne irgendjemandem auf der Tasche zu liegen, einigermaßen abgesichert und unbelastet der Neugründung widmen. So eingesetzt, fördert ein geteiltes Risiko die persönliche Kreativität und Leistungsbereitschaft. Darin liegt der große Vorzug des Finanzwesens und der Sinn des Diversifizierungsprinzips.

Wie bereits erwähnt, kann Risikomanagement die unternehmerische Tätigkeit nur solange stimulieren, als die Wagniskapitalfirma die Gefahr des Missbrauchs und andere Klippen im Griff hat. Geldgeber sollten sich also hüten, einem Unternehmer ungewollt Anreize zu geben, etwa in seiner Fabrik Feuer zu legen oder Verlockungen hinterherzurennen, die sich im Nachhinein als Flop erweisen. Eine Wagniskapitalfirma muss vermeiden, dass Unternehmer Probleme ableugnen, bis schließlich jede Hilfe zu spät kommt. Und sie muss sich rechtzeitig von eindeutigen Fehlinvestitionen verabschieden können.

Das moralische Wagnis ist eine sehr reale Bedrohung. Das zeigen die jüngsten Skandale in den Vereinigten Staaten. Aber das heißt nicht, dass das ganze System morsch wäre. Wir sollten die Auswüchse korrigieren und die bewährten finanzwissenschaftlichen Einsichten auf das Management der alltäglichen Risiken übertragen, mit denen jedermann konfrontiert ist. Alle Menschen sollten Nutznießer sein. Die Institutionen der Finanzwelt müssen in die Lage versetzt werden, ein Fiasko wie zum Beispiel den *Enron*-Skandal abzukürzen. Dort haben sämtliche Kontrollen versagt, das Topmanagement konnte sich mit ein paar cleveren Finanztricks auf Kosten der Beschäftigten bereichern.

Sechs Vorschläge für eine neue Finanzordnung

In diesem Buch will ich sechs Vorschläge für eine neue Infrastruktur erläutern, die ein breit angelegtes Risikomanagement ermöglicht. Drei dieser Vorschläge richten sich vorwiegend an den privaten Sektor: Versicherungen, Finanzmärkte und Banken. Das Konzept ist immer dasselbe, wird aber auf verschiedene Branchen angewandt. Diese haben ihre jeweils eigenen Methoden entwickelt, wie sie mit schwarzen Schafen umgehen, Verträge gestalten und Kunden selektieren. Am Beginn einer grundlegenden Neukonzipierung des Risikomanagements ist es ratsam, auf bewährte Methoden aufzubauen, brancheninternes Wissen zu nutzen und das Finanzwesen mit Hilfe dieser Kenntnisse auszuweiten und zu demokratisieren.

Die anderen drei Vorschläge gelten den staatlichen Instrumenten, und zwar sowohl mit Blick auf die Besteuerung und die soziale Absicherung als auch auf das Verhältnis von Staaten untereinander. Dem Staat fällt hinsichtlich des Risikomanagements ganz natürlich eine tragende Rolle zu, denn die langfristige Steuerung von Risiken verlangt stabile Rechtsverhältnisse. Der einzelne Mensch kann nur für relativ begrenzte Zeiträume Verpflichtungen übernehmen; die übergeordneten Institutionen müssen im öffentlichen Interesse geführt werden, und wichtige internationale Vereinbarungen nötigen die Regierungen, sich in einer ganzen Reihe von Punkten auf ein gemeinsames Vorgehen zu einigen.

Der erste Vorschlag betrifft die Versicherungen, deren Aufgaben um die Absicherung langfristiger ökonomischer Gefahren erweitert werden könnten. *Lebensstandard-Versicherungen* könnten Arbeitnehmer gegen einen eventuellen Verlust des Einkommens versichern. Im Gegensatz zur Lebensversicherung, die zu einer Zeit erfunden wurde, als junge Erwachsene mit von ihnen abhängigen Angehörigen sehr viel häufiger als heute zu früh starben, würde die Lebensstandard-Versicherung gegen ein heute sehr virulentes Risiko versichern: die Ungewissheit, ob wir unseren Lebensunterhalt zeit unseres Lebens sichern können. *Eigenheimkapital-Versicherungen* würden über die heute bekannten Hausrats- und Gebäudeversicherungen hinaus auch den potenziellen Wertverlust einer Immobilie versichern. In der hier vorgestellten Form, die *Allan Weiss* und ich 1994 zum ersten Mal publiziert haben, wird dem Betrugsrisiko durch die Rückbindung der Versicherung an einen Immobilien-Preisspiegel vorgebeugt.[1]

Der zweite Vorschlag für eine neue Finanzordnung plädiert für *Makromärkte*.[2] Es könnten große internationale Märkte geschaffen werden, an denen langfristige Titel auf gesamtwirtschaftliche und individuelle Einkommen, aber auch auf schwer liquidierbare Vermögensgegenstände wie etwa Immobilienbesitz gehandelt werden. Gemessen am Finanzvolumen würden derartige Handelsplätze alles bisher Dagewesene weit in den Schatten stellen. Man könnte und sollte sogar eine Börse für das Bruttoinlandsprodukt (BIP) aller Staaten schaffen, also einen Markt für die Summe aller wirtschaftlich erzeugten Werte.[3] Schon durch ihr Handelsvolumen würde sie mehr zur Risikostreuung beitragen als die derzeitigen Finanzmärkte und den Druck und die Volatilität aus dem überhitzten Börsengeschehen nehmen. Privatanleger und institutionelle Investoren könnten Makrowertpapiere kaufen und verkaufen, nicht anders, als sie heute mit Aktien und Anleihen handeln.

Der dritte Vorschlag betrifft *innovative Kreditmodelle*. Banken und andere Darlehensgeber könnten Darlehen an Privatpersonen, Unternehmen und Regierungen vergeben, die an die Einkommensentwicklung gebunden sind. Der Rückzahlungsbetrag würde sich automatisch reduzieren, falls die Einkommensentwicklung einer Berufsgruppe (die Gewinnentwicklung eines Unternehmens, die Steuereinnahmen eines Landes) hinter den Erwartungen zurückbleibt. Derartige *einkommensgebundene Kreditmodelle* würden es den Darlehensnehmern erlauben, Anteile auf künftige Einnahmen zu verkaufen. Grundlage für Ansprüche wären allerdings nicht tatsächliche Einnahmeausfälle, sondern nach Branche, Berufsgruppe oder einer anderen Kategorie zusammengestellte Einkommensindizes. An die Einkommensverhältnisse gebundene Darlehen böten Sicherheit gegen die Gefahr der Zahlungsunfähigkeit beziehungsweise der Überschuldung, die so manchem Kreditnehmer heute schwer zusetzen.

Der vierte Vorschlag ist eine *Steuer gegen Einkommensungleichheit*. Jeder Staat sollte dafür sorgen, dass sich die Einkommensschere nicht noch stärker als heute öffnet, dass die Reichen nicht noch reicher und die Armen nicht noch ärmer werden. Die progressive Einkommenssteuer könnte so gestaltet werden, dass sie statt willkürlicher Progressionsstufen ein wirksames Instrument gegen die Ungleichheit bildet.

Der fünfte Vorschlag zielt auf eine *generationengerechte Rentenversicherung*. Die soziale Absicherung würde in ein Versicherungssystem transformiert, das die Bezeichnung »generationengerecht« verdient, weil es die Risiken gleichmäßig auf die Generationen verteilt. So würden die Risiken verschiedener Generationen gebündelt, die bislang nur informell und nur bis zu einem gewissen Grad innerhalb der weiteren Familie ausgeglichen werden.

Der sechste Vorschlag skizziert die Idee multilateraler Verträge, mit deren Hilfe sich die Risiken von Volkswirtschaften abfedern lassen. Es würde sich um völlig neuartige Abkommen zur *internationalen Risikokontrolle* handeln, ähnlich privatwirtschaftlichen Finanzvereinbarungen, jedoch hinsichtlich des Umfangs und des Horizonts ungleich größer dimensioniert.

Über diese sechs Vorschläge zum Risikomanagement hinaus plädiert das vorliegende Buch für eine neue ökonomische Informationsstruktur. Informationen, die für ein effizientes Risikomanagement notwendig sind, ließen sich in *globalen Risikodatenbanken* (GRIDs) speichern und abfragen. Und um Risiken besser verhandeln zu können, wäre eine *indexierte Verrechnungseinheit* nützlich, eine Art elektronische Maß- und Währungseinheit.

Szenen der neuen Finanzordnung

Stellen wir uns ausgedehnte internationale Märkte vor, an denen wichtige makroökonomische Gesamtgrößen gehandelt werden, etwa die Gesamtproduktion von Ländern wie den Vereinigten Staaten, Japan, Paraguay oder Singapur oder der Index der Einfamilienhauspreise in Großstädten von New York über Paris bis nach Sydney oder der Index für ländliche Anwesen von Ferienhäusern an der Riviera über Maisfarmen im Mittleren Westen der USA bis hin zu Gummiplantagen in Indonesien. Investoren können ihr Portfolio zu geringen Kosten mit diesen Papieren ausstatten und an sehr verschiedenen Märkten präsent sein, auch an Börsen für Humankapital, zum Beispiel für medizinische Berufe und wissenschaftliches Personal im Besonderen oder auch für die Produktivität der Arbeitnehmer im Allgemeinen. Spekulativere Gemüter können in die Karriere einer bestimmten Schauspielerin oder eines bestimmten Tenors investieren. Diese Börsen erleichtern es, Lebensstandard-Versicherungen zu schaffen, die praktisch für jeden Berufszweig abgeschlossen werden können, und zum Beispiel auch Eigenheimkapital-Versicherungen, mit denen sich Hauseigentümer gegen Wertschwankungen ihrer Immobilie absichern können. Riesige Datenbanken mit nutzerfreundlichen Oberflächen erlauben es den Menschen, ihre persönlichen Risiken effizient über den Markt abzufedern.

Diese Märkte würden auch unser Denken und Verhalten ändern, weil sie die Risiken ans Tageslicht bringen würden und bei der Preisgestaltung eine wesentliche Rolle spielen. Zwischenstaatliche Abkommen könnten das für solche Märkte erforderliche Risikomanagement regeln und die Sozialsysteme der verschiedenen Länder aufeinander abstimmen. Die Konjunktur liefe runder, weil Makromärkte die zyklischen Schwankungen abfangen würden. Assekuranzen könnten leichter Policen für Lebensstandard- und Eigenheimkapital-Versicherungen anbieten, Kreditinstitute einkommensgebundene Darlehen an Privatpersonen vergeben.

Die zentralen ökonomischen Gefahren ließen sich auf diese Weise versichern, hedgen, diversifizieren. Die Welt würde insgesamt sicherer werden. Die Menschen hätten durch diese Sicherheit mehr Handlungsfreiheit und Wagemut und würden die Dinge mit mehr Engagement angehen.

Stellen wir uns zum Beispiel eine junge Frau aus Indien vor, die in Chicago lebt und Musikerin werden will. Sie möchte ihren Geigenunterricht nicht mit einem Kredit finanzieren, dazu sind ihr nach den jüngsten Kürzungen der Orchesterbudgets die Zukunftsaussichten in der Branche zu unsicher. Aber ein neues Finanzinstrument ist auf den Markt gekommen: Online kann sie ein Darlehen aufnehmen, das sie nicht in voller Höhe zurückzahlen muss, falls sich der Index der Musikereinkommen ungünstig entwickeln sollte. Dieses Darlehen gibt ihr den Mut, sich den Berufswunsch zu erfüllen. Wenn sich die Arbeit in einem Orchester oder in anderen Musikinstitutionen als weniger lukrativ herausstellt als erwartet, muss sie nur einen Teil zurückzahlen. Ihr Risiko würde sich nach Indizes berechnen, die ein Computernetz aus der Verdienstentwicklung in bestimmten Berufen ermittelt. Das Risiko ihrer Berufswahl würde zu einem guten Teil von internationalen Anlegern und nicht von ihr allein getragen.

Dieselbe Frau sorgt sich um ihre weitere Verwandtschaft, die in einem kleinen indischen Dorf lebt und überwiegend in einem Handwerk arbeitet, das vom Aussterben bedroht ist. Die sehr spezialisierten Fähigkeiten ihrer Onkel und Tanten würden nicht mehr gebraucht. Zum Glück schließt deren Arbeitgeber eine neuartige Lebensstandard-Versicherung ab, um seine Mitarbeiter gegen die Unwägbarkeiten der ökonomischen Entwicklung abzusichern. Die

Versicherungsgesellschaft verkauft die Risiken auf dem Weltmarkt. Die indische Regierung schließt mit anderen Ländern ein Abkommen, wirtschaftliche Risiken gemeinsam zu tragen. So ist die Verwandtschaft der jungen Frau weniger gefährdet.

Unsere junge Inderin sorgt sich noch mehr um ihre Eltern, die in England in einem Stadtteil leben, der vom sozialen Abstieg bedroht ist. Sie fürchtet, die Eltern könnten den Rest ihrer Ersparnisse verlieren, wenn das Häuschen nur noch weit unter Wert zu verkaufen wäre. Aber in der neuen Finanzordnung werden die Hypothekenzahlungen für die Immobilie mit einer Eigenheimkapital-Versicherung kombiniert, die gegen solche Wertverluste schützt. Wenn die Eltern das Haus weit unter Preis verkaufen müssten, erhalten sie eine Ausgleichszahlung. Außerdem sind sie durch die generationengerechte Rentenversicherung und die Steuer gegen Ungleichheit abgesichert.

Die neue digitale Infrastruktur mit ihren Millionen Kilometer langen Glasfaserkabeln hat die nötige Rechenleistung und kann ein Risiko in Chicago gegen eins in Rio oder auch das Risiko einer indischen Violinistin gegen das eines südafrikanischen Winzers abwägen. Im Ergebnis werden Wirtschaft und Lebensqualität stabilisiert und verbessert.

Risikomanagement heute

Die meisten langfristigen Risiken, mit denen Menschen konfrontiert sind, müssen die Einzelnen tragen, höchstens unterstützt von ihrer Familie.[4] Sozialhilfe oder Wohlfahrtseinrichtungen richten sich ausschließlich an die ganz Armen und sind selbst für diese nur eingeschränkt da. Derzeit kann sich niemand gegen das Risiko von Einkommenseinbußen in den nächsten Jahren und Jahrzehnten versichern. Niemand kann sich dagegen versichern, dass das eigene Wohnviertel im Lauf der Zeit verslumt. Die wirtschaftlichen und gesellschaftlichen Unwägbarkeiten, die mit dem Alter auf uns zukommen, können wir nicht diversifizieren. Die Älteren stehen mit der Gefahr, dass ein Börsencrash ihre Ersparnisse für den letzten Lebensabschnitt vernichtet, allein da. Viele Menschen leben in relativer Armut, weil sie an solchen Problemen gescheitert sind.

Sobald wir uns dieser stets vorhandenen Gefahren bewusst sind, neigen wir zur Übervorsicht. So manche Chance lassen wir uns entgehen, weil wir nach dem derzeitigen Stand der Dinge nicht mit den Folgen einer Fehlentscheidung leben könnten. Stattdessen bleiben wir zynisch im ungeliebten Job, schieben eine ruhige Kugel und mögen uns nicht ins Zentrum der Ereignisse begeben, wo wir wirklich etwas in Gang setzen könnten.

Unsere junge Inderin in Chicago wird nicht Musik studieren und Geigenunterricht beim großen Maestro nehmen, sondern vielleicht bis zum Sankt-Nimmerleinstag auf bessere Zeiten warten. Sie hat keine Informationen über die Berufsaussichten von Musikern und keine andere Möglichkeit, sich gegen das wirtschaftliche Risiko zu schützen, als sich mit einem beliebigen Job ihre Brötchen zu verdienen.

Ihr Onkel in Indien wird entlassen und findet keine Arbeit, die seiner Qualifikation entspricht. Unfreiwillig geht er in den vorzeitigen Ruhestand und richtet sich auf karge Zeiten ein. Ihre Eltern in England müssen mit ansehen, wie der Wert ihres Haus fällt, weil das Viertel immer mehr verwahrlost, während gleichzeitig der britische Aktienmarkt einbricht und ihre letzten Ersparnisse vernichtet. Sie können sich auf ihre alten Tage nur noch mit Mühe selbst finanzieren und das auch nur, solange sie gesund sind. Die Sorge um ihre Angehörigen gestaltet die Berufswahl der jungen Frau in Chicago noch beschwerlicher. Wie sollte sie ihrem Traum als Violinistin nachgeben, wenn sie die Eltern nicht vor die Hunde gehen lassen will?

Wir sind heute ernsten Gefahren ausgesetzt, auch wenn wir sie nicht als Teil des Alltags wahrnehmen, weil sie sich entweder sehr langsam entwickeln oder im Rahmen allgemeiner, wenn auch sehr seltener Wirtschaftskrisen sehr plötzlich. Das Wirtschaftswachstum war im letzten Jahrhundert erschütternd ungleichmäßig verteilt.

Manche haben überproportional profitiert, andere wurden von der Entwicklung völlig abgehängt. Deswegen klaffen gewaltige Abgründe in der Einkommensverteilung der Welt. Während ein amerikanischer Staatsbürger 1998 im Schnitt 31 049 Dollar verdiente, lag das Pro-Kopf-Einkommen in Indien bei 2454 Dollar.[5] Diese Ungleichheit provoziert soziale Verwerfungen, die weitere Risiken produzieren. Hass, Verzweiflung und begrabene Hoffnungen sind mitverantwortlich für Angst und Gewalt und den sozialen Abstieg.

Die Menschen sind wirtschaftlichen Risiken ausgeliefert, die von keiner Finanzinstitution abgedeckt werden. Bisher richtete sich praktisch der gesamte Erfindergeist auf die Aktien- und andere Finanzmärkte. Nur ein kleiner Prozentsatz des tatsächlichen Reichtums – ein Teil der Wertschöpfung im kommerziellen Sektor – ist an den Börsen der Welt handelbar. Die Unternehmensgewinne, die über die Ticker laufen, sind nicht so gigantisch, wie viele Menschen glauben. Im Rekordjahr 2000 summierten sich die Unternehmensgewinne (die Einnahmen, die nach Abzug aller gezahlten Löhne, Rechnungen und Steuern verbleiben und theoretisch als Dividende an die Aktionäre ausgeschüttet werden könnten) pro Person in den USA auf lediglich gut 2 000 Dollar. Das ist ungefähr die Hälfte dessen, was allein die öffentliche Hand dort ausgibt. Für andere Länder fällt die Rechnung noch ungünstiger aus. Die Börsen sind wichtig, aber nicht so wichtig wie angenommen. Turbulenzen wie der Dot.com-Hype und die Technologieblase nähren den Verdacht, dass die Anleger den vermeintlichen Chancen mit mehr Begeisterung als dem Risikomanagement nachjagen.

Viel stärker als vom Auf und Ab der Aktienkurse wird die Wirtschaft von Löhnen und Gehältern beeinflusst sowie von Beiträgen zum Lebensunterhalt, die nicht finanzieller Natur sind, etwa dem Wert von Eigenheimen und Eigentumswohnungen. Dort steckt die große Masse des Wohlstands.

Würden die Risiken auf so viele Schultern verteilt, dass sie für den einzelnen Mensch eine vernachlässigbare Größenordnung annehmen, würde deswegen nicht gleich der Weltfrieden ausbrechen.

Trotzdem zeigt die Geschichte, dass langfristige Vereinbarungen zur Risikoverteilung trotz Kriegen und Staatsstreichen nützlich waren, ja, dass derartige Ereignisse Risiken waren, gegen die sie sich ihrerseits richteten.

Die Verteilung des Risikos auf viele Schultern bewirkt weit mehr als den Abbau von Armut und Einkommensunterschieden. Im großen Maßstab betrieben, setzt sie Energien frei, die den ökonomischen und den humanen Fortschritt beschleunigen. Die bisherigen Fortschritte jedenfalls verdanken sich nicht zuletzt den Instrumenten des Risikomanagements, die im Lauf der Zeit entwickelt wurden. Gäbe es beispielsweise keine Versicherungen, wären viele ausgesprochen vitale Unternehmen existenziell massiv gefährdet. Ohne Kapitalmärkte gäbe es viele der Gesellschaften nicht, die so viel Wert für uns produzieren. Viele wären nie gegründet worden, weil die Folgen gar nicht absehbar gewesen wären. Ohne die derzeitigen Finanzinstrumente wäre die Welt viel ärmer, und das keineswegs nur in finanzieller Hinsicht.

Das bisher Erreichte ist also sehr zu begrüßen und ermöglicht erst das derzeitige Wirtschaftsniveau, aber noch immer hindern uns große Risiken daran, die nächste Stufe zu erklimmen. Aussichtsreiche Unterfangen unterbleiben aus Angst vor den ökonomischen Folgen. Die Ausbildung, die Menschen durchlaufen, die Spezialkenntnisse, die sie sich aneignen, die Wagnisse, die sie eingehen, werden von dem Bewusstsein eingeschränkt, dass das ganze Risiko auf den Einzelnen lastet und sie mit einem Scheitern allein fertig werden müssen.

Wir können uns die sozialen und ökonomischen Errungenschaften, die durch eine neue Finanzordnung entstehen könnten, nur mit Mühe vorstellen. Es fehlen die Vorbilder, es fehlen die Beispiele. Wir wissen nicht, was passieren würde, wenn wir den Menschen die ganze überflüssige Furcht nehmen, wenn sie ihr ganzes Potenzial entfalten könnten.

Die Informationstechnologie

Früher kostete es viel Geld, finanziell komplexe Sachverhalte wie zum Beispiel Versicherungspolicen oder Unternehmensstrukturen auszuarbeiten, nicht zuletzt wegen der Informationen, deren Beschaffung sehr aufwändig war. Mit der raschen Ausbreitung der neuen Informationstechnologien verschwindet diese Hürde. Computerprogramme können mit den Informationen aus elektronischen Datenbanken komplizierte Finanzverträge und -instrumente erstellen. Diese Programme können so geschrieben werden, dass sie Verträge und Finanzinstrumente einschließlich ihres Kontextes verständlich und benutzerfreundlich aufbereiten. Kreativität in Gelddingen lässt sich heutzutage ebenso preiswert wie wirkungsmächtig liefern. Und diesen Faden sollte man aufgreifen.

Unsere wichtigsten sozialen Sicherungssysteme, darunter Lebensversicherung, Krankenversicherung oder Sozialhilfe, wurden der breiten Masse durch die Fortschritte in der Informationsübermittlung des 19. Jahrhunderts zugänglich. Es waren Neuerungen, die uns heute eher schlicht erscheinen: billiges Papier, unentbehrlich für laufend aktualisierte Akten, gedruckte Formulare, das Durchschlagpapier, die Schreibmaschine und Registratursysteme, aber auch ein effizienter Postdienst sowie eine leistungsfähige Bürokratie.

Die erste Invaliden- und Altersversicherung der Welt wurde 1889 in Deutschland eingeführt. Wie in praktisch jedem modernen Sozialsystem berechnete sich die Höhe der Rente nach der Höhe der Beiträge, welche die Anspruchsberechtigten im Lauf ihres Arbeitslebens eingezahlt hatten. Das bedeutete, dass für Millionen von Menschen über Jahrzehnte Akten zu führen waren, Akten, die regelmäßig ergänzt und aktualisiert werden mussten, die nicht verloren gehen durften und absolut zuverlässig sein sollten. Die zuständigen Ämter mussten mit den Anspruchsberechtigten landesweit kommunizieren können und flächendeckend Zahlstellen einrichten. Die Informationstechnologie des 19. Jahrhunderts – das Papier, die Formulare, die Registraturen, die Bürokratie – ermöglichte diesen Aufwand zu erschwinglichen Kosten. Aus Sozialromantikern wurden Macher. Allein diese Innovation im Bereich Risikomanagement hat seither das Problem der Altersarmut drastisch reduziert.

Die heutige Informationstechnologie ist den 1889 in Deutschland verfügbaren Mitteln weit überlegen. Ich kenne ihr Veränderungspotenzial aus eigener Anschauung. 1991 gründete ich zusammen mit *Karl E. Case* und *Allan Weiss* die *Case Shiller Weiss Inc.* In digitaler Form standen riesige Datenmengen zu Wohnungen und Häusern zur Verfügung. Wir wollten dieses elektronische Rohmaterial nutzen, um neue Maßstäbe für die Wertsteigerung von Immobilien in den USA zu entwickeln, geordnet nach Postleitzahl, Wohnfläche und Ausstattung.[6] Seit damals verfolge ich die Explosion elektronischer Datenbanken zu Einfamilienhäusern und kann sagen, dass unsere neuen Kennziffern Anwendungen gefunden haben, die wir uns bei der Gründung unserer Firma niemals hätten träumen lassen.

Die seit 1990 entstehende Informationstechnologie gab uns die Mittel an die Hand, für eine neuartige Eigenheimkapital-Versicherung zu werben. Wir erkannten, dass sich die potenziellen Schadensansprüche auf Preisindizes stützen mussten. Hätten wir in diesem Punkt auf den tatsächlichen Marktpreis abgestellt, hätten wir dem Missbrauch Tür und Tor geöffnet. Vor 1990 wäre unsere Idee zweifellos zum Scheitern verurteilt gewesen, denn damals gab es keine elektronischen Datenbanken zu Immobilienpreisen, anhand derer sich entsprechende Indizes hätten erstellen lassen. Inzwischen sind die Chancen für eine solche Versicherung und für viele andere Finanzinnovationen noch besser: Die Datenquellen wachsen mit erstaunlicher Geschwindigkeit.

Theorie und Praxis des Finanzwesens

Während sich das Finanzwesen über Jahrhunderte hinweg eher gemächlich entwickelt hat, kam es in der zweiten Hälfte des 20. Jahrhunderts theoretisch wie praktisch zu einem unglaublichen Fortschritt. Die Finanztheorie wurde von Wissenschaftlern wie *Fischer Black*, *Eugene Fama*, *Harry Markowitz*, *Merton Miller*, *Robert Merton*, *James Mirrlees*, *Franco Modigliani*, *Stephen Ross*, *Paul Samuelson*, *Myron Scholes*, *William Sharpe* und *James Tobin* mathematisch aufs Äußerste verfeinert.

Zu den Früchten dieser Forschung zählt eine umfassende Theorie, wie rationale Wesen angesichts der Unsicherheitsparameter und der statistischen Eigenschaften aller Risikomanagement-Instrumente über Geldanlagen zum Beispiel zur Altersvorsorge entscheiden sollten.[7] Investitionsentscheidungen sollten heute weder aus dem Bauch heraus getroffen noch übers Knie gebrochen oder über den Daumen gepeilt werden, wenn man sein Vermögen optimal diversifizieren will. Neben theoretischer Erkenntnis hat dieselbe Forschung eine ganz praktische Anwendung in Form einer im Internet abrufbaren Finanzplanung entwickelt. Sie wird parallel zu den Fortschritten der Finanztheorie und Ökonometrie in Zukunft weiter verfeinert.

Nicht nur in den Universitäten, auch am Markt entwickelten zahlreiche Köpfe neue Ideen. Oft waren Börsen Vorreiter für Innovationen, etwa die *American Stock Exchange* oder das *Chicago Board of Trade*. Es entstanden vollautomatische Kommunikationssysteme wie *Instinet* oder *Island*. Die Investmentbanken waren nicht faul: *Bank of America*, *Barclays*, *Bear Stearns*, *Citigroup*, *Deutsche Bank*, *Goldman Sachs*, *Hongkong and Shanghai Banking Corporation*, *JP Morgan Chase*, *Merrill Lynch*, *Morgan Stanley*, *Société Générale Group* und *Wasserstein Perella* haben phantastische Neuerungen initiiert.[8] Versicherungen und Rückversicherer wie *ACE Group*, *Aegon Insurance Group*, *AIG*, *Münchner Rück*, *Skandia*, *Schweizer Rück* und *XL* reihen sich in die Phalanx der Erfinder ein, ebenso Hypothekenbanken und die in Amerika verbreiteten Spezialinstitute für Konsumentenkredite (*Fannie Mae*, *Freddie Mac*, *GE Capital* und so weiter), Altersvorsorge- und Investmentfonds wie *CalPERS*, *Fidelity Investments*, *TIAA-CREF* und die *Vanguard Group*, Clearingbanken wie die *Bank of New York*, *Depository Trust* oder *State Street Bank* und Wertpapierhäuser wie *Charles Schwab* und *E*Trade*. Nicht zuletzt haben Zentralbanken wie die *Federal Reserve* oder die *EZB* und Organisationen wie die *Weltbank*, der *Internationale Währungsfonds* oder die *Grameen Bank* ihren Teil zur Fortbildung des Finanzsektors beigetragen.

Die letzten Jahrzehnte gehören wegen dieser Fortschritte zu den interessantesten Epochen in der Geschichte der Weltfinanzen. Aus dem Risikomanagement ist eine Vielzahl von Futures, Optionen, Swaps und anderen Finanzinstrumenten hervorgegangen. Es entstanden neue Formen von Hypotheken und Darlehen und Krankenversicherungen, und auch die Entwicklungshilfe beschritt bei der Kreditvergabe ganz neue Wege. Last not least versichern sogar die Versicherungsgesellschaften mehr Risiken als früher, darunter Unwetterschäden und andere Katastrophen.[9] Von Branchenverbänden wie der *Association for Investment Management and Research* (*AIMR*), der *Global Association of Risk Professionals* (*GARP*), der *International Association of Financial Engineers* (*IAFE*) oder der *Risk Waters Group* gesponserte Konferenzen haben inzwischen den Status von Großereignissen.

Seit den achtziger Jahren wird im ehemaligen Ostblock eifrig mit neuen Finanzinstrumenten experimentiert, insbesondere in China und Russland, aber auch in zahlreichen einst marxistisch orientierten Entwicklungsländern. Diese Spielfreude kann der ganzen Welt zugute kommen, weil sie sich in sehr unterschiedlichen Umgebungen und Traditionen behaupten muss und mit großer Bereitwilligkeit die unterschiedlichsten Ansätze ausprobiert. Solche Experimente können Innovationen hervorbringen, die vielleicht eines Tages von anderen mit Kusshand kopiert werden.

Psychologie, Behavioral Finance und Framing

Wenn es die Gesellschaft mit der Demokratisierung des Finanzwesens ernst meint, müssen Finanzinstrumente und -dienstleistungen so vereinfacht werden, dass auch Otto Normalverbraucher sie versteht und nicht nur hoch spezialisierte Experten. Menschen sind keine Computer und trotz gegenteiliger Behauptungen vieler Wirtschaftstheoretiker weder zu endlosen Berechnungen noch zur präzisen Erkenntnis eigener Interessen fähig. Die Praktiker der Finanzbranche wussten das schon immer, aber die Wissenschaftler kommen der menschlichen Natur erst in jüngster Zeit auf die Schliche.

Die meisten Menschen können mit den Grundsätzen des finanziellen Risikomanagements wenig anfangen und kennen sich mit den nötigen Vorkehrungen nicht aus. Mehr noch, die meisten Menschen erkennen ihr persönliches Risiko nicht einmal und haben keine Ahnung, dass sie dem etwas entgegensetzen sollten. Ungerechtfertigte Einkommensunterschiede lassen sich nicht zuletzt deshalb schwer bekämpfen, weil viele Menschen selbst dann nichts dagegen unternehmen würden, wenn sie es könnten.

Im Licht solcher Einsichten nahm die Finanztheorie um 1990 eine grundlegende Wende. Damals entwickelte sich eine neue Forschungsrichtung, Behavioral Finance genannt. Sie überträgt Einsichten der Psychologie und anderer Gesellschaftswissenschaften auf die Welt des Geldes und behebt damit eine grundlegende Schwäche dieser von der Mathematik dominierten Disziplin: der Vernachlässigung des Menschlichen im Menschen.[10]

Eine Lektion der verhaltensorientierten Finanztheorie ist in unserem Zusammenhang besonders wichtig: Die psychische Disposition und die Darstellung eines Problems sind für das Risikomanagement entscheidend. Die Psychologen *Daniel Kahneman* und *Amos Tversky* haben den Begriff Framing geprägt. Er bezieht sich auf ein gut dokumentiertes Reaktionsmuster, das menschliche Entscheidungen im Wechselspiel von Kontext, Referenzpunkten, geistigen Kategorien und Assoziationen charakterisiert.

Es ist keineswegs nebensächlich, wie sich ein neues Finanzprodukt präsentiert und welche Gedanken und Gefühle es auslöst. Im Gegenteil, Anmutungen und Konnotationen sind zentrale Elemente. Einige meiner Vorschläge zur neuen Finanzordnung wären ohne diesen Zusammenhang gegenstandslos. Erst wenn wir die Macht psychologischer Faktoren verstanden haben, können wir auf wirkliche Fortschritte im Risikomanagement hoffen.

Mögliche Probleme mit neuen Finanzinstrumenten

Fortschritte im Finanzwesen sind in der Vergangenheit immer wieder auf gravierende Probleme gestoßen. Das könnte uns davon abhalten, in Zukunft weitere Anstrengungen in dieser Richtung zu unternehmen. Da ist zunächst das Problem exzessiver Spekulationen, welche die Volatilität der Finanzmärkte anheizen. In meinem Buch *Irrationaler Überschwang* habe ich dargelegt, wie die Hausse Ende der neunziger Jahre bis zur Kehrtwende im Frühjahr 2000 Unternehmen zu sinnlosen Investitionen und zu Bilanzfälschungen verleitete und die Privatanleger in teilweise extrem riskante Anlageentscheidungen lockte. Nach dem Platzen der Blase fielen die meisten Aktienmärkte der Welt ins Bodenlose. Inflationsbereinigt halbierte sich der *Standard & Poor's-Index* bis Mitte 2002. In anderen Staaten fiel der Abwärtstrend noch dramatischer aus. Die Größenordnung der zwischen 2000 und 2002 vernichteten Vermögenswerte beläuft sich auf Billionen von Dollar oder Euro. Allein in den USA kommt der wirtschaftliche Verlust durch den Aktiencrash der Zerstörung sämtlicher Wohneinheiten gleich. Selbst wenn sich die Börse wieder erholen und den Höchststand vom Frühjahr 2000 erneut erreichen sollte – der Markt bleibt immer ein Risiko.

Ich wurde bei meinen Vorträgen oft gefragt, was sich gegen die Volatilität der Börse tun ließe. Und ich war jedesmal um eine zufrieden stellende Antwort verlegen. Letztlich wird sich dieses Risiko nur eindämmen lassen, wenn wir mit erweiterten Finanzinstrumenten die Übertreibungen der Märkte abpuffern könnten.

Trotz der Volatilität spekulativer Märkte sollte niemand aus meinen oder anderen wissenschaftlichen Arbeiten schließen, dass diese Märkte vollkommen verrückt sind. Ich wollte vor allen Dingen zeigen, dass die Börsenkurse in den Vereinigten Staaten im letzten Jahrhundert vorrangig von Psychologie und Moden bestimmt wurden; und das spiegelt sich in den Übertreibungen wider. Aber viele Indikatoren, die sich an diese Märkte anschließen, zeigen keinerlei Anzeichen von übertriebener Volatilität, und der Handel mit einzelnen Werten scheint die Annahme zu bestätigen, dass die Kurse wichtige Informationen über die zukünftige Entwicklung enthalten.[11]

Ein zweites Problem liegt darin, dass neue Finanzinstrumente mitunter Vertuschung, Irreführung und sogar Betrug fördern. Undurchsichtige Firmen haben Anleger getäuscht und meldeten anschließend Konkurs an, schlecht geführte Unternehmen haben auf Kosten der Aktionäre gefährliche Finanzstrategien verfolgt; und unmoralische Aktiengesellschaften handelten vorsätzlich in betrügerischer Absicht und schadeten sehr vielen Menschen.[12] Aber das ist kein Argument gegen den beeindruckenden Fortschritt auf dem Gebiet der Finanzen. Neue Techniken sind, gerade weil sie eine so große Macht haben, immer gefährlich. Unfälle lassen sich nicht vermeiden, die Gesellschaft muss nur lernen, damit umzugehen. Viele Menschen wurden getötet, weil die Kessel der ersten Dampfmaschinen immer wieder explodierten; und als die Luftfahrt in den Kinderschuhen steckte, verloren zahlreiche Passagiere bei Flugzeugabstürzen ihr Leben. Je ausgereifter die Technik, desto seltener die Unfälle. So stehen wir auch in der Wirtschaft vor der Herausforderung, die Finanztechnik weiterzuentwickeln und zu demokratisieren und nicht etwa den Fortschritt zu revidieren.

Das dritte Problem liegt in der Kontinuität der staatlichen Ordnung. Eine neue Regierung kann finanzielle Regelungen kippen oder anderweitig aushebeln. Die Geschichte ist voller Beispiele, in denen langfristige Vereinbarungen an der politischen Instabilität scheiterten. Trotzdem überdauern finanzielle Regelungen in der Regel die jeweiligen Regierungen und selbst Machtwechsel nach einem Krieg oder einer Revolution. In Den Haag wurde am 29. Juli 1899 eine Konvention zur friedlichen Beilegung internationaler Streitigkeiten verabschiedet, und sie regelt, dass der Sieger Eigentum und Rechte der Menschen im besiegten Land zu respektieren hat.[13] Trotz der vollständigen deutschen Niederlage nach dem Ersten Weltkrieg und der Wut der Allierten, die sich in gewaltigen Reparationsforderungen gegenüber der deutschen Regierung entlud, wurde den deutschen Bürgern weder ihre Investionen in und außerhalb Deutschlands noch ihre Versicherungen oder Pensionsansprüche genommen.[14] Im Iran stürzte *Ayatollah Khomeini* 1979 den Schah, aber die radikalislamische Regierung zahlte anstandslos die Altersruhegelder für die Staatsangestellten, die unter *Mohammed Resa Pahlewi* gedient hatten.[15] Nach dem Übergang der Macht von der weißen Minderheit an die schwarze Mehrheit wurden Versicherungen, Finanztitel und Renten trotz der großen Verbitterung nach Jahrhunderten der Unterdrückung und Rassentrennung in Südafrika nicht konfisziert.

Natürlich gibt es viele Gegenbeispiele. Auch wenn der Glanz der sozialistischen Theorien inzwischen verblasst ist, mit denen *Vladimir Lenin*, *Lazaro Cardenas*, *Mao Tse-Tung*, *Mohammed Mossadegh*, *Gamal Abdul Nasser*, *Indira Gandhi* und andere Führende Enteignungen, Nationalisierungen oder die Annullierung finanzieller Verbindlichkeiten begründeten, sind solche Rechtfertigungen von Vertragsverletzungen mitnichten vergessen. Wenn schon nicht alle, so überleben doch die meisten Finanzkontrakte politische Verwerfungen, das zeigt die Geschichte. Institutionen der Risikovorsorge werden in aller Regel weitergeführt.

Die Frage der Moral

Ich wende Konzepte der Finanzwelt auf moralisch bedenkliche Sachverhalte wie das wirtschaftliche Ungleichgewicht an und auf Fragen der Fairness wie den Umgang einer Gesellschaft mit ihren Senioren. So mancher Leser mag diesen Ansatz bizarr finden. Das Finanzwesen gilt weithin als amoralisches Feld und mitunter gar als Spielwiese der Habgierigen und Selbstsüchtigen. Und in der Tat betonen finanzielle Vereinbarungen das egoistische Interesse, einfach weil sie präzise formulieren, wer was bekommt. Diese Kontrakte verschaffen Eigentumsrechten über den Tag hinaus Geltung und bieten Anreize, schwer zu arbeiten und sich auf riskante Unternehmen einzulassen, die sich erst viel später auszahlen. Im Nachhinein, wenn die Arbeit getan ist und den Gefahren wirksam begegnet wurde und wenn die Menschen, die sich auf das Abenteuer eingelassen haben, ihren vertraglich vereinbarten Anteil einfordern, mag das egoistisch wirken auf jene, die sich der Risiken und Mühen nicht bewusst sind.

Und doch bezieht sich Finanztheorie direkt auf das Problem der Verteilungsgerechtigkeit. Wie kann sie erreicht werden, ohne die Wirtschaftstätigkeit zu lähmen? Moralische Urteile implizieren immer eine ökonomische Theorie.

Der Philosoph *John Rawls* hat 1971 ein einflussreiches Buch vorgelegt, *Eine Theorie der Gerechtigkeit*. Er versucht die philosophischen Erörterungen zum Thema Gerechtigkeit in einer Theorie der Verteilungsgerechtigkeit zusammenzufassen[16] und stützt sich dabei insbesondere auf *Kants* kategorischen Imperativ. So wie ich *Rawls* lese, kann uns sein philosophischer Ansatz dabei helfen, ökonomische Institutionen moralisch zu beurteilen. Meine Interpretation stützt sich auf Gedanken, die der Wirtschaftswissenschaftler *John Harsanyi* entwickelt hat.[17]

Rawls fordert uns auf, Fragen der Verteilungsgerechtigkeit von einem Ausgangszustand zu betrachten, den er als »Urzustand« bezeichnet. Gemeint ist ein Standpunkt jenseits der eigenen ökonomischen Interessen: die Fiktion, man wüsste nicht, ob man einen Sachverhalt als Nutznießer oder als Benachteiligter erleben wird. Wir sollten, anders ausgedrückt, über Verteilungsgerechtigkeit in der Gesellschaft entscheiden, als seien wir noch nicht geboren, als sei uns unsere spätere soziale Stellung noch nicht bekannt (»Schleier des Nichtwissens«). Dann würden wir fair, wenn auch vielleicht nicht bis ins letzte Glied der Gesellschaft hinein gerecht urteilen. *Rawls* Theorie ist nützlich, weil sie das Risikomanagement aus der Position jener betrachten lehrt, die auf der falschen Seite der Straße geboren wurden und in elenden Verhältnissen leben.

Rawls ist wie gesagt Philosoph, nicht Finanztheoretiker. Insofern überrascht es nicht, dass seine Theorie aus dem Blickwinkel der Finanzwissenschaft einigermaßen schlicht wirkt. Wir sollten unser moralisches Urteil nach dem »Unterschiedsprinzip« fällen, schlägt er vor, also nach dem Prinzip, dass die ökonomischen Institutionen in Anbetracht aller ökonomischen Anreize und möglichen Hemmnisse die Minimalbedingungen für Menschen maximieren sollen, dass – anders gesagt – die am stärksten Benachteiligten so gut wie möglich leben können, wenn man alles zusammennimmt. Nach dem Unterschiedsprinzip dürfen wir Ungleichheit nur insoweit akzeptieren, als sie hilft, die Lage der untersten Klassen zu bessern. Die Maximierung der Mindestlebensvoraussetzungen von Menschen ist als Prinzip des Risikomanagements eher ungewohnt. Schließlich sind uns alle Menschen wichtig und nicht nur die am stärksten Benachteiligten.

Mein Vorschlag für ein Gerechtigkeitsprinzip ergibt sich aus dem Panoramablick auf *Rawls'* »Urzustand«. Ich frage, in welcher Art Welt wir leben wollten, wenn wir es uns vor unserer Geburt aussuchen könnten. Die Wahrscheinlichkeit, wo und als was wir geboren werden, ist gleichmäßig verteilt, und insofern bedenken wir nach dieser Fiktion das Leben aller Menschen, nicht nur der Ärmsten. So können wir beim Blick auf eine wünschenswerte Welt alle Nuancen von Gleichheit und Chancen und emotionalem Wert und Lebenserfahrung berücksichtigen. Dann wird aus der ungleichen Verteilung der Einkommen nicht automatisch etwas Schlechtes, sondern Teil des Panoramas. Wir werden erhebliche Einkommensunterschiede akzeptieren. Was wir jedoch entschieden ablehnen, ist die unbegründete, zufällige und schmerzlich spürbare Ungleichheit.[18]

Rawls' Theorie der Gerechtigkeit stützt meine Argumentation über den Nachweis, dass sich die Vorschläge vieler Philosophen für mehr Gerechtigkeit auf die Finanztheorie übertragen lassen. Wir werden den Horizont der Finanztheorie erweitern, um sie tiefer in der Gesellschaft zu verwurzeln.

Die neue Finanzordnung

In Teil 1 will ich in den Grundzügen das Problem schildern, das die Finanztechnik lösen soll: das individuelle Risiko, plötzlich den finanziellen Rückhalt zu verlieren und abzustürzen. Diese Gefahr ist auch bei optimistischsten Wirtschaftsszenarien sehr real. Wir werden sehen, dass sie größer ist, als viele wahrhaben wollen, und dass neben anderen Gefahrenquellen nicht zuletzt der technische Fortschritt den persönlichen Wohlstand bedroht.

In Teil 2 geht es um den Einfluss des technischen Fortschritts auf das Risikomanagement der Zukunft. Die Informationstechnologie bietet Verbesserungsmöglichkeiten, die sich erst in den Umrissen abzeichnen. Hier verdanken sich technische Fortschritte zum Teil der Psychologie, die unser Verständnis vom Umgang der Menschen mit den Instrumenten des Risikomanagements verändert.

Teil 3 erklärt in sechs Kapiteln die bereits erwähnten sechs Vorschläge für eine neue Finanzordnung und ist mithin das Herzstück des Buchs.

In Teil 4 geht es um die Umsetzung der neuen Finanzordnung: globale Risikodatenbanken, neue Maßeinheiten und elektronisches Geld. Zusätzlich beschreibt es neue Formen von Forschung und Engagement, die zur Anwendung der Vorschläge notwendig sind.

Teil 5 analysiert die Geschichte der Finanzmärkte und Rentenversicherungen und enthüllt dabei langsame, fortdauernde Veränderungen, die von der Richtung her mit meinen Vorschlägen übereinstimmen. Pioniere, die in den letzen zwei Jahrhunderten vergleichbare Neuerungen angestoßen haben, hatten zumindest intuitiv ein Gespür für die Grundlagen des Finanzwesens und der menschlichen Psyche und sie verstanden es, die zu ihrer Zeit avanciertesten Informationstechniken sinnvoll zu nutzen. Die Annahme, wir könnten diese Fortschritte auch in Zukunft weitertreiben, liegt nahe.

Der Epilog skizziert das Modell eines radikal neuen Finanzwesens und gibt einen Ausblick, wie grundsätzlich anders als heute unser Leben durch verbesserte Finanzinstitutionen sein könnte.

Teil 1

Wirtschaftliche Risiken im Zeichen des Fortschritts

1

Wie die Welt nach 1950 hätte aussehen können

Es ist nicht leicht, die in der Zukunft drohenden Risiken anschaulich darzustellen. Denn es handelt sich um hypothetische Gefahren, zumindest solange, als sie sich nicht konkret am Horizont abzeichnen. Die wenigsten Menschen sind geneigt, den Sinn entsprechender Vorsorgemaßnahmen einzusehen. Stattdessen sind wir in aufdringliche kleine Alltagsprobleme verstrickt und denken selten darüber nach, wie wir mit den wahren Gefahren umgehen sollten.

Im Gegensatz dazu sind uns die Gefahren der Vergangenheit durchaus vertraut. Lassen Sie uns deshalb ein Gedankenexperiment wagen, stellen wir uns doch vor, wie sich die Geschichte seit 1950 hätte entwickeln können, wenn damals schon einige der hier vorgeschlagenen Ideen eingeführt worden wären. Durch diese Übung können wir das Potenzial der Finanzinnovationen konkreter einschätzen.

Wir unterstellen, die noch wenig fortgeschrittene Informationstechnik der fünfziger Jahre hätte die Einführung dieser Finanzinnovationen nicht behindert. Wir nehmen weiterhin an, das Wissen über das Finanzwesen sei unter den Regierungen, Unternehmern und in der Öffentlichkeit weiter entwickelt gewesen als tatsächlich. Und schließlich sehen wir von der wachsenden Komplexität der politischen Verhältnisse seit 1950 ab und konzentrieren uns auf den möglichen Nutzen der technischen Möglichkeiten des Risikomanagements unter der Prämisse, sie hätten angewendet werden können.

Wir begeben uns mit unserer Übung auf das Feld der Szenariotechnik, angewandt auf den Entwurf von Alternativen in der historischen Entwicklung. Sie versucht einen möglichen Gang der Dinge zu schildern, wenn bestimmte entscheidende Ereignisse nicht stattgefunden hätten oder anders verlaufen wären, und wurde dafür von den Vertretern der konventionellen Geschichtsschreibung heftig kritisiert. Natürlich ist »Geschichte« so komplex, dass derartige Schlussfolgerungen blanke Vermutungen bleiben müssen. Trotzdem kann – davon sind auch manche Historiker überzeugt – die »alternative Geschichte« eine sinnvolle und nützliche geistige Übung sein und uns auf wichtige Anhaltspunkte hinweisen, die sonst unserer Aufmerksamkeit entgangen wären.[1]

Rekonstruktion der Geschichte seit 1950 mit verbessertem Risikomanagement

1950 liefen die Hilfsmaßnahmen des Marshallplans auf vollen Touren. Sie sollten die Erholung Europas von den Zerstörungen und Rückschlägen des Zweiten Weltkriegs beschleunigen. Der amerikanische Kongress bewilligte das Programm von 1948 bis 1951, und in dieser Zeit flossen von den Vereinigten Staaten an die europäischen Länder (Belgien, Dänemark, Deutschland, Frankreich, Griechenland, Großbritannien, Island, Irland, Italien, Luxemburg, die Niederlande, Norwegen, Österreich, Portugal, Schweden, Schweiz und Türkei) insgesamt 13 Milliarden Dollar, überwiegend als reine Geschenke. Auf den ersten Blick wirkt es wie ein beeindruckendes Beispiel für spontane Hilfsbereitschaft.

Andererseits repräsentiert die großzügige Geste lediglich 1,3 Prozent des amerikanischen Bruttoinlandsprodukts jener vier Jahre. Der Marshallplan hat das Wiedererstarken Europas erheblich beschleunigt, aber trotzdem handelt es sich um eine vergleichsweise geringe Summe. Angesichts der Situation in Europa – in manchen Regionen hungerte die Bevölkerung nach dem Krieg – wirken 13 Milliarden Dollar eher kläglich, jedenfalls aus der Warte von *Rawls'* »Urzustand« betrachtet.

Auch war der Marshallplan kein altruistischer Akt. Der nach dem Außenminister der USA, *George C. Marshall*, benannte kostspielige Vorschlag für die Unterstützung Europas stieß im US-Kongress zunächst auf wenig Gegenliebe. Die Abgeordneten überzeugte erst das Argument, dass der Marshallplan lediglich 5 Prozent der gesamten Kriegskosten der USA verschlingen würde und diese ohne die zusätzliche Ausgabe unter Umständen in den Wind geschossen wären, weil Europa trotzdem faschistischen, kommunistischen oder anderweitig unerwünschten Regimen anheim fallen könnte (wie nach dem Ersten Weltkrieg geschehen).[2] Die Befürworter des Marshallplans sahen ihn als erfolgreichen Abschluss der Kriegshandlungen. Menschen haben den Drang, einmal angefangene Aufgaben abzuschließen, und genau in dieses Muster passt das Hilfsprogramm.[3] Andernfalls hätten die Vereinigten Staaten das vom Krieg schwer geschädigte Europa vermutlich sich selbst überlassen. Der Marshallplan war schwerlich ein Beispiel für uneigennützige Wohltätigkeit, höchstens ein Beleg für den politischen Willen der USA, sich in als wichtig eingeschätzten Fällen auch mit großen Summen im Ausland zu engagieren.

Beginnen wir also mit dem Gedankenexperiment: Nehmen wir einmal an, die meisten Europäer und ihre Regierungen hätten sich vor den Zweiten Weltkrieg mit den in der Einleitung erwähnten und im Folgenden ausgeführten Instrumenten gegen grundsätzliche Risiken abgesichert: *Lebensstandard-Versicherungen, Makromärkte, einkommensgebundene Darlehen* und, auf Regierungsebene, *Vereinbarungen zur internationalen Risikokontrolle*. Die Begriffe wirken hier noch sehr verwirrend, aber fürs Erste mag die Erklärung genügen, dass derartige Verträge die Risiken, den eigenen Lebensunterhalt zu bestreiten, erheblich gesenkt und, wenn so etwas vor 1950 bereits möglich gewesen wäre, vermutlich gar nicht so viel gekostet hätten.

Wären solche Vereinbarungen vor den Zweiten Weltkrieg abgeschlossen worden, wäre vermutlich wesentlich mehr Geld als über den Marshallplan nach Europa transferiert worden. Anders ausgedrückt, es wäre gut möglich gewesen, dass die Vereinigten Staaten (und andere Länder) in Erfüllung ihrer finanziellen Verpflichtungen aus den vor dem Krieg unterzeichneten Risikomanagement-Verträgen 10 Prozent ihres Bruttoinlandsprodukts oder mehr für den Ausgleich der Kriegsschäden in Europa hätten zahlen müssen. Das wäre eine sehr sinnvolle Investition gewesen, denn die vom Krieg verschonten Vereinigten Staaten hätten die 10 Prozent Minus leicht verkraftet, während das Geld im vom Krieg zerstörten Europa viel Gutes bewirkt hätte.

Auch die Zweifel, dass derartige Risikomanagement-Verträge unter Umständen den Krieg nicht überlebt hätten, lassen sich ausräumen: Die meisten Empfängerstaaten standen nicht mit den USA und ihren Verbündeten im Krieg. In diesen Fällen hätte die Respektierung vorher abgeschlossener Verträge ohnehin außer Frage gestanden. Abgesehen davon wurden sogar die besiegten Achsenmächte Deutschland und Italien vom Marshallplan unterstützt. Auch die Verbitterung nach einem Krieg schließt also nicht notwendig verantwortungsvolles Handeln aus. Höchstwahrscheinlich hätten auch die Italiener und Deutschen von Risikomanagement-Verträgen profitiert, wenn sie diese hätten vorher abschließen können.

Für die asiatischen Länder wurde kein dem Marshallplan vergleichbares Unterstützungsprogramm ins Leben gerufen, obwohl auch hier weite Landstriche vom Zweiten Weltkrieg verwüstet worden waren. Der Präsident der Vereinigten Staaten, *Harry S. Truman*, sprach zwar in seiner Inaugurationsrede unter Punkt Vier über Hilfen für Afrika, Asien und Südamerika, und das Punkt-Vier-Programm genannte Maßnahmenpaket wurde zwischen 1952 und 1954 auch umgesetzt. Aber die Amerikaner investierten gerade einmal 6 Prozent der gesamten nach Europa geflossenen Hilfsgelder in Asien.[4] Wie erklärt sich dieses Ungleichgewicht? Vermutlich spiegelt sich in der Entscheidung ein noch heute zu beobachtendes Muster wider: das Gefühl von Verwandtschaft, verbunden mit politischen Sachzwängen. Für die Vereinigten Staaten war Asien etwas »anderes« als Europa.

Hätten die Menschen und Regierungen in Asien vor dem Krieg jedoch die Möglichkeit gehabt, grundlegende Lebensrisiken zu versichern, hätten, davon können wir ausgehen, viele Asiaten ihre Interessen zu wahren gewusst. Dann hätte die Wirtschaft in Fernost nicht so lange am Boden gelegen. Das Finanzwesen ist, anders als die Außenpolitik, unpersönlich. Der Profit steht im Vordergrund, nicht die Nationalität. Asien hätte in der Nachkriegsära beträchtliche Geldsummen erhalten, wäre es über Makromärkte, Lebensstandard-Versicherungen und andere Risikomanagement-Verträge aus der Zeit vor dem Krieg versichert gewesen. Dann hätte sich der wirtschaftliche Aufschwung, den Japan und andere Staaten im Fernen Osten ab den sechziger Jahren erlebten und in dem sich einige Länder erst heute befinden, vielleicht schon in den fünfziger Jahren ereignet.[5] Eine ganze Generation hätte viel besser leben können.

Doch selbst wenn keine derartigen Verträge den Lebensunterhalt versichert hätten, hätte sich die Tragödie des Krieges in der Nachkriegszeit sowohl in Europa als auch in Asien lindern lassen, wenn die kriegsgeschädigten Länder weltweit Ansprüche auf ihr künftiges Bruttoinlandsprodukt hätten verkaufen können, um Gelder für Wiederaufbaumaßnahmen zu erhalten. Statt amerikanische Dollars leihen zu müssen, hätten sie auf Makromärkten erheblich größere Summen aufnehmen können. Die Risikostruktur von Ansprüchen auf Volkseinkommen, Erwerbseinkommen und andere Einkommensindizes wäre für alle Seiten vorteilhaft gewesen. So mancher amerikanische Anleger hätte die Chancen einer europäischen wirtschaftlichen Erholung optimistisch eingeschätzt und sein Geld gern auf dem alten Kontinent investiert. Für das erhöhte Ausfallrisiko hätte er schließlich einen satten Zinsaufschlag erhalten. Und so mancher Europäer hätte wohl gern einen Kredit aufgenommen, wenn er das Risiko, dass eine schleppende europäische Erholung möglicherweise die Rückzahlung erheblich erschwert hätte, nicht hätte alleine tragen müssen (dass es anders kam, wissen wir schließlich erst im Nachhinein). Ein fortschrittliches Risikomanagement hätte im Europa der fünfziger Jahre zu einer sehr viel gleichmäßigeren Erholung von den Kriegsfolgen geführt, als es tatsächlich der Fall war.

Zweites Gedankenexperiment: Nehmen wir an, die afrikanischen Kolonien und die europäischen Kolonialmächte hätten vor der Entlassung in die Unabhängigkeit – Ghana eröffnete 1957 den Reigen – Verträge zur Abfederung wirtschaftlicher Risiken geschlossen. Denkbar sind zum Beispiel Vereinbarungen zwischen den Regierungen über den Austausch von unerwarteten Zuwächsen im Pro-Kopf-Einkommen der afrikanischen Länder mit unerwarteten Zuwächsen im Pro-Kopf-Einkommen der europäischen Länder. Die Beziehungen zwischen den Kolonien und den Kolonialherren waren damals sehr gespannt, aber man kann davon ausgehen, dass die Länder schon im eigenen Interesse auf die Bedürfnisse und Belange des Gegenübers Rücksicht genommen hätten, wenn sie über vertragliche Verpflichtungen an deren wirtschaftlicher Entwicklung partizipiert hätten.

Auf Regierungsebene ausgehandelte Risikokontrakte hätten in den sechziger Jahren die europäischen Staaten zu einem Denken gezwungen, das für diese Zeit völlig untypisch gewesen wäre. Die Aussichten der afrikanischen Wirtschaft hätten offen diskutiert werden müssen, und dabei wäre nicht nur die Möglichkeit zur Sprache gekommen, dass sie sich schlechter als erwartet entwickeln und die ehemaligen Kolonialmächte zu Ausgleichszahlungen über die vereinbarten Verträge verpflichtet gewesen wären. Ebenso hätte bedacht werden müssen, dass sich die afrikanischen Länder besser als erwartet entwickeln und umgekehrt an die ehemaligen Kolonialherren Ausgleichszahlungen hätten leisten müssen.

Gerade das Beispiel der afrikanischen Entwicklung seit 1969 ist in der Tat ausgesprochen enttäuschend. Das Pro-Kopf-Einkommen lag zum Beispiel in Nigeria zum Zeitpunkt der Unabhängigkeit bei 1 054 Dollar. 38 Jahre später, 1998, war das durchschnittliche Realeinkommen eines Nigerianers auf 1 025 Dollar gefallen.[6] Von einem in die Unabhängigkeit entlassenen Land mit reichen Ölvorkommen hätte man mehr erwarten können. Nigeria hätte sich 1960 keine Versicherungsprämien leisten können, aber das wäre auch nicht nötig gewesen. Es hätte genügt, für den Fall einer unerwartet positiven wirtschaftlichen Entwicklung eine entsprechende Zahlungsbereitschaft zu signalisieren. Es mag hartherzig klingen, von einem derartig armen Land überhaupt irgendwelche Zahlungen zu fordern, aber die Verpflichtung hätte sich auf Nigeria überaus positiv ausgewirkt. Wie wir heute wissen, hätte Nigeria wegen seiner enttäuschenden Wirtschaftsentwicklung niemals zahlen müssen, sondern hätte erhebliche Zahlungen erhalten.

Wenn Europa und Afrika in den sechziger Jahren derartige Risikomanagement-Verträge abgeschlossen hätten, würden viele afrikanische Staaten, die heute unter unglaublicher Armut, Kriminalität, ethnischen Konflikten und Krankheiten leiden, von ihren ehemaligen Kolonialherren erhebliche finanzielle Mittel erhalten. Millionen, die an Aids starben oder in den Bürgerkriegen des Kontinents ihr Leben ließen, könnten heute noch leben. Es bestünde wohl auch ein größerer wirtschaftlicher Anreiz, Tropenkrankheiten wie Malaria, West-Nil-Fieber und Schlafkrankheit zu erforschen und wirksame Medikamente zu entwickeln. Außerdem hätte der von den Risikomanagement-Verträgen ermöglichte höhere Lebensstandard wirksame Maßnahmen gegen das afrikanische Problem der hohen Geburtenraten und damit ein niedrigeres Bevölkerungswachstum ermöglicht.

Nehmen wir schließlich an, ähnliche Risikomanagement-Verträge wären zwischen den entwickelten Ländern und den Staaten der ehemaligen Sowjetunion abgeschlossen worden, als sich die UdSSR 1991 auflöste. Der katastrophale Niedergang, der sich in diesen Gebieten während der neunziger Jahre abspielte, wäre von umfangreichen Zahlungen aus den entwickelten Staaten gelindert worden. Als vertraglich vereinbarte Transferleistungen wären sie sehr viel größer ausgefallen als die mageren Geldströme, die derzeit in den ehemaligen Ostblock fließen.

Hätte man die Kredite für die Länder der ehemaligen Sowjetunion an die Entwicklung des jeweiligen Bruttoinlandsprodukts gekoppelt, würden sich diese Länder heute wahrscheinlich nicht in einer wirtschaftlich derart hoffnungslosen Lage befinden. Vielleicht hätte die Finanzkrise 1998 nicht stattgefunden, die sich auf der anderen Seite des Globus in den Vereinigten Staaten von der Furcht nährte, Russland könnte seine Schulden nicht mehr bedienen.

Spielen wir das Spiel »Was wäre gewesen, wenn« noch für andere Risikomanagement-Instrumente durch. Nehmen wir an, die Schulden der Schwellenländer wären seit 1950 an die Entwicklung ihres Bruttoinlandsprodukts rückgebunden. Unter dieser Voraussetzung spräche vieles dafür, dass sich die Schuldenkrise der frühen achtziger Jahre, die Mexikokrise von 1994, die Asienkrise von 1997, die Argentinienkrise von 2001 und die Brasilienkrise von 2002 nicht so gravierend entwickelt hätten. Die Verschuldung dieser Staaten wäre durch die Krise automatisch gesunken, und mit dieser Sicherheit im Rücken hätten Anleger und Banken die Krise nicht noch auf die Spitze getrieben, indem sie ihre Investitionen aus den betroffenen Ländern zurückzogen.

Nehmen wir einmal an, amerikanische Bürger hätten den Wert ihrer Immobilie durch eine Eigenheimkapitalversicherung gegen Einbrüche auf dem Immobilienmarkt versichern können: Die Panikverkäufe, die so manchem Eigentümer in amerikanischen Großstädten schweren finanziellen Schaden zugefügt haben, hätten vermutlich nicht stattgefunden. Die Immobilienpreise wären in Stadtteilen, deren ethnische Zusammensetzung sich änderte, nicht zusammengebrochen, die »Flucht der Weißen« hätte nicht derart verheerende Folgen gehabt, und der Bruch wäre weniger radikal gewesen. Der wirtschaftliche Niedergang bestimmter Viertel in Detroit, Washington und Philadelphia hätte sich so vielleicht nicht ereignet. Lebensfähige Stadtkerne hätten die Industrie animiert, am Standort zu bleiben und damit wiederum deren Lebensfähigkeit gestärkt.

Nehmen wir an, es gäbe seit damals eine *Steuer gegen Einkommensungleichheit*. Sie hätte die Gesellschaft gegen ein Anwachsen der Einkommensunterschiede gefeit. Der riesige Abstand zwischen besser verdienenden und armen Menschen, der sich in fast allen

Industrieländern Ende des 20. Jahrhunderts beobachten lässt, hätte sich vielleicht vermeiden lassen. Der Kontrast von neureichen Villen auf der einen und sozialem Wohnungsbau auf der anderen Seite, das Schauspiel, dass die einen mit schicken Limousinen vorfahren, während andere mit dem Minimum und weniger auskommen müssen, wäre uns vielleicht nicht in dieser extremen Ausprägung geboten worden.

Nehmen wir an, es gäbe seit damals eine *generationengerechte Rentenversicherung,* die den Namen auch verdient. Dann hätten die älteren amerikanischen Staatsbürger nicht auf Kosten der jüngeren Anfang der achtziger Jahre durch die inflationsgebundenen Rentenbezüge derartige Einkommenszuwächse erlebt. Die derzeitige Diskussion, wie das Rentenversicherungssystem zu retten wäre, würde unter völlig anderen Voraussetzungen geführt: vor allem unter der Prämisse, dass die Generationen gleichmäßig belastet werden sollen.

Nehmen wir an, 1950 seien *indexierte Rechnungseinheiten* (wie in Teil 4 beschrieben) eingeführt worden. Der Begriff muss hier noch völlig unverständlich wirken, aber in diesem Zusammenhang ist vor allem eins wichtig: Inflationsindizes wären sehr viel weiter verbreitet und würden die Menschen gegen die Unbilden einer unerwarteten Inflation schützen. Langlaufende Rentenpapiere und Hypotheken würden ebenso wie andere langfristige Finanzverträge auf jeden Fall an die Inflation rückgebunden. Den kräftigen Inflationsschub, den die Welt in den achtziger Jahren erlebte, und die anschließende weltweite Verlangsamung der Geldentwertung hätten wir vielleicht nur in abgemilderter Form erlebt.

Seit 1950 haben hohe Inflationsraten in vielen Ländern der Erde Schaden angerichtet, in fast allen lateinamerikanischen Staaten, im Nahen Osten und in Afrika. Zwischen 1960 und 1980 blieb fast kein Staat von einer plötzlichen Geldentwertung verschont. Wären alle Finanzinstrumente indexiert gewesen, hätten die Inhaber nicht mit ansehen müssen, wie ihr in langlaufende Rentenpapiere angelegtes Vermögen dramatisch zusammenschmilzt. Menschen, die 1960 mit einer fixen Rente in den Ruhestand gingen und noch 30 Jahre lebten, stand am Ende nur noch ein Drittel der ursprünglichen Kaufkraft zur Verfügung. Die Inflation arbeitete vor allem in den siebziger Jahren Immobilienkäufern in die Hände, weil die ursprünglich realistischen Tilgungsraten im Lauf der Jahre erheblich an Wert verloren. Aber der warme Regen für die Häuslebauer ließ die auf Sicherheit bedachten Anleger, die ihr Geld in Anleihen und auf Sparbüchern horteten, im Regen stehen, in einem allerdings sehr viel weniger angenehmen Regen. Wären Hypotheken und Anleihen laufend an die Teuerungsrate angepasst worden, hätten jüngere Menschen, die nach 1980 vom Eigenheim träumten, weniger gravierende Nachteile gehabt.

Seit Mitte der neunziger Jahre erlebt Japan eine massive Deflation. Da hier die Teuerungsrate weit hinter den Prognosen zurückblieb, gestaltete sich die Belastung durch Kredite höher, als die Schuldner erwartet hatten. Das Ergebnis waren viele faule Kredite, die die Stabilität des Bankensystems gefährdeten und Japans Wirtschaft in die Stagnation führten. Hätte man rechtzeitig indexierte Rechnungseinheiten eingeführt, wäre das so genannte verlorene Jahrzehnt für Japan vielleicht nicht so verloren gewesen.

Hätte man die Löhne an den realen und nicht an den nominalen Geldwert gebunden (was durch indexierte Rechnungseinheiten ebenfalls erleichtert wird), hätte sich der Teufelskreis von erwarteten Lohnsteigerungen und noch höheren tatsächlichen Lohnsteigerungen vielleicht vermeiden lassen, und wir hätten die strukturelle Inflation – die Stagflation – nicht erlebt. Die Rezessionsphasen wären glimpflicher verlaufen, weil die Löhne in einer Rezession automatisch gefallen, damit auch weniger Menschen arbeitslos geworden wären und der Einbruch sich ohne den Vertrauensverlust und den Schock in den Aktienmärkten nicht so stark auf andere Aspekte der Wirtschaft ausgewirkt hätte.

Naturgemäß lässt sich nur schwer einschätzen, welche Impulse von einem fortschrittlichen Risikomanagement ausgegangen wären, welche Chancen die Menschen genutzt hätten. Hätten neuartige Risikoinstrumente die Neigung unterlaufen können, lieber das Vertraute fortzuschreiben, nichts Neues zu wagen und dem Beispiel der Masse zu folgen? Dann hätte die Welt vielleicht Erfindungen gesehen, die sich im Nachhinein nicht erahnen lassen. In den Schwellenländern hätten sich vielleicht Hochburgen für bestimmte technische Fertigkeiten gebildet. In entwickelten wie weniger entwickelten Ländern hätte sich eine vielleicht sehr viel stärker geografisch differenzierte Wirtschaft mit hochgradig spezialisierten Mitarbeitern herausgebildet. Wirtschaftlich abgeschottete Schwellenländer, insbesondere Indien, hätten sich vielleicht schon längst dem Wettbewerb geöffnet, wenn sie die Schädigung der einheimischen Industrie durch die neue Konkurrenz nicht hätten fürchten müssen, weil die eigene Bevölkerung von einem demokratischen Finanzwesen geschützt worden wäre. Wer weiß, vielleicht hätten interessante Initiativen den Lebensstandard weltweit gehoben.

Das bisher Gesagte war ein Gedankenexperiment und nichts weiter. Man kann nie definitiv sagen, was geschehen wäre, wenn … Der Kalte Krieg, das Wettrüsten, die ideologischen und militärischen Fronten, die politisch prekären Verhältnisse, die für die zweite Hälfte des 20. Jahrhunderts charakteristisch sind, hätten wohl viele der in diesem Kapitel erträumten Fortschritte zunichte gemacht. Trotzdem lässt sich sagen, dass eine Infrastruktur des Risikomanagements die Auswirkungen schwer wiegender Probleme substanziell hätte verbessern können.

Die Mängel der Informationstechnologie im Jahr 1950

Internationale Risikoverträge und Makromärkte, an denen derartige Risiken hätten gehandelt werden können, wären 1950 an den unzureichenden Mitteln der Informationstechnologie gescheitert. Damals war die Berechnung des Bruttoinlandsprodukts oder des Volkseinkommens noch sehr unausgereift, selbst die genaue Definition dieser Begriffe war umstritten. Großbritannien veröffentlicht erst seit 1941 Zahlen zum Volkseinkommen. Kurz zuvor hatte der Wirtschaftswissenschaftler *Richard Stone* ein Berechnungsmodell entwickelt. Die Vereinigten Staaten berechnen und publizieren seit 1942 Volkseinkommen und Produktionskonten, also gegliedertes Sozialprodukt. Noch 1950 waren die zugehörigen Definitionen im Fluss. 1961 erschien *Input-Output and National Accounts* von *Richard Stone*. Viele Entwicklungsländer veröffentlichten damals keine Daten zum Nationaleinkommen, und wenn, waren die Zahlen so unzuverlässig, dass man nichts damit anfangen konnte.

Makromärkte für Einfamilienhäuser hätte es schon deswegen nicht geben können, weil keine allgemeinen akzeptierten Immobilien-Preisspiegel bestanden. Um 1950 erstellten Wirtschaftswissenschaftler den einen oder anderen Preisspiegel für Einfamilienhäuser anhand der in Zeitungsanzeigen genannten Preise, aber es handelte sich nicht um fortlaufende Projekte, sondern eher um sporadische Berechnungen anhand historischer Erhebungen. Die *National Association of Realtors* (*NAR*) veröffentlicht erst seit den achtziger Jahren für eine Reihe von Städten den durchschnittlichen Preis für Einfamilienhäuser, aber die Zahlen sind zum Teil nicht nachvollziehbar. Sie eignen sich auch deshalb nicht als Grundlage für Risikomanagement-Verträge, weil sie nach wie vor von den Zufällen der gerade verkauften Häuser abhängen. Erst 1991 gründeten *Chip Case*, *Allan Weiss* und ich unsere Firma. Wir veröffentlichten den ersten statistisch zuverlässigen und regelmäßig fortgeschriebenen Index für die Preise von Einfamilienhäusern.

Die fehlenden technischen Möglichkeiten hätten sich auch an anderer Stelle unangenehm bemerkbar gemacht. Statt mit dem Computer arbeitete man mit Papier und Bleistift, Papier und Schreibmaschine, Papier und Druckerpresse. Die nötigen Rechenoperationen wären mit diesen Mitteln viel zu teuer und langsam gewesen, ganz zu schweigen von der Kommunikation. Auch die Gestaltung der Veröffentlichungen hätte sich längst nicht so einfach wie heute bewerkstelligen lassen.

Fehlende Detailinformationen zu den Einkommensverhältnissen

hätten es einer Reihe der weiter unten vorgeschlagenen Instrumente schwierig, wenn nicht unmöglich gemacht. Lebensstandard-Versicherungen, Makromärkte, internationale Risikokontrolle und einkommensgebundene Darlehen sind ohne genaue Indizes zur Entwicklung der Löhne unmöglich. Auch eine Steuer gegen Einkommensungleichheit oder eine generationengerechte Rentenversicherung lässt sich ohne Angaben zum wirtschaftlichen Status der Bürger und Bürgerinnen schwerlich verwirklichen.

Die Zeit drängt

Unser Gang durch die Geschichte seit 1950 hat gezeigt, dass sich einige der schwierigsten Probleme jener Jahre mit einem angemessenen Risikomanagement besser hätten bekämpfen lassen. Heute haben wir die technischen Mittel, um die entsprechenden Vorschläge zu verwirklichen. Wir sollten schleunigst Risikomanagement-Instrumente implementieren, um ähnliche Probleme in Zukunft zu verhindern.

Wenn wir in dieser Weise über die zurückliegenden Gefahren nachdenken, erscheint es recht wahrscheinlich, dass auch das kommende Jahrhundert seine Verwerfungen und Probleme mit sich bringen wird. Es gibt keinen Grund zu der Annahme, die Wechselfälle des Lebens würden uns verschonen. Im Gegenteil, angesichts der allgemeinen Beschleunigungen durch die Fortschritte der Informationstechnologie und der immer leistungsfähigeren Roboter haben wir allen Grund zu der Annahme, dass uns diese Wechselfälle häufiger als frühere Generationen heimsuchen werden. Mehr Menschen werden durch unerwartete Schrecknisse verarmen, während einige wenige sagenhaft reich werden.

Eins ist an Risikomanagement-Verträgen besonders wichtig: Sie müssen vor Eintritt des Schadensfalls unter Dach und Fach gebracht werden, also bevor sich Ereignisse ankündigen, die die Notwendigkeit solcher Verträge allen vor Augen führen. Man muss eine Lebensversicherung abschließen, bevor man ernsthaft erkrankt. Man muss das Haus gegen Feuer versichern, bevor die Flammen am Erdgeschoss züngeln. Für ökonomische Gefahren, die sich allmählich anbahnen, fehlt uns das Gespür und deswegen sehen wir uns nicht zum Handeln veranlasst.

Die Absicherung gegen plötzliche Katastrophen hat eine lange Geschichte. Die erste Feuerversicherung wurde nach dem großen Brand von London 1666 gegründet, kurze Zeit später dann auch die erste Lebensversicherung. Gegen schleichende Katastrophen kann man sich jedoch bis heute kaum absichern.

Die Zeit für die Übernahme der im Folgenden vorgeschlagenen technologisch fortschrittlichen Maßnahmen haben wir. Wichtig ist der erste Schritt. Prototypen müssen eingeführt und in Gang gesetzt werden, um im kleinen Maßstab ihre Durchführbarkeit und Nutzen zu demonstrieren und ihre Lebensfähigkeit zu beweisen. Aus diesen ersten Experimenten können sich dann größere Projekte entwickeln und aus hoffentlich kleinen Katastrophen in den nächsten Jahren Schwung gewinnen. Mit der Zeit würden sich die Finanzinnovationen als nahe liegende Option im Bewusstsein der Menschen einnisten, um sich vor potenziellen Rückschlägen zu schützen. Einmal eingeführt, dürften die neuen Instrumente schon bald nicht mehr aus dem Alltag fortzudenken sein.

2

Die unsichtbare Gefahr

Trotz all des Geredes über Risiken und Finanzen bleiben die eigentlichen wirtschaftlichen Gefahren im Verborgenen, gerade so, als gäbe es sie nicht. Wir erfassen die Unwägbarkeiten unserer eigenen beruflichen Zukunft nicht in voller Tragweite, die Chancen der nächsten Generation, die Zukunftsaussichten der Unternehmen an unserem Wohnort, der Zustand unseres Stadtteils und die nationale wirtschaftliche Entwicklung interessieren uns eher am Rande. Menschen sind sich ihrer eigenen wirtschaftlichen Risiken bewusst oder der ihrer Familien, aber auch das nur teilweise und zeitweise. Die Natur dieser Risiken erschließt sich ihnen nicht vollständig.

Wir müssen die langfristigen ökonomischen Gefahren in ihren Grundzügen kennen, wenn wir ihnen vorbeugen wollen. In diesem Kapitel will ich einen Überblick über die wirtschaftlichen Gefahren geben, mit denen sich Menschen konfrontiert sehen, ihre Komplexität andeuten und die Gründe, warum sie so oft im Verborgenen bleiben. Die folgenden Kapitel werden diese erste Skizze weiter verfeinern.

Veränderungen des Lebensstandards

Bei Politikern wie Unternehmern ist die Aussage beliebt, dass die freie Marktwirtschaft allen Bürgern und Bürgerinnen Vorteile bringe. Präsident *John F. Kennedy* sprach einst davon, dass die Flut alle Boote hebe. Die Realität legt allerdings den Verdacht nahe, dass das Bild nicht stimmt und der Lebensstandard nicht nur individuell verschieden ist, sondern auch im Leben eines und desselben Menschen stark variieren kann. Ursache sind die sehr verschiedenen Verdienstchancen.

Die Fähigkeit, sich von seiner Hände Arbeit zu ernähren, hängt von dem individuellen Beitrag zum Produktionsprozess ab. Sie ist mithin untrennbar mit der technischen Entwicklung verbunden. Entsprechend groß ist das persönliche Risiko in einer Zeit, in der sich die Technik besonders schnell weiterentwickelt.

Die anerkannte Wirtschaftstheorie behauptet, dass das Einkommen der Arbeiterschaft ihrem »Grenzprodukt« entspricht. Das Grenzprodukt bezeichnet den Beitrag, den der jeweilige Mitarbeiter zu allen anderen Beiträgen hinzufügt und der schließlich in das Produkt eingeht, das durch den Verkauf einen Preis erzielt. Der Theorie zufolge bezahlen die Arbeitgeber genau diesen Betrag, nicht mehr und nicht weniger; dafür sorgt einerseits der Markt, auf dem das Produkt abgesetzt wird, und andererseits der Arbeitsmarkt, auf dem der Arbeitgeber seine Arbeitskräfte findet. Dieser Theorie zufolge wird nur bezahlt, wer produziert, und nur so viel bezahlt, wie man zusätzlich und über die bereits geleisteten Beiträge hinaus beitragen kann. Die Vergütung von Mitarbeitern beruht natürlich auch auf den Tarifabschlüssen der Gewerkschaften und anderem mehr, aber als erste Näherung und allgemeine Regel ist das Verständnis des persönlichen Arbeitseinkommens als persönliches Grenzprodukt durchaus sinnvoll.[1]

Die Fähigkeit, innerhalb eines größeren Unternehmens seinen Beitrag zu leisten, hängt nicht zuletzt von dem persönlichen Talent ab, mit anderen Beschäftigten zusammen zu arbeiten, und von Dingen, etwa den verfügbaren Materialien und Verfahren, die man in aller Regel nicht selbst beeinflussen kann. Das Zusammenspiel der einzelnen Faktoren kann sich sehr unterschiedlich gestalten, je nachdem, wo die Wertschöpfung ansetzt. Maschinen und Methoden ändern sich ständig, die Nutzungsmöglichkeiten ändern sich ständig, die Preise von Rohstoffen und benötigten Teilen ändern sich ständig. Kurzum, aus der Sicht der Wirtschaftswissenschaften hängt unser Lebensstandard am seidenen Faden und von Umständen ab, die wir niemals ganz verstehen werden, selbst lange nach den Ereignissen nicht.

Die individuelle Anstrengung schöpft für sich keinen Wert. Menschen müssen zusammen oder in Wirtschaftsunternehmen arbeiten, und in Unternehmen sind verschiedene menschliche Fähigkeiten notwendig, aber auch materielle Produktionsmittel: Maschinen, Ausrüstung, Grundstücke, Rohstoffe und so weiter. Die Gründung eines Unternehmens verlangt Zeit und geduldige Investoren, bis die Gewinnzone erreicht ist. Ein Ein-Mann- oder Ein-Frau-Unternehmen, das auf all diese Beiträge verzichten kann, wird nur in den seltensten Fällen möglich sein.

Im Prinzip kann jeder halbwegs intelligente Mensch die notwendigen Produktionsmittel einkaufen, indem er oder sie Geld von der Bank leiht oder über den Kapitalmarkt aufnimmt und andere Menschen zur Mitarbeit überredet, aber erfahrungsgemäß gelingt es nur Personen mit außerordentlichen Talenten, viel Energie und einem ausgeprägten Arbeitsethos. Die große Mehrheit verdient ihren Lebensunterhalt, indem sie sich einen Arbeitsplatz in einem Unternehmen sucht.

Damit stehen die Menschen vor einem Dilemma. Ihre Arbeit ist buchstäblich wertlos, solange sie nicht mit anderen Produktionsmitteln kombiniert wird. Ihr Lohn hängt also von der Gnade jener ab, die Zugang zu diesen Produktionsmitteln haben. Nicht zuletzt wegen dieses Dilemmas entwickelte *Karl Marx* die Grundzüge des Kommunismus. Schon der Name dieser Theorie weist auf seine wichtigste Schlussfolgerung hin: Die Produktionsmittel sollten allen gehören. Im Kommunismus wären die persönlichen Verdienstmöglichkeiten der Menschen nicht mehr an ihren Beitrag zu einem Unternehmen geknüpft gewesen. Die Theorie scheiterte an der Praxis, an den Missbrauchsmöglichkeiten und an falschen Anreizen, und deswegen ist der Marxismus heute praktisch überall vom Tisch. Fast auf der ganzen Welt müssen Menschen ihre Arbeitskraft zu Markte tragen und sich in bestehende Unternehmen integrieren. Das Dilemma, das *Marx* untersucht hat, besteht nach wie vor.

Reine Privatsache?

Bis vor kurzem sprach man nicht offen über Eheprobleme oder Sex, schon gar nicht in der Öffentlichkeit. Wegen der fehlenden Auseinandersetzung hatten die Menschen wenig Informationen und infolgedessen ziemlich naive Vorstellungen über ihre Probleme. Man litt unter der Situation, glaubte jedoch, die eigenen Schwierigkeiten seien selten oder sogar einmalig. Dasselbe gilt für die langfristigen wirtschaftlichen Probleme, auch wenn die Gründe, warum sie nicht diskutiert werden, ganz andere sind.

Wegen der fehlenden öffentlichen Auseinandersetzung über die eigentlich wichtigen, langfristigen ökonomischen Gefahren schätzen viele Menschen eigene wie fremde Risiken falsch ein, zumal die Gründe für eine starke oder schwache Wirtschaftsentwicklung letztlich im Dunkeln bleiben. Dafür ist die ökonomische Dynamik viel zu komplex und viel zu sehr im Fluss. Und weil wir die Gefahr nicht richtig verstehen, handeln wir leichtsinnig, ignorieren die tatsächlichen Gefahren und nehmen marginale Schwierigkeiten viel zu ernst. Die versäumte Diskussion über langfristige wirtschaftliche Risiken schadet dem Allgemeinwohl. Die Menschen bleiben sich angesichts einer fundamentalen Bedrohung selbst überlassen und können nicht angemessen reagieren.

Dass so wenig über fundamentale Bedrohungen gesprochen wird, ist nicht erstaunlich. Ihre Ursachen sind zu abstrakt und komplex, zu unspektakulär und hypothetisch, um als Nachrichtenthema zu taugen. Wir reden über die Katastrophen, die in der Zeitung stehen, und nicht über Eventualitäten, die irgendwann einmal eintreten könnten. Der Lebensstandard verändert sich schleichend, ohne dass man recht verstünde, warum, und es sind immer nur einige und nie alle betroffen. Das Thema ist einfach zu ungreifbar, um außerhalb einiger Seminarräume auf große Resonanz zu stoßen.

Darüber hinaus vermeiden Personen des öffentlichen Lebens jedes Gespräch über langfristige wirtschaftliche Risiken. Unternehmensführer schneiden das Thema bei Auftritten vor Publikum nicht an, es sei denn, sie reden für die Versicherungsbranche. Man hält es für geschäftsschädigend, laut über drohende Gefahren nachzudenken. Auch die Politiker schweigen sich zu potenziellen wirtschaftlichen Risiken lieber aus, ein Diskurs darüber gehört nicht zu unserer politischen Kultur, eher schon die Schilderung einer glänzenden Zukunft.

Wenn Regierungsvertreter über Risiken reden, konzentrieren sie sich auf Lösungsangebote. Sie lösen Dinge gern mit einem Federstrich. Aber wie lässt sich die entschlossene Unterschrift auf einem Papier rechtfertigen, aufgrund dessen dann Gelder fließen? Doch wohl nur im Rahmen eines umfassenden Konzepts. Aber um ihre Entscheidungen als Teil einer Risikopolitik zu erklären, müssten sich Politiker im Detail auf die Erörterung der drohenden Gefahren einlassen – eine undankbare Aufgabe.

Wenn ein Staatsoberhaupt ein Gesetz unterzeichnet, das einer benachteiligten Gruppe – den Rentnern, den Bergbauern oder wem auch immer – hilft, klingt es immer ein wenig nach Manna, das vom Himmel fällt. Selten wird die Finanzierung erwähnt. Aber das Geld wird anderen Menschen durch die Steuerzahlungen genommen. Politiker scheinen einem Nullsummenspiel zu frönen, Geld von einer gesellschaftlichen Gruppe zur anderen zu schieben, ohne dass sich unter dem Strich viel ändern würde. Aber auch wenn solche Umverteilungen mit Blick auf den Staatshaushalt Null zu Null ausgehen, können sie mit Blick auf das Risikomanagement sehr effektiv sein, vorausgesetzt, das Geld fließt von Menschen, die es sich leisten können, zu Menschen, die unerwartet in Not geraten sind. Mit einer durchdachten Risikopolitik kann der Staat alle Teile der Gesellschaft effektiv schützen, und dann haben auch Federstriche ihre Berechtigung, denn sie stiften Wohlstand unter den Menschen.

Aber sozialpolitische Diskussionen bedienen sich selten solcher Argumente. Volksvertreter scheuen sich, Risiken beim Namen zu nennen, und lassen sich lieber in extenso über den Nutzen aus, den die begünstigte Bevölkerungsgruppe dank ihrer Großzügigkeit genießen wird. Die Kosten dieser Großzügigkeit, die andere zu tragen haben, verschweigen sie. Politiker können es sich leisten, an der Sache vorbei zu reden, weil sie genau wissen, dass die wenigsten Menschen tieferen Einblick in die wirtschaftlichen Gefahren unserer Zeit oder einen Sinn für die Trennung von öffentlichen und privaten Risiken, für die Rolle des Staates in der Risikopolitik, im Gegensatz zu Wohlfahrtseinrichtungen, und für die übergeordneten Zusammenhänge hinsichtlich staatlicher, persönlicher und familiärer Risiken haben.

Wenn ein Politiker eine Maßnahme mit dem Argument durchsetzen wollte, sie würde allen Teilen der Gesellschaft zugute kommen, zwar nicht direkt, aber wegen der zugrunde liegenden Prinzipien des Risikomanagements, müsste er erklären, dass alle gesellschaftlichen Gruppen Gefahren ausgesetzt sind und eines Tages auf die Hilfe der Regierung angewiesen sein könnten. Und er müsste begründen, warum sich der Staat und nicht eine privatwirtschaftliche Versicherung um solche Fälle zu kümmern hat. Der derzeitige Wissensstand erlaubt Politikern solche Argumentationsstränge nicht. Die Prinzipien des Risikomanagements werden von der breiten Öffentlichkeit weder verstanden noch akzeptiert.

Risikovermeidungsstrategien

Trotz der fehlenden öffentlichen Diskussion über langfristige Wirtschaftsrisiken sind sich die Menschen natürlich ihrer *eigenen* Risiken bewusst. Sie wissen, dass der Arbeitsplatz, der berufliche Aufstieg, das Wohnumfeld und so weiter nicht absolut sicher sind und wappnen sich individuell und zu teilweise sehr hohen Kosten gegen die vermuteten Bedrohungen. Unsere wirtschaftliche Gefährdung bleibt unseren Augen im Wesentlichen deshalb verborgen, weil Menschen Risiken, die sie nicht tragen können, gar nicht erst eingehen. Das Problem verschiebt sich also in verpasste Gelegenheiten. Solange es den Menschen selbst überlassen bleibt, ihre nur halb verstandenen Lebensrisiken in den Griff zu bekommen, werden sie diese Aufgabe so gut sie eben können lösen – in der Regel, indem sie konservative Entscheidungen treffen. Vermeidungsstrategien reduzieren die Risiken erheblich, jedoch auf Kosten nicht genutzter Chancen. Die Auswirkungen wirtschaftlicher Unsicherheit verschwinden aus unserem Blickfeld, den Schaden hat die ganze Menschheit.

Die Ausbildung junger Menschen liefert aussagekräftige Beispiele. Die wenigsten Studenten wählen Fächer mit beruflich ungewisser Zukunft, auch wenn sie dort ihre spezifischen Talente besonders gut entfalten könnten. Sie entscheiden sich eher für Betriebswirtschaft oder Jura als zum Beispiel für Musik, weil das zuletzt genannte Fach auf relativ unflexible Berufsbilder hinausläuft und insofern ein größeres Risiko birgt. Und auch innerhalb der Betriebswirtschaft oder der Juristerei wird sich die Mehrheit für das Gängige entscheiden und gegen eine zu große Spezialisierung – diktiert von der Angst, am Arbeitsmarkt durchs Raster zu fallen. Junge Menschen meiden ein Studienfach, bei dem sie auf ein bestimmtes Land oder eine ganz bestimmte wissenschaftliche Nische festgelegt sind, selbst wenn diese Nische durchaus lukrativ sein könnte und sich gesamtgesellschaftlich gesehen auszahlen würde. Tatsächlich ist die Nachfrage nach diesen »Exotenfächern« so gering, dass sie nur an wenigen Universitäten gelehrt werden. Unsere Hochschulen würden anders aussehen, wenn die Studenten dem Risiko späterer Arbeitslosigkeit schon während ihres Studiums etwas entgegensetzen könnten.

Dasselbe gilt für die betriebliche Ausbildung. Auch hier stellt die Entscheidung für eine bestimmte Tätigkeit Weichen, die sich erst im Laufe vieler Jahre als richtig oder falsch gestellt erweisen. Ohne die Möglichkeit, eine unter Umständen aufs Abstellgleis führende Wahl abzusichern, werden sich die jungen Menschen natürlich für einen Beruf entscheiden, der sie mit einiger Sicherheit in Lohn und Brot bringt, selbst wenn sie in anderen Berufen mehr verdienen könnten.

Doch Chancen werden nicht nur am Anfang der Karriere aus Sicherheitsgründen vertan, auch im Lauf der weiteren beruflichen Entwicklung schlägt man eigentlich hoch willkommene Angebote doch lieber aus: zu riskant, die Folgen nicht absehbar. Karriere machen bedeutet in aller Regel, hoch spezialisiertes Wissen zu erwerben. Nicht selten handelt es sich um Spezialkenntnisse in einem bestimmten beruflichen Umfeld oder zu bestimmten Trends, die unter Umständen später gegenstandslos werden. Spezialkenntnisse können die Basis für eine glänzende Karriere sein, müssen es aber nicht. Sie können sich ebenso gut als Sackgasse erweisen, weil dieses Wissen einige Jahre oder Jahrzehnte später nicht mehr gefragt ist.

Risikovermeidungsstrategien können zudem die Entscheidung, wo wir arbeiten und leben, ungünstig beeinflussen. Solange wir die mit einem ländlichen Wohnort verbundenen potenziellen Einschränkungen unserer Entfaltungsmöglichkeiten nicht versichern können, tendieren wir dazu, in die Großstädte zu ziehen. Dort ist das Stellenangebot größer, Wohnraum allerdings knapper und bescheidener. Der Arbeitsmarkt jenseits der Ballungsräume ist oft sehr speziell, der Konkurs eines Arbeitgebers kann das Ende einer ganzen Berufsgruppe in dieser Region bedeuten. Woraus sich ergibt, dass wir von den Großstädten und deren Vororten abhängiger sind, als es uns lieb sein mag. Wir erwerben lieber Eigenheime von der Stange, langweilig und kein bisschen kreativ, einfach aus Angst, dass es schwierig werden könnte, ein aufregendes, neue Architekturideen verwirklichendes Haus wieder zu verkaufen. Auf diese Tendenz der Bauherren stellen sich Baufirmen und Architekten ein. Sie bieten von vornherein nur Standardware an.

Risikovermeidungsstrategien wirken sich nicht zuletzt auf das Verhalten von Stadt- oder Regionalverwaltungen und sogar von Staaten aus. Angesichts der mit jeder Neuentwicklung verbundenen Risiken tendieren sie dazu, auf Nummer sicher zu gehen und sich an erprobte Rezepte zu halten, imitieren lieber sklavisch die Erfolgsstorys anderer Gebietskörperschaften, statt das heimische Potenzial in einer bestimmten Branche oder Technologie mit unkonventionellen Methoden zu fördern.

Im Ergebnis laufen Risikovermeidungsstrategien auf eine deprimierende Uniformität unserer Gesellschaft hinaus, einen Mangel an

Abenteuerlust und Experimentierfreude. Menschen sollen sich und die Gesellschaft natürlich nicht ohne Not in Gefahr bringen, aber viele Risiken lassen sich problemlos versichern, auf viele Schultern verteilen und damit abfedern. Das würde ein ungeheures Potenzial an Kreativität freisetzen.

Alles in allem mögen die Menschen unter dem Diktat der Vorsicht ihren Lebensunterhalt einigermaßen sichern, aber die Gesellschaft als Ganzes hat mit erheblichen Nachteilen zu kämpfen. Auch die Arbeits- und Lebenszufriedenheit, das Einverständnis mit der eigenen Lebensweise, den heimischen vier Wänden und dem Wohnort und dergleichen mehr bleiben weit hinter dem zurück, was möglich wäre.

Alles Versager? Wenn aus dem Risiko Realität wurde

Wenn man der Berichterstattung in den Medien Glauben schenken darf, meinen viele Menschen, der Mittelklasse, also dem Großteil der Gesellschaft, gehe es wirtschaftlich gut. Aber dieser Eindruck trügt selbst in den Industriestaaten. Wirtschaftliches Scheitern spielt sich oft im Verborgenen ab, daher die Illusion.

Wer im Strom der Gutsituierten mitschwimmt, kennt gescheiterte Existenzen selten aus der Nähe und denkt, persönliche Defizite der Betroffenen seien dafür verantwortlich. Romane wie *Victor Hugos Die Elenden* (ursprünglich 1862) oder *George Orwells Erledigt in Paris und London* (ursprünglich 1933) brachten das Leiden der Armen zu Bewusstsein. Auch aus soziologischer Sicht versuchten zum Beispiel *George Sims* 1889 mit *How the Poor Live* oder *Michael Harrington* mit *Das andere Amerika*(ursprünglich 1962) das keineswegs nur selbstverschuldete Elend zu beschreiben. Diese Bücher trugen zu einer besseren Sozialpolitik und damit zu einem Rückgang der Armut in den industrialisierten Ländern bei, aber ihre Wirkung auf die öffentliche Meinung hielt nicht lange vor. Auch heute leiden Menschen unter den Zufällen der Wirtschaftsentwicklung, aber ihr Leiden bleibt in der Regel unsichtbar. Nur die Betroffenen können nicht darüber hinwegsehen.

Barbara Ehrenreich gab vorübergehend ihr privilegiertes Leben als Journalistin auf, um das Leben von Menschen mit schlecht bezahlten Jobs in den Vereinigten Staaten am eigenen Leib zu erfahren. Sie arbeitete als ungelernte Kraft in Restaurants und Reinigungen, verdingte sich als Reinmachefrau oder als Verkäuferin bei *Wal-Mart*. Immerhin bekam sie 6 bis 7 Dollar pro Stunde, das ist mehr als der Mindestlohn. Sie hatte weder Kinder noch Gesundheitsprobleme, insofern hätte sie einigermaßen über die Runden kommen sollen. Aber sie musste im Gegenteil feststellen, dass sie von einer Vollzeitstelle kaum das Nötigste bezahlen konnte. Selbst das spartanischste *mobile home* – Baracken auf Rädern, größer als ein Wohnwagen, aber noch von einem Ort zum anderen transportierbar – und ein Standplatz im schlimmsten Viertel waren in den meisten Städten mit diesem Verdienst unerschwinglich. Sie musste zwei Jobs annehmen und merkte, dass sie die viele Arbeit völlig auslaugte. Sie bewunderte den Mut von Menschen, die ein solches Leben jahrein jahraus leben. 2001 veröffentlichte *Barbara Ehrenreich* unter dem Titel *Arbeit poor. Unterwegs in der Dienstleistungsgesellschaft* einen Erfahrungsbericht.[2]

Wir sprechen wohlgemerkt von Menschen, die Arbeit haben, nicht von Arbeitslosen, und wir sprechen von Amerika, dem reichsten Land der Erde. Nach den Zahlen des zuständigen US-Ministeriums verdienten im Jahr 2000 24,5 Prozent der ganztags berufstätigen Amerikaner zwischen 35 und 64 Jahren weniger als 15 000 Dollar, bekamen also höchstens einen Stundenlohn von 7,50 Dollar (gerechnet auf eine Jahresarbeitszeit von 2 000 Stunden). Mehr ist in ungelernten Jobs kaum möglich. Fast die Hälfte (48,3 Prozent) der US-Bevölkerung zwischen 35 und 64 Jahren blieb in diesem Jahr unter 30 000 Dollar, ein Einkommen, das sehr zu wünschen übrig lässt.[3]

Angesichts ihrer Erfahrungen fragt *Barbara Ehrenreich*: »Warum macht sich niemand die Mühe, all diese Daten und Informationen zu einem umfassenden Bild zusammenzufügen und einen allgemeinen

Notstand zu proklamieren?«[4] Sie konnte die Tatsache nicht fassen, dass ein Mensch, der sich abrackert und trotzdem auf keinen grünen Zweig kommt, einfach ignoriert wird. *Barbara Ehrenreich* erlebte kein Mitleid. Man bot ihr nicht einmal ein Glas Wasser an, wenn sie durstig war. (Verschiedene ihrer Chefs reglementierten Dinge wie ein Glas Wasser trinken oder zur Toilette gehen. Verständnis für Grundbedürfnisse? Fehlanzeige!) Viele Menschen, die in solchen Jobs arbeiten, machen gute Miene zum bösen Spiel und beschweren sich nicht.

Menschen, die wirtschaftlich abstürzen, müssen ähnliche Erfahrungen wie *Ehrenreich* machen, aber auch sie heischen selten nach Mitleid. Gewöhnlich verheimlichen sie ihre Notlage, so gut es geht. *Katherine Newman* hat den sozialen Abstieg untersucht und ein Buch darüber geschrieben, in dem sie Einzelheiten des verborgenen Traumas aufdeckt. Ihr Interesse gilt Menschen der Mittelklasse, die eines Tages feststellen müssen, dass sie nicht mehr dazugehören.

> Die Familie eines Managers wird auch auf dem wirtschaftlichen Abwärtsgleis eifersüchtig ihr öffentliches Ansehen bewahren, selbst wenn das heißt, dass die ganze Familie praktisch von trockenem Brot lebt, Hauptsache, die Kinder haben etwas Schickes zum Anziehen für die Schule. Statussymbole wie das hübsche Häuschen in einer guten Gegend werden zuletzt aufgegeben. Die Familie verwendet ihre gesamten Anstrengungen darauf, diesen hoch geschätzten Besitz zu halten.[5]

Oft genug dringen die Menschen in den reichen Ländern darauf, dass die Grenzen hermetisch gegen die Habenichtse aus weniger glücklichen Nationen geschlossen sind und dass sie dieses Elend nicht mit ansehen müssen. Und auch in den reichen Ländern selbst schotten sich die Wohlhabenden gegen die anderen ab. Der Mittelstand und die Oberschicht leben in den gutbürgerlichen Stadtteilen, teilweise sogar in von Mauern und Wachdiensten geschützten Enklaven, und fahren höchstens auf der Schnellstraße durch die Armenviertel. Die Wohlhabenden schaffen sich eine Welt, in der sie selten mit der Realität der Geringverdiener konfrontiert sind. Gelegentlich huschen wohl Bilder aus den weniger teuren Gegenden über den Bildschirm im Wohnzimmer, aber diese Fernsehrealität ist zu flüchtig und zu künstlich, nicht anders, als wenn man die Erde vom Flugzeug aus betrachtet. Man sieht furchtlos aus seiner Höhe herab, und die kleinen Figürchen da unten wirken wie Spielzeug. Wir können ihre Sorgen schnell vergessen und damit auch die eigene Gefährdung. Es ist leicht, das Ausmaß wirtschaftlicher Abhängigkeit auszublenden.

Die Erfolgreichen neigen dazu, ihren Erfolg für den Beweis innerer Werte zu nehmen und halten es von daher für unwahrscheinlich, dass sie selbst vom sozialen Abstieg bedroht sein könnten. Der Wirtschaftspsychologe *George Katona* – von ihm stammt der erstmals 1975 veröffentlichte Klassiker *Psychological Economics* – befragte Anfang der siebziger Jahre viele Menschen nach ihrer Einkommensentwicklung.[6] Wegen der damaligen hohen Inflation waren Löhne und Gehälter stark gestiegen, aber kaum einer der Interviewpartner wies darauf hin. Vielmehr sahen sie die Gründe in der eigenen Leistungsbereitschaft, den eigenen Fähigkeiten und der vorausschauenden Planung.

Es liegt uns sehr nahe, die Risiken unserer ökonomischen Existenz zu unter- und unseren persönlichen Anteil am Erfolg zu überschätzen. Wir hängen an dem Glauben, die Welt sei gerecht und jeder bekäme, was er verdiene.[7] Von Zeit zu Zeit rücken uns die Probleme zu sehr auf den Hals, als dass wir unsere Gefährdung übersehen könnten, aber auch dann begreifen wir den übergeordneten Charakter der Bedrohung nicht.

Die Familie als Sicherheitspolster

Im Kontrast zu der unzureichenden öffentlichen Auseinandersetzung mit ökonomischen Risiken lässt sich die Gefahr innerhalb der Familien nicht ausblenden. Hier ist die Notwendigkeit, sich gegenseitig abzusichern, schmerzlich bewusst.

Barbara Ehrenreich versuchte als Alleinstehende von ihrem Lohn zu leben, aber ihr fiel auf, dass praktisch keine ihrer Kolleginnen und Kollegen allein lebte. Es ist eine Tatsache, dass insbesondere Menschen in den unteren Einkommensklassen schon aus Gründen der Existenzsicherung ihre Familienbande pflegen. Man hilft sich gegenseitig. Hat ein Angehöriger kein Auskommen, fangen ihn andere Familienmitglieder auf. Die Familie ist die älteste Absicherung, die sich denken lässt, und als solche tief in unserer Kultur und unserem Denken verwurzelt. Die Familienbande stellt die zentrale soziale Institution dar, ohne deren Verständnis man keine neuen Risikomanagement-Institutionen schaffen kann.

Die Familie wird in vielen Diskussionen um Chancengleichheit und deren Basis übersehen. Die Reform der Sozialhilfe in den USA 1996, der so genannte *U.S. Welfare Reform Act*, beschränkte den Bezug staatlicher Unterstützung auf fünf Jahre pro Person. Das Gesetz wurde »granny tax«, Großmuttersteuer, genannt. Denn was tut eine alleinstehende Frau mit Kindern, der die Sozialhilfe gestrichen wird? Sie geht wieder arbeiten (und drückt ihren Kindern einen Wohnungsschlüssel in die Hand) oder sie zieht zu ihrer Mutter und bürdet dieser auf, die Mäuler mit durchzufüttern.

Aber die Familie ist zu klein und zu unsicher, um verlässlich als Versicherung herzuhalten. Familienmitglieder können sterben oder wegziehen oder anderweitig ausfallen. Selbst ohne solche Probleme kann die ganze Familie aufgrund geografischer oder beruflicher Konstellationen unter wirtschaftlichen Schwierigkeiten leiden.[8] Die Beziehungen innerhalb der Familie sind nicht immer so, wie sie sein sollten, Angehörige können sich das Leben zur Hölle machen und tun es oft genug auch. Deprimierende, zerstörerische Verhältnisse sind die Folge. Nicht nur in den USA wird ungefähr die Hälfte aller Ehen geschieden. So manche Familie wird nur noch von der wirtschaftlichen Zwangslage zusammengehalten. Manchmal übersteht eine Ehe so Krisen, die andernfalls vor den Scheidungsrichter geführt hätten, aber die Abhängigkeit hält so manches Ehepaar in einer eigentlich unerträglichen Situation.

Trotz all dieser Einschränkungen wird die Familie ihre prominente Stellung in der Risikovorsorge auch künftig behaupten. Auf der Suche nach einem neuen Risikomanagement sollten wir diese Institution respektieren und ihre Funktionsfähigkeit durch geeignete Maßnahmen verbessern.

Umverteilung

Die Gesellschaft als Ganzes, die Kommunen und das staatliche Gemeinwesen, die Kirchen und Wohlfahrtseinrichtungen, sie alle lindern wie die Familie die Wucht ökonomischer Risiken ein wenig. Auch ihre Unterstützung von Bedürftigen trägt dazu bei, dass die mit der freien Marktwirtschaft einhergehende Gefahr des wirtschaftlich-sozialen Abstiegs im Verborgenen bleibt.

Die Umverteilung des Reichtums von den Wohlhabenden auf die Bedürftigen bezeichnen Gesellschaftskritiker oft als unzureichend. Zwar sei anzuerkennen, sagen sie, dass der Staat mit der progressiven Besteuerung die Besserverdienenden stärker zur Kasse bittet und mit diesen Einnahmen den Armen unter die Arme greift, aber nur die Reichen könnten sich Steuerberater leisten und so die zahlreichen Lücken im Gesetz nutzen. Und nicht zuletzt sorge eine starke Lobby dafür, dass immer mehr Schlupflöcher geschaffen würden. Außerdem, so weiter diese kritischen Stimmen, sei die staatliche Unterstützung in Notlagen eher ein Feigenblatt und zu kurzfristig, um wirklich zu helfen. In den Vereinigten Staaten läuft die Arbeitslosenunterstützung nach 26 Wochen aus, und jeder Mensch darf, wie oben erwähnt, seit dem 1996 verabschiedeten Gesetz nur fünf Jahre lang Sozialhilfe beziehen. Außerdem kommt die Wohlfahrt nur denen zugute, die ganz unten angekommen sind, nicht jenen, die eine Arbeit haben, auch wenn diese zu schlecht bezahlt wird, als dass sie davon leben könnten.

Trotz dieser Kritik sollten wir uns vergegenwärtigen, dass nicht zuletzt durch die Umverteilung des Reichtums innerhalb der Gesellschaft das ökonomische Missverhältnis in den Vereinigten Staaten nicht noch größer ist. Wer mehr verdient, entrichtet trotz der angestrengten Suche nach Steuersparmodellen proportional mehr Steuern. Besserverdienende bezahlen einen größeren Anteil ihres Einkommens an den Staat.

Das amerikanische Steuersystem ist tatsächlich progressiv. 1998 ergab eine Untersuchung im Auftrag des Haushaltsausschusses des amerikanischen Kongresses, dass »vollständige« Familien, also Vater, Mutter und Kinder unter 18 Jahren, mit einem Verdienst unter 10000 Dollar netto durchschnittlich eine Einkommenssteuer von *minus* 17 Prozent bezahlten. Andere Steuern, die Sozialversicherungen, zusätzliche Abgaben auf Verbrauchsgüter sowie die indirekten Auswirkungen der Körperschaftssteuer fressen den größten Teil dieser negativen Steuer wieder auf; aber die insgesamt gezahlten Steuern bleiben noch im negativen Bereich. Im Gegensatz dazu zahlen Familien mit einem zu versteuernden Einkommen von mehr als 200000 Dollar durchschnittlich 22,9 Prozent Einkommenssteuer. Das heißt, rund ein Drittel ihrer Einnahmen fließen an die amerikanische Bundesregierung.[9]

Unabhängig davon, dass Besserverdienende einen höheren *Prozentsatz* ihres Einkommens als Steuern bezahlen müssen, tragen sie in den Vereinigten Staaten und anderen Ländern in absoluten Zahlen auf jeden Fall mehr zu den Steuereinnahmen bei. Der Staat finanziert damit Dienstleistungen und andere Maßnahmen, die Gering- und Garnichtverdienenden kostenlos zur Verfügung stehen.[10]

Steuersystem und staatliche Leistungen kommen insgesamt den Einkommensschwachen zugute, auch in Ländern, deren System weniger ausgeprägt auf eine progressive Besteuerung hinausläuft. Obwohl zum Beispiel das schwedische Steuersystem nicht so strikt progressiv ist, entstand dort durch höhere Steuersätze und mehr staatliche Leistungen ein ungewöhnlich egalitäres System.[11]

Nicht zuletzt dient die Umverteilung des Einkommens durch den Staat der Bereitstellung wichtiger Dienstleistungen für alle Bürger und Bürgerinnen, darunter das Gesundheits- und Justizwesen oder die öffentliche Infrastruktur. Zu den wichtigsten dieser Dienstleistungen gehören die Bildungseinrichtungen. In allen entwickelten Staaten ist der Schulbesuch kostenlos. Für den Staat ist die Schulpflicht von den Kindesbeinen bis in die Teenager-Jahre ein gewaltiger Ausgabeposten, zugleich jedoch ein wichtiges Instrument im Dienst der Einkommensgerechtigkeit. Das Angebot kommt den Menschen zu einem Zeitpunkt zugute, an dem sie es am dringendsten benötigen – in den frühen Lebensjahren – und es umfasst mehr als die reine Schulbildung, nämlich auch Schutz, Gemeinschaft, sportliche Wettbewerbe, Unterhaltung, Party- und Klubräume, Lernhilfen und den Aufbau sozialer Beziehungen. Den Eltern bleibt mehr Geld für sich selbst, indem ihnen diese Aufgabe abgenommen wird.

In vielen Staaten der Welt kann man Spenden an gemeinnützige Organisationen vom zu versteuernden Einkommen abziehen. Mit solchen Steuernachlässen unterstützt der Staat Wohlfahrtseinrichtungen indirekt, auch wenn diese Erleichterungen technisch gesehen den Steuerpflichtigen betrifft. Die Abzugsfähigkeit von Spenden an Hilfsorganisationen, gemeinnützige Vereine und religiöse Institutionen kommt in hohem Maß letztlich ebenfalls finanziell schlecht gestellten Menschen zugute.

Das System der Einkommensumverteilung war historisch gesehen extrem wichtig und wir müssen seine Auswirkungen genau bedenken, wenn wir eine neue Initiative zur Handhabung von persönlichen Risiken in Gang setzen wollen. Aber diese Umverteilung versteht sich keineswegs von selbst. Wir können nicht sicher sein, dass sie auch in Zukunft dasselbe Niveau wie in der Vergangenheit erreichen wird. Veränderungen der wirtschaftlichen Rahmenbedingungen, des politischen Klimas und des Verständnisses, wer für wen verantwortlich ist, könnten die Bemühungen in dieser Richtung demnächst schmälern.

Das glückliche 20. Jahrhundert

Wenn ein Trend hundert Jahre lang anhält, nehmen wir ihn gern als naturgegeben hin. Er wirkt unumstößlich. Zahlen eines Jahrhunderts sind beeindruckend und machen glauben, sie bewiesen alles und jedes. Aber ein Jahrhundert ist eine kurze Spanne in der Menschheitsgeschichte, die gute wie schlechte Jahrhunderte kannte.

Der Lebensstandard ist in allen entwickelten Ländern seit 1900 erheblich gestiegen. Das reale Pro-Kopf-Einkommen hat sich in den Vereinigten Staaten vervierfacht. Sogar im wachstumsschwachen Indien hat sich das reale Einkommen während des 20. Jahrhunderts wesentlich verbessert, und in den weniger entwickelten Ländern setzt sich dieser Trend immerhin seit 1950 durch. Der Anstieg betrifft so viele Länder und ist so auffällig, dass man geneigt sein könnte, ihn zu extrapolieren und zu glauben, dass sich die Dinge auch weiterhin zum Guten entwickeln werden.

Diese Sichtweise verdankt sich zum Teil unserem Fortschrittsglauben, unserem Vertrauen auf neue Erfindungen, neue Verfahren, neue Methoden. Eine Trendwende scheint unmöglich. Aber der Glaube an das technisch Machbare oder den Fortbestand einer historischen Tendenz ist schlicht und ergreifend falsch.

Wir sollten nicht vergessen, dass sogar das erfolgreiche 20. Jahrhundert mehrere Rückschläge in der wirtschaftlichen Entwicklung hinnehmen musste. Der Erste Weltkrieg, die Weltwirtschaftskrise und der Zweite Weltkrieg sind augenfällige Beispiele. In seiner Harvard-Antrittsrede 2002 fragte *Daniel Patrick Moynihan*, nachdem er die Begehrlichkeiten und Konflikte der derzeitigen Welt Revue passieren hatte lassen, ob wir »wieder vor einem Sommer wie 1914 stehen«.[12] Große Konflikte sind wahrscheinlich, wenn auch im Vorhinein schwer zu beschreiben.

Es ist auch sehr die Frage, ob der technische Fortschritt, wie er sich während des 20. Jahrhunderts in den entwickelten Ländern abgespielt hat, aufrecht erhalten und auf alle Menschen der Welt ausgedehnt werden kann. *Peter Raven* hat 2002 in seiner Rede als Präsident der *American Association for the Advancement of Science* darauf hingewiesen, dass »die Welt sich binnen kürzester Zeit von einer naturbelassenen in eine verwandelt hat, in der geschätzte 10 Millionen Menschen geschätzte 45 Prozent der biologischen Nettoproduktivität des Bodens verbrauchen, verschwenden oder vergeuden und mehr als die Hälfte des erneuerbaren frischen Wassers nutzen. Das Ausmaß, in dem das System verändert wird … unterscheidet sich vollkommen von allem Bisherigen, sodass wir die Zukunft nicht voraussagen können.«[13]

Die Tatsache, dass die Einkommen seit 1900 überall gestiegen sind, erweist das 20. Jahrhundert als gutes Jahrhundert. Sie beweist nicht, dass auch das nächste Jahrhundert ein gutes Jahrhundert werden muss. Manchmal verbessern sich die Lebensverhältnisse von einem Jahrhundert zum anderen, manchmal verschlechtern sie sich auch. Das Wirtschaftswachstum des vergangenen Jahrhunderts ergibt sich aus verschiedenen technischen und sozialen Fortschritten, die sich in dieser Form vielleicht nicht wiederholen lassen und vielleicht auch nicht in demselben Ausmaß. Wir müssen die Tatsache anerkennen, dass wir nicht in die Zukunft schauen können. Alles andere wäre pure Selbstüberschätzung.

Die richtige Perspektive

Das Kapitel hat gezeigt, dass die freie Marktwirtschaft einige ausgesprochen riskante Seiten hat. Sie führt keineswegs automatisch zum Wohlstand aller Menschen. Der Kapitalismus verstößt gnadenlos den, der nicht mehr produktiv ist.

Allerdings nehmen wir die zerstörerische Kraft dieses Wirtschaftssystems aus verschiedenen Gründen nicht wahr. Es bedarf einiger Anstrengung, um die Risiken zu erkennen, denen letztlich jedes Mitglied der Gesellschaft ausgesetzt ist. Es ist schwierig, die Verluste verschiedener sozialer Klassen zu quantifizieren und die vorhandenen Institutionen, mit denen diese Verluste begrenzt werden, zu verstehen. Auch wenn diese Institutionen ihre Schwächen und unerwünschten Folgewirkungen haben mögen, ist das Verständnis der Zusammenhänge unentbehrlich. Weiter unten werden wir uns diesem Thema zuwenden.

Wer im Ernst glaubt, jeder sei nicht nur seines Glückes Schmied, sondern verfüge automatisch auch über die nötigen Metallvorräte, hält sich offensichtlich für unverwundbar und neigt höchstens gelegentlich dazu, von Sorgen geplagt zu werden. Die Kirchgänger unter uns mögen jene Stelle aus dem Alten Testament kennen, in dem von Zeit und Glück die Rede ist (Prediger 9,11, die Stelle ist dem Buch als Motto vorangestellt). In solchen nachdenklichen Momenten, umgeben von einer Gemeinde, die sich aus Armen und Reichen, aus Erfolgreichen und Erfolglosen zusammensetzt, mag man vorübergehend die Vorstellung von der eigenen Schwäche gegenüber den Wechselfällen des Lebens akzeptieren, aber meist haben wir das beim Sonntagnachmittagsspaziergang schon wieder vergessen.[14]

Es liegt in unserem ureigensten Interesse, dass wir die falsche Überzeugung von der ausschließlich persönlichen Verantwortung für das eigene Schicksal überwinden. Die Vorstellung macht uns blind gegenüber unseren Risiken und verhindert, dass die Gesellschaft Gegenmaßnahmen ergreift. Sie macht uns blind für die Zufälligkeit und Absurdität des Unglücks, das andere Menschen ereilt. Erst wenn wir diesen Zusammenhang sehen, können wir sinnvoll und rechtzeitig gegensteuern. Nur dann können wir eine Wirtschaftsordnung schaffen, die den Menschen durch alle Schichten der Bevölkerung hindurch mehr Mut zum Risiko gestattet und gleichzeitig ein höheres Maß an Sicherheit bietet. Wir müssen diese Risiken systematisch angehen. Wir müssen eine Reihe moderner Institutionen einrichten, die sie abfedern, Institutionen, die die Grundfesten der neuen Finanzordnung bilden.

3

Die Risiken fortschrittlicher Technologien

Nur wenige Menschen, die die Technologieblase Anfang der siebziger Jahre – den Run auf die »Nifty Fifty« am Aktienmarkt – oder die Dot.com-Blase der späten Neunziger anschwellen und platzen sahen, würden bestreiten, dass unser wirtschaftliches Schicksal auf Gedeih und Verderb von der Technik abhängt. Aber die Technik hat einen weit grundsätzlicheren Einfluss, als die beiden Beispiele vermuten lassen. Wirtschaft war noch nie und ist heute schon gar nicht mehr ohne Technik vorstellbar. Insofern muss jede Überlegung zu unserer Zukunft im Guten wie im Schlechten die Risiken technischer Neuerungen berücksichtigen.

Um unsere wirtschaftlichen Aussichten zu sichern und zu verbessern, müssen wir die positiven, produktiven Auswirkungen technischer Fortschritte verstärken und gleichzeitig die »Racheeffekte«, also die Kinderkrankheiten einer neuen Technik reduzieren. Wir müssen verstehen, welche Risiken Technik uns auferlegt, was diese Risiken ökonomisch bedeuten und wie sie mit innovativen Finanzinstrumenten in tragbare Bahnen gelenkt werden können. Die Behauptung, neue Techniken seien harmlos, ist ebenso beliebt wie falsch.

Menschen, die Gefahr im Verzug wähnen, sobald sich eine neue Technologie am Horizont abzeichnet, werden im angelsächsischen Sprachraum oft »luddites« genannt (in Deutschland ist der Ausdruck »Maschinenstürmer« verbreiteter). Der Begriff geht auf randalierende britische Arbeiter zurück, die sich als Anhänger des imaginären *König Ludd* ausgaben und 1811/12 und 1816 systematisch mechanische Webstühle zerstörten. Die Bewegung fällt in eine Zeit, in der die Weber und ihre Familien hungerten, weil Dampfmaschinen billiger produzierten. Das mochten die Ludditen nicht widerstandslos hinnehmen.[1] Natürlich kann man diese Form von Widerstand als Dummheit abtun, es war letztlich sinnlos, Maschinen zu zerstören.

Trotzdem entbehrt der Protest nicht der Logik: Die Weber und andere in der Textilproduktion arbeitende Männer und Frauen litten zweifellos unter dem wirtschaftlichen Abstieg, und daran hatten die neuen Maschinen nicht unerheblichen Anteil. Die Textilmaschinen setzten Arbeitskräfte »frei«, wie es so schön heißt, und die Betroffenen hatten große Schwierigkeiten, einen neuen Broterwerb zu finden.[2]

Auch während der Weltwirtschaftskrise war die Vorstellung populär, der technische Fortschritt sei schädlich. Viele Menschen sahen darin die Ursache der schrecklichen Arbeitslosigkeit. Auf dem Höhepunkt der Depression lag die Arbeitslosenquote in den Vereinigten Staaten bei rund 25 Prozent.

Aus Furcht vor einem Rückschlag der wissenschaftlichen Forschung startete das *American Institute of Physics* einen Werbefeldzug, in dem sich nationale Berühmtheiten wie *Orville Wright, Charles Lindberg*, *Amelia Earhart* und *Henry Ford* gegen die Ansicht von der Technik als Ursache der Arbeitslosigkeit aussprachen.[3] Mit dieser Meinung immerhin konnte die Kampagne gründlich aufräumen, und die Wissenschaftler hatten insofern Recht, als die Weltwirtschaftskrise nicht auf technische Fortschritte zurückging. Aber sie konnten nie beweisen, dass der technische Fortschritt prinzipiell niemandem schadet.[4]

Der Glaube, Technologie sei hinsichtlich der ökonomischen Auswirkungen problematisch, wurde auch durch die Assoziation mit der »lump of labor fallacy« – dem Trugschluss, das Arbeitsvolumen sei gegeben und könne und müsse auf alle Arbeitskräfte verteilt werden – zu Unrecht diskreditiert. Überhaupt ist die Gewohnheit, ausschließlich den Arbeitsplatzverlust beziehungsweise hohe Arbeitslosigkeit in den Blick zu nehmen, der sachlichen Diskussion abträglich. Würde die Zahl der Arbeitsplätze in einer Volkswirtschaft von vorneherein feststehen, müsste mit jeder Maschine, die einen Arbeitsplatz ersetzt, jeweils eine Person aus dem Erwerbsleben ausscheiden. Das ist natürlich ein Irrglaube. In der Regel werden die Entlassenen einen anderen Arbeitsplatz finden, sich manchmal sogar dabei verbessern. Es ist jedoch keine Täuschung, dass Menschen Einkommenseinbußen erleiden, wenn Arbeitsplätze im großen Maßstab durch Maschinen überflüssig werden. Wer zu einer Zeit großer wirtschaftlicher Umbrüche durch technische Fortschritte entlassen wird, mag einen anderen Arbeitsplatz finden, aber es bestehen gute Chancen, dass er sich mit einem niedrigeren Einkommen zufrieden geben muss.[5]

Trotz aller gegenteiligen Argumente stellt der technische Fortschritt unsere Gesellschaft sehr wohl vor ernsthafte Herausforderungen.[6] Vor allem durch vier Gründe wird Technik heute zum Risiko.

Da ist erstens die Kybernetik. Diese Wissenschaft ist inzwischen so ausgereift, dass eine massive Veränderung der Arbeitswelt mit zahlreichen Entlassungen innerhalb der nächsten Jahrzehnte fast schon absehbar ist. Die zweite Gefahr liegt in der Übertreibung des »the winner takes it all«. Wenn einige wenige alles an sich reißen, bleibt für auch nur geringfügig weniger Begabte nichts übrig. Spitzenkräfte können über Massenkommunikationsmittel und digitale Techniken verdienen wie ein Monopolist, alle anderen werden marginalisiert. Die dritte Gefahr liegt in der wachsenden Globalisierung. Der Abbau von Wirtschaftsschranken ermöglicht die Ablösung hoch bezahlter Spezialisten in dem einen Land durch Spezialisten aus Billiglohnländern. Die vierte Gefahr liegt in der Destabilisierung, die militärisch von der neuen Technik ausgeht. Verheerende Kriege oder große Terroranschläge stellen eine ernste Bedrohung dar, nicht nur politisch und sozial, sondern auch ökonomisch.

Der Siegeszug der Kybernetik

Die Kybernetik befasst sich mit digitalen Regelkreisen, die analog den menschlichen Nervenschaltungen gebaut sind. Der Forschungszweig hat sich seit etwa einem halben Jahrhundert explosionsartig entwickelt, allerdings bisher überwiegend in der Grundlagenforschung. Noch wirkt sich die Arbeit der Wissenschaftler und Ingenieure kaum auf die Wirtschaft aus, noch fehlen die großen Anwendungsmöglichkeiten. Aber das gesammelte Wissen auf diesem Gebiet wird in naher Zukunft sein ökonomisches Potenzial entfalten. Wenn das exponentielle Wachstum innerhalb der nächsten Jahrzehnte anhält, wird die Kybernetik mit hoher Wahrscheinlichkeit eine Revolution auslösen und sehr viele der derzeitigen Arbeitsplätze überflüssig machen. Damit wird sich die Verteilung der wirtschaftlichen Macht dramatisch verschieben.

1947, in der Frühzeit des Computer- und Atomzeitalters, schrieb der Mathematiker *Norbert Wiener* in seinem Buch *Kybernetik: Regelung und Nachrichtenübertragung im Lebewesen und in der Maschine* von einer ultraschnellen Rechenmaschine, die neue Automaten möglich machen würde:

Lange vor Nagasaki und dem öffentlichen Bekanntwerden der Atombombe kam es mir vor, als ob wir hier in der Gegenwart einer anderen sozialen Macht waren, die unerhörten Einfluß zum Guten oder Bösen hin hatte. ... Es gibt keinen Stundenlohn eines US-Erdarbeiters, der niedrig genug wäre, mit der Arbeit eines Dampfschaufelbaggers zu konkurrieren. Die moderne industrielle Revolution ist in ähnlicher Weise dazu bestimmt, das menschliche Gehirn zu entwerten, wenigstens in seinen einfacheren und mehr routinemäßigen Entscheidungen.

Natürlich, gerade wie der gelernte Zimmermann, der gelernte Mechaniker, der gelernte Schneider in gewissen Grad die erste industrielle Revolution überlebt haben, können der erfahrene Wissenschaftler und der erfahrene Verwaltungsbeamte die zweite überleben. Wenn man sich jedoch die zweite Revolution abgeschlossen denkt, hat das durchschnittliche menschliche Wesen mit mittelmäßigen oder noch geringeren Kenntnissen nichts zu verkaufen, was für irgend jemand das Geld wert wäre.[7]

50 Jahre nach der Erstveröffentlichung von *Wieners Kybernetik* sind die schlimmsten Befürchtungen in Bezug auf die Auswirungen der Automatisierung nicht eingetroffen. Sehr viele Arbeiten werden nach wie vor von Hand erledigt, oft zu geringen Löhnen. Bisher haben die Maschinen einige Menschen ersetzt, waren aber nicht flexibel genug, um für eine Massenarbeitslosigkeit zu sorgen. Obst und Gemüse zum Beispiel lässt sich noch immer nicht automatisch ernten. Bis heute scheitert der Einsatz von Maschinen hier daran, dass sie reife nicht von unreifen Früchten unterscheiden und zum Beispiel Himbeeren beim Pflücken und Lagern beschädigen.

Außerdem haben die neuen Techniken in einigen Fällen sogar neue Jobs geschaffen. Das gilt zum Beispiel für einige Erntemaschinen. Sie haben den Anbau von schwierigen und schwierig zu handhabenden landwirtschaftlichen Produkten ermöglicht, die trotz der mechanisierten Ernte menschliche Aufmerksamkeit verlangen. Aber wir können nicht wissen, welche Auswirkungen die neue Technologie auf die Gesamtwirtschaft haben wird. Sie schafft grundsätzliche Unsicherheit. Wir müssen abwarten. Es ist möglich, dass sie den niedrig Bezahlten hilft, es ist ebenso gut möglich, dass sie ihnen schadet.

Noch wirkt ein großer ökonomischer Schaden für Geringverdienende eher unwahrscheinlich. Um deren Einkommensgrundlagen zu zerstören, müssten Maschinen so weit entwickelt sein, dass sie einfache Anweisungen verschiedenster Art umsetzen, verschiedenste Situationen visuell einschätzen können, so etwas wie gesunden Menschenverstand beweisen und geschickt manuelle Arbeiten erledigen können. Und all dies zu einem wesentlich geringeren Preis als menschliche Arbeit. Das scheint in ferner Zukunft zu liegen, aber dieser Eindruck täuscht. Die Gefahr liegt näher, als wir glauben: Schon in der Entwicklungsphase kann eine neue Technik dafür sorgen, dass die Arbeitslöhne sinken.

Automatische Steuersysteme übernehmen bereits eine ganze Reihe von Routineaufgaben. Ein Roboterhersteller mit Sitz in Danbury, Connecticut, und dem sprechenden Namen *Robotics* hat seinen *HelpMate* bereits über hundert Krankenhäusern verkauft. Der

Roboter rollt mit Infrarot- und Sonarsensoren durch das Gebäude und holt und bringt Dinge von einem Raum zum anderen. Die Stockwerke wechselt er mit Hilfe der Aufzüge. Das Unternehmen will den *HelpMate* so weiterentwickeln, dass er kranke oder alte Menschen zu Hause begleiten und bei Stürzen oder anderen Vorkommnissen Hilfe rufen kann. Andere Modelle können unbeaufsichtigt staubsaugen (*CareBot*) oder den Rasen mähen (*Robomower*). Der *InteleCaddy* folgt dem Golfspieler in bequemem Abstand über den Platz, ohne an Tümpeln, Sandgruben oder dem Abschlag zu scheitern, und reagiert auf Zuruf. Drei israelische Forschungsinstitute (darunter *Ben Gurion-Universität* in Beer Sheva und das *Weizmann-Institut* in Rehovot)[8] haben sich mit der *Purdue University*, West Lafayette, Indiana, zusammengeschlossen und eine offenbar kurz vor der Serienreife stehende intelligente Melonen-Pflückmaschine vorgestellt. Immer weniger ungelernte Tätigkeiten können *nicht* von Robotern übernommen werden. Noch sind diese Maschinen sehr teuer, aber das wird sich im Lauf der Zeit und mit dem technischen Fortschritt ändern – wir werden sie in Zukunft des Öfteren sehen. Roboter zerstören Arbeitsplätze nicht im Verhältnis eins zu eins, sie zerstören einige Arbeitsplätze und schaffen andererseits neue Stellen. Allerdings wird so mancher aufgrund der billigeren Maschinenkonkurrenz Einkommensverluste hinnehmen müssen. Das einzig Gewisse ist die Unsicherheit, die das Leben vieler Arbeitnehmer begleiten wird.

Neben der Kybernetik ist der Einbau von Chips in alle möglichen Alltagsgeräte und die Entwicklung von tragbaren Computern, die Menschen überallhin mitnehmen können, sehr dazu angetan, Personal im Dienstleistungsbereich einzusparen. Intelligente Maschinen müssen kaum noch von Menschen bedient werden und reduzieren den Erklärungsbedarf sehr. Eine einzige Person genügt, um ein ganzes »Heer« von Robotern zu bedienen.[9]

Es ist längst klar, dass digitale Geräte dieselben Aufgaben wie Menschen mit ganz anderen Mitteln erfüllen können. Das Überfahren roter Ampeln lässt sich zum Beispiel von digitalen Kameras registrieren, die automatisch das Nummernschild des Verkehrssünders fotografieren. Geschwindigkeitsübertretungen lassen sich mit Hilfe des Global Positioning System (GPS) festhalten. Derartige Systeme entlasten die Verkehrsüberwachung und sind zudem effizienter als das menschliche Auge. Mit Polizeikräften lässt sich eine bestimmte Kreuzung nur in Ausnahmefällen rund um die Uhr überwachen, Maschinen sind dazu sehr wohl in der Lage. Ein Supercomputer könnte sämtliche Autobahnen per GPS überwachen und automatisch Strafzettel verschicken. Bei entsprechender Vernetzung der Systeme wäre es eines Tages sogar möglich, das Bußgeld der Einkommenssteuer des Verkehrssünders zuzuschlagen oder automatisch vom Girokonto abzubuchen.

Erinnern wir uns daran, dass der individuelle Verdienst dem individuellen Grenzprodukt entspricht, also der Produktionsmenge, die man nach dem Abzug aller anderen Faktoreinsätze zum Endprodukt beiträgt. Das Grenzprodukt, das Menschen für ihren Arbeitgeber erbringen, besteht in der Differenz zwischen ihrer Fähigkeit, bestimmte Tätigkeiten unter normalen Bedingungen zu erfüllen und den Ausfällen, zu denen es mehr oder minder häufig kommt. Angestellte sind vergesslich oder sorglos oder ruppig im Umgang mit Betriebsanlagen oder stiften Unruhe oder sind unangenehme Zeitgenossen oder rauben den Führungskräften wertvolle Zeit. Einstellungs- und Kündigungsentscheidungen berücksichtigen immer auch diese Kosten. Insofern kann sich die Waagschale auch dann zugunsten der Maschinen senken, wenn diese noch nicht dieselbe Leistungsqualität wie Menschen erbringen können. Wie viele Menschen davon betroffen wären, lässt sich nur schwer abschätzen, aber heute schon könnte es ein Großteil der arbeitenden Bevölkerung sein. Die Chance, dass dieser Anteil im Lauf der nächsten Jahre steigt, ist sehr groß.

Doch nicht nur ungelernte Arbeitskräfte sind von der Arbeitslosigkeit bedroht. Immer intelligentere Maschinen können auch den Arbeitsplatz von hoch qualifizierten Berufsgruppen wegrationalisieren. Übersetzer und Stenografen sind offensichtliche Beispiele.

Jeder, dessen besonderes Talent im Erfassen komplizierter, jedoch repetiver Aufgaben besteht, ist gefährdet.

Der technische Fortschritt kann einigen Arbeitnehmern die Möglichkeit eröffnen, mit den Neuerungen zu wachsen und eine andere Karriere als ursprünglich gedacht einzuschlagen. Anderen bleibt diese Chance verwehrt. So können sich trotz gleicher Ausgangsbedingungen ganz unterschiedliche Entwicklungen ergeben. Da helfen weder der eigene Weitblick zu Beginn der beruflichen Laufbahn noch Begabungen – allein der Zufall, wo man sich wann befindet, entscheidet.[10] Niemand kann heute wissen, wer in Zukunft zu den Verlierern und wer zu den Gewinnern einer neuen Technik gehören wird. Der technischen Fortschritt erzeugt insofern anhaltende Unsicherheit.

Alles für einen

Stehen mehrere Stimmen zur Auswahl, entscheidet man sich natürlich für die beste. Vor dem Zeitalter der Reproduzierbarkeit hatten Sänger und Sängerinnen einen breiteren Markt. Heute schöpfen einige Stars die ganze Sahne ab. Vor der Erfindung des Films war die Nachfrage nach Schauspielern und Schauspielerinnen an den Bühnen viel größer. Heute verdienen einige unermesslich viel, während sich die große Masse ihrer Kollegen mit schmalen Gehältern begnügen muss.[11]

Inzwischen treten auch noch verstorbene Sänger und Schauspieler in Konkurrenz zu den lebenden. Dank neuer Techniken feiern die Toten sogar Premieren. Konnte der Spielfilm *Gladiator* einst nicht abgedreht werden, weil der Hauptdarsteller kurz vor Ende der Dreharbeiten starb, so ist die Filmindustrie heute in der Lage, die entscheidenden zwei Minuten am Schluss des Films mit einem anderen Schauspieler fertigzustellen und den Kopf von *Oliver Reed* digital in den Streifen hinein zu kopieren.[12] Selbst die Stimme Verstorbener lässt sich reproduzieren: *AT&T Labs* hat eine neue Sprach-Software entwickelt, mit der sich die individuelle Stimme von Personen täuschend ähnlich simulieren lässt, abgesehen von einigen unnatürlichen Betonungen.[13]

Verbesserte Präsentationssysteme und die Technik der Konferenzschaltungen gestatten weithin bekannten Persönlichkeiten auch in anderen Lebensbereichen eine vergleichbare Ausweitung der Nachfrage nach ihren Dienstleistungen, die anderen Anbietern derselben Dienstleistung das Wasser abgräbt. Nehmen wir als Beispiel die Aus- und Weiterbildung. Durch die neue Technik kann eine Lehrkraft viele Schüler erreichen, wie viele, ist eigentlich nur noch eine Frage der Bekanntheit. Dank PowerPoint und Mini-Mikrofon, mit dem der Professor während des Vortrags frei herumspazieren kann, lassen sich auch Vorlesungen vor einem riesigen Auditorium reizvoll gestalten. Über das Medium der elektronischen Post kann eine Lehrkraft heute mehr Kinder und Jugendliche betreuen, als das in Zeiten mit überwiegend persönlichem Austausch möglich war. Über Fernstudiengänge und andere Online-Ausbildungsmethoden erreichen Unterrichtende ein immer größeres Publikum.

Viele Studenten werden vielleicht immer kleinere Klassen bevorzugen und lieber im direkten Austausch mit dem Lehrer lernen. Aber insgesamt kann die Nachfrage nach solchen persönlichen Kontakten und die Bereitschaft, dafür etwas zu bezahlen, erheblich nachlassen. Im Übrigen lässt sich auch die persönliche Betreuung online bewerkstelligen. Der virtuelle Klassenraum vereint Lehrer und Schüler, die an einem mit Videokamera ausgestatteten Terminal irgendwo in der Welt sitzen, in briefmarkengroßen Ausschnitten auf einem Bildschirm, und wenn ein Schüler eine Frage hat, klickt der Lehrer sein Bild an, damit ihn alle Kursteilnehmer in voller Größe sehen. Solche Systeme können viel zur Lebendigkeit des Unterrichts beitragen. Man kann die Stunden – insbesondere die Sternstunden – speichern und noch einmal betrachten. Lehrende und Lernende lernen einander besser kennen. Unterstützt von Lernprogrammen können die Lehrer effizienter arbeiten und besser auf den Einzelnen eingehen, weil sie sich mehr Zeit für ihn nehmen können. Die Qualität des Unterrichts steigt, und gleichzeitig sinkt der Personalbedarf. Auch die Anforderungen an die Lehrenden verschieben sich: Die zwischenmenschlichen Fähigkeiten werden noch wichtiger, und der Umgang mit der neuen Technik muss ihnen leicht von der Hand gehen. Unter Umständen geht künftig auch in den Schulen das Gespenst des Stellenabbaus um.

Der technische Fortschritt wird auf eine ganze Reihe anderer Berufe vergleichbare Auswirkungen haben, ob es sich nun um Ärzte, Rechtsanwälte, die Mitarbeiter von Banken oder andere Bereiche handelt. Wann und wie sich der Wandel gestalten wird, muss die Zeit zeigen. Die damit verbundenen Unsicherheiten lassen sich mit innovativen Finanzinstrumenten versichern.

Globalisierung: Grenzen fallen

Durch die ständig verbesserte Technik wird es für die Unternehmen immer einfacher, Dienste von Menschen in Anspruch zu nehmen, die sich nicht vor Ort befinden, sondern in einer anderen Stadt leben oder sogar auf der anderen Seite des Globus. Schritt für Schritt könnten die technischen Fortschritte die Vorteile von Mitarbeitern, die im Unternehmen arbeiten, gegenüber Mitarbeitern außerhalb des Unternehmens beseitigen.[14] Im Endeffekt kann sich das Grenzprodukt und damit auch das Einkommen der einen vermindern und das Grenzprodukt und Einkommen der anderen vermehren. Die Globalisierungsgegner haben bezüglich der Risiken, jedoch nicht bezüglich der Lösungen Recht.

Die Kosten für die Kommunikation über weite Entfernungen tendieren dank der elektronischen Post gegen null. E-Mails ersparen uns die Zeit raubende Suche durch dicke Aktenberge, sie lassen sich im PC archivieren, durchsuchen und weiterleiten.

Die direkte Übertragung von Signalen ermöglicht Kommunikation in Echtzeit. Wir können am Computer schriftliche Gespräche führen, Nachrichten ohne spürbare Zeitverzögerung, und ohne zum

Beispiel ein Telefongespräch unterbrechen zu müssen, empfangen und beantworten. Die Kommunikation mit einer Person am anderen Ende der Welt ist ebenso leicht wie die Kommunikation mit den Kollegen im Nachbarzimmer.

Mit der Technik der Telekonferenz können Menschen von verschiedenen Orten aus miteinander reden, beinahe so, als wenn sie sich in einem Raum befänden. Das ist nicht zuletzt deshalb wichtig, weil unser antiquiertes Kommunikationsverhalten den Blick in das Gesicht des anderen impliziert, um seine Gefühle abzuschätzen und emotionale Reaktionen einzufangen, von denen wir uns gern auch anregen lassen. Programme wie *PlaceWare*, *Polycom* oder *WebEx* gestatten bereits die Integration von Telekonferenz und visueller Präsentation sowie den bequemen Austausch von Dokumenten. Man mag darüber spekulieren, was alles möglich wäre, wenn diese Technik erst einmal preiswerter zu kaufen sein wird. Vielleicht werden Videokonferenzen eines Tages durch entsprechende Anpassungen der Geschäftsgepflogenheiten effizienter und angenehmer verlaufen als unsere heutigen Konferenzen, zum Beispiel, weil man dem Vortrag besser folgen kann, weil man die Dokumente besser einsehen kann, weil man paarweise besser miteinander reden kann, und weil das Gesagte aufgezeichnet und damit problemlos dokumentiert werden kann. Und nicht zuletzt könnten uns die Videokonferenzen so manche Cocktailparty und so manches Geschäftsessen ersparen.

Dank der Verbesserungen bei der Auslieferung der Waren, deren aktuelle Position jederzeit per Computer verfolgt werden kann, optimierter Streckenführung sowie der Verzahnung verschiedener Lagerstätten ist der Standort eines Geschäfts nicht mehr so wichtig wie früher. Ist ein Teil physisch an einem Arbeitsplatz notwendig, lässt es sich innerhalb von Stunden aus den entferntesten Winkeln der Erde besorgen.

Durch die technischen Fortschritte werden unsere Arbeitsplätze zunehmend global. Indien bietet zum Beispiel so viele Bürodienstleistungen an und plant für die nahe Zukunft eine erhebliche Ausweitung dieses Segments, dass der *Economist* den Subkontinent bereits als »Back-Office« der Welt sieht.[15] Viele Inder und Inderinnen haben höhere Schulen besucht und sprechen perfekt Englisch, viele sind gemessen am Durchschnitt der westlichen Länder unterbezahlt, das Potenzial ist also vorhanden. Ähnliche Entwicklungen zeichnen sich in anderen Ländern ab. Callcenter für Zielgruppen in Hongkong werden in chinesische Provinzen ausgelagert, deren Durchschnittsverdienst wesentlich niedriger liegt; Schriftsätze für die New Yorker Polizei werden in Ghana getippt.

Es sieht so aus, als würde die Zeit für die Entwicklungsländer arbeiten. Jedenfalls bieten sich ihnen große Gelegenheiten, während die Berufstätigen in den entwickelten Ländern künftig große Schwierigkeiten haben werden, ihr Lohnniveau zu halten.

Derzeit hält sich die Auslagerung von Schreibarbeiten nach Indien in Grenzen, und für die unmittelbare Zukunft sind keine großen Zuwächse zu erwarten. Trotzdem muss man die Möglichkeit, dass es hier in den nächsten Jahrzehnten zu einer explosionsartigen Ausweitung kommt, im Hinterkopf behalten. Prognosen sind schwierig, weil sich der technische Fortschritt nicht genau vorhersagen lässt. Viel hängt davon ab, wie schnell sich welche Erfindungen durchsetzen. Neue Techniken, die den täglichen Kontakt begünstigen, die gemeinsame Nutzung virtueller Schreibtische vereinfachen oder auch nur die Kommunikationskosten senken, können eine ganz neue Situation schaffen.

Wir erleben derzeit die ersten Anfänge von »Telearbeit« und einer Form der Gruppenarbeit, bei der die Beteiligten rund um den Globus verteilt sind. Künftig können Dinge gemeinschaftlich bearbeitet werden, bei denen das früher nicht der Fall war. Stahlarbeiter, die in zwei verschiedenen Betrieben in verschiedenen Regionen der Welt arbeiten, können sich zum Beispiel bei einer komplizierten Spezialanfertigung gegenseitig Tipps und Anweisungen geben und sich in den verschiedenen Produktionsphasen abstimmen und auf diese Weise rund um die Uhr produzieren, denn, während es bei den einen Nacht wird, dämmert bei den anderen der Tag. Damit schwinden die Wettbewerbsvorteile von Unternehmen, die sich in den großen Geschäftszentren angesiedelt haben. Es ist durchaus denkbar, dass in naher Zukunft zwei Ärzte in verschiedenen Städten einen Patienten in einer dritten Stadt mit Hilfe von ferngesteuerten Geräten gemeinsam operieren, unterstützt von dem Pflegepersonal vor Ort.[16] Die Zusammenarbeit auf internationaler Ebene wird nie gekannte Ausmaße annehmen und sich auf das Einkommen von Ärzten in den Wohlstandregionen negativ auswirken.

Die Stoßrichtung dieser Veränderungen läuft auf eine Verschlechterung der Einkommenssituation gut ausgebildeter Menschen in den entwickelten Ländern hinaus. Damit sind auch die Immobilienpreise in diesen Gebieten gefährdet. Aber es handelt sich nur um Risiken, nicht um Tatsachen. Der Fortschritt lässt sich nicht aufhalten, und welche Auswirkungen er haben wird, können wir heute noch nicht sagen. Es kann ebenso gut sein, dass durch die Fortschritte im Kommunikations- und Transporttechniksektor die Einkommen in den Industrieländern weiter steigen, weil die wachsende Kommunikation per Computer die Nachfrage nach direkter, persönlicher Kommunikation steigert. Dafür spricht zum Beispiel die Entwicklung seit Erfindung des Telefons. Die Verstädterung nahm zu, nicht ab.[17]

Fortschritte bei Militärs und Terroristen

Fortschritte der Militärtechnik haben seit jeher zu einer Destabilisierung der Machtbalance geführt. Das gilt nicht nur für atomare, chemische und biologische Waffen, über die in letzter Zeit so viel geredet wurde. Auch die Informationstechnologie und Roboter spielen eine Rolle.

Fortschritte der Steuer- und Informationstechnologie ziehen eine Konzentration der Macht an wenigen Schaltstellen nach sich. Sind diese Zentren instabil, kann es zu plötzlichen Machtwechseln und Machtmissbrauch kommen.

Der Krieg gegen die Taliban in Afghanistan hat der Welt die Fortschritte der Informationstechnologie vor Augen geführt. Das Potenzial von Robotern zeigt sich exemplarisch in den unbemannten Aufklärungsdrohnen, mit denen die USA einzelne Ziele aus der Luft aufspürten und die mit Hellfire-Panzerabwehrraketen bestückt waren, um das Ziel zu zerstören. Mit diesen Drohnen sollten die Schlüsselfiguren von *Osama bin Ladens El-Quaida* getötet werden. Wenn diese Waffen allgemein üblich würden, würde sich der Charakter des Krieges vollständig verändern. Er würde in gewisser Weise zivilisierter, so genannte »Kollateralschäden« ließen sich vermeiden und die Gefahr für die eigenen Soldaten minimieren.

Es dürfte Terroristen schwer fallen, sich in den Besitz dieser sehr teuren Waffen zu bringen. Sie profitieren von anderen technischen Fortschritten. Die Anschläge auf das World Trade Center und das Pentagon am 9. September 2001 konnten nur deshalb so große Schäden anrichten, weil unsere heutigen Flugzeuge Tonnen von hoch entzündlichem Treibstoff enthalten und von einem einzigen Mann oder einer einzigen Frau gesteuert werden können. Beide Boeing 767, die in die Türme des World Trade Centers flogen, waren mit mehr als 52000 Litern Kerosin betankt. Wie lächerlich gering erscheinen daneben die rund 3000 Liter Kerosin im Tank der B-25 der amerikanischen Luftwaffe, die im dichten Nebel 1945 irrtümlich in das Empire State Building flog und relativ geringen Schaden anrichtete.[18] Das Cockpit moderner Flugzeuge ist zudem mit Steuerelektronik vollgestopft, um den Piloten die Arbeit zu erleichtern, und für die verschiedenen Flugzeugtypen so weit wie möglich standardisiert, um die Gefahr von Bedienungsfehlern zu reduzieren. Beides erleichtert auch Unbefugten das Fliegen der Maschinen.

Die Möglichkeiten der Verteidigung haben mit der Entwicklung neuer Waffen nicht Schritt gehalten. Die Situation könnte von einigen Ländern oder terroristischen Gruppen ausgenutzt werden, die anderen Ländern ihren Willen aufzwingen wollen, indem sie mit der Anwendung atomarer Waffen drohen und sich von möglichen Vergeltungsschlägen nicht abschrecken lassen.

Je kleiner der Personenkreis ist, der zur Ausführung tödlicher

Pläne benötigt wird, desto größer wird die Erfolgswahrscheinlichkeit. Je schneller sich diese Pläne dank technischer Neuerungen umsetzen lassen, desto geringer die Wahrscheinlichkeit, dass das Vorhaben vorzeitig aufgedeckt wird. Allgemein gilt, je weiter fortschrittliche Technologien verbreitet sind, desto weniger können wir über den potenziellen Schaden sagen.[19]

Gefahren ins Auge sehen

Die meisten der in diesem Kapitel erörterten Risiken wirtschaftlicher Art durch Fortschritte der Technik sind Nebenwirkungen oder systemimmanente Gefahren. Sie liegen nicht in der Absicht jener, die die neuen Techniken erfanden und entwickelten. Wenn dank der Kybernetik menschliche Arbeit durch Maschinen ersetzt wird, wenn die Massenreproduktion einzelner Stimmen oder schauspielerischer Leistungen nur noch den Allerbesten eine Chance gibt, wenn durch die globale Kommunikation Fremde am anderen Ende der Welt uns die Arbeitsplätze wegnehmen, wenn Fortschritte der Militärtechnik das Gleichgewicht der Kräfte zerstören, dann ist das nicht das Problem des Ingenieurs. Es ist eine Herausforderung für die Experten des Risikomanagements und für unser Finanzwesen.

Mit modernen Finanzinstrumenten lassen sich diese Risiken zu einem guten Teil abschwächen. Technische Fortschritte sind immer ein zweischneidiges Schwert; wir müssen sie aufmerksam verfolgen und sie sehr breit und kreativ anwenden und so weit wie möglich unbeabsichtigte Folgewirkungen in unsere Überlegungen mit einbeziehen.

Doch wir müssen nicht nur die Gefahren bedenken, die sich aus dem technischen Fortschritt ergeben. Eine Wechselwirkung mit anderen Risikofaktoren ist nicht auszuschließen, sondern wahrscheinlich. Das nächste Kapitel beschäftigt sich daher mit wirtschaftlichen Gefahren, um das Thema mit Blick auf die Probleme eines modernen Risikomanagements zu präzisieren.

4

Die 40 Räuber: Viele Wege führen in den Ruin

Es gibt zu viele und zu viele verschiedene Risiken, als dass wir sie alle verstehen und uns gegen jedes einzeln versichern könnten. Wir können eine Feuerversicherung für unsere Immobilie abschließen, unser Laptop gegen Diebstahl versichern oder uns selbst für den Fall einer unheilbaren Erkrankung finanziell absichern. Aber Versicherungen nach dem Gießkannenprinzip sind letztlich Augenwischerei. Finanzielle Engpässe bedrohen unser Leben allenthalben. Insofern wäre es wesentlich wichtiger, die Basis unseres Wohlstands zu versichern, also etwa unser Gehalt. Dazu werden wir in späteren Kapiteln einige Vorschläge erörtern. Hier soll es zunächst um das wichtige Prinzip des Risikomanagements gehen.

Die in Kapitel 3 besprochenen Risiken, die sich aus dem technischen Fortschritt ergeben, sind vielfältig, aber keineswegs die einzige Bedrohung unseres Wohlstands. Jedes für sich betrachtet mag unwahrscheinlich oder geringfügig oder schwer quantifizierbar erscheinen. Aber in der Summe wirken sie zutiefst beunruhigend.

Angenommen, 40 Räuber trachteten nach unserem Geld. Die Wahrscheinlichkeit, dass jeder zum Ziel seiner Wünsche kommt, liegt bei 10 Prozent, und jeder wird höchstens 10 Prozent unseres Vermögens abgreifen. Die rechnerische Wahrscheinlichkeit der Vermögensschädigung je Dieb liegt damit bei 1 Prozent (10 Prozent von 10 Prozent). Das Risiko scheint also vernachlässigbar, man könnte geneigt sein, 1 Prozent auf 0 Prozent abzurunden und die Diebe allesamt zu ignorieren. Doch damit handelt man auf eigene Gefahr. Wenn sich wirklich 40 Diebe in der Gegend herumtreiben, summiert sich das Gesamtrisiko auf 40 Prozent des Vermögens, und das wäre ein schmerzhafter Verlust. Und wenn es sich nicht ausschließlich um Einzeltäter handelt, sondern die Langfinger sich verbünden, wächst die Gefahr, insbesondere, wenn das Opfer bereits geschwächt ist.[1]

Wenn es um unsere finanzielle Sicherheit geht, sind die »Diebe« kaum zu zählen. Aus wie vielen Richtungen droht Gefahr? Die wichtigsten demografischen und sozioökonomischen Variablen – Alter, Schulbildung, Berufserfahrung, Ausbildungsstand der Eltern, Beruf und Einkommen – sagen wenig über die Verdienstmöglichkeiten des Einzelnen aus.[2] Viele Faktoren wirken zusammen und bescheren dem einen Reichtum, dem anderen Armut.

Angesichts so vieler verschiedener Risiken vernachlässigen wir die meisten und geben uns übertrieben zuversichtlich. Zahlreiche psychologische Untersuchungen belegen die Tendenz vieler Menschen zur Selbstüberschätzung. Das übersteigerte Selbstvertrauen beruht zum Teil in der mangelnden Urteilsfähigkeit angesichts komplexer Risiken, der Neigung zur Vereinfachung und der fehlenden Einsicht, an wie vielen Punkten unsere Selbstsicherheit auf falsche Schlussfolgerungen zurückgeht.[3]

Wir sollten diese Selbstüberschätzung ebenso wie unsere Tendenz, die Risiken aufzusplittern und in Schubladen zu sperren, überwinden. Wir sollten aufhören, unsere Gefährdung zu verniedlichen. Wir sollten unsere Fantasie bemühen, um die wirklich drohenden Gefahren durchzuspielen.

Länderrisiken

Persönliche Erfolge und Misserfolge beruhen zum Teil auf Dingen, die das ganze Land betreffen. Sie sind schwer zu benennen. In historisch belegten Fällen eines allgemeinen Abschwungs haben Experten jahrelang über die Gründe für diese Talfahrt diskutiert. Die kausalen Zusammenhänge sind noch lange nach den Ereignissen in ihrer Vielschichtigkeit umstritten. Als Beispiele seien die Weltwirtschaftskrise, die extrem unbefriedigende Wirtschaftsentwicklung in Argentinien mit ihrem Höhepunkt 2001/02, das überraschende Stottern der japanischen Konjunktur seit 1989 oder die niederschmetternden Wachstumsraten der neunziger Jahre in Russland im Vergleich zum Beispiel zur chinesischen Wirtschaft angeführt. In allen Fällen wird über die Ursachen heftig diskutiert.

Man kann selbstverständlich allgemeine Gründe benennen, aber schon ihre Gewichtung fällt schwer, eine exakte Zurechnung ist unmöglich. Zu viele Einzelheiten spielen eine Rolle und zu viele Faktoren, die sich nicht exakt messen lassen.

Die Verständnisschwierigkeiten hinsichtlich der zeitgeschichtlichen Risiken trüben nicht zuletzt unseren Blick für den potenziellen Verlust unserer Lebensgrundlage. Man sollte meinen, nach einem Jahrhundert der Datenerhebung hätten wir eine relativ genaue Vorstellung von der Gefährdung unseres Wohlstands. Aber das verhindert nicht nur die beschränkte Zahl von Zufällen, die wir beobachten konnten, sondern auch die Tatsache, dass sie sich in dieser spezifischen Konstellation nicht mehr wiederholen werden.

Die Wirtschaftswissenschaftler können sich über die eigentlichen Gründe für die Unterschiede im Volkseinkommen selten einigen, ob es sich nun um Abweichungen von einem Jahr zum nächsten, von einer Dekade zur nächsten oder von einem Land zum nächsten handelt. Ökonomen vereinfachen, sonst könnten sie keine einfachen, sicheren Richtlinien vorgeben. Schon dass sich diese Vereinfachungen regelmäßig widersprechen, zeigt die Vielfalt der Risikofaktoren, mit der wir konfrontiert sind und für die wir keine Handhabe haben.[4] Konjunkturzyklen werden zum Beispiel auf Technologieschocks, neue Produktionsverfahren oder neue Technologien, die bestehende Investitionen hinfällig machen, zurückgeführt.[5] Darauf sind wir bereits eingegangen, aber das Volkseinkommen ist zahlreichen anderen Schocks ausgesetzt.

Die Theoretiker erklären volkswirtschaftliche Schwingungsprozesse unter anderem mit Veränderungen der Geldpolitik,[6] Veränderungen des Sparverhaltens,[7] einem Strukturwandel wie zum Beispiel der Verschiebung von der erzeugenden Industrie zum Dienstleistungsgewerbe[8] oder mit einer Veränderung der Energiepreise, etwa durch den Ölschock, der wiederum von politischen Veränderungen innerhalb der *OPEC* ausgelöst wurde.[9] Auch das Bevölkerungswachstum,[10] Schwierigkeiten im Rahmen von Kreditaufnahme und -gewährung,[11] Machtgewinn oder -verlust von Kartellen,[12] Veränderungen im Verhältnis der Öffentlichkeit zu den Gewerkschaften[13] oder Veränderungen beim sozialen Kapital, im Vertrauensverhältnis und der Bereitschaft, in Netzwerken zusammen zu arbeiten,[14] wurden als Gründe für die Entwicklung des Volkseinkommens genannt.

Einige Wirtschaftswissenschaftler betonen die juristische Absicherung langfristiger Eigentumsansprüche, die für die Bereitschaft, auf künftige Ziele hin zu arbeiten, von entscheidender Bedeutung sei.[15] Andere halten die staatliche Bildungspolitik und die Ausbildung von Humankapital für den wichtigsten Faktor,[16] wieder andere setzen den Akzent auf die Kapitalrendite – sie stellt sich in Ländern mit einzelnen sehr starken Branchen besonders günstig dar.[17] Einfluss könnte auch das *learning by doing* haben, indem es jene Länder begünstigt, die als Vorreiter eine Entwicklung anführen,[18] oder ein Stimmungsumschwung, der im Sinn einer sich selbst erfüllenden Prophezeiung das ökonomische Geschehen psychologisch vorantreibt.[19]

Verschiedene andere Gründe für volkswirtschaftliche Schwingungsprozesse, die bisher eher unterschwellig wirkten, wurden von den Wissenschaftlern noch nicht ausführlich gewürdigt. Es sind Gründe, die erst in Zukunft relevant werden könnten; Wirtschaftswissenschaftler beschäftigen sich jedoch vorrangig mit der jüngsten Vergangenheit. Ich denke dabei an unvorhergesehene soziale, ökologische oder internationale Konflikte. Auch wenn sie sich derzeit noch nicht abzeichnen, müssen wir sie doch als reale Gefahr ernst nehmen.

Welchen Risiken ein Land im Einzelnen ausgesetzt ist, darüber lässt sich angesichts dieser Vielfalt kein Konsens herstellen. Wahrscheinlich enthalten alle diese Theorien ein Körnchen Wahrheit. Aber es wäre ein sinnloses Unterfangen, individuell Versicherungspolicen gegen derartig vage abgegrenzte und kaum einschätzbare Risiken abzuschließen.

Persönliche Risiken

Neben diesen Schocks, die ganze Staaten erfassen, ist jeder Einzelne den Risiken des heimischen Arbeitsmarktes und ganz individuellen Karrierebrüchen ausgesetzt. Auch wenn jede einzelne Gefahr für sich genommen vernachlässigbar erscheint, können sie in der Summe alarmieren. Jede einzelne Gefahr trägt ihren Teil zum persönlichen Gesamtrisiko bei, und dieses Risiko geht weit über die derzeit versicherbare Berufsunfähigkeit hinaus. Der Zusammenhang lässt sich ganz gut am Beispiel Karriere verdeutlichen.

Die persönliche Laufbahn ergibt sich aus der Summe vieler kleiner Siege und Enttäuschungen. Eine Wendung zum Guten kann durch neue Herausforderungen oder Zufälle herbeigeführt werden, in denen man sich beweisen, die Aufmerksamkeit wichtiger Personen auf sich lenken kann (»zur rechten Zeit am rechten Ort«). Bei Beförderungen übergangen zu werden, keine glücklichen Zufälle nutzen zu können, kann einen Karriereknick einleiten. Oder man wird krank oder Opfer eines Rufmords oder macht einen dummen Fehler oder …

Wer Erfolg hat, sieht gern seine inneren Werte und die harte Arbeit als Ursache für diesen Erfolg. Das ist zu einem nicht unerheblichen Teil eine Selbsttäuschung. *Barbara Ehrenreich* musste während ihres Selbstversuchs mit schlecht bezahlten Jobs verblüfft feststellen, wie leicht sie hätte untergehen können. Niemand erkannte ihr Talent zum Schreiben, obwohl sie mehrere Bestseller geschrieben hatte. Sie sprach sogar über das Buch, für das sie recherchierte. Von den Arbeitskollegen kam keine Reaktion. Schließlich kennt jeder irgendjemanden, der an einem Buch schreibt. Ohne ihren Ruf und ihre Kontakte hätte *Barbara Ehrenreich*, wäre sie wirklich auf solche Jobs angewiesen gewesen, den Sprung vielleicht nicht geschafft.

Ereignisse, die die Karriere zum Guten oder zum Schlechten wenden, lassen sich kaum quantifizieren, obwohl soziale Stellung und Einkommen davon abhängen. Zahlreiche Beispiele legen die Vermutung nahe, dass hier viel Willkür herrscht. Nach allgemeinem Zahlenmaterial, welche Ereignisse Karrieren beeinflussen, sucht man vergebens, und wir wissen auch nicht genau, inwieweit diese von äußeren Schocks oder inneren Anlagen der Betroffenen geprägt werden. Man kann individuelle Karrierechancen durch die Entscheidung für einen bestimmten Lebensstil vereiteln, wenn sich zum Beispiel ein Jurist gegen die Tätigkeit in privaten Kanzleien und für ein Engagement in der Ausbildung oder im Staatsdienst entscheidet.

Einige harte Zahlen lassen sich aber doch finden, die den Einfluss zufälliger und unerwarteter Einbrüche dokumentieren. Der Arbeitsökonom *Joshua Angrist* hat einen Weg gefunden, die Auswirkung eines solchen zufälligen Ereignisses – der Dienst in der Army während des Vietnamkriegs – zu erfassen.[20] Normalerweise ist die Einberufung nicht unbedingt als Zufallsereignis zu werten, zumindest ist denkbar, dass die Söhne reicher Eltern ihr durch bessere Rechtsanwälte, Ärzte und Beziehungen eher entgehen können. Während des Vietnamkriegs wurde die Einberufung aber zu einer echten Lotterie: Die US-Regierung veranlasste, dass jedem männlichen Staatsbürger eine Nummer zwischen 1 und 366 zugeordnet wurde, wobei sich die Zufallsfolge ausschließlich am Geburtsdatum orientierte. Die Geburtsdaten wurden erstmalig am 1. Dezember 1969 in einer öffentlichen Zeremonie gezogen, der Losentscheid anschließend öffentlich verkündet. Je niedriger die Zahl, desto höher die Wahrscheinlichkeit auf Militärdienst. Männer mit hohen Zahlen wurden in der Regel nie eingezogen.

Joshua Angrist untersuchte, welche Wirkung die gezogenen Nummern auf den jeweiligen Verdienst im Jahre 1980 hatten, also lange nach Kriegsende. Indem er nur die sich aus der Zufallsfolge ergebende Zahl betrachtete, nicht jedoch die Frage, ob der Betreffende tatsächlich gedient hatte oder nicht, konnte *Angrist* vermeiden, dass seine persönliche Meinung in die Auswahl einfloss. Das Ergebnis seiner Studie: Zehn Jahre nach der Entlassung von der Armee verdienten die eingezogenen Wehrpflichtigen im Schnitt 15 Prozent weniger als jene, die nicht eingezogen wurden. Daraus lässt sich nicht schließen, dass der Militärdienst selbst ein Karrierehemmnis ist, aber die Studie beweist sehr wohl, dass eine von außen verordnete Unterbrechung der Karriere langfristig schaden kann und für die individuelle Lebensplanung von entscheidender Bedeutung ist.

Ich kann die Ergebnisse dieser Untersuchung persönlich bestätigen. Ich hatte 1969 die Nummer 362, musste also nicht mit meiner Einberufung rechnen und konnte mich ungestört meinem Fortkommen in den Wirtschaftswissenschaften widmen, ohne in einen Krieg ziehen zu müssen, den ich für unmoralisch hielt. Meine vergleichsweise gute Position heute verdankt sich sicher nicht zuletzt dieser Tatsache.

Einkommensverschiebungen durch Kriege und Revolutionen

Die verschiedenen Risiken addieren sich unter anderem auch deswegen zu einer gewaltigen Unsicherheit auf, weil sie sich wechselseitig beeinflussen. Auch wenn verschiedene Gefahren keinen ursächlichen Zusammenhang haben, treten sie doch gemeinsam auf. Während der Asienkrise 1997/98 kamen zum Beispiel Währungsverfall, Börsencrash, wachsende Arbeitslosigkeit, Schuldenkrise und politische Verwerfungen zusammen. Krisenzeiten bedeuten auch für individuelle Karrieren häufig Höhen oder Tiefen. Durch die Akkumulation können sich die Auswirkungen von Risiken verschärfen oder abschwächen. Jedenfalls verändern sie sich gegenüber einem isolierten Auftreten.

Vor allem in Zeiten sozialer Umbrüche verändert sich das Einkommen der Menschen, zum Beispiel in Kriegszeiten. Kriege hat es zu allen Zeiten gegeben und werden vielleicht auf ewig eine Begleiterscheinung menschlicher Existenz bleiben. Wenn sich Terroristen mit einiger Aussicht auf Erfolg in den Besitz von Massenvernichtungswaffen zu bringen versuchen, rückt die Gefahr eines Krieges näher. Kriege bedeuten selbst in den siegreichen Staaten und sogar in Ländern, in denen gar nicht gekämpft wird, eine gewaltige Umverteilung des Reichtums. Es gibt Kriegsgewinnler und Menschen, die alles verlieren.

In Kriegszeiten sind Menschen verständlicherweise verbittert über die Launen des Zufalls: Die Lasten sind sehr ungleich verteilt. Der eine lässt sein Leben, um das Vaterland zu verteidigen, der andere legt den Grundstock für ein Vermögen, weil er die Gunst der Stunde nutzt. Solche Härten lassen sich in der Gesellschaft kaum vermeiden. Die Volkswirtschaft wird mit ökonomischen Anreizen in den Dienst der Kriegsbedürfnisse gestellt, anders als über das Militär kann die Regierung über die Wirtschaft nicht befehlen. Deswegen verdienen sich die einen eine goldene Nase, während andere das Nachsehen haben. Reale ökonomische Anreize können nicht ohne Wirkung bleiben. Das soll nicht heißen, gegen diese Lastenverteilung sei man völlig machtlos, aber Gegenmaßnahmen sind doch sehr schwierig.

Im Ersten Weltkrieg herrschte in den USA große Sorge um die ungleich verteilten Lasten des Kriegs innerhalb des Landes. Das *War Industry Board* wurde ermächtigt, Unternehmen zu überwachen. Die Preise wurden festgesetzt, um die Gewinnmarge auf das normale Maß zu begrenzen, Gewinne mit einer Sondersteuer abgeschöpft. Aber die Maßnahmen kamen zu spät, erst mit Kriegseintritt der USA 1917. In den Jahren davor explodierten die Unternehmensgewinne nach Steuern und erklommen Höhen, die erst in den fünfziger Jahren wieder erreicht wurden.[21]

Während des Zweiten Weltkriegs war die Erinnerung an die Kriegsgewinne vor und im Ersten Weltkrieg den amerikanischen Bürgern, aber auch dem amerikanischen Gesetzgeber sehr präsent. Die *Roosevelt-Administration* wollte das neuerliche Auftreten einer solchen Ungleichheit verhindern, stand aber vor dem Problem, dass der Privatsektor über Anreize funktionsfähig gehalten werden musste. Folge waren wiederum extrem hohe Gewinne, die jedoch getarnt wurden. Die Unternehmen waren gehalten, ihre Preise über die Selbstkosten plus Gewinnzuschlag zu ermitteln. Was zu den Selbstkosten zählte, blieb offen. Die Unternehmen konnten in die Zukunft investieren, ihre Produktion umstellen und neu organisieren, in Forschung und Entwicklung investieren und sich so für die Zeit nach dem Krieg gut positionieren. Überhöhte Gehälter oder Stundenlöhne waren gesetzlich verboten, um diese verdeckte Form von Kriegsgewinnen zu verhindern. Die Unternehmen richteten stattdessen ihren Angestellten großzügige Spesenkonten ein, und so boomten während des Zweiten Weltkriegs teure Geschäftsessen und überflüssige Geschäftsreisen. Damals konnten Handwerker und andere Personen mit kriegswichtigen Aufgaben unzählige bezahlte Überstunden schieben und viele nutzten die Gelegenheit, um Kredite zu tilgen, ihre Häuser auszubauen, eine Existenz zu gründen und ihre Kenntnisse zu erweitern. Anders als die Männer im Feld konnten die Daheimgebliebenen sich für die Zeit nach dem Krieg eine fantastische Ausgangsstellung schaffen.[22]

In den Ländern, auf deren Boden der Krieg stattfand, wirkte er sich noch sehr viel massiver auf das persönliche Einkommen der Menschen aus. Dem einen boten sich ungeahnte Möglichkeiten, während andere alles verloren. Die Alliierten zwangen die verhassten, reichen Zaibatsu-Familien in Japan während des Krieges, ihre Besitztümer in Yen-nominierte Anleihen umzutauschen, die durch die japanischen Nachkriegsinflation praktisch wertlos wurden. Nur wer seine alten Geschäftsbeziehungen pflegte und in der Nachkriegszeit geschickt nutzte, konnte seinen alten Status halten.[23] Es gab viele Gelegenheiten, neue Reichtümer zusammenzuraffen. So mancher Japaner brachte sich zu einem Spottpreis in den Besitz alter Lagerbestände aus der Zeit vor dem Krieg und verkaufte sie in den Zeiten des Mangels nach dem Krieg, andere erwarben Grundstücke, als die Immobilienpreise vorübergehend eingebrochen waren. 1946 gab es in der Innenstadt von Tokio Grundstücke für das sprichwörtliche Butterbrot. Neben anderen, weit schlimmeren Kriegsfolgen führte der Zweite Weltkrieg in Japan zu einer massiven Neuverteilung von Reichtum.

Finanzinnovationen und die Vielfalt der Risiken

Wir haben gesehen, dass die Liste möglicher Risiken zu lang ist und zu vage, als dass man sie alle im Detail beschreiben könnte. Sie alle einzeln zu versichern ist vollkommen unpraktikabel. Eine wirksame Versicherung kann nur der Grundlage des Wohlstands gelten: unserem Einkommen. Aus diesem Grund setzten schon die etablierten Instrumente des Risikomanagements an diesem Punkt an, etwa die progressive Einkommenssteuer und die Sozialversicherung. Deswegen orientieren sich viele Vorschläge in diesem Buch an gesamtwirtschaftlichen Kategorien, etwa dem Volkseinkommen oder dem Bruttoinlandsprodukt. Diese Werte geben die Auswirkungen aller Risikofaktoren auf eine Volkswirtschaft gebündelt wieder.

Trotzdem müssen wir den verschiedenen Quellen der Gefahr Beachtung schenken und sie so weit wie möglich zu verstehen versuchen. Die politischen Kräfte dürfen die Risiken unterhalb der nationalen Schwelle nicht aus dem Auge verlieren, denn diese addieren sich aus den individuellen Risiken. Individuelle Risiken sind die Summe der Risiken einer Nation und der Risiken, die bestimmte Gruppen innerhalb dieser Nation sowie den Einzelnen treffen. Auch wenn die Gefahren für den Staat insgesamt tragbar sein mögen, können die Gefahren für eine einzelne Person erheblich größer sein. Der Staat als Ganzes darf nicht die einzig relevante Analyseeinheit sein.

In Zeiten nationaler Krisen, also zum Beispiel in Kriegszeiten, müssen gut geplante Anreize gesetzt werden, damit die notwendigen Arbeiten zur Bewältigung der Krise erledigt werden, und gleichzeitig muss die ungleichmäßig verteilte Belastung einzelner Einkommen so weit als möglich ausgeglichen werden. Heute stehen andere Finanzinstrumente zur Verfügung als während des Zweiten Weltkriegs. Aber die Infrastruktur muss vor einer potenziellen Krise ausgebaut werden, damit ein modernes Finanzmanagement die Risiken bändigt und gleichzeitig hohe Anreize möglich macht.

Zu allen Zeiten, ob krisengeschüttelt oder nicht, sieht sich das Risikomanagement Gefahren gegenüber, die auf ganz verschiedenen Ebenen zusammentreffen, Ebenen, die vom Staat bis hinunter zum Einzelnen reichen. Deswegen verlangt der Umgang mit diesen Risiken erhebliche Informationsmengen und damit auch eine gut strukturierte und auf die vielschichtigen Probleme abgestimmte Informationstechnologie. Im nächsten Teil werden wir uns der Entwicklung in diesem Bereich und der damit verbundenen Computertechnik zuwenden, beziehungsweise der Interaktion zwischen Mensch und Computer, die für ein effizientes Risikomanagement unentbehrlich ist.

Teil 2

Wie Wissenschaft und Technik das Finanzwesen revolutionieren

5

Die neue Informationstechnologie im Risikomanagement

Die Fortschritte der Informationstechnologie werden uns auf dem Weg zu einer radikalen Reform des Finanzwesens gute Dienste leisten. Hardware und Software werden ständig verbessert und mit ihnen die Struktur menschlicher Organisationen. Wie mit jedem technischen Wandel verändern sich unsere Begriffe, unsere Maßstäbe und unser Gesamtverständnis der Situation. Angesichts des technischen und kulturellen Potenzials, das uns zur Verfügung steht, sind grundlegende Veränderungen der Natur und der Qualität unseres Lebens durch eine Verbesserung des Finanzwesens möglich.

Technologische Impulse für das Finanzwesen

Lassen Sie uns die Entwicklung einiger Elemente der Informationstechnologie betrachten, die uns bereits seit geraumer Zeit zur Verfügung stehen und die wir in der Regel als selbstverständlich hinnehmen, darunter so grundlegende Dinge wie Papier und Bleistift. Sie erlebten im Lauf der letzten Jahrhunderte einige Verbesserungen, die entscheidende Fortschritte darstellten. Wenn wir uns ihre heutige Bedeutung vergegenwärtigen, bekommen wir einen Vorgeschmack für die Bedeutung jener Technologien, die sich derzeit in der Entwicklung befinden. Die Verbesserung in der Aufbewahrung und Verwaltung von Informationen wird uns zeigen, dass sich der Fortschritt der Informationstechnologie – auf mehrere Jahrhunderte gesehen – langsam, aber stetig und alles durchdringend entfaltet.

In den letzten zwei Jahrhunderten hat sich die Archivierung von Informationen sehr verbessert. Riesige Datenmengen können seither erfasst, verarbeitet und zuverlässig aufbewahrt werden. Nehmen wir zum Beispiel die Papierherstellung. Sie wurde um 1800 automatisiert, und 1843 wurde ein Verfahren entwickelt, um Papier aus Holzschliff herzustellen. Durch diese und andere Fortschritte wurden Papier und damit auch die Kosten der Archivierung billiger. 1799 musste man für eine Zeitung in London einen Sixpence bezahlen, obwohl sie nur aus vier Seiten bestand. Ein Zimmermann oder ein Maurer hätte dafür mehr als ein Zehntel seines Lohns hinblättern müssen.[1] Heute kostet eine Zeitung noch nicht einmal 1 Prozent des Tageslohns eines Arbeiters und besteht aus wesentlich mehr Seiten. Dass die für Archive nötigen Materialien im Lauf der Jahrhunderte billiger wurden, ist ein nicht zu unterschätzender Grund für die zunehmende Ausdifferenzierung des Finanzwesens. Heute stehen wir angesichts der elektronischen Archivierung vor der Möglichkeit, auf Papier weitgehend zu verzichten.

Im Lauf des 19. Jahrhunderts wurden auch Briefe sehr viel preiswerter. Seit 1849 existieren standardisierte Briefumschläge, die uns heute so vertraute Adresse mit Straßenname und Hausnummer wurde in der zweiten Hälfte des 19. Jahrhunderts entwickelt, gleichzeitig entstanden die ersten Postunternehmen. In den Vereinigten Staaten bewegte sich das Porto für einen Brief 1850 je nach Entfernung zwischen 5 und 10 Cent. Das entspricht, umgerechnet in die heutige Kaufkraft, 1,50 bis 3 Dollar, und dafür musste man damals lange arbeiten. Wegen dieser hohen Kosten bekam der amerikanische Durchschnittsbürger 1850 vier Briefe pro Jahr, 1990 waren es im Gegensatz dazu 670 Postsendungen. Auch das hängt nicht zuletzt mit der wachsenden Komplexität des Finanzwesens zusammen, deren Zeugen wir im Lauf des letzten Jahrhunderts waren. Der Informationsaustausch per Post ist stark gestiegen, und er beschleunigt sich derzeit noch durch den immer häufigeren Gebrauch der elektronischen Post.

Kopien sind für die Zuverlässigkeit von Archiven unentbehrlich.

Mit ihnen lässt sich die Wahrscheinlichkeit für den Verlust von Akten gegen null senken und die exakte Übermittlung von Informationen beschleunigen. Die älteste Maschine zur mechanischen Vervielfältigung entstand 1780 und stammt von *James Watt* (dem Erfinder der Dampfmaschine), war allerdings nur eingeschränkt einsetzbar.[2] Eine Art Kohlepapier wurde 1806 erfunden. 1900 wurde die erste Maschine, die auf fotografischem Weg Dokumente kopierte, konstruiert. 1911 lag die Fotokopieleistung bei einer Seite pro Minute, und eine Kopie kostete 10 Cent. Das entspricht 2 Dollar in heutigen Preisen. Die Maschine war ein wichtiger Fortschritt, aber solange es nicht auf Geschwindigkeit oder exakte Wiedergabe ankam, arbeiteten Sekretärinnen, die das Dokument noch einmal abtippten, in der Regel billiger. Erst mit der Erfindung der Xerografie 1950 sanken die Preise für Kopien.[3] Auch hier ist der kontinuierliche Fortschritt unauflöslich mit Entwicklungen der Finanztechnik verknüpft. Heute können wir automatisch und buchstäblich kostenlos Backups erstellen. Die Erfindung der Schreibmaschine 1868 beschleunigte nicht nur die Erfassung der Daten, sondern steigerte auch die Zuverlässigkeit der Akten: Die Entzifferung verschiedener Handschriften entfällt seither.

Das 19. Jahrhundert war zudem das Jahrhundert der Formulare, zunächst für die staatliche Bürokratie, später auch für die Privatwirtschaft.[4] Die Aufbewahrung von Akten wurde Schritt für Schritt verbessert, bis sich schließlich Ende des Jahrhunderts die senkrechte »Ablage« (auf Regalbrettern oder in Aktenschränken mit Auszügen) durchgesetzt hatte.[5] Die Archivierungsmethoden wurden immer weiter verfeinert.[6] Steh- und Hängeordner waren eine Verbesserung eigener Art – gleichförmig und einheitlich.[7] Rechenmaschinen und Systeme zur automatischen Datenverarbeitung wurden während des 19. Jahrhunderts und natürlich vor allem im 20. Jahrhundert ständig weiter verbessert.[8] Jeder einzelne dieser Fortschritte erleichterte wiederum Fortschritte im Finanzwesen, und die elektronischen Gegenstücke dieser Erfindungen versprechen dasselbe für unser Jahrhundert.

Die immer leistungsfähigere Bürokratie ermöglichte im Lauf der Jahre sehr viel effizientere Organisationen, um Aufzeichnungen zu verwalten. Fortschritte in diesem Bereich sind allerdings mangels physischer Belege schwerer nachvollziehbar. Nicht zuletzt die Verwaltung der Verwaltungsangestellten verbesserte sich. Waren noch im neuzeitlichen Europa die nicht zum Militär gehörenden Regierungsinstitutionen »eine Brutstätte von Vetternwirtschaft und Korruption, anmaßender Alleingänge und beruflicher Unfähigkeit«, so entwickelte sich während des 18. und 19. Jahrhunderts in einigen deutschen Ländern der moderne Obrigkeitsstaat.[9] 1770 wurde in Preußen der öffentliche Dienst reformiert und ein Auswahlsystem eingeführt, das die Einstellung fähiger Beamter gewährleistete. Das Modell wurde für die ganze Welt maßgebend; ein Staat nach dem anderen übernahm es.[10] Im Verbund mit der neuen Informationstechnologie können wir weitere Verbesserungen der Bürokratie erwarten.

Ohne die Verbesserungen der Infrastruktur lässt sich das moderne Finanzwesen nicht denken. Millionen und Abermillionen von Akten müssen Jahrzehnte später noch lesbar zur Verfügung stehen. Auch der Zugriff auf eine bestimmte Akte muss gewährleistet, die Informationsfülle also systematisch geordnet sein. Dem Verlust oder der Beschädigung von Akten muss vorgebeugt werden. Sie dürfen nicht verbrennen, nicht von Würmern oder anderem Ungeziefer zerfressen oder durch Einwirkung von Sonnenlicht und so weiter zerschlissen werden. Sicherheitskopien müssen an einem anderen Ort verwahrt werden. Je mehr Doppel aufbewahrt werden, desto höher die Kosten. Das System muss verlässlich arbeiten, die erfassten Daten müssen absolut korrekt sein und in der Weise verwendet werden, für die sie bestimmt waren. Und all diese Anforderungen müssen bezahlbar bleiben.

Derartige Verbesserungen haben die Entwicklung des Finanzwesens begleitet und werden es aller Voraussicht nach auch in Zukunft tun.

Datenbanken

Dieselbe Beschleunigung, die im 19. und 20. Jahrhundert von preiswertem Papier, der Möglichkeit, Kopien zu erstellen, Postämtern, Schreibmaschinen und Ablagesystemen ausging, wird sich durch CDs, CD-Brenner, E-Mail, Laptops und elektronische Dokumentationssysteme wiederholen. Unsere Möglichkeiten sind heute um Längen besser als die des 19. Jahrhunderts, mit dem Resultat, dass uns eine Unmenge von Datenbanken zur Verfügung steht, die wir zu unzähligen Zwecken nutzen können.

Die ersten Vorteile dieser Weiterentwicklung zeichnen sich bereits ab. Anfang des 20. Jahrhunderts war keine der Kennziffern der Wirtschaftstätigkeit, die heute täglich über den Bildschirm flimmern, abrufbar. Weder Verbraucherpreisindex noch Bruttoinlandsprodukt noch die Arbeitslosenrate wurden erstellt beziehungsweise berechnet.[11] Immer neue Methoden der Datenverarbeitung und die Fortschritte bei ökonometrischen Analysemethoden haben im Lauf der letzten Jahrzehnte immer neue Kennziffern ergeben, die bis dato unbeachtet geblieben waren. Die Risiken von Einzelpersonen und Firmen und sogar von Staaten lassen sich inzwischen anhand von verschiedenen, selbstverständlich gewordenen Indizes ablesen. Dank der Erfassung derartiger Zahlen können wir heute an eine institutionelle Verbesserung des Risikomanagements denken. Die Datenquellen werden sich auch in Zukunft vervielfachen.

Weltbank und Internationaler Währungsfonds sammeln elektronisch detaillierte Daten zum Volkseinkommen für alle Staaten der Welt. Durch die Fortschritte der digitalen Medien sind Daten zur Wirtschaftslage rasch abrufbar, und immer mehr Menschen haben Zugriff darauf, sodass man sie für Risikomanagement-Verträge nutzen könnte.

Fortschritte bei der Berechnung von Indexzahlen ermöglichen inzwischen die genaue Bestimmung des Preisniveaus in einer Nationalökonomie. Seit Anfang des Jahrhunderts beschäftigen sich die Volkswirtschaftler mit der optimalen Herleitung eines Indexes der

Verbraucherpreise und konnten eine Reihe von systematischen Fehlern eliminieren, die durch zu einfache Indexformeln hervorgerufen wurden.[12] Vergleichbare Fortschritte ließen sich auch mit der Berechnung eines Vermögenspreisindexes (API, Asset Price Index) feststellen. Er ist als Gegenstück zum Verbraucherpreisindex und zusätzlicher Indikator in der Diskussion.[13]

Doch bleibt viel zu tun. Wir haben zum Beispiel noch keine zuverlässigen Daten über die Preise von Geschäftsimmobilien, die sich auf tatsächliche Verkaufszahlen stützen. Die besten der derzeit verfügbaren Indizes beruhen auf Schätzungen. Es gibt keine zuverlässigen Indizes zum Erwerbseinkommen, die – analog zu den regelmäßigen Immobilien-Preisspiegeln, die wir in der *Case Shiller Weiss Inc.* entwickelt haben – auf regelmäßigen Erhebungen individueller Einkommen basieren würden. Auch gibt es keine Indizes zum persönlichen Einkommen, die an persönliche Merkmale geknüpft wären. Aber wenn sich die Fortschritte der Vergangenheit extrapolieren lassen, werden wir bald derartige Indizes zur Verfügung haben.

Elektronisches Geld

Historisch betrachtet funktionieren Systeme des Risikomanagements nur dann, wenn es ein Tauschmittel gibt, sprich eine Währung. Die Währung ist das Medium, in dem Risikomanagement-Verträge abgeschlossen werden. Je beweglicher und anpassungsfähiger eine Währung ist, desto mehr und desto vielfältigere können Risiken abgedeckt werden.

Münzen und andere Zahlungsmittel sind seit über 2000 Jahren bekannt und eine der wichtigsten Institutionen der menschlichen Gesellschaft. Inzwischen werden sie immer häufiger durch verschiedene Formen elektronischen Geldes und Kreditkarten ersetzt. Automatische Zahlungssysteme fordern kaum ein menschliches Eingreifen – abgesehen von der Nutzung des erworbenen Gegenstandes oder der bezahlten Dienstleistung. So manches Hotel hat in den Zimmern eine Minibar, bei der man das Gewünschte nur vom Regal nehmen muss und schon wird ein automatisches Signal gesendet, das den Betrag automatisch auf die Hotelrechnung setzt.

1997 wurde in Hongkong eine Smartcard vorgestellt, die berührungslos funktioniert. Sie heißt *Octopus* und gestattet das Bezahlen auch von Gegenständen des täglichen Bedarfs oder einer Busfahrt, indem man das Portemonnaie über einen Sensor zieht. Man muss die Karte noch nicht einmal herausziehen.

Autobahngebühren werden immer häufiger über Transponder abgerechnet; das ist ein kleiner Kasten, der im Auto eingebaut und mit einem elektronischen Abbuchungssystem verbunden wird. Sobald der Wagen einen entsprechenden Sensor an der Auffahrt zum Highway passiert, spricht das System an. Das gestattet eine differenzierte Preisgestaltung, etwa, indem die Benutzung der Autobahn zu Spitzenzeiten teurer ist als in Zeiten mit wenig Verkehr. Auf diese Weise könnte man für eine gleichmäßige Auslastung sorgen. In Singapur hat bereits jedes Auto einen Transponder. Da dort Gebühren nicht nur für die Schnellstraßen erhoben werden, konnten die Verkehrsplaner ihrer Kreativität freien Lauf lassen. Ähnliche Systeme werden sich wohl weltweit durchsetzen.

Die Berechnung eines zu Spitzenzeiten abweichenden Preises ist mit dem Computer einfach, und die elektronische Vernetzung gestattet die Reaktion auf immer mehr Informationen. Die Gebührenberechnung ist nicht starr an bestimmte Uhrzeiten geknüpft, sondern richtet sich nach der tatsächlichen Auslastung der Autobahn und anderen Parametern. Das System erfasst den gesamten Verkehr gleichzeitig. In Zukunft können die Autofahrer Informationen für verschiedene Routen, die aktuelle Auslastung und Preise abrufen und sich für alternative Anfahrtswege entscheiden. Sie können nicht nur die Gebühren vorab erfahren, sondern wissen auch, wie viel Zeit sie für ihren Weg einplanen müssen.

Transponder werden bereits für andere Zahlungsvorgänge als Autobahngebühren benutzt. McDonald's experimentiert für seine

Drive-ins mit vorhandenen Transponder-Systemen (*E-ZPass* in New York, *Speedpass* in Chicago, *FasTrak* in Los Angeles). Künftig könnten die Menschen mit einem Transponder in einen Laden spazieren, ihre Einkäufe tätigen und den Betrag von ihrem Konto abbuchen lassen.

Die Technik der bargeldlosen Zahlungen ist inzwischen so ausgereift, dass sie Otto Normalverbraucher benutzen kann. Dank *P2P* (Person-to-Person) können Privatpersonen ihre Zahlungen untereinander elektronisch abwickeln. *PayPal*, eine Firma mit Sitz im Silicon Valley, deren Software von *eBay* und rund 20000 anderen Internetseiten genutzt wird, bietet eine einfache Möglichkeit an, anderen Menschen Geld per E-Mail zu schicken.[14] Mit einem *Palmtop* kann man an der Straßenecke stehen und jemandem Geld bezahlen, ohne dass man das Portemonnaie zückt. Eine europäische Firma, *Paybox*, hat ein Zahlungssystem für Mobiltelefone entwickelt.

Die Fortschritte bei den Zahlungssystemen macht die Berechnung von Pfennigbeträgen für entsprechend kleine Online-Dienstleistungen kommerziell interessant. Auch wenn die derzeitigen Anbieter – *Digicash*, *Cybercash*, *Gemplus* und *Mondex* – noch nicht sonderlich erfolgreich arbeiten, wird sich das in Zukunft voraussichtlich ändern.

Die neue Bequemlichkeit mag belanglos wirken, ist aber entscheidend. Nur durch die selbstverständliche Nutzung der neuen Techniken öffnen sich Türen. Jede Senkung der Transaktionskosten bedeutet, dass wir mehr Transaktionen abwickeln können. Erst dann kann sich die Berechnung kleinster Preise für ein Massenpublikum lohnen und ermöglicht Geschäftsmodelle, die bislang als unvernünftig gelten müssen.

Außerdem ermöglichen die neuen Zahlungssysteme, die tatsächlichen Kosten und den tatsächlichen Nutzen einer bestimmten Transaktion zu berechnen. Denn mit ihrer Hilfe kann man die gegebenen Umstände einbeziehen und die Beträge in Formeln ausdrücken statt in absoluten Beträgen.

Neue Techniken für den Austausch von Risiken

So wie die Risikomanagement-Systeme vom Geld als Tauschmittel abhängen, so hängen auch die Märkte von einem Transaktionsmedium ab. Je tiefer die Transaktionskosten sinken, desto größer wird die Menge handelbarer Risiken.

Der elektronische Börsenhandel geht auf die Gründung des *Nasdaq* (*National Association of Securities Dealers Automated Quotation System*) im Jahr 1971 zurück. Bis zu diesem Zeitpunkt wurden die Kurse kleiner Aktien in den so genannten rosa Seiten notiert. Die *National Association of Securities Dealers* beauftragte *Bunker Ramo*, Inc., mit der Vernetzung der weit auseinanderliegenden Wertpapierhäuser, sodass alle Mitglieder des Systems aktuelle Informationen auf den Bildschirmen hatten. Die Lösung von *Bunker Ramo* bereitete den Boden für den heutigen elektronischen Handel. Die *London Stock Exchange* übernahm 1986 ein voll elektronisches Handelssystem, viele andere Börsen der Welt folgten. Viele Börsen außerhalb der USA, an denen Derivate gehandelt werden (*Eurex*, *Euronext* oder *Futures Exchange* in Sydney), arbeiten bereits elektronisch und auch die amerikanischen Börsen werden sich in Zukunft vermutlich stärker auf elektronische Systeme verlassen.[15]

Die Bedeutung des Parketthandels, bei dem sich die Börsianer persönlich zum Kaufen und Verkaufen treffen, schwindet zusehends dahin. Noch schrillt die Glocke zu Handelsbeginn und Handelsende in der New Yorker Stock Exchange, aber selbst dort erledigen die Händler kleine Aufträge mit einem elektronischen System namens *SuperDot*. Neben den elektronischen Börsen existiert eine Reihe verschiedener elektronischer Kommunikationsnetze (ECNs) wie *Instinet*, *Island*, *Archipelago*, *REDIBook* oder *Bloomberg*. Durch den Onlinehandel kostet eine Transaktion heute nur noch einen Bruchteil des früheren Preises, und damit sind auch die Möglichkeiten, Dinge zu handeln, dramatisch gewachsen.

Mit Hilfe der neuen Techniken lassen sich viele Vermögenswerte gleichzeitig handeln. So genannte *Exchange-traded Funds* (*ETFs*) lassen sich handeln wie gewöhnliche Aktien und beinhalten doch ein ganzes Portfolio von Aktien. All das begann mit den Spinnen, den »Spiders«, die 1993 von der *American Stock Exchange* auf *Standard & Poor's Depositary Receipts* aufgelegt und seither vielfach nachgeahmt wurden (der Name *Spider* kommt vom Börsenkürzel SPDR).

Die Auktionstheorie, eine Sparte der mathematischen Ökonomie und der Spieltheorie, hat in den letzten zwei Jahrzehnten eine Reihe von Vorschlägen entwickelt, wie Käufer und Verkäufer effizienter zusammenkommen können.[16] Die daraufhin erfolgten Änderungen hatten massive Auswirkungen. Unter Anleitung von Wirtschaftstheoretikern wurde ein Großteil des Kapitalstocks der Sowjetunion Anfang der neunziger Jahre mit einem innovativen Belegsystem versteigert.[17] Heute werden Sendefrequenzen versteigert, frisch gebackene Doktoren suchen ihren Wohnsitz über ausgereifte Marktmechanismen, Elektrizität wird von vielen Herstellern auf elektronischen Märkten angeboten und *eBay* und andere Online-Auktionshäuser bieten Hinz und Kunz die Möglichkeit, alle nur denkbaren Dinge zu kaufen und zu verkaufen.

Vorschläge zur Nutzung elektronischer Mittel im Dienst des Handels kamen auch von der Theorie der Marktmikrostrukturen,[18] einem Zweig der Finanzmathematik. Daraus haben sich einige bedeutsame Finanzprodukte entwickelt, zum Beispiel das von *Longitude, Inc.*, im Jahr 2002 entwickelte Versteigerungsverfahren, genannt *Parimutuel Digital Call Auction* (*PDCA*).[19]

Die technischen Fortschritte im Handel mit Finanzwerten werden in Zukunft immer neue Möglichkeiten eröffnen. Die Vielfalt der Kapitalmärkte wird weiter zunehmen und mit ihnen die Möglichkeiten von Risikomanagement.

Erkennungssysteme

Risikomanagement-Instrumente setzen voraus, dass man nachvollziehen kann, wer wer ist, damit Anspruchsberechtigte entsprechende Zahlungen erhalten und die richtigen Personen zur Kasse gebeten werden. Seit alters her hält die Gesellschaft die Identität von Personen über die angeborene menschliche Fähigkeit zur Erkennung von Gesichtern und durch das Medium der sozialen Kontrolle fest oder nutzt Mittel wie Geburtsregister, Empfehlungsschreiben, Ausweise und Pässe. Die Fähigkeit, ein Individuum zu identifizieren, ist ein grundlegendes Mittel der sozialen Organisation. Selbst Vögel und Fische und sogar einige sozial organisierte Insektenarten besitzen diese Fähigkeit.[20] Die Menschheit steht derzeit an der Schwelle, Einzelpersonen elektronisch identifizieren und diese Erkennung mit umfangreichen Datenbanken verbinden zu können.

Computer sind inzwischen in der Lage, biometrische Merkmale zu identifizieren, also Fingerabdrücke, den Abdruck der ganzen Hand, Gesichtszüge, die Iris, die Regenbogenhaut, die Stimme. Die Systeme sind inzwischen ziemlich ausgereift, einige werden bald schon mit fast hundertprozentiger Genauigkeit arbeiten und sogar eineiige Zwillinge einwandfrei voneinander unterscheiden können. Sie lassen sich mit der Tastatur eines PC verbinden, mit Videokameras oder mit anderen Überwachungsmöglichkeiten, die Personen ohne deren Wissen und Zustimmung zum Beispiel während ihres Aufenthaltes in einem Flughafen identifizieren können.

Die Kosten für die entsprechenden Geräte sinken bereits seit längerer Zeit. In Verbindung mit einer Infrastruktur, die den einfachen, standardisierten Zugang zu Daten ermöglicht, werden sie das Risikomanagement beflügeln.

Die Entwicklung technischer Mittel zur Identifizierung setzt wirksamen Datenschutz voraus. Zum Glück ist es auf digitaler Ebene möglich, Zugangsbeschränkungen einzurichten und nur das an die Öffentlichkeit dringen zu lassen, was auch wirklich allen zugänglich sein soll. Es wäre auf jeden Fall verfehlt, den Fortschritt bei den Identifizierungsmethoden aus Sorge um den Schutz der Privatsphäre zu hemmen. Die Herausforderung liegt in der richtigen Konstruktion des Systems. Dazu gehört auch die Verhinderung von Betrug und »Identitätsdiebstahl«.

Elektronische Erkennungssysteme sind weltweit auf dem Vormarsch. Nach Auskunft von *Privacy International* besteht in rund 100 Ländern der Welt Ausweispflicht, wobei jedem Bürger eine Nummer zugeordnet ist, die in den Papieren vermerkt wird. Finnland hat eine Smartcard mit 16 Kilobyte Speicher eingeführt, die als Pass dient, auf der die Inhaber jedoch auch ihre Steuerrückzahlungen eintragen beziehungsweise sich als Arbeitssuchende melden können. Südafrika plant die Einführung eines Personalausweises mit eingebauter Smartcard inklusive Fingerabdruck. Estland will eine Smartcard einführen, auf der biometrische Daten vermerkt sind. China will 700 Millionen Smartcards ausgeben, mit denen sich jeder Erwachsene ausweisen muss.

Auch die USA nähern sich einem neuen nationalen Ausweissystem. 1993 brachte Präsident *Bill Clinton* den Vorschlag ein, dass jeder Amerikaner und jede Amerikanerin eine Krankenversicherungskarte erhalten sollte, auf der die Anamnese vermerkt worden wäre, was die Betrugsversuche erschwert hätte. 1994 bewilligte der Kongress Gelder für diesen Ausweis, der Vorschlag wurde jedoch nie umgesetzt. Im Lauf der Jahre haben viele Staaten erwogen, den herkömmlichen Personalausweis durch eine Smartcard zu ersetzen.[21]

Trotz des in manchen Ländern heftigen öffentlichen Widerstands gegen neue Formen der Identifizierung werden sich Smartcards als Ausweise mit hoher Wahrscheinlichkeit letztlich durchsetzen, vorausgesetzt, die Bedenken hinsichtlich der Datenschutz- und Missbrauchsmöglichkeiten seitens der Regierungen und der Unternehmen werden ausgeräumt.[22] Vor kurzem erklärte *Larry Ellison*, Gründer und Chief Executive Officer von *Oracle*, ein nationales Erkennungssystem sei notwendig, um Terroranschläge wie den am 11. September 2001 zu verhindern und bot an, »die erforderliche Software kostenlos zur Verfügung zu stellen«.[23] Auch wenn die zuverlässige, sichere Identifizierung von Hunderten von Millionen Menschen technisch sehr anspruchsvoll wirken mag, sie wird schon in naher Zukunft problemlos möglich sein.

Erkennungssysteme sollten so angelegt sein, dass jedem Individuum lebenslänglich eine Identitätsnummer zugeordnet wird, auf die andere in gesetzlich legitimierten Fällen Zugriff haben, ohne dass die Privatsphäre verletzt wird. Nur dann eignen sie sich für Verträge, die ja für eine lange Zeit abgeschlossen werden. Derzeitige elektronische Identifizierungssysteme mit ihrem Kuddelmuddel von Passwörtern und Cookies müssen durch etwas Umfassenderes und Systematischeres ersetzt werden.

Mitunter knüpfen sich große Hoffnungen an die Verbindung von Erkennungssystemen und anderen gesellschaftlichen Institutionen. Die malayische Regierung hat zum Beispiel mitten im Dschungel des Landes einen *Multimedia Super Corridor* (*MSC*) namens *Putrajaya* gegründet. Es soll die Stadt der Zukunft, eine »intelligente Hauptstadt« werden.[24] Viel wurde in die Hardware von *Putrajaya* investiert.

Malaysia startet als erstes Land der Welt ein Programm, an dessen Ende jeder Bürger eine Vielzweck-Smartcard haben wird. Sie wird Personalausweis, Führerschein, Reisepass und Krankenversicherungskarte einschließlich Anamnese in einem sein und über das elektronische Netz Zugriff auf verschiedene Dienstleistungen erlauben, sei es von Behörden, Banken, Verkehrsbetrieben, Ärzten oder Krankenhäusern. Der malayische Premierminister, *Mahathir Mohamad*, hält das System für zukunftsweisend:

> Es geht um mehr als bloße Anpassung an den neuesten technischen Stand. Es geht um viel mehr. Wir reden von einem neuen Lebens- und Arbeitsstil im MSC ... Der MSC wird zum Forschungszentrum für die informationsverarbeitende Industrie, dort werden neue Moralvorstellungen entwickelt, die zu einer klein gewordenen Welt passen, in der wir alle Nachbarn sind und uns keine überflüssigen Spannungen und Konflikte leisten können.

Die praktische Anwendung und flächendeckende Einführung verläuft allerdings zögerlich. Die malayischen Pläne sind für ein Entwicklungsland sehr anspruchsvoll und der Ausgang des Experiments derzeit noch ungewiss.

Aber vom Grundgedanken her ist das Projekt vernünftig. Die neue Technologie bietet viele Möglichkeiten und wir müssen uns genau überlegen, wie wir sie nutzen. Eingehende Überlegungen sind notwendig, inwiefern die neue Fähigkeit der elektronischen Identifizierung von Menschen und die Verknüpfung mit Datenbanken in unserem Interesse ist und nicht etwa Ausbeutung oder Unterdrückung Vorschub leisten. Ohne derartige Erkennungssysteme sollten wir keine weit ausgreifenden Hoffnungen auf ein neues Risikomanagement setzen.

Nur das Zusammenspiel von Mensch und Computer ist in der Lage, die ökonomische Basis individueller Existenzen zu erfassen. Wir müssen Erkennungssysteme in unsere Zukunftsvision integrieren, wenn sie denn Erfolg haben soll.

Der Niedergang der Schattenwirtschaft

Das Geschäft in der Illegalität, die so genannte Schattenwirtschaft, in der Transaktionen unter der Hand und in bar getätigt werden, in der man den Staat um die Steuereinnahmen prellt, verzeichnet seit einem halben Jahrhundert in vielen Ländern hohe Zuwachsraten. Es besteht jedoch Grund zur Annahme, dass dieser Sektor künftig rückläufig sein wird.

Die digitale Vernetzung kann das Verstecken, Verheimlichen, Betrügen und Hinterziehen sehr erschweren. Die Informationsmenge wird weiterhin wachsen, die PC-gestützten Analysemethoden werden weiter verfeinert. Das wird Nachforschungen der Behörden erleichtern. Auch wenn uns die wachsenden Überwachungsfähigkeiten des Staates mit Unbehagen erfüllen, sie sind notwendig und wir müssen sie in die richtigen Bahnen lenken.

Auf der ganzen Welt fahnden die Steuerbehörden bereits mit Hilfe der neuen Technologien nach Steuerflüchtlingen. Es wird in Zukunft immer schwerer sein, Steuern zu hinterziehen, indem man bar bezahlt und nichts schriftlich dokumentiert. Je stärker sich das elektronische Geld durchsetzt, desto mehr Verdacht erregen jene, die Bargeld bevorzugen. Die bloße Tatsache, dass man mit Scheinen und Münzen bezahlen will, wird einen in den zwielichtigen Ruch der Halbwelt rücken. Noch sind elektronische Zahlvorgänge zwischen Privatpersonen unüblich, aber wenn sich das erst einmal durchgesetzt hat, wird es der Schattenwirtschaft das Wasser abgraben.

Natürlich könnte das Verschlüsseln privater Mitteilungen in gewisser Weise das Betrügen und Hinterziehen erleichtern, aber es kann auch exakt die gegenteilige Wirkung haben. Manchmal wird man sich schon allein durch die Anwendung von Kryptografie verdächtig machen.

Die Verschlüsselung hilft dem Risikomanagement insofern, als sie Datenschutz ermöglicht und den missbräuchlichen Zugriff auf Informationen verhindert. Richtig angewandt, erleichtert die Kryptografie den freien Informationsaustausch und gibt den Bürgern und Bürgerinnen die Möglichkeit, persönliche Daten im Dienst einer besseren Vertragsgestaltung preiszugeben.

Wenn der Weg zur Steuerhinterziehung versperrt ist, eröffnet sich den Sozialplanern ein neues Feld. Wir können eine gleichmäßigere Einkommensverteilung erreichen, wenn wir die tatsächlichen Verhältnisse kennen.

Die Schattenwirtschaft gehorcht eigenen Regeln, entfaltet eine Kultur der Gefälligkeiten und der Freundschaftsdienste, der wechselseitigen Verpflichtung, in die sich der Staat nicht einmischen soll. Die Loyalität gegenüber der Gesamtgesellschaft ist dieser Kultur fremd. Sie stellt die zwischenmenschliche Bindung über die Regeln und Regulierungen des fernen Gesetzgebers. Mit dem Verschwinden der Schattenwirtschaft werden sich ihre Anhänger andere Refugien suchen müssen, in denen sie ihre gegen den Mainstream gerichteten Gefühle ausleben können. Aber für die Gesellschaft als Ganzes wird sich das Verschwinden der Schattenwirtschaft segensreich auswirken und ihre Fähigkeit zur Risikovorsorge und gleichmäßigeren Einkommensverteilung stärken.

Die wachsende Komplexität und Vollstreckbarkeit von Verträgen

Heute genügt eine Suchanfrage in bestimmten Verzeichnissen, um festzustellen, ob ein Beleihungsobjekt frei von Belastungen ist. Der Hypothekenvertrag ist ein Standardvertrag und die Branche hat Verfahren entwickelt, um sich mit recht hoher Wahrscheinlichkeit gegen Betrug abzusichern. Auch die Kreditwürdigkeit von Privatpersonen lässt sich online abfragen, ebenso ihre Zahlungsmoral in der Vergangenheit. Ob eine Person andere Verträge jenseits von Darlehen und Hypotheken abgeschlossen und erfüllt hat, können wir jedoch nicht feststellen.

Das wird in Zukunft möglich sein. Vielleicht stehen dann Informationen über Miet-, Arbeits- oder Versicherungsverträge zur Verfügung. Je mehr neue Vertragsformen standardisiert und in ein elektronisches Berichtswesen integriert werden, desto umfassendere Informationen über die Vertragsbedingungen können allgemein zur Verfügung gestellt werden.

Privatpersonen können derzeit keine Verträge über Ereignisse in der fernen Zukunft abschließen, weil niemand verhindern kann, dass eine Person bei mehreren Organisationen gleichlautende Verträge abschließt. Schwierigkeiten können sich auch daraus ergeben, dass Menschen die Staatsbürgerschaft wechseln und damit aus dem Blickfeld verschwinden.

Hier könnte ein intelligentes Computernetz Abhilfe schaffen und sicherstellen, dass die verschiedenen von einer Person abgeschlossenen Verträge nicht miteinander in Konflikt geraten. Derartige Systeme sind nicht ohne Gefahren, sie könnten die Privatsphäre zerstören oder zum Missbrauch einladen. Die Systeme müssen von Menschen bedient werden und Menschen haben nun einmal ihre Schwächen. Trotzdem hätte die allgemeine Vernetzung einen großen Vorteil: Sie würde effizientere und umfassendere Verträge ermöglichen.

Die technischen Möglichkeiten

Die moderne Informationstechnologie versorgt uns mit zahlreichen Informationen zu Risiken und den sich daraus ergebenden wirtschaftlichen Ungerechtigkeiten. Dank dieser Informationsfülle steht die Wirtschaftswissenschaft heute da, wo die Astronomie ungefähr zum Zeitpunkt der Erfindung des Teleskops oder die Biologie unmittelbar nach der Erfindung des Mikroskops stand. Wir verstehen viel besser, warum manche Menschen erfolgreich sind und andere kläglich scheitern. Insofern müssen wir uns nicht mehr auf stumpfe Instrumente verlassen, die wir bisher für Gegenmaßnahmen zur Verfügung hatten.

Wir können auf wirtschaftliche Misserfolge mit PC-gestützten Maßnahmen antworten. Dank der elektronischen Identifizierung und der Verschlüsselungsmöglichkeiten können wir unser Leben mit dem Computer verbinden. Wir können zuverlässigere, kompliziertere Verträge mit anderen abschließen. Damit haben wir es in der Hand, ein besseres Leben zu führen. Die technischen Fortschritte stellen das Rohmaterial für Innovationen bereit, die das Finanzwesen revolutionieren werden.

6

Eine psychologische Betrachtung des Risikomanagements

In den letzten Jahrzehnten hat sich die Psychologie sehr stark weiterentwickelt. Finanzielle Innovationen sollten diese Fortschritte nutzen, um die menschliche Sicht der Dinge in Instrumente des Risikomanagements zu integrieren. Gerade die großen Bedrohungen einer Gesellschaft entwickeln sich über sehr lange Zeiträume. Entsprechend langfristig, zuverlässig und stabil müssen Institutionen angelegt sein, die vor diesen Gefahren schützen sollen. Vor allem aber müssen die Menschen den Sinn dieser Institutionen verstehen, und das wiederum bedeutet, dass das Risikomanagement auf eine solide psychologische Basis gestellt werden muss.

Im Prinzip ermöglicht die neue Informationstechnologie vieles, was Menschen aufgrund ihrer Konstitution nie anwenden würden. Aber die Rechner, die das Tor zur neuen Informationstechnologie bilden, dürfen keine Hürde bilden. Die Anwendungen müssen also auf die Anwender abgestimmt werden. So wie die Ergonomie Büromöbel und Maschinen auf den menschlichen Körper hin plant, so muss die Gestaltung der Computerprogramme die menschlichen Schwächen und Stärken berücksichtigen, nicht anders als das Armaturenbrett im Auto, dessen Anordnung auch im Notfall menschliches Versagen möglichst ausschließen soll.

Die auf Rechnern abgelegten Informationen können auf unendlich viele Arten verwaltet werden. Um den Zugriff zu ändern, muss man lediglich das Computerprogramm umschreiben. Die Programmierer können Software komplett umstellen, Milliarden Bits von einem Speicherplatz problemlos auf einen anderen verschieben. Aber der menschliche Geist folgt Gewohnheiten und Denkmustern, die sich nicht so leicht ändern lassen. Also muss die Software auf die bestehenden Parameter der informationsverarbeitenden Einheit abgestimmt werden, mit der der Computer interagieren muss – auf das menschliche Gehirn. Die Erforschung von Anwendungsfragen ist nicht zufällig der Bereich der Informatik, der sich derzeit am schnellsten entwickelt. Viele Universitäten bieten bereits unter dem Kürzel HCI (für human-computer interaction) entsprechende Spezialisierungen an.

Der erste Schritt zur neuen Risikomanagement-Infrastruktur besteht also darin, die Schwächen menschlicher Entscheidungsfindung zu verstehen. Die kognitive Psychologie hat eine Reihe typischer Fehlschlüsse ermittelt, die häufig, aber nicht immer auftreten.

Framing

Psychologen konnten vor allem zeigen, dass der menschliche Geist für *Framing*-Fehler anfällig ist. Das Wort leitet sich von dem englischen Begriff für »Rahmen« ab und bezieht sich auf die Tatsache, dass wir unsere Erlebnisse mit bestimmten Kategorien beschreiben, und dass diese Kategorien sowie die Beschreibung eines Problems unsere Entscheidungen beeinflussen. Ich schließe mich damit dem Sprachgebrauch der Psychologen *Daniel Kahneman* und *Amos Tversky* an, die diesen Begriff Anfang der siebziger Jahre prägten. Er wurde anschließend in der Forschung erheblich ausdifferenziert. *Kahneman* definiert den Begriff Framing als »Abhängigkeit der Wahlmöglichkeiten von der Beschreibung und Interpretation des Entscheidungsproblems«.[1] Diese Abhängigkeit ist eine Art »Systemfehler« im menschlichen Denken und führt im Handeln zu grundsätzlichen Widersprüchen und Trugschlüssen, sofern das Individuum nicht von seiner Umgebung davor geschützt wird.

Das Thema Framing ist für die Psychologie, die Politikwissenschaft und die Soziologie zentral. Psychologen konnten experimentell nachweisen, wie unbeständig menschliche Urteile sind und wie stark sie von Referenzpunkten und dem Kontext beeinflusst werden.[2] Politologen gingen der Frage nach, inwiefern ideologische oder politische Fragen von absichtlichen Neuformulierungen beeinflusst werden, von dem »Dreh«, den Politiker einer Sache geben und der von den Medien verstärkt wird und damit die öffentliche Meinung unterschwellig, aber ausgesprochen wirksam verändert.[3] Soziologen konnten belegen, wie eine veränderte Darstellung in den Medien und die in den Medien getroffene Themenauswahl die soziale Einstellung formen.[4] Wer im Bereich Finanzen etwas bewegen will, muss die Einsichten dieser Wissenschaften mit der Wirtschaftstheorie kombinieren, um das Risikomanagement einen entscheidenden Schritt voranzubringen.

Name und Symbol, die wir mit einem Ding verbinden, spielen für die Deutung desselben eine große Rolle und sind wichtige Elemente des Framings. Menschen sind schnell bereit, Namen in einen Kontext zu setzen und ihnen eine ganze Reihe von Vermutungen zuzuordnen, und diese Annahmen und Attribute übertragen sie auf das bezeichnete Objekt. Beispielsweise hat eine Reihe psychologischer Experimente gezeigt, dass die Bezeichnung »Versicherung« eine gewisse Empfänglichkeit erzeugt.[5] In unserem Kulturkreis assoziieren Menschen mit Versicherung Sicherheit, Vernunft, Integrität und Autorität, sie reagieren deshalb offener auf entsprechende Angebote.

Anfang der achtziger Jahre startete die kalifornische Finanzdienstleistungsfirma *Leland O'Brien and Rubinstein* (*LOR*) einen Werbefeldzug für ein raffiniertes Produkt namens *dynamic-hedging*. Es sollte institutionelle Investoren gegen Verluste absichern. Einer der Firmengründer, *Hayne Leland*, veröffentlichte 1980 einen Artikel dazu unter der Überschrift »Who Should Buy Portfolio Insurance«.[6] Als *LOR* das Produkt auf den Markt bringen wollte, durften sie es aufgrund rechtlicher Bedenken nicht Versicherung nennen. Deswegen bekam das Produkt den fachlich stimmigen, aber sehr abstrakten Namen *dynamic asset allocation*, und die Vertriebsmitarbeiter wiesen in Kundengesprächen ausdrücklich darauf hin, es handele sich nicht um eine Versicherung. Aber Klienten und Medien blieben der Bezeichnung *portfolio insurance* treu, die neue Bezeichnung konnte sich nicht durchsetzen. *LOR* versuchte es kurzfristig mit dem juristisch neutralen *portfolio assurance*, aber auch das griff nicht. Der Markt verlangte nach einer Portfolioversicherung, und die Firma insistierte gegenüber ihren Kunden nicht ernsthaft auf der korrekten Bezeichnung. Die Nachfrage entwickelte sich prächtig, *LOR* setzte das neue Finanzprodukt für Milliarden Dollar ab. Moral von der Geschicht: Der Name zählt.

Erfolgreiche Innovationen wurden schon immer die mit den richtigen Namen und Symbolen verbundenen, und so wird es in alle Ewigkeit bleiben. Auch hier arbeiten die jüngsten Errungenschaften auf dem Gebiet der Informationstechnologie Finanzinnovationen in die Hände. Benutzerfreundliche Oberflächen bedienen sich der ansprechenden Wirkung von Symbolen, man denke nur an die Icons von *Windows*. Die neue Informationstechnologie ist eine Wasserscheide, was die Erfindung von Namen und Symbolen betrifft. Sie eröffnete uns die Möglichkeit, Programme und Formeln mit natürlichen, einfachen Namen und Symbolen zu versehen, die weder kompliziert noch abschreckend wirken.

Es zahlt sich aus, Risikomanagement-Produkte in einen Rahmen zu stellen, der ihre Akzeptanz in der Öffentlichkeit stärkt. Das geschieht durch den Rückbezug auf vertraute Begriffe, zentrale Wörter und Kategorien, auf die sich Menschen ganz natürlich beziehen, die den intuitiven Bezugsrahmen für ihr Denken bilden und in denen sich die immer fortschrittlicheren und immer stärker ausdifferenzierten Begriffe mental verankern lassen.

Zu diesen zentralen Wörtern gehören *Besitz, Staat, Gesetz, Familie, Eltern und Kinder, Liebenswürdigkeit, Teilen, Nächstenliebe, Geschenke, Gegenseitigkeit, Gehorchen, Religion, Ehre, Respekt, Führer, Helden und Fairness.* Es sind Begriffe, mit denen Dreijährige etwas anfangen können, mit denen die ganze Welt etwas anfangen kann. Sie müssen bewusst in die Bezeichnung von neuen Anwendungen eingesetzt werden, um für öffentliche Akzeptanz zu sorgen.

Psychologische Anker

In psychologischen Experimenten ließ sich nachweisen, dass Menschen quantitative Einschätzungen von einer Größe – dem Anker – abhängig machen, die ihnen gerade vor Augen schwebt, selbst wenn diese für die konkrete Fragestellung völlig irrelevant ist. Wird zum Beispiel auf einem Fragebogen nach dem Einkommen gefragt und bestimmte Einkommensspannen vorgegeben, antworten die Probanden innerhalb dieser Einkommensspannen. Die Vorgabe wirkt wie ein Anker. Werden hohe Einkommensgrenzen genannt, geben Versuchspersonen ein höheres Einkommen an. Sollen sie die physische Größe von Objekten schätzen, nachdem ihnen zuvor eine damit überhaupt nicht in Zusammenhang stehende Größe gezeigt wurde, richtet sich ihr Urteil danach.[7]

Anker beeinflussen sogar Experten in ihrer Meinung. In einem Experiment sollten Immobilienmakler den Wert von Häusern nach einer 20-minütigen Besichtigung und einem Exposee schätzen. Das Exposee enthielt die üblichen Angaben einschließlich aktueller Verkaufspreise vergleichbarer Häuser. Die Versuchsanordnung konzentrierte sich auf eine einzige Zahl: den Preis, den der Verkäufer haben wollte. Jene Makler, denen eine sehr viel höhere Forderung genannt wurde, schätzten die Immobilie im Schnitt 10 Prozent teurer ein. Gefragt nach den drei ausschlaggebenden Gründen für ihre Einschätzung nannten weniger als 10 Prozent der Probanden die ursprüngliche Preisforderung.[8]

Ohne klare Preisvorstellung, das zeigen diese Experimente, werden die Urteile von Menschen in hohem Maß von willkürlichen Ankern beeinflusst. Daraus ergibt sich im Umkehrschluss, dass wirtschaftliche Institutionen solche Anker vorgeben müssen, um eine möglichst sachgemäße Orientierung zu bieten.

Viele meiner Vorschläge zur neuen Finanzordnung, die ich in Teil 3 vorstellen werde, beschäftigen sich mit Veränderungen dieser Anker. Makromärkte verschieben den Blickwinkel vom Lokalen und Augenblicklichen hin zum Globalen und Langfristigen. Eine

Steuer gegen Einkommensungleichheit verschiebt den Blickwinkel von willkürlichen Progressionsstufen, die derzeit unser Steuersystem beherrschen, hin zu einem Maßstab für Einkommensunterschiede. Eine generationengerechte Rentenversicherung würde den Blickwinkel von der Absicherung des einmal erreichten Lebensstandards von aus dem Arbeitsprozess aus Altersgründen ausgeschiedenen Menschen hin zum für alle Generationen gültigen Lebensstandard lenken. Indexierte Rechnungseinheiten würden den Referenzpunkt vom nominalen zum realen Wert verschieben. Mein Vertrauen in die Wirkungsmacht dieser Vorschläge wird von der psychologischen Literatur zum Framing gestützt.

Framing von Gewinnen und Verlusten

Vorlieben und Urteile von Menschen werden von ihrem Bezugsrahmen beeinflusst, von ihrer Sicht der Gegenwart, von den Vergleichsmöglichkeiten, vom gegebenen Ausgangspunkt. Wenn sich durch veränderte Umstände der Bezugsrahmen ändert, kann das Verhalten von Menschen komisch und unstimmig wirken.

Kahneman und *Tversky* haben in einer Reihe von Experimenten die Bedeutung der Bezugspunkte belegt. Einmal baten sie zwei Vergleichsgruppen, sich zwischen zwei Behandlungsmethoden für eine seltene Krankheit zu entscheiden, an der angeblich 600 Menschen sterben würden.[9] Als Entscheidungsgrundlage erhielten die Versuchspersonen eine Beschreibung der Behandlungsmethoden, die sich in Wortwahl und Referenzpunkt unterschieden. Die eine Gruppe erhielt eine positive Beschreibung: Methode A würde 200 Leben mit Sicherheit retten, bei Anwendung von Methode B gäbe es eine Chance, alle 600 Menschenleben zu retten (ungefähr 30 Prozent), allerdings wurde die Wahrscheinlichkeit, dass alle 600 Infizierten sterben würden, wesentlich höher angegeben (ungefähr 70 Prozent). Die meisten Versuchspersonen entschieden sich für Methode A. Sie scheuten das Risiko, bevorzugten die »sichere« Methode, bei der garantiert 200 Menschen gerettet würden. Die Beschreibung für die Vergleichsgruppe war negativ gehalten. Methode C sollte demnach 400 Menschenleben kosten, Methode D formulierte eine 30-prozentige Wahrscheinlichkeit, dass niemand sterben müsste, und eine 70-prozentige Wahrscheinlichkeit, dass alle 600 verloren wären. Die meisten Versuchspersonen entschieden sich für Programm D. Sie waren risikofreudig, wären bereit gewesen, 200 Menschenleben aufs Spiel zu setzen, in der Hoffnung, dass alle gerettet werden könnten. Ähnlich reagiert ein Spieler, der Geld verloren hat: Er riskiert immer größere Summen in der Hoffnung, seine Verluste wettzumachen.

Der einzige Unterschied in dem Experiment von *Kahneman* und *Tversky* lag im Referenzpunkt – die Beschreibung der Methoden sprach von verlorenen oder von geretteten Leben. Insofern enthüllt das Experiment ein grundlegendes Verhaltensmuster von Menschen. Die Ergebnisse wurden von zahlreichen anderen Versuchen bestätigt.

Menschen werden, wenn sie auf Verluste blicken, risikofreudiger. Sie lassen sich auf das gefährliche Spiel ein und wollen ohne jeden Verlust daraus hervorgehen. Diese Alles-oder-nichts-Mentalität steht einer Verbesserung des Risikomanagements in unserer Gesellschaft entgegen. Menschen zahlen ungern Versicherungsbeiträge, um Verluste zu verhindern, denn dann sehen sie die Versicherungsprämie selbst als Verlust. Das gilt es auf jeden Fall zu verhindern. Wir werden noch sehen, dass die Lebensversicherungen im 19. Jahrhundert einen großen Aufschwung nahmen, seit sie ihre Dienstleistungen als Investition darstellen. Auch bei der Implementierung anderer Risikomanagement-Instrumente ist darauf zu achten, dass der Bezugsrahmen auf Gewinne gerichtet bleibt.

Realisierte Verluste fühlen sich anders an als realisierte Gewinne. Verluste lösen Bedauern und andere schmerzliche Empfindungen aus. Menschen versuchen oft mit allen Mitteln, solche Gefühle zu vermeiden.[10] In diesem Sinn ist der Referenzpunkt entscheidend, denn würde man die Sache aus einem anderen Blickwinkel sehen, würde man kein Bedauern spüren. Wenn man sich an den Gedanken gewöhnt hat, dass man etwas besitzt, wird man kämpfen und einiges riskieren und sich sogar Feinde machen, um es nicht zu verlieren. Aber wenn man sich eines Besitzes niemals sicher war, trägt man den Verlust mit Fassung.

Die Abhängigkeit der Entscheidungen vom Bezugsrahmen, von dem Blick auf Gewinn oder Verlust, ist für die Gestaltung von Risikomanagement-Instrumenten entscheidend. Einige der später beschriebenen Innovationen heben ganz zentral auf diese Abhängigkeit ab. Zum Beispiel wird die Steuer gegen Einkommensungleichheit den Vergleichsstandard grundlegend verschieben. Denn wichtiger als alles andere ist es, Einkommensunterschiede zu begrenzen, *bevor* sich die Schere so weit geöffnet hat, dass eine Angleichung der Einkommen als Gewinn für die einen und Verlust für die anderen gesehen werden könnte.

Die gefühlte Bedrohung

Psychologen konnten zeigen, dass Menschen entscheidende Risiken ignorieren, sich jedoch irrational große Sorgen um Kleinigkeiten machen, um Dinge, die ihrem Lebensstandard über längere Zeit gesehen nichts anhaben können, weil sie sich relativieren und sich im Nichts auflösen werden. Das stellt die Gestaltung von Risikomanagement-Instrumenten vor eine große Herausforderung, denn diese müssen so präsentiert werden, dass die Menschen den potenziellen Nutzen auch wahrnehmen.

Die Neigung, kleinen Risiken ungebührlich viel Aufmerksamkeit zu widmen, ist der Schlüssel zur Theorie von *Kahneman* und *Tversky*.[11] Viele Menschen kaufen zum Beispiel ganz selbstverständlich eine verlängerte Garantie für Kleingeräte, kümmern sich jedoch nicht um eine Berufsunfähigkeitsversicherung. Die kleinen Risiken unseres Lebens können wir nicht ausblenden, die großen offenbar sehr wohl.

Menschen schätzen Risiken zudem je nach Stimmung und Laune

unterschiedlich ein. Mal regen sie sich furchtbar auf, mal ist es ihnen ganz gleichgültig. Meist konzentrieren sie sich auf Risiken, die ihnen vor Augen schweben. Katastrophen, die über das Fernsehen ins Wohnzimmer dringen, wecken regelmäßig ein Bewusstsein für bestimmte Gefahren.[12] Ein berühmtes Beispiel für diese Überreaktion auf schreckliche Nachrichtenbilder ist das öffentliche Interesse an einer Versicherung, die den Unfalltod bei einem Flugzeugabsturz abdeckt. Gemessen an der minimalen Wahrscheinlichkeit eines solchen Ereignisses ist sie völlig überteuert.[13]

Zu Risiken, die sich über lange Zeiträume allmählich entwickeln – dass man zum Beispiel Einbußen beim Jahresgehalt hinnehmen muss –, existieren in der Regel keine dramatischen Bilder. Die Wahrscheinlichkeit, dass sie ernsthaft Schaden anrichten können, ist jedoch wesentlich größer. Die wichtigste Aufgabe bei der Gestaltung des Risikomanagements ist daher, die Aufmerksamkeit auf die echten Bedrohungen zu lenken. Gefahren, die eventuell irgendwann in der ferneren Zukunft drohen könnten, lassen die Menschen normalerweise kalt.

Eine Reihe von psychologischen Erkenntnissen spricht dafür, dass die Reaktion auf riskante Situationen direkt mit Gefühlen wie Angst, Schrecken und Anspannung zusammenhängt, also von den entwicklungsgeschichtlich ältesten Teilen des Gehirns und nicht vom Kortext ausgeht.[14] Die rein intellektuelle Erörterung von Gefahren führt nicht zu Handlungen; Risikovorsorge geht immer mit emotionaler Beteiligung einher. Im vorderen Stirnlappen werden die Bilder von nur mittelbar erlebten Ereignissen in angenehme und unangenehme Erfahrungen transformiert. Lobotomie-Patienten, bei denen die Verbindung des Stirnhirns zu den älteren Gehirnteilen durchtrennt wurde, wirken apathisch und unbeteiligt und völlig unbekümmert angesichts von Gefahren. Auch ganz normale Menschen können sich beinahe sehenden Auges Gefahren aussetzen, solange sie nicht emotional berührt sind.

Die Theorie vom notwendigen Gefühl der Bedrohung wurde von Büchern, die sich mit dem Verkauf von Versicherungen beschäftigen, vorweggenommen. Auch wenn die Taktiken mitunter zynisch wirken, bestätigen sie die psychologischen Hemmschwellen gegenüber der Risikovorsorge aus einem anderen Blickwinkel. Exemplarisch herausgegriffen sei *Guy E. Baker*, *Why People Buy*. Der Autor empfiehlt dem Versicherungsvertreter, mit einer Bestandsaufnahme zu beginnen, aus der sich die Risiken der Interessenten ergeben, diese dann in glühenden Farben zu schildern und die Hände über dem Kopf zusammenzuschlagen, weil noch keine Versicherung für diesen Fall abgeschlossen wurde. Dann kommt es, immer noch nach *Baker*, zum Schwur:

> Sobald der Interessent die Realität seiner Lebensumstände begreift, erfasst ihn eine Erregung und er will das Problem lösen. Diese Erregung ist der Schlüssel des Verkaufsprozesses. An diesem Punkt beginnt das Verhandeln. ... Ich bin davon überzeugt, dass jeder, der mit einer harten Entscheidung konfrontiert ist, diesen Prozess durchlaufen muss. Der Käufer handelt, weil er glaubt, mit seiner Handlung den Schmerz zu lindern und das Problem zu lösen.[15]

Menschen handeln nicht ohne Gefühle, und deswegen hängt auch jede wirtschaftliche Einrichtung im Dienst der Risikovorsorge davon ab, welche Bilder sie vermittelt und welche Assoziationen sie weckt. Um Menschen angesichts abstrakter Begriffe zu Emotionen zu verleiten, benötigt man lebhafte geistige Bilder, die mental mit den abstrakten Begriffen verknüpft werden.

In Teil 3 werde ich verschiedene Formen beschreiben, wie man durch eine Neuformulierung der Problematik den Menschen eine eindringlichere Vorstellung ihrer Gefährdung vermittelt. Die bloße Existenz von an die Einkommensentwicklung gebundenen Ansprüchen oder von nach Städten geordneten Immobilien-Preisspiegeln wird das Augenmerk auf persönliche Risiken lenken. Wer in den Nachrichten von großen Schwankungen der BIP-Makrowertpapiere oder von Schwankungen der Immobilienpreise erfährt, wird mit der Realität konfrontiert, aus der Lebensstandard- oder Eigenheimkapitalversicherungen einen Ausweg bieten.

Engagement und Vorentscheidungen

Das Problem des Framings reicht weit über die Namensgebung hinaus. Wir können unseren begrifflichen Bezugsrahmen ändern. Die Art, wie wir uns selbst und die Segmentierung unserer Gesellschaft beschreiben, wirkt sich massiv auf die Verteilung des Reichtums und die potenziellen Risiken aus. Menschen wissen nicht instinktiv, wie viel ihnen gehören und wie viel andere besitzen sollten. Der Alltag kann uns in schwierige Situationen bringen, in denen keineswegs klar ist, was wem zusteht, und in denen nicht einfach zu entscheiden ist, wie viel man mit Recht verlangen und notfalls mit Nachdruck einfordern darf oder wie viel man anderen billigerweise überlassen sollte, wenn man als anständiger, ehrlicher und gradliniger Mensch gelten will. Das Verhalten in solchen nicht eindeutigen Situationen wird durch eine kurzfristig geänderte Sichtweise besonders leicht beeinflusst.

Das zeigt ein psychologisches Experiment in Bezug auf die Erwartungen, die Menschen an ihre eigene Bereitschaft stellen, mit anderen zu teilen. Eine Person, die sich als Psychologiestudent im Auftrag eines Forschungslabors ausgab, bat zufällig ausgewählte Probanden telefonisch, an einer Umfrage teilzunehmen, mit der das Verhalten in Umfragen ermittelt werden solle. Unter anderem fragte der Interviewer, ob der Interviewpartner, wenn er denn darum gebeten würde, bereit wäre, für die *American Cancer Society* Geld zu sammeln. 48 Prozent der Befragten antwortete unter diesen hypothetischen Bedingungen mit Ja. Drei Tage später rief tatsächlich ein Vertreter der amerikanischen Krebsgesellschaft bei den Probanden an – scheinbar einer dieser verrückten Zufälle – und fragte, ob sie für drei Stunden mit der Sammelbüchse durch die Stadt gehen würden. 31 Prozent der bereits von dem Psychologiestudenten befragten Personen stimmten zu. Im Gegensatz dazu waren es in einer vorher nicht interviewten Vergleichsgruppe 4 Prozent. Offensichtlich fühlten sich viele verpflichtet, sich treu zu bleiben und zu der von ihnen geäußerten Bereitschaft zu stehen. Sie hatten nichts versprochen, und die freundliche Dame von der Krebsgesellschaft konnte eigentlich nichts von der Aussage gegenüber dem Psychologiestudenten wissen. Trotzdem wollten die Probanden vor sich selbst nicht als Lügner dastehen. Durch die Frage wenige Tage zuvor sahen sie sich selbst als engagierte Bürger.[16]

Die hier experimentell nachgewiesene Neigung wirkt auch im Zusammenhang mit der öffentlichen Akzeptanz grundlegender Institutionen der Risikoabsicherung, etwa der progressiven Besteuerung oder der Sozialhilfe. Auch wenn Menschen selbstsüchtig und mitleidlos fühlen, hindert sie doch ihr Selbstbild und die Einbettung in eine Gemeinschaft daran, diesen Impuls auszuleben. Deswegen nehmen sie die Umverteilung durch den Staat hin, auch wenn sie persönlich dabei mehr zahlen als erhalten – vorausgesetzt, das Framing stimmt.

Die hier relevanten psychologischen Experimente sind für den Aufbau einer gerechten Gesellschaftsordnung zentral. Wenn wir Veränderungen des Bezugsrahmens – des Framings – institutionalisieren könnten, dürfte es gelingen, die Bereitschaft, mit anderen zu teilen, zu steigern und das heißt nicht zuletzt, Risiken zu teilen. Eine Reihe von Innovationen kann uns diesem Ziel näher bringen. Der Abschluss von entsprechenden Verträgen vermittelt uns persönlich das Selbstbild, kooperativ zu sein, und gesamtgesellschaftlich das Gefühl, in einem Staat mit großem inneren Zusammenhalt zu leben.

Dissonanzreduktion

Menschen bevorzugen eine widerspruchsfreie Umgebung, wollen mit anderen Überzeugungen und Grundsätze teilen und sich selbst treu bleiben. Brüche verursachen uns Unbehagen. Der Psychologe *Leon Festinger* spricht in diesem Zusammenhang von »kognitiver Dissonanz«.[17] Diese Sehnsucht nach Konsistenz ist trotz der mitunter daraus resultierenden Engstirnigkeit eine wertvolle Eigenschaft, ohne die Menschen kaum zuverlässig und systematisch sein könnten. Sie lässt sich bei der geistigen Einordnung des Risikomanagements nutzen: Kognitive Dissonanz ruft den Versuch, die einschlägigen Instrumente zu stärken, auf den Plan. Zumindest intuitiv wussten die Neuerer vergangener Tage um diesen Zusammenhang.

Die Theorie der kognitiven Dissonanz erkennt an, dass Stimmigkeit kein absolutes Ziel ist und Menschen durchaus ihre Meinung ändern, nicht immer nur mit guten, sondern auch aus eigennützigen, verlogenen Gründen. Nach *Leon Festinger* handelt es sich in der Regel um gesellschaftlich motivierte Vorgänge:

> Soll ein Element, das der Realität entspricht, geändert werden, ohne dass dabei die entsprechende Realität geändert wird, so muß man der Situation entgegenwirken oder sie ignorieren. Das ist zuweilen jedoch so gut wie unmöglich, wenn man einmal von psychotischen Fällen absieht. … Damit dieser Fall eintreten kann, muß die Person in der Regel in der Lage sein, andere Personen zu finden, die mit ihr übereinstimmen und die ihre neue Meinung unterstützen. Allgemein gesehen ist die Herstellung einer sozialen Wirklichkeit durch die Zustimmung und Unterstützung anderer Personen einer der wesentlichsten Wege, auf denen eine Kognition geändert werden kann, falls Druck zu ihrer Änderung besteht.[18]

Im Zusammenhang mit dem Risikomanagement besteht die Gefahr, dass jene, die nach Eintritt des Schadenfalles für den Schaden aufkommen müssen, den Vertrag für nichtig erklären oder die Regierung drängen, ihn rückwirkend zu kündigen. Diese Gefahr lässt sich mildern, wenn von Anfang an vollkommen klar ist, dass der Vertrag einen guten Zweck erfüllt und für alle Beteiligten sinnvoll ist, dass alle Parteien auf ihn vertrauen können und er auf einem gesellschaftlichen Konsens beruht. Öffentliche Rituale und Zeremonien können diese Sicht der Dinge stärken, indem sie den Konsens augenfällig werden lassen. Dagegen kommen Einzelne nur schwer an. Auch angemessene, in der Öffentlichkeit präsente Bezeichnungen und Symbole können das Engagement für Risikomanagement-Verträge steigern.

Das richtige Framing ist für jede institutionelle Risikovorsorge unentbehrlich, bei der es um hohe Beträge geht. Und das ist bei den meisten in diesem Buch vorgestellten Vorschlägen der Fall. Eine aufgeklärte Gesellschaft leistet solche Beiträge freiwillig – so die Maxime –, und diese Freiwilligkeit folgt einer objektiven Logik und dem gesunden Menschenverstand und leuchtet allen Beteiligten bei Vertragsabschluss ein.

Gegenseitigkeit und Fairness

Ein allgemeines menschliches Verhaltensmuster ist die Bevorzugung von Gegenseitigkeit.[19] Menschen neigen dazu, Gleiches mit Gleichem zu vergelten. Werden sie freundlich behandelt, behandeln sie andere freundlich, behandelt man sie schlecht, werden sie böse. Dieser Sinn für Reziprozität spielt bei vielen Finanzinnovationen eine Rolle, denn er trägt auf die Dauer zu ihrer Stabilität bei.

Mit dem Sinn für Gegenseitigkeit geht eine weit verbreitete Auffassung von Gerechtigkeit einher.[20] Zwar gibt es hier kulturelle Differenzen, internationale Vergleiche zeigen jedoch grundsätzliche, übergreifende Gemeinsamkeiten und legen die Vermutung nahe, dass Menschen weltweit unter Gerechtigkeit weitgehend dasselbe verstehen.[21]

Die experimentelle Spieltheorie konnte die Bevorzugung von Reziprozität in einem »Ultimatumspiel« genannten Experiment belegen. Zwei Versuchsteilnehmer sollen sich über die Aufteilung einer bestimmten Geldsumme einigen. Eine der beiden Personen wird von den Veranstaltern des Experiments gebeten, einen Vorschlag zu machen. Die andere Person kann diesen Vorschlag akzeptieren oder ganz ablehnen. In diesem Fall erhalten beide Teilnehmer nichts. Würden sich die Probanden gemäß der herkömmlichen Wirtschaftstheorie verhalten, müsste der Vorschlagende bis auf einen Penny beziehungsweise die kleinste Währungseinheit die gesamte Summe für sich behalten, und die zweite Person würde den Vorschlag akzeptieren, weil sie damit immer noch einen Gewinn macht. Tatsächlich aber schlugen die meisten Versuchsteilnehmer eine Halbierung des Betrags vor. Wichtiger noch, wenn der Vorschlagende dem Empfangenden 20 Prozent oder weniger der Summe anbot, wurde das

Angebot in mehr als der Hälfte der Fälle zurückgewiesen. Das Experiment beweist, dass das Verlangen nach Gegenseitigkeit oft sogar über das ökonomische Eigeninteresse gestellt wird.[22]

Lee Ross und *Steven Samuels* wiesen nach, dass die Bezeichnung eines Spiels das Verhalten der Spieler beeinflusst – je nach Name eher eigennützig oder eher kooperativ.[23] Das Experiment ist als »Gefangenendilemma« bekannt und gehört zu den berühmtesten Versuchen der Spieltheorie, um die Bereitschaft zur Zusammenarbeit festzustellen. In der ursprünglichen Anordnung werden zwei Verdächtige, die eine Tat vermutlich gemeinsam begangen haben, in zwei verschiedene Zellen gebracht ohne jede Verständigungsmöglichkeit. Um ein Geständnis zu erhalten, sagt die Polizei jedem der Gefangenen, wenn er die Tat gestehe, würde er straffrei ausgehen und der Mittäter lange im Gefängnis schmoren. Wenn beide gestehen würden, müssten sie mittellange Strafen absitzen; wenn keiner die Tat zugäbe, würden beide zu kurzen Strafen aufgrund anderer Delikte verknackt. Beiden Gefangenen wird gesagt, der andere hätte denselben Deal angeboten bekommen. Natürlich wäre es für beide am besten, beide würden kein Geständnis ablegen. Aber da sie sich nicht absprechen können, stecken sie in einem Dilemma: Sie müssen nicht nur die Glaubwürdigkeit ihres Kompagnons einschätzen, sondern auch dessen Meinung von ihrer eigenen Vertrauenswürdigkeit. In dieser Situation neigen nicht wenige Menschen dazu, ein Geständnis abzulegen, wie sich in vielen Simulationen dieses Dilemmas zeigen ließ.

Die Psychologen *Ross* und *Samuels* entwickelten ein Experiment, in dem zwei Gruppen von Spielern identische Spielregeln für eine Simulation des Gefangenendilemmas erhielten. Der einzige Unterschied lag in der Bezeichnung des Spiels: Für die eine Gruppe hieß es »Gemeinschaftsspiel«, für die andere »Wall-Street-Spiel«. Die Wall-Street-Spieler spielten deutlich weniger kooperativ.

Wer also automatisch von der Kooperationsbereitschaft seiner Mitmenschen ausgeht, wird eher zu Großzügigkeit und Zusammenarbeit neigen. Dieser Sinn für Gegenseitigkeit muss in einer lebensfähigen Gesellschaft gefördert werden. Das gilt besonders für Institutionen, die über Jahrzehnte und noch längere Zeiträume Bestand haben sollen. Meine Vorschläge zum Risikomanagement zielen auch auf eine Stärkung wechselseitiger Akzeptanz. Wenn die Lasten auf vielen Schultern ruhen, werden die Menschen darin ein Symbol der Reziprozität sehen, das uns heute fehlt.

Das Framing in der Geschichte des Finanzwesens

Für die psychologische Bedeutung von veränderten Bezugsrahmen lassen sich in der Geschichte des Finanzwesens gute und schlechte Beispiele finden. Sie sind von größter Wichtigkeit, weil sie einigen, wenn auch auch nicht allen der oben diskutierten psychologischen Grundsätze zum Durchbruch verhelfen können. Weitere Beispiele folgen im Verlauf des Buchs.

Das erste Beispiel sind die Reparationen, die Deutschland nach der Niederlage im Ersten Weltkrieg zahlen musste. Sie standen unter den Vorzeichen Rache, Bestrafung und Schande, und diese holzschnittartige Sicht der Dinge hatte unheilvolle Auswirkungen. Die Reparationsverpflichtungen wurden im Versailler Vertrag von 1919 formuliert, ihre Höhe 1921 von der Reparations-Kommission in einem kurz nach dem Krieg noch immer sehr feindseligen Klima festgelegt. Die Deutschen protestierten gegen die nicht tragbare Last der Wiedergutmachungsansprüche, baten um Zahlungsaussetzung und konnten die Reparationszahlungen schließlich nicht leisten. Als Reaktion ließen die französische und die belgische Regierung ihre Truppen 1923 ins Ruhrgebiet einmarschieren, um die Zahlungen durch die direkte Kontrolle über das Stahl- und Kohlerevier zu erzwingen. Aber auch dieser Plan scheiterte am passiven Widerstand der deutschen Arbeiter. 1924 senkte der Dawesplan die Reparationszahlungen auf 2,5 Prozent des deutschen Volkseinkommens.[24]

In Deutschland waren die Steuern damals mit 25 Prozent Anteil am Volkseinkommen niedriger als im damaligen Großbritannien. Man könnte meinen, dass Deutschland die Wiedergutmachungsleistungen nach dem Dawesplan problemlos hätte aufbringen können. Aber die deutsche Regierung erhöhte weder die Steuern noch senkte sie die Staatsausgaben. Stattdessen erhöhte sie die Staatsverschuldung und bezahlte die Reparationen mit Krediten. So wurde das Problem der Reparationsleistungen auf später verschoben.[25] Letztlich bezahlte Deutschland nur einen Bruchteil, und die verbleibenden Schulden wurden auf der Konferenz von Lausanne 1932 praktisch gestrichen.

Die Unfähigkeit Deutschlands, die Reparationen zu bezahlen, wurzelte letztlich in dem Widerwillen dagegen. Das kann nicht überraschen, war doch im Versailler Vertrag ausdrücklich von Kriegsschuld die Rede. Deutschland wurde die alleinige Verantwortung für den Krieg zugeschoben und an den Pranger gestellt. Die Reparationen mussten und sollten als Bestrafung empfunden werden.[26] Das Gefühl, aus freien Stücken Wiedergutmachung zu leisten, konnte in Deutschland nicht aufkommen. Die Deutschen hielten die Reparationen nicht für Ehrensache, ihr Stolz diktierte ihnen mitnichten Zahlungsbereitschaft. Sie empfanden es als Verletzung ihrer Eigentumsrechte, nicht als gerechten Ausgleich für die Missachtung der Eigentumsrechte anderer. Die Besetzung des Ruhrgebiets verstärkte dieses Gefühl »wir gegen die« noch. Zeitgenossen und Historiker sahen in dem infolgedessen aufgestauten Hass einen der wesentlichen Gründe für den Zweiten Weltkrieg.

Im Gegensatz dazu akzeptieren die meisten Bürger und Bürgerinnen der Industrieländer die Rückzahlung von Staatsschulden und erlauben sich höchstens ein unwirsches Murren. Einkommenssteuern von 30, 40, manchmal sogar 50 Prozent und mehr sind in manchen Staaten durchaus üblich, und ein großer Teil aus diesen Einnahmen fließt in Zinsen und Tilgung für staatliche Kredite. Die Staatsverschuldung, die über das Bruttoinlandsprodukt eines Jahres hinausgeht, wird regelmäßig bedient, obwohl der Anteil am BIP oft genug höher ist als der Anteil der Reparationen im Zwischenkriegsdeutschland. Zahlungsunfähigkeit würde allgemein als nationale Schande verstanden und wäre für die meisten Einwohner unvorstellbar. Der Unterschied zwischen diesen Schulden und den den Deutschen aufgezwungenen Reparationsleistungen liegt im Framing, in der Sichtweise.

Betrachten wir nun ein Beispiel für das gegenteilige Extrem, für ein gelungenes Framing, das Zahlungen über mehrere Generationen hinweg bewirkte: die Altersversicherung als Teil der amerikanischen Sozialversicherung. Die Sozialversicherung bezahlt mit den Einnahmen von jungen Werktätigen die Renten für die nicht mehr im Beruf stehenden älteren Menschen. Wenn die Jungen später einmal alt sind, erhalten sie ihrerseits Zahlungen, die von den dann Jungen aufgebracht werden. Das System hat gewissermaßen Sollbruchstellen, denn spätere Generationen könnten sich weigern, die Last für die Älteren noch zu tragen, und dann hätten die Älteren ihr Leben lang bezahlt und sähen ihr Geld nicht wieder.

Die Stabilität der Sozialversicherung in den USA wurde von den Gründern in den dreißiger Jahren durch klangvolle Bezeichnungen, die Assoziation mit Besitzrechten und oft wiederholte Symbole gesichert. Das ganze Konzept wird von dem Eindruck getragen, das System sei ein Vertrag zwischen den Generationen und mit deren Zustimmung.

Das Gesetz aus dem Jahr 1934, ergänzt um viele Anhänge, lebt von einer Sprache, die dem Ganzen den Anstrich von Grundrechten gibt. Der Ausdruck »Old Age Insurance«, Altersversicherung, nutzt die Dignität des Wortes Versicherung. Die Einzahlungen werden »contributions«, Beiträge, nicht Steuern genannt und damit der Gedanke genährt, die Einzelnen zahlten in einen Fonds ein, der ihnen später zugute komme, dass sie also Eigentumsrechte auf eine spätere Leistung erwürben. Das System wurde im Kongress verabschiedet und damit von den amerikanischen Bürgern und Bürgerinnen freiwillig, wenn auch indirekt über ihre Repräsentanten angenommen. Die Tatsache, dass man nicht sofort Nutznießer des Systems wird, sondern zunächst über Jahre monatlich Beiträge zahlen muss, vermittelt den Eindruck von Freiwilligkeit, so als hätte man eine Wahl.[27]

Das Akronym FICA, das auf jeder amerikanischen Gehaltsabrechnung erscheint, steht für Federal Insurance Contribution Act, und auch wenn viele Amerikaner das gar nicht wissen, suggeriert ihnen die ständige Begegnung mit dem Symbol, dass die Ansprüche auf eine Altersversorgung legitim und unumstößlich sind. So viele Abrechnungen mit so vielen Wiederholungen von FICA, das für Versicherung und Beitrag steht, scheinen die Eigentumsrechte hinreichend zu belegen.

Auch Präsident *Franklin Delano Roosevelt*, der mit der Sozialversicherung einen Eckstein seines New Deals legte, argumentierte in diese Richtung. Hier seine Antwort auf die Kritik, er könne mangels Versicherungsvertrag nicht von Versicherung sprechen:

> Sie mögen vom wirtschaftlichen Standpunkt gesehen Recht haben, aber diese Steuern sind nie ein wirtschaftliches Problem gewesen. Es geht ausschließlich um Politik. Wir ziehen die Beiträge vom Gehalt ab und weisen sie auf der Gehaltsabrechnung aus, damit die Beitragszahler juristisch, moralisch und politisch ein Recht darauf haben, ihre Renten- und Arbeitslosenansprüche zu sammeln. Wenn diese Steuern auf der Gehaltsabrechnung stehen, kann sich kein Politiker daran vergreifen und mein Sozialversicherungsprogramm kassieren.[28]

Die Frage, ob die Sozialversicherung mit der Verfassung vereinbar sei, wurde dem obersten Gerichtshof der USA 1937 zur Entscheidung vorgelegt: Es könne nicht sein, so das Argument der Gegner, dass ein Kongress mit einem Gesetz alle späteren Kongresse binde. Die Roosevelt-Administration verfasste ein kurzes Papier: Die Sozialversicherung sei in Wirklichkeit keine Versicherung, es bestehe kein Versicherungsvertrag und der Kongress könne die Bestimmungen jederzeit ändern. Deswegen kollidiere das Gesetz auch nicht mit der Verfassung. Die Sozialversicherung sei nur dem Namen nach eine Versicherung. Der US Supreme Court folgte dieser Argumentation.

Trotz des Gerichtsurteils bedient sich die Verwaltung der Sozialversicherung noch immer derselben Begrifflichkeit und spricht von einem Versicherungsvertrag zwischen Staat und Beitragszahlenden, von dem »Recht« der Mitglieder auf Leistungen aus der Sozialversicherung. Darüber regte sich der Vertreter des Repräsentantenhauses *Carl T. Curtis* 1953 auf und veranstaltete eine Anhörung, in der auch der Leiter der Sozialversicherung, *Arthur Altmeyer*, Rede und Antwort stehen musste. *Altmeyer* wich Fragen zur Bedeutung dieser Begriffswahl aus. Er betonte, die Beitragszahler hätten ein Recht auf spätere Auszahlungen, auch wenn der Kongress dies jederzeit ändern könne. Als er darauf hingewiesen wurde, dass der Kongress bereits eine Senkung der Leistungen in einem Anhang zum Gesetz verfügt und damit ältere »Rechte« abgeschafft hatte, sagte *Altmeyer*: »Die Gesetzesänderung wurde eingebracht, um ihr Recht zu stärken ... ich glaube zuversichtlich, dass der Kongress der Vereinigten Staaten weiterhin die Rechte der Arbeitnehmer stärken und steigern wird.«[29] Der Präsident der Sozialversicherung berief sich damit auf das über die Verfassung hinausweisende Prinzip des Vertrauens, dem sich auch das Repräsentantenhaus nicht entziehen könne. Bis heute hat sich die Sprachregelung in der Sozialversicherung nicht geändert, bis heute erweist sich das System als stabile Risikogemeinschaft.

Der fantasievolle Einsatz des Framings, wie ihn die Geschichte der amerikanischen Sozialversicherung belegt, beruht nicht auf Manipulation. Im Gegenteil begründet er gesellschaftliche Rechte und steckt die Dinge in die richtige Denkschublade, in die mentale Kategorie, in die der Zusammenhang gehört. Das gewährleistet langfristige Stabilität. Der psychologisch angemessene Bezugsrahmen, in den die amerikanische Sozialversicherung 1930 gestellt wurde, hat bis heute gültige Ansprüche geschaffen. Dieser Aspekt des Framings – die geistige Verortung von Institutionen des Risikomanagements – hat in der Vergangenheit für öffentliche Akzeptanz gesorgt. Wir werden künftig selbst Fantasie in dieser Richtung entwickeln müssen.

Wie die Psychologie Reformen stützen könnte

Die sorgfältige Berücksichtigung der Psychologie ist für eine grundlegende Erneuerung des Finanzwesens unentbehrlich. Psychologisch angemessen belegt, können Finanzverträge hohe Stabilität entwickeln und viele Generationen und Regierungen überdauern. Dieser langfristige Bestand ist erforderlich, denn die meisten Gefahren bedrohen uns ebenfalls langfristig.

Diese Einsicht ist für die grundlegende Erneuerung des Risikomanagements von besonderer Bedeutung. Wir können den Gesamteindruck eines Gemäldes mit einem neuen Rahmen völlig verändern. Dasselbe gilt für ökonomische Instrumente und Institutionen. Ihre Gestaltung ist nur scheinbar nebensächlich. Referenzpunkt, Kontext, Sprachgebrauch, Berichte über die Entstehungszeit und die Gründe für die Einführung, all das wirkt sich auf die Durchsetzungsfähigkeit von Änderungen aus. Der Bezugsrahmen verändert sich auch durch neue Rechnungseinheiten, neue Vertragsnormen oder die Zurechnung zu einer anderen Institution. Und nicht zuletzt verändert es den Bezugsrahmen, wenn sich alltägliche Symbole und Namen ändern oder neue Bezeichnungen die alten ablösen.

7

Wie sich das Finanzwesen weiterentwickelt

Bisher haben wir einige der größten wirtschaftlichen Risiken, mit denen Menschen konfrontiert sind, sowie Entwicklungen in Informationstechnologie und Psychologie diskutiert, insoweit sie für effiziente neue Finanztechnologien zur Verbesserung unseres Lebens relevant sind. In Teil 3 werde ich einige Vorschläge unterbreiten, in welche Richtung diese Neuerungen gehen könnten.

Bevor ich in die Einzelheiten einsteige, will ich zunächst kurz die Frage anreißen, welchen Charakter Innovationen im Finanzwesen haben. Leser und Leserinnen, die sich seit längerem mit neuen Finanzideen beschäftigen, dürften hier wenig Neues finden. Aber nicht jeder ist mit dem Gedanken vertraut, dass unsere Welt durch Innovation im Finanzbereich eine bessere werden könnte.

Erfindungen im Finanzwesen: ein Beispiel

Eine grundsätzliche Erneuerung des Finanzwesens lässt sich nicht durch bloßes Anwenden bekannter Prinzipien erreichen; hier sind neue Ideen gefragt. Wir müssen Finanzvorkehrungen erfinden, um die Entwicklung voranzutreiben. Erfinden ist mit Arbeit verbunden und kostet Zeit.

Dass Vorrichtungen zur Behandlung finanzieller Risiken Gegenstand von Erfindungen sind, ist uns gewöhnlich nicht präsent. Weder sind dafür besondere Geräte nötig, noch sind die Erfinder einem größeren Publikum bekannt. Auch galten finanzielle Erfindungen bis vor kurzem nicht als patentierbar.[1] Trotzdem handelt es sich um echte Erfindungen, Erfindungen, die uns alle angehen, helfen sie uns doch, uns gegen den Verlust unserer Lebensgrundlage abzusichern.

Herkömmliche Lebens- oder Hausratsversicherung sind bekannte Beispiele für finanzielle Erfindungen, die sich längst durchgesetzt haben. Es gibt antike Vorläufer, aber in ihrer modernen Form entstanden Versicherungen im Italien des 14. Jahrhunderts. Nach dem großen Brand von London 1666, der den Sinn solcher Versicherungen eindrucksvoll belegte, breiteten sie sich allmählich immer weiter aus. Die Risikovorsorge wurde zudem von Fortschritten in der Wahrscheinlichkeitstheorie und Statistik erleichtert.[2] Im Lauf der Jahrhunderte wurde die Erfindung »Versicherung« erheblich verfeinert und verbessert.

Ebenso wie bei der Erfindung von Dingen, die man anfassen kann, verlangt eine Versicherung eine Reihe von notwendigen Elementen, die mit einer bestimmten Logik ineinander greifen. Versicherungen sind eine wunderbare Sache, wenn man bedenkt, wie raffiniert sie die Schwierigkeiten auf dem Weg zum Ziel überwinden. Nicht nur, dass sie Menschen in allen möglichen Schwierigkeiten helfen, sie ermöglichen zudem zahlreiche Unterfangen, die andernfalls viel zu riskant wären.

Eine moderne Versicherungspolice setzt einen detailliert ausgearbeiteten Vertrag zwischen Versicherer und Versicherten, eine bestimmte juristische Form der Versicherungsgesellschaft (zum Beispiel eine AG oder eine Genossenschaft) und eine Reihe gesetzlicher und aufsichtsrechtlicher Vorschriften voraus. Der juristische Rahmen soll sicherstellen, dass die Versicherungsgesellschaft ihre vertraglich zugesicherten Leistungen auch erbringt und die Versicherungsnehmer sich darauf verlassen können. Der Vertrag zwischen Versicherten und Versicherer muss einen Schadensfall benennen, dazu eine Methode, wie sich der Anspruch im Schadensfall berechnet. Die Art des Schadensfalles muss genau definiert sein, damit der Versicherte keine Manipulationsmöglichkeit hat; der Schaden selbst muss für den Versicherten einen schmerzhaften oder großen Verlust bedeuten.

Die Versicherungsgesellschaft benötigt eine Datenbank, in der sie Schadensfälle archiviert, und ein mathematisches Modell, mit dem sich die nach menschlichem Ermessen notwendigen Vorkehrungen zur Erfüllung der Schadensansprüche berechnen lassen. Außerdem muss die Versicherungsgesellschaft ihr Produkt so darstellen, dass es psychologische Widerstände der Öffentlichkeit überwindet. Bereits eine schlichte Lebensversicherung enthält sehr viele Elemente, von denen jedes einzelne für die Funktionsfähigkeit des Ganzen unentbehrlich ist. Der Grundgedanke moderner Versicherungen war den Menschen früherer Jahrhunderte fremd, sie konnten sich nur schwer vorstellen, wie das alles funktionieren sollte. Heute ist es uns zur zweiten Natur geworden.

Ansteckende Erfindungen

Sind sie erst einmal erfunden, werden erfolgreiche Neuerungen unabhängig von ihrer Herkunft oft auf der ganzen Welt kopiert. Erfindungen sind ansteckend. Ob in China oder Chile, überall fahren ähnliche Autos und fliegen ähnliche Flugzeuge. Man sieht etwas Neues und merkt, dass es sinnvoll konzipiert ist. Aus dem gleichen Grund gibt es weltweit dieselben Finanzinstrumente.

Normalerweise sind wir uns der ansteckenden Qualität von Finanzerfindungen nicht bewusst. Die Auffassung, sie seien aus moralischen oder politischen Gründen entworfen worden, ist weit verbreitet. Kaum jemand glaubt, dass finanzielle und soziale Absicherungseinrichtungen auf einen einsamen Geistesblitz zurückgehen. Die Menschen meinen, hinter deren Erfindung stehe die persönliche Autorität einer bekannten Persönlichkeit, nicht ein anonymer Vorgang, bei dem Menschen auf der Suche nach Lösungen für Probleme Erfindungen aus anderen Teilen der Welt übernehmen und diese so von Land zu Land kopiert werden. Aber in Wahrheit verdankt sich die Allgegenwärtigkeit dieser Institutionen schlichter Ansteckung mit Ideen aus dem Meer menschlicher Erfindungen.

Erfindungen zur Lösung finanzieller Probleme wie der Absicherung unseres Lebensstandards sind im öffentlichen Bewusstsein weniger präsent als konventionelle Erfindungen wie das Flugzeug oder die Glühbirne. Ein Grund dafür ist der gewaltige Zeitaufwand, den die Erprobung neuer Finanzideen verschlingt. Als *Wilbur Wright* 1908 erstmals mit seinem »Flyer« im französischen Le Mans vor Publikum saubere, abgezirkelte Kreise über der Rennbahn flog, war die Funktionstüchtigkeit eines Flugzeuges augenfällig bewiesen und die Sensation perfekt. Innerhalb von Tagen verbreitete sich die Neuigkeit rund um die Welt. Eine derart spektakuläre Demonstration ist einer Versicherung schlicht und ergreifend nicht möglich.

Beispiele für gesellschaftlich überformte Erfindungen

Viele Erfindungen breiten sich zunächst sehr langsam aus, weil ihre Durchsetzung von der allgemeinen Anerkennung ihrer Nützlichkeit abhängt, und sich diese Anerkennung mitunter sehr zögerlich einstellt. Betrachten wir eine Reihe bekannter Beispiele, die nicht aus dem finanziellen Bereich stammen. Sie beleuchten die Probleme bei der Durchsetzung von Erfindungen.

Wer heute durch Bahnhöfe oder Flughäfen schlendert, sieht viele Menschen mit Koffern auf Rädern. Sie müssen ihr Gepäck nicht schleppen, sondern können es bequem hinter sich herziehen. Koffer auf Rädern entlasten die Reisenden sehr. Die Idee wirkt so einleuchtend, dass man meinen sollte, Koffer seien von Anfang an mit Rädern erfunden worden. Und doch stammt diese Neuerung aus den siebziger Jahren. Warum?

Das erste erfolgreiche Patent für einen Koffer auf Rädern wurde von *Bernard David Sadow* 1972 in Fall River, Massachusetts, angemeldet.[3] *Sadow* erinnerte sich im Gespräch mit meinem Forschungsassistenten daran, dass die Vorstellung eines Koffers auf Rädern zunächst auf große Widerstände stieß. Die Einkäufer der großen Kaufhäuser lehnten die Idee als unverkäuflich ab. Sie behaupteten keineswegs, es sei eine schlechte Idee, sondern lediglich, man könne sie nicht verkaufen. Millionen von Erfindungen erleiden dieses Schicksal; sie werden nicht wegen Schwächen im Konzept zurückgewiesen, sondern weil man glaubt, es bestehe kein öffentliches Interesse.[4]

Sadows Koffer waren gegenüber herkömmlichen Koffern ohne Räder eine große Verbesserung, aber wegen des ungünstigen Schwerpunkts kippten sie unterwegs oft um. Der nächste große Fortschritt ließ 20 Jahre auf sich warten. Ein Pilot der *Northwest Airlines*, *Robert Plath*, entwickelte einen Koffer auf zwei Rädern, zwischen denen ein großer Abstand für Stabilität sorgte. Der Koffer wurde nicht mehr längs, sondern hochkant quer gezogen und erhielt einen ausziehbaren Bügel, der nicht nur als Griff gedacht war, sondern auch ermöglichte, andere Dinge auf dem Koffer abzustellen. *Plath* nannte seine Erfindung *Rollaboard*.[5]

Wenn man sich die neue Kofferform ansieht, wirkt sie völlig selbstverständlich. Einige schlichte Versuche mit verschiedenen Anordnungen, sollte man meinen, und der Vorteil der von *Plath* gewählten Räderstellung sei klar. Aber für Jahrzehnte, ja für Jahrhunderte verfiel niemand auf diese Idee. Manchmal dauert es sehr lange, bis jemand etwas ganz Einfaches entwickelt. Was läge näher als ein Koffer auf Rädern? Nebenbei gesagt, im Europa vor Kolumbus waren keinerlei Geräte mit Rädern bekannt, wenn man von einigen Kinderspielsachen absieht.[6] Das »Offensichtliche« ist nicht immer offensichtlich.

Auch die Sitte, Filme mit Untertiteln zu versehen, geht auf eine einfache Erfindung zurück. Sie liefert ebenfalls ein gutes Beispiel dafür, dass sich etwas anfangs sehr zögerlich entwickelt, aber schließlich massenhaft durchsetzt. Untertitel übersetzen in geschriebener Form, was die handelnden Personen im Film sagen, und was man aufgrund fehlender Sprachkenntnisse sonst nicht verstehen würde. Heute ist es in vielen Ländern üblich, sich einen Film in der Originalsprache mit Untertiteln anzuschauen. Untertitel tauchen sogar in einheimischen Filmen auf, wenn der größeren Realitätsnähe wegen Ausländer ihre Sprache sprechen.

Die Frage, warum die Stummfilme keine Untertitel benutzten, drängt sich geradezu auf. Dialoge wurden damals mit Zwischentiteln wiedergegeben, die den Film ständig unterbrachen. Man filmte den Text von weißen Tafeln ab und schnitt diese Aufnahmen zwischen die Handlung. Da diese Unterbrechungen sehr störten, vermieden die frühen Filme so weit wie möglich Dialoge. Durch diesen Verzicht waren die Schauspieler zu expressiven Pantomimen gezwungen, und wegen der übersteigerten Gestik und Mimik wirken diese Filme heute auf uns etwas kindisch. Mit Untertiteln wäre die Wiedergabe von Dialogen während der Handlung schon damals kein Problem gewesen.

Ein ungeschickter Start mag das Publikum gegen Untertitel eingenommen haben. Der Stummfilm *The Chamber Mystery*, 1920 von *Abraham S. Schomer* gedreht, nutzte das Mittel »Text im Bild«. Die Worte wurden nach Comic-Manier in Blasen gesetzt, die aus dem Mund der Schauspieler kamen, und nicht zeilenweise am unteren Bildrand eingeblendet. Der Film war ein Misserfolg, und diese Form der Texteinbindung wurde offensichtlich nicht noch einmal verwendet.[7] Wahrscheinlich störten die Sprechblasen die Zuschauer, vielleicht war der Film selbst einfach schlecht. Ein solcher Misserfolg im Frühstadium einer Erfindung kann potenziellen Nachahmern die Lust auf weitere Experimente vermiesen.

Die meisten Erfindungen sind nicht von Anfang an perfekt, sondern bedürfen der Verbesserung. Insofern kommt es auf die Umstände während der Erprobungsphase an. Die Umsetzung von Erfindungen muss sich oft nach dem wirtschaftlich Machbaren richten und verlangt nicht selten die allmähliche Ersetzung einer alten durch eine neue Technologie. Die Möglichkeiten von Untertiteln wurden jedenfalls erst nach der Erfindung des modernen Tonfilms erkannt. Produzenten und Regisseure hätten diesen Bereich der Filmkunst nicht ausloten können, wenn das Publikum nicht aufnahmebereit gewesen wäre.[8]

Die Menschen hatten früher nicht besonders häufig die Gelegenheit, einen Koffer zu benutzen oder ins Kino zu gehen. Das spielt eine Rolle bei der verzögerten Durchsetzung der Koffer auf Rädern und der Untertitel. Ein Koffer hält sehr lange, es können Jahrzehnte vergehen, bevor man sich einen neuen kauft. Auch wenn ein Koffer nicht optimal sein sollte, sieht man selten Grund, ihn auszutauschen. Hat sich das Publikum einmal im Kino über diese albernen Sprechblasen geärgert, findet vielleicht erst Jahre später ein anderer Regisseur den Mut zu neuen Versuchen.

Erfindungen im Bereich Risikomanagement stehen vor einem ähnlichen Problem, nur schlimmer: Man hat nur ein Leben, nur eine Chance, Erfolg oder Misserfolg der eigenen Risikovorsorge zu erfahren. Ohne das Wissen um die Widerstände, die der Ausbreitung von Ideen entgegenstehen, überschätzen wir vielleicht die Aussagekraft bisheriger Versuche und schätzen Erfolgschancen falsch ein. Wir könnten dem Aberglauben verfallen, eine Idee habe sich bisher nicht durchgesetzt, weil es eine schlechte Idee sei.

Der Glaube, gute Ideen hätten sich längst durchgesetzt, ist ein häufiger Irrtum. Er liegt nahe, wird er doch von der Alltagserfahrung genährt. Die Dinge funktionieren, das ist doch der beste Beweis. Oft genug lehnen wir einfache Neuerungen nur deshalb ab, weil wir sie für *zu* einfach halten, als dass man sie so lange hätte übersehen können. Dabei könnte der eigentliche Grund darin liegen, dass bisher noch niemand versucht hatte, die Ideen durchzusetzen, oder dass bei diesen Versuchen der falsche Ansatz gewählt wurde, oder dass die Zeit einfach noch nicht reif war, oder sich die Umstände gegen die Ideen verschworen hatten, oder dass das Publikum keinen Zugang zu ihnen fand.

Radikale Finanzinnovationen

Wir haben es bei gesellschaftsverändernden Innovationen mit der Form von Neuerungen zu tun, die sich nur schleppend durchsetzt, sich dann aber sehr rasch ausbreitet. Es mag sich um »naheliegende« Ideen handeln, mit denen niemand etwas zu tun haben will, weil jeder annimmt, es gebe einen Grund, warum sie nicht funktionieren könnten. Jeder will erst wissen, welche Erfahrungen andere Menschen damit gemacht haben.

Finanzinnovationen sind komplexer als Koffer auf Rädern oder untertitelte Filme. Sie müssen von staatlichen Aufsichtsbehörden genehmigt und vom Gesetzgeber abgesegnet werden. Jeder kann einen Koffer auf Räder setzen und sich damit in der Öffentlichkeit zeigen, kein Gesetz der Welt verbietet das. Allein unzureichende handwerkliche Begabung, Zweifel oder Hemmungen können uns daran hindern. Bei Erfindungen im Finanzsektor sind die Hürden unvergleichlich höher.

Aber die moderne Gesellschaft hat die Möglichkeit zu großen und bedeutsamen Veränderungen. Die Behörden, die Vorschläge für finanztechnische Neuerungen beurteilen und zulassen, existieren. Die Unternehmen, die Millionen in das Marketing für neue Finanzinstrumente investieren können und wollen, existieren.

Die sechs Vorschläge in Teil 3 setzen hochentwickelte Institutionen voraus. Sie bilden die Grundlage für die Schaffung wirtschaftlicher Sicherheit in einer Phase beschleunigter ökonomischer und finanzieller Umbrüche. Die Vorschläge zeichnen das geschlossene Bild einer umfassenden wirtschaftlichen Sicherheit und sie wollen Regierungen, Unternehmen und Wissenschaft anspornen, am Ausbau eines effizienten, humanen, globalen Kapitalismus mitzuwirken.

Teil 3

Sechs Vorschläge für eine neue Finanzordnung

8

Lebensstandard- und Eigenheimkapital-Versicherungen

Versetzen wir uns in die Lage eines jungen Menschen, der ehrgeizige Zukunftspläne verfolgt und sich auf die Karriere konzentrieren will, versetzen wir uns zum Beispiel in die Lage eines jungen Mannes, der in Biochemie promovieren und sich auf Gentechnik spezialisieren und seine Doktorarbeit im Labor über Adenoviren-Vektoren schreiben will. Dieser Abschluss verlangt ein jahrelanges Studium, in dem er ein extrem spezialisiertes Wissen erwirbt. Wie die angehende Violinistin, von der in der Einführung die Rede war, steht er vor einem persönlichen Dilemma.

Niemand kann heute sagen, was auf das Rekombinieren von DNA spezialisierte Biochemiker in zehn oder 20 Jahren verdienen werden. Die Aussichten sind nicht unbedingt rosig. In den zurückliegenden Jahren war das Einkommen von Nachwuchskräften in dieser Sparte bedroht, weil es kaum gut bezahlte Stellen gab. Die recht anständig dotierten Forschungspositionen an den Universitäten wurden zunehmend durch schlecht bezahlte Postdoktorandenstellen ersetzt, statt einer unbefristeten Stelle erhielten die Betroffenen nur noch befristete Anstellungen. 1998 veröffentlichte der amerikanische Forschungsrat eine Studie, in der von frustrierten jungen Biowissenschaftlern die Rede ist, die ihre Karriereziele nicht erreichen können.[1]

Heute schon müssen sich viele begabte Forscher mit einer Abfolge von Zeitverträgen zufrieden geben. Wenn sich dieser Trend fortsetzt, zerrinnt ihnen das Leben unter der Hand und die Aussichten werden immer düsterer. Um ihre Interessen zu sichern, haben die Nachwuchswissenschaftler in den USA die *National Postdoc Association* gegründet, aber ob die Vereinigung wirksam für Abhilfe sorgen kann, steht in den Sternen. Auch wenn die Biotechnologie eine der fortschrittlichsten Wissenschaften mit beeindruckenden Erfolgen ist, könnte es künftig zu viele Biotechnologen geben mit der Folge, dass ihre Gehälter fallen. Universitäten und Biotechnologiefirmen sind offenbar zunehmend in der Lage, billige und gleichwohl hoch qualifizierte Arbeitskräfte zu importieren, zum Beispiel aus den Entwicklungsländern, die derzeit verstärkt in diesem Bereich ausbilden.

Doch das ist nicht das einzige Problem. In der Biotechnologie ist der »Winner takes it all«-Effekt offenbar besonders stark ausgeprägt. Eine minimal geringere Produktivität reicht aus, um eine Karriere zu zerstören – etwa wenn man eine sensationelle Entdeckung eine Woche später als ein Konkurrent veröffentlicht. Deswegen verlangen die älteren Wissenschaftler dem Nachwuchs Unmengen von Überstunden im Labor ab. Nicht selten opfern die jungen Leute Familienglück und Freizeit für eine ungewisse Zukunft.[2]

Das Rekombinieren von DNA kann sich als die Zukunftstechnologie schlechthin erweisen oder als Flop. Bisher wurde noch keine Gentherapie, die irgendeine Form von Vektoren benutzt, zum klinischen Gebrauch zugelassen. Weitere Anwendungen könnten durch ethische oder gesundheitliche Bedenken verhindert werden. Würde zum Beispiel als unfreiwilliges Nebenprodukt der Forschung eine neue tödliche Krankheit entstehen und aus den Laboratorien entweichen, müsste der Gesetzgeber vermutlich der ganzen Branche enge Grenzen setzen. Der Tod von *Jesse Geisinger* im Jahr 1999, der als Teenager freiwillig an der klinischen Erprobung von genetisch modifizierten Adenoviren im Universitätskrankenhaus der University of Pennsylvania teilnahm, hat weltweit Aufmerksamkeit erregt.

Der Gentechnologie könnte dasselbe Schicksal drohen wie der Atomenergie. Wegen der Sicherheitsbedenken werden heute kaum noch neue Reaktoren gebaut, und damit ist auch die Nachfrage nach Atomingenieuren eingebrochen. Auch für Luftfahrtingenieure ist der Arbeitsmarkt schwierig geworden, seit das Ende des Kalten Krieges den Bedarf des Militärs an neuen Maschinen stark gedämpft hat. Die Karriereaussichten in der Gentechnik könnten durch eine Schwemme entsprechend ausgebildeter Personen oder durch einen Einbruch der Biotech-Aktien getrübt werden. Oder es könnte zu einem neuerlichen technischen Durchbruch kommen, der das ganze Feld neu aufrollt und bestimmte Spezialisierungen entwertet, weil sie nicht mehr gebraucht werden. Die Laufbahn hochspezialisierter Wissenschaftler kann sich sehr verschieden entwickeln, je nachdem, wie sich ihr Fachgebiet entwickelt. Wir wissen einfach nicht, was die Zukunft bringt.

So wie die Dinge heute liegen, muss unser junger Biochemiker diese Zukunftsrisiken allein tragen, und deshalb wird er sich vielleicht gegen diesen Abschluss entscheiden. Und selbst wenn er bei der Biochemie bleibt, wird er sich die Sache mit der Spezialisierung vielleicht noch einmal überlegen. Die Therapie mit Adenoviren-Vektoren befindet sich noch im spekulativen Stadium und kann sich als Sackgasse erweisen. Weitere virale Vektoren werden derzeit untersucht, und die Forschung wird auch auf verschiedene nichtvirale Vektoren ausgedehnt. Angesichts dieser Ungewissheit wird sich unser junger Mann vielleicht ein anderes Dissertationsthema suchen, obwohl sich daraus hochwirksame Behandlungsmethoden gegen Krebs und andere Krankheiten ergeben könnten.

Menschen mit extrem spezialisiertem Wissen werden manchmal händeringend gesucht und haben dann fantastische Verdienstchancen, die Spezialisierung kann sich jedoch ebenso gut als Irrweg herausstellen. Aber es wäre eine Schande, wenn unser junger Mann aus diesem Grund auf eine Spezialisierung verzichtet, denn aus gesamtgesellschaftlicher Sicht ist das Risiko gering und die Existenz spezialisierter Gentechniker vielleicht ein Segen.

Stellen wir uns nun vor, es gäbe Lebensstandard-Versicherungen für Biotechnologie. Unser Biochemiker könnte eine der Policen für Gentechniker kaufen, um sich gegen eventuell sinkende Einkommen in dieser Sparte und eine individuelle wirtschaftliche Notlage zu versichern. Der Vertrag sähe bei einer ungünstigen Einkommensentwicklung von Seiten der Versicherungsgesellschaft monatliche Zuzahlungen vor. Als Gegenleistung vereinbart der Versicherte einen Prozentsatz seines künftigen Einkommens oder einen regelmäßigen Festbetrag oder eine Kombination aus beiden Modellen. Denkbar wären auch Policen, die mit einer größeren Einmalzahlung bei Vertragsbeginn arbeiten. Unser junger Mann könnte sich von einer Bank oder den Eltern den entsprechenden Betrag leihen (Näheres dazu in Kapitel 10).

Er könnte seine Karriere in der Biotechnologie sehr viel entspannter angehen, mit sehr viel geringerem Risiko. Er wäre gewissermaßen dem Chef einer Biotech-Firma gleichgestellt: Zum Grundgehalt kommen im Erfolgsfall Aktienpakete und andere Belohnungen. Der Anreiz, hervorragende Leistungen zu bringen, ist da, aber die Angst, seinen Lebensstandard nicht halten zu können, ist ihm genommen. Dieses Risiko wird von der Versicherungsgesellschaft aufgefangen und »verschwindet« dort durch die Diversifizierung des Portfolios in der Bedeutungslosigkeit. Lebensstandard-Versicherungen könnten so zu einem zentralen Bestandteil einer demokratischen Finanzordnung werden. Was heute Spitzenmanagern vorbehalten ist, könnte dann allen, die die Risiken ihres Lebens planen, zugute kommen.

Die Vertragsgestaltung für die Lebensstandard-Versicherung unseres jungen Biochemikers muss sorgfältig überlegt werden. Sie soll ihn im vernünftigen Rahmen gegen tatsächliche Einkommensverluste schützen, die nach Jahren im Beruf die Mehrheit seiner Kollegen und Kolleginnen ereilt. Wer sich als junger Mensch für eine Karriere in der Biotechnologie entschieden hat, kann die Verdienstentwicklung der Branche nicht vorhersehen. Wenn sich die gewählte Spezialisierung als Irrweg entpuppt, hat er hohe Verluste zu tragen. Er muss sich in ein anderes Fachgebiet einarbeiten oder sich einem anderen Zweig der Biologie zuwenden, nun aber in einer völlig anderen Lebensphase. Unser junger Mann hat inzwischen eine Familie gegründet, er ist nicht mehr unabhängig. Wenn eine Umschulung notwendig werden sollte, verdient er über Jahre gesehen zu wenig, und das nach einer langen Zeit, die er in einer vom Abwärtstrend gebeutelten Branche verbracht hat. Stattdessen versucht er vielleicht lieber, sich bei den Herstellern von Generika zu verdingen. Damit vergibt er sich jedoch die guten Berufsaussichten, auf die er eigentlich hingearbeitet hat. Vielleicht kehrt er der Biotechnologie überhaupt den Rücken und muss Jahre seines Lebens als verlorene Zeit betrachten. Und auch dann noch können die Risiken nachwirken, die aus seiner ursprünglichen Karriereentscheidung erwachsen sind oder mit den allgemeinen Bedingungen auf dem Arbeitsmarkt zusammenhängen.

Eine Lebensstandard-Versicherung würde in seinem Fall bedeuten, dass er sich als junger Mann mit größerer Wahrscheinlichkeit für die gewählte Spezialisierung entscheidet, denn die Versicherung wird bei einer ungünstigen Entwicklung der Gentechnik über Jahre sein Einkommen aufstocken. Er wird sich zum Experten in einem aufsteigenden Zweig der Branche mausern, die allgemeineren Bereiche der Biotechnologie meiden, damit seine Karrierechancen erheblich steigern – vorausgesetzt, die Gesamtentwicklung stimmt, – und sich noch bessere Verdienstmöglichkeiten eröffnen.

Wir können eine solche Karriereversicherung mit einer bereits bestehenden Form des Risikomanagements vergleichen – der Anstellung auf Lebenszeit an einer amerikanischen Universität. Durch eine Beschäftigungsgarantie und ein angemessenes Einkommen ermutigen die Fakultäten Professoren und Professorinnen, die in ihren Anfangsjahren durch herausragende Leistungen aufgefallen sind, zu riskanten Spezialisierungen und Forschungsrichtungen. Die Hochschulen verbinden dies mit einem umfassenderen und sehr teuren Überwachungssystem, um das moralische Wagnis zu reduzieren. Das Renommee einer Hochschule geht nicht zuletzt auf die außerordentliche Vielfalt von Expertenwissen auf dem Campus zurück, die mit diesem Risikomanagement ermutigt wird. Universitäten sind die Quelle von Spezialwissen für eine Gesellschaft. Wir müssen die Vorteile dieses System (allerdings ohne Beschäftigungsgarantie) aus den

Universitäten in die Gesamtgesellschaft tragen. Mit den neuen Informationstechnologien sollte das möglich sein. Und genau das ist der Sinn einer Lebensstandard-Versicherung.

Der Aufbau einer Lebensstandard-Versicherung

Die Versicherung für die Karriere eines Gentechnikers ist nur ein Beispiel für die Lebensstandard-Versicherung. So weit ich sehen kann, gibt es bisher keine Vorläufer für ein solches Modell – aus gutem Grund, denn die Verträge müssten sich auf zuverlässige Daten stützen, die über Jahre zur Einkommensentwicklung bestimmter Berufsgruppen erhoben werden. Eine solche Datensammlung existiert bisher nicht, ließe sich mit den heute zur Verfügung stehenden Mitteln aber einrichten und könnte, insbesondere in Verbindung mit den in Kapitel 14 vorgestellten GRIDs (Globale Risiko-Informations-Datenbanken), die vorgeschlagene Versicherung für alle ermöglichen. Sie müsste für jeden Beruf und jeden Arbeitsmarkt konzipiert werden, nicht nur für Berufe, die eine extreme Spezialisierung oder einen Universitätsabschluss voraussetzen. Die Arbeitgeber könnten ihren Angestellten die Lebensstandard-Versicherung als Nebenleistung anbieten, die Gewerkschaften könnten in Ländern, in denen sie stark sind, ihren Mitgliedern Zuschüsse zahlen. Die Versicherung des Lebensstandards gegen Risiken ist ein sehr grundsätzlicher Ansatz, der auf breiter Basis durchgeführt werden sollte.

Private Versicherungspolicen für einzelne Personen und Familien sollten alle wesentlichen Risiken abdecken, die den Lebensstandard bedrohen. Lebensstandard-Versicherungen setzen sehr tief an, als Versicherung fallen sie in den Privatsektor, sind nicht Sache des Staates. Aber dem Staat fallen wichtige Aufgaben im Bereich der Regulierung und der Infrastruktur zu. Er sollte Lebensstandard-Versicherungen nach Kräften fördern.

Lebensstandard-Versicherungen würden sich von den bestehenden Versicherungen, etwa Berufsunfähigkeits- oder Lebensversicherungen, vor allem in einem Punkt unterscheiden: Sie versichern gegen den Verlust des Lebensunterhalts aus *allen* Gründen und beschränken sich nicht auf eine Liste von bestimmten Unglücksfällen. Der Anspruch gegen die Versicherung entsteht aus einem nachweislichen Rückgang von bestimmten Kennziffern. Dabei kommt es nicht darauf an, dass die Ursache für den Rückgang in einer vorher vereinbarten Liste erscheint.[3]

Versicherungsgesellschaften, die den Lebensunterhalt versichern, werden sich grundsätzlich von den bestehenden Versicherungsgesellschaften unterscheiden. Die bisher versicherten Risiken wie Berufsunfähigkeit oder Krankheit treten tendenziell plötzlich und als Katastrophenereignis ein. Die Versicherungsbranche hat gelernt, die Ursache einer Katastrophe zu verifizieren und für den Schaden aufzukommen. Die schleichende Erosion des Lohnniveaus in einer bestimmten Branche wurde noch nie abgedeckt. Diese Lücke würden Lebensstandard-Versicherungen schließen mit dem Nebeneffekt, dass der wichtigste Vermögenswert praktisch aller Menschen stabilisiert wird.

Die schleichende Erosion der Verdienstmöglichkeiten lässt sich im Zeitverlauf über berufsspezifische Einkommensindizes messen. Die mathematische Theorie dazu habe ich 1993 in meinem Buch über Makromärkte vorgestellt.[4] Dort lässt sich die Konstruktion solcher Indizes nachlesen. Die Methode stellt sicher, dass nur die tatsächlichen Einkommensveränderungen in den Index einfließen. In einem 1998 erschienenen Aufsatz habe ich gemeinsam mit *Ryan Schneider* anhand dieser mathematischen Theorie die Einkommensindizes für sieben verschiedene Berufe in den Vereinigten Staaten zwischen 1968 und 1987 erstellt.[5] Sie beruhten auf Daten zu Einzelpersonen aus diesem Zeitraum, nicht auf Durchschnittswerten für eine Berufsgruppe zu verschiedenen Zeitpunkten. Eine Person wird einer bestimmten Berufsgruppe zugeteilt, ob sie in dieser Gruppe bleibt oder nicht. Denn wenn der ökonomische Status dieser Person gefährdet ist, wird sie sich häufig eine andere Beschäftigung suchen.

Zurück bleiben jene, die nach wie vor ihr Auskommen in diesem Beruf haben. In diesem Fall würde der Index den Beschäftigungsniedergang in diesem Zweig nicht erfassen. Richtig berechnete Indizes, die den tatsächlichen Wohlstand von Menschen in einem bestimmten Berufszweig wiedergeben, würden sich für Zwecke des Risikomanagements weit besser eignen als die Durchschnittseinkommen, die vom amerikanischen Arbeitsministerium oder von der Internationalen Arbeitsorganisation (*International Labor Organization, ILO*) statistisch ermittelt und veröffentlicht werden. Diese Zahlen werden von der veränderten Zusammensetzung der Branche oder Berufsgruppe verzerrt.[6]

Herkömmliche Policen bieten dem Versicherungsnehmer die Auszahlung einer Kapitalsumme nach einer bestimmten Zeit oder die zeitlich unbegrenzte Auszahlung einer bestimmten Summe, wobei der Versicherungsnehmer jederzeit die Möglichkeit hat, die Versicherung zu kündigen. Dieses Modell eignet sich für plötzliche, auf Katastrophen zurückgehende Schadensfälle (Feuer, Tod), deren Wahrscheinlichkeit sich nicht ändert. Das Modell eignet sich jedoch nicht für Schadensfälle, die sich nach nur allmählich eintreffenden, kumulativen Informationen (zum Beispiel über die Erosion der Verdienstaussichten in einer bestimmten Berufsgruppe) berechnen. Wer absehen kann, dass kein Verlust zu erwarten ist, wird seine Police natürlich kündigen. Die Versicherung bliebe auf Verträgen sitzen, aus denen sich Ansprüche ableiten, und sie hätte Schwierigkeiten, diese zu erfüllen. Lebensstandard-Versicherungen müssen demnach das Kündigungsrisiko berücksichtigen und den vorzeitigen Ausstieg aus einem Vertrag beschränken, entweder, indem sie nur Personen versichert, die wahrscheinlich nicht kündigen werden, oder durch Vorabzahlungen.[7]

Die Beschränkung herkömmlicher Policen auf Katastrophenereignisse ergibt sich zum Teil aus dem Lernprozess, durch den die Versicherungsgesellschaften den Versicherungsbetrug – die absichtliche Herbeiführung oder Vorspiegelung des Schadensfalles durch den Versicherungsnehmer, der die Versicherungssumme kassieren will – auf ein erträgliches Maß reduzieren konnten. Die Gesellschaften wissen inzwischen, welche Informationen sie sammeln müssen, um in relativ kurzer Zeit herauszufinden, ob das den Versicherungsfall auslösende Ereignis vom Inhaber der Policen absichtlich herbeigeführt wurde oder nicht. Eine Lebensstandard-Versicherung muss das moralische Wagnis auf einem anderen Weg verhindern. Wie bei allen Policen ist der Versicherungsbetrug auch hier ein zentrales Thema.

Lebensstandard-Versicherungen müssen so angelegt sein, dass sie Einzelpersonen mit Bezug auf einen Index gesamtwirtschaftlicher Risiken versichern, auf die Einzelpersonen keinen Einfluss haben und die ihnen insofern auch keine Betrugsmöglichkeiten bieten. Die Vorstellung, sich mit übergeordneten Kennziffern gegen Missbrauch abzusichern, ist eine Lektion aus dem Finanzwesen.

Die Police soll im Idealfall auch individuelle Risiken versichern, auf niedrigem Niveau und in Abhängigkeit von bestimmten, feststellbaren Tätigkeiten des Versicherten. Eine Police für Gentechniker könnte den Inhabern der Police zum Beispiel monatlich 50 Prozent des durchschnittlichen Einkommensrückgangs auszahlen, wenn sie in diesem Beruf ihre Karriere begonnen haben (und entweder noch arbeiten, wenn auch nicht unbedingt in dieser Branche, oder eine Umschulung besuchen). Die Versicherung würde auch 50 Prozent des persönlichen Einkommensrückgangs des Versicherten unterhalb einer vereinbarten Mindestsumme ausgleichen, und die zweiten 50 Prozent davon abhängig machen, dass der Versicherte in Anstellung bleibt oder eine Umschulung besucht. Solange der Versicherte das durchschnittliche Gehalt von Gentechnikern bezieht und nicht arbeitslos wird, garantiert die Versicherung ein bestimmtes Mindesteinkommen und reduziert so das Risiko. Solange das persönliche Einkommen des Versicherten nicht sehr viel schneller als das der Gentechniker im Allgemeinen fällt, bleibt das vereinbarte Mindesteinkommen erhalten, und wenn es schneller als in der Berufsgruppe fällt, kommt die Versicherung auch für diesen Zusatzverlust auf. Da die Versicherten immer nur die Hälfte des Einkommensrückgangs erstattet bekommen, werden sie auch weiterhin motiviert sein, im Beruf zu bleiben. Das reduziert oder eliminiert das moralische Wagnis.

Bei hohen Versicherungssummen ist das Missbrauchsrisiko allerdings sehr hoch. In einigen Bereichen wird es zu teuer oder undurchführbar sein, das moralische Wagnis durch Kontrolle zu begrenzen. In diesen Fällen müssten die Leistungen ausschließlich an einen gesamtwirtschaftlichen Index gekoppelt werden. Die Versicherungsbranche wird Erfahrungswerte sammeln müssen, unter welchen Umständen das moralische Wagnis besonders groß ist. Der Lernprozess wird einige Jahre dauern, nicht anders als bei den heute üblichen Versicherungsformen.

Ein Menü von Lebensstandard-Versicherungen

Das Informationszeitalter mit seinen sinkenden Verwaltungskosten sollte eine große Vielfalt verschiedener Lebensstandard-Versicherungen hervorbringen. Menschen sollten sich gegen den Verfall der Verdienstaussichten in ihrem Arbeitsgebiet versichern können, gegen den Verfall der Verdienstaussichten von Menschen mit ähnlichen Merkmalen (bezogen auf Lebenslauf oder Ausbildung), gegen Einkommensrückgänge von Besserverdienenden, Durchschnittsverdienern und von Menschen, die im Niedriglohnbereich arbeiten. In allen diesen Fällen ist ein Missbrauch ausgeschlossen, weil die Individuen keinen Einfluss auf gesamtwirtschaftliche Indizes haben.

Lebensstandard-Versicherungen sollten auch die Familienmitglieder der Versicherten einschließen. Nahe Angehörige sind von Einkommensschwankungen berührt, deswegen sollte die Police einer Lebensstandard-Versicherung zum Beispiel die Zahl und das Alter der Haushaltsmitglieder berücksichtigen, gegebenenfalls auch deren Einkünfte sowie die Risiken, denen diese ausgesetzt sind. Die Haushaltsgröße schwankt in unvorhersehbarer Weise durch Ereignisse wie Hochzeit, Scheidung, Geburt und Tod. Wenn die ökonomische

Sicherheit, die der Familienverband bietet, durch neue Instrumente des Risikomanagements ersetzt wird, kann die Versicherung auch die Stabilität der Familie gefährden. Wie diese Probleme im Einzelnen gelöst werden, bleibt zukünftiger Forschung überlassen. Auf jeden Fall müssen die Datenbanken, auf die sich unser Versicherungsmodell stützt, sehr differenziert angelegt sein.

Zum Teil sollte die Lebensstandard-Versicherung genetische Informationen berücksichtigen. Das *Human Genom Project* hat eine Diskussion über die Preisgabe derart persönlicher Informationen ausgelöst. Viele Menschen wollen nicht mit dem Bewusstsein leben, später mit einer bestimmten Wahrscheinlichkeit an einer bestimmten Krankheit leiden oder sogar sterben zu müssen. Sie fürchten zudem eine Diskriminierung seitens der Versicherungsgesellschaften.[8] Aufgrund dieser Bedenken hat sich der Staat in die Nutzung genetischer Informationen durch die Versicherungsbranche eingeschaltet. In den USA ist die Einteilung von Versichertengruppen anhand genetischer Informationen seit Verabschiedung des Health Insurance Portability and Accountability Act 1996 verboten. In Großbritannien stimmte die Branche auf Druck der Regierung einem fünfjährigen Moratorium zu. Während dieser Zeit dürfen die Ergebnisse genetischer Untersuchungen nicht für die Bewilligung von Lebensversicherungen verwendet werden.

Die Sorge, viele Risiken wären im Fall einer Einbeziehung genetischer Informationen nicht mehr versicherbar, ist berechtigt. Andererseits wäre es langfristig gesehen vorteilhaft, wenn die Versicherungen auf der Untersuchung des Erbguts bestehen dürften: Damit lassen sich die besonderen Risiken erkennen, gegen die die Betroffenen besonders versichert sein sollten (Risiken, die sich aus dem Abwärtstrend des Einkommensindexes für Menschen mit dieser besonderen genetischen Disposition ergeben), und Bevölkerungsgruppen identifizieren, die von der Natur bevorteilt wurden und daher die Last für die Benachteiligten mittragen können. Die Forschung könnte im Lauf der nächsten Jahre genetische Grundlagen menschlicher Verhaltensweisen aufdecken und anhand dessen Vorhersagen zum künftigen Einkommen ermöglichen. So lassen sich vielleicht bestimmte Risikogruppen erkennen, für die ein maßgeschneidertes Versicherungskonzept sinnvoll wäre.

Es ist Aufgabe der Politik und der öffentlichen Diskussion, die richtige Verwendung der wachsenden Informationsmengen über die persönlichen Zukunftsaussichten der Bürger und Bürgerinnen zu bestimmen, aber sie sollten sich vor Vereinfachungen hüten und den Gebrauch solcher Informationen generell verbieten. Im angemessenen Rahmen sollte dieser ermutigt und gleichzeitig dem Missbrauch ein Riegel vorgeschoben oder durch eine staatliche Versicherung ausgeglichen werden.

Lebensstandard- und Berufsunfähigkeits-Versicherung kombinieren

Versicherungen bieten Policen für Einkommensverluste aus nachvollziehbaren gesundheitlichen Gründen an, das Produkt nennt sich Berufsunfähigkeits-Versicherung. Sie beschränkt sich auf einen bestimmten, exogenen Grund für den Einkommensverlust – eine schwere Krankheit – und schützt nicht gegen Einkommensverluste aus anderen Gründen, etwa Pech im Beruf. Eine Krankheit lässt sich objektiv verifizieren. Damit ist das Risiko gering, dass der Versicherte nur deshalb aufhört zu arbeiten, weil er mit der Versicherungssumme ein bequemes Leben führen will.

Allerdings funktioniert die Berufsunfähigkeits-Versicherung nicht hundertprozentig. Erwerbsunfähigkeit lässt sich nicht positiv feststellen, und um sie überhaupt festzustellen, entstehen der Versicherung hohe Kosten. Sie lässt nach dem Zufallsprinzip Anspruchsbezieher in ihrer Umgebung beobachten und befragt Nachbarn, um Simulanten zu entlarven (wenn etwa jemand wegen Rückenproblemen berufsunfähig geschrieben ist, aber problemlos Tennis spielt). Derartige Maßnahmen sind teuer und letztlich nicht sonderlich effektiv.

Künftig werden Versicherungen die Spionage wahrscheinlich zugunsten effizienterer Enttarnungsmethoden verabschieden können. Die erleichterte Aufdeckung von Simulanten liegt auch im Interesse der Versicherten, solange die Mittel und Wege nicht zu sehr in die Privatsphäre eingreifen. Denn wenn der Versicherung weniger Kosten entstehen, kann sie die Einsparungen an die Versicherten weitergeben.

Wenn die Versicherungsnehmer eine in Umfang und Art genau definierte elektronische Überwachung ihres Kaufverhaltens oder ihrer Internetaktivitäten akzeptieren würden oder biometrische Erkennungssysteme, die ihre Wirtschaftshandlungen nachvollziehbar machen, könnten per Computer jene isoliert werden, die sehr wohl arbeitsfähig wären, aber keine Lust haben, sich anzustrengen. Niemand sollte zu solchen Einblicken in sein Privatleben gezwungen werden, aber vielleicht würden es viele freiwillig tun, wenn dafür die Versicherungsprämie niedriger wäre. Mit der wachsenden Informationsbasis durch die digitalen Medien wäre es vielleicht möglich, die Gründe für Berufsunfähigkeit auch auf schwer zu diagnostizierende Krankheiten auszuweiten.

Die Überwachung für Berufsunfähigkeits-Versicherungen ließe sich mit der Lebensstandard-Versicherung verbinden. Kombinierte Lebensstandard-Berufsunfähigkeits-Versicherungen würden Einkommenseinbrüche aufgrund einer kaum simulierbaren Krankheit höher versichern als Einkommenseinbrüche aufgrund einer simulierbaren Krankheit. Für Einkommensverluste aus Gründen, die nichts mit Erwerbsunfähigkeit zu tun haben, würde die Versicherungssumme noch niedriger ausfallen, ebenso bei Einkommensverlusten im Zusammenhang mit dem berufsspezifischen Einkommensindex. Werden diese Elemente unter Berücksichtigung der bekannten Fakten über das moralische Wagnis verbunden, hätten solche Verträge ein großes Risikomanagement-Potenzial.

Arbeitgeber, die bisher ihren Angestellten Kranken- und Berufsunfähigkeits-Versicherungen im Paket der Nebenleistungen anbieten, könnten stattdessen solche detailliert die persönlichen Lebensumstände und Risiken berücksichtigenden kombinierten Versicherungen anbieten. Als Bestandteil der betrieblichen Ausbildung könnten sie die Lehrlinge auch für den Fall versichern, dass die Ausbildung ihnen keine Zukunft auf dem Arbeitsmarkt verschafft.

Die Kombination von Lebensstandard-Versicherungen und Mitarbeiterbeteiligung

Die Mitarbeiterbeteiligung soll das Interesse der Angestellten am wirtschaftlichen Erfolg ihres Arbeitgebers und damit die Arbeitsmoral heben. Programme, die Mitarbeiter zum Kauf von Anteilen an ihrem Unternehmen animieren sollen, setzen deren Einkommen jedoch einem großen Risiko aus, das sich durch ein angemessenes Risikomanagement mindern ließe. Dieser Ansatz läuft auf die Kombination mit einer Lebensstandard-Versicherung hinaus. Ein demokratisches Finanzwesen würde wirksame Anreize durch Aktienoptionen und Ähnliches ermöglichen, ohne die Arbeitnehmer zu großen Risiken auszusetzen.

Die Mitarbeiterbeteiligung hat sich weltweit rasch durchgesetzt. In den alten Industrieländern ist sie ein beliebtes Mittel, um Mitarbeiter zu besseren Leistungen zu bewegen. Viele Regierungen fördern den Trend mit Steuererleichterungen.[9] In ehemals kommunistischen Staaten, insbesondere in Russland, ist sie eine Anpassung kapitalistischer Prinzipien an die kollektivistische Vergangenheit des Landes.[10]

Wichtige Motivation für die Einführung von Mitarbeiterbeteiligungen ist die Annahme, dass sich Menschen stärker engagieren, wenn sie an den Früchten ihrer Leistungen beteiligt werden.[11] Da die meisten Unternehmen zu groß sind, als dass der einzelne Mitarbeiter wesentlichen Einfluss auf das Betriebsergebnis haben könnte, beschränkt sich die Wirkung dieser Beteiligungspläne in der Regel auf einen psychologischen oder symbolischen Effekt.[12]

Die Wirkung von Symbolen sollte man allerdings nicht unterschätzen. Nicht nur der wirtschaftliche Erfolg, auch die Arbeitszufriedenheit steigt. Aufmerksamkeit und Produktivität der Mitarbeiter lassen sich durch Mitarbeiterbeteiligung, das zeigen zahlreiche Untersuchungen, wesentlich verbessern.[13] Aber die positiven Auswirkungen dieser Pläne werden durch die wirtschaftlichen Risiken konterkariert.

Diese Risiken sind alles andere als hypothetisch. Die Wirklichkeit liefert Beispiele genug. Das Mitarbeiterbeteiligungsmodell der *UAL Corporation*, der Muttergesellschaft der *United Airlines*, hat in den USA für Schlagzeilen gesorgt. Die Mitarbeiter halten inzwischen 55 Prozent der Aktien, eine wenig befriedigende Situation, wenn man bedenkt, dass der Kurs seit 1998 um 95 Prozent gefallen ist. Das starke finanzielle Engagement der Mitarbeiter an ihrer Firma hat in diesem Fall desaströse Auswirkungen und führte teilweise zum Verlust der Altersvorsorge. Auch *Enron* hatte seine Angestellten animiert, *Enron-Aktien* zur Altersvorsorge zu kaufen. Hier war das Topmanagement korrupt und beutete die Mitarbeiter hemmungslos aus, mit katastrophalen Konsequenzen, als das Versorgungsunternehmen Konkurs anmelden musste.

Mitarbeiter sollten sich als Miteigentümer des Unternehmens fühlen dürfen, ohne die unternehmerischen Risiken tragen zu müssen wie die Mitarbeiter von *United Airlines* und *Enron*. Sie sollten nicht nur Anteile am Unternehmen, sondern zugleich Baissepositionen (negativer Aktienbesitz) auf den Branchenindex erhalten, dem ihr Arbeitgeber zuzuordnen ist, um die Auswirkungen von branchenweiten Einbrüchen zu mildern. Und sie sollten berufsbezogene Lebensstandard-Versicherungen erhalten, die ihr persönliches Risiko abdecken, durch Weiterbildungen und Spezialisierungen im Dienst des Arbeitgebers den Anschluss an den allgemeinen Arbeitsmarkt nicht zu verlieren. Derartige minder risikoreiche Positionen könnten das Verantwortungsgefühl und die Leistungsbereitschaft von Angestellten fördern, ohne ihre Lebensgrundlagen unnötig zu gefährden.[14]

Eigenheimkapital-Versicherungen

Zum jetzigen Zeitpunkt wäre eine Versicherung des Marktwertes von Eigenheimen, eine Eigenheimkapital-Versicherung, wahrscheinlich leichter einzurichten, wenn auch weniger bedeutsam als eine Lebensstandard-Versicherung. Es gab bereits einige interessante Versuche in diese Richtung, die sich allerdings nicht wie der hier vorgeschlagene Weg auf Immobilien-Preisspiegel stützten.

1977 versuchte sich eine der Vorstädte von Chicago, Oak Park, gegen den massenhaften Wegzug der Weißen zu stemmen und rief dafür ein Programm mit der Bezeichnung *home equity assurance* ins Leben. Die Maßnahme wurde mit dem Argument begründet, dass die Weißen beim leisesten Anzeichen einer Veränderung in der Rassenzusammensetzung eines Viertels ihre Immobilie verkauften, um einem Preisverfall zuvorzukommen. Durch diese sehr frühzeitigen Verkäufe wurde die befürchtete Veränderung natürlich beschleunigt, selbst wenn die Menschen durchaus bereit gewesen wären, mit den Zugezogenen in guter Nachbarschaft zusammenzuleben. Außerdem führte das plötzliche Überangebot aus Furcht vor dem Preisverfall diesen gerade herbei, eine Art sich selbst erfüllende Prophezeiung. Diesen Mechanismus könnte eine Eigenheimkapital-Versicherung unterbinden und zugleich den Zweck des Risikomanagements erfüllen. Nach dem Muster von Oak Park lief auch in Chicago nach einem Volksentscheid 1988 ein ähnliches Programm an, genannt *Southwest Home Equity Assurance*.

Sowohl in Chicago als auch in Oak Park nahm nur ein geringer Prozentsatz der Immobilienbesitzer an dem Programm teil. Aber es bestand die Möglichkeit, sich eintragen zu lassen, und tatsächlich blieben die Immobilienpreise in diesem Viertel trotz der rassischen Veränderungen stabil. Insofern kann man die Programme als Erfolg bezeichnen. Allerdings wurden sie nie einem Härtetest unterzogen, die Immobilienpreise in Chicago sind seit dem Start des *Case Shiller Home Price Index* im Jahr 1980 ständig gestiegen.[15]

Beide Programme sind nach wie vor umstritten. Und sie hätten wohl auch besser konzipiert werden können. Um zum Beispiel in den Genuss des Chicagoer Programms zu kommen, müssen die Betreffenden ihre Häuser tatsächlich verkaufen. Das leistet unter Umständen strategischen Verkäufen Vorschub und treibt so langjährige Einwohner aus der Stadt. So könnte das Programm gerade das erzeugen, was es verhindern will: fallende Immobilienpreise. Die Möglichkeit ist theoretisch und hätte vorausgesetzt, dass die Preise bereits die Talfahrt angetreten haben, was nicht der Fall war.

Allan Weiss und ich haben eine Reihe von Vorschlägen zur Verbesserung einer solchen Versicherung vorgelegt. Der Wichtigste ist der, Versicherungsansprüche anhand von Immobilien-Indizes zu bewerten. Mit umfassenden elektronisch verfügbaren Datenbanken zu Immobilienpreisen, wie sie derzeit zur Verfügung stehen, kann man solche Indizes auch für kleine geografische Regionen und sogar für einzelne Viertel erstellen. Dann würden die Versicherungspolicen auf sehr realistischen Angaben beruhen. So könnte man sicherstellen, dass der tatsächliche Wert des Hauses versichert wird, ohne dem moralischen Wagnis Tür und Tor zu öffnen.

Wir haben auch einen Vorschlag entwickelt, wie die planmäßige Zerstörung oder das Problem strategischer Verkäufe gelöst werden könnten.[16] Unser Modell bettet die privatwirtschaftlichen Versicherungsprodukte in Makromärkte für Immobilien ein, auf denen die Versicherungsgesellschaft ihre mit den an Privatpersonen verkauften Policen verbundenen Risiken absichern kann. Makromärkte für einzelne Städte wären nicht nur ein sinnvolles Instrument für das Risikomanagement, sondern würden den in dieser Region tätigen Versicherungsgesellschaften auch eine Orientierung an die Hand geben.

Seither hat es weitere Versuche zur Entwicklung einer Eigenheimkapital-Versicherung gegeben. Für Syracuse, eine Stadt im Bundesstaat New York, wurde eine Handhabe gegen einen möglichen Verfall der lokalen Immobilienpreise und die Furcht davor gesucht. Der Plan trägt den langen Namen *Yale Neighborhood Reinvestment Corporation Home Equity Guarantee Project* und wird von den Wirtschaftswissenschaftlern *William Goetzmann* und *Barry Nalebuff* geleitet. Anders als bei dem Chicagoer Projekt muss der Preisverfall hier nicht in einem Niedergang des Stadtteils begründet sein.

Folgeprojekte in vielen anderen Städten sind geplant. Für Syracuse wurden zwei Produkte entwickelt: ein Hypothekenkredit, bei dem die verbleibende Kreditsumme den Schwankungen des Immobilienmarktes angepasst wird, sowie eine originäre Versicherung für den Marktwert, unabhängig von der Finanzierung. Beide Produkte stützen sich aus Kostengründen und um die Missbrauchsproblematik zu umgehen vollständig auf Immobilien-Preisspiegel.[17] 2001 bewilligte der amerikanische Kongress eine staatliche Beihilfe für das Projekt in Höhe von 5 Millionen Dollar. Es wird aber noch eine Weile vergehen, bis Eigenheimkapital-Versicherungen in größerem Umfang verfügbar sein werden.[18]

Blick in die Zukunft

Gute Gründe sprechen für die Entwicklung von Versicherungen wie den oben beschriebenen. Sie nehmen den Menschen eine der größten Sorgen um ihre wirtschaftliche Zukunft ab und könnten viele gescheiterte Existenzen und die unnötige Zerstörung von Stadtteilen und Städten verhindern.

Bei einer weitgehend flächendeckenden Einführung würde ein unglaublich großer Markt entstehen, weit größer als der für Lebensversicherungen oder andere Policen, wie wir sie heute kennen. Die Institutionalisierung von Lebensstandard- und Eigenheimkapital-Versicherung wäre ein Meilenstein und würde vieles verändern.

9

Makromärkte: der Handel mit großen Risiken

Stellen wir uns einen Markt für die gesamte US-Wirtschaft vor, ermöglicht von einem Wertpapier, auf das vierteljährlich eine Dividende von sagen wir einem Billionstel des amerikanischen Bruttoinlandsprodukts gezahlt würde. Wertpapierinhaber wären ohne zeitliche Begrenzung ausschüttungsberechtigt. Sowohl der amerikanische Staat als auch privatwirtschaftliche Organisationen wären zur Ausgabe solcher Wertpapiere berechtigt.

In der derzeitigen Konjunkturlage würde der Anteil von einem Billionstel am US-BIP eine Dividende von 2,50 Dollar pro Quartal ergeben, also 10 Dollar im Jahr. Die Dividende würde parallel zur Entwicklung der amerikanischen Wirtschaft bei einem Aufschwung auf bis zu 12 Dollar pro Anteil und Jahr steigen und bei einer Rezession auf 8 Dollar fallen.

Interessierte Anleger würden die erwartete Wirtschaftsentwicklung durch ihr Kaufverhalten in den Kurs des Wertpapiers einpreisen, sodass dieser den Wert der Ansprüche auf das US-BIP spiegelt. Wenn ein Wachstum der amerikanischen Wirtschaft erwartet würde, das ungefähr dem Wachstum der Vergangenheit entspricht, und sich die Anleger genauso wie in der Vergangenheit verhalten, dann wäre ein Anteil zirka 200 Dollar wert und würde folglich eine Rendite von 5 Prozent abwerfen. Bei diesem Kurs würde dieser Markt den Wert der gesamten US-Wirtschaft auf 200 Billionen Dollar veranschlagen. Das heißt, die Größenordnung eines solchen Marktes bewegt sich bei dem 20-Fachen des derzeitigen amerikanischen Aktienhandels. Die Zahlen dienen nur als Beispiel. Bei der Gründung eines solchen

Marktes wäre nicht bekannt, welche Bewertung sich daraus für die amerikanische Volkswirtschaft ergäbe.

Derartige Wertpapiere könnten nicht nur das BIP des Landes bewerten, sondern auch das Einkommen von Bevölkerungsgruppen, gestaffelt nach Ausbildungsstand, Einstiegsgehalt, Beruf oder anderen persönlichen Merkmalen. Verbrieft werden könnten auch Indizes für die Immobilienpreise in einzelnen Städten oder gewerbliche Grundstücke. Es würde sich um Wertpapiere mit regelmäßigen Ausschüttungen handeln, deren Höhe sich nach den Einkommensströmen oder der Bewertung wichtiger Vermögensgegenstände richtet. Der Kurs dieser Wertpapiere würde die Erwartung spiegeln, wie sich die Bezugsobjekte langfristig entwickeln werden, ob es sich nun um die Einkommensentwicklung bestimmter Bevölkerungs- oder Berufsgruppen oder die Wertentwicklung von Einfamilienhäusern handelt.

Makromärkte würden den Handel mit großen Risiken erlauben, die noch nie gehandelt wurden. Ans amerikanische Bruttoinlandsprodukt gebundene Makrowertpapiere könnten Investoren auf der ganzen Welt motivieren, direkt in die amerikanische Volkswirtschaft zu investieren. Interessierte Anleger könnten ihr Portfolio sehr viel breiter streuen und wären nicht länger auf die amerikanischen Börsen beschränkt. Umgekehrt könnten die Vertreter amerikanischer Interessen über Makromärkte Risiken der amerikanischen Volkswirtschaft teilweise auf ausländische Investoren abwälzen, indem sie US-BIP-Bonds emittieren.

Zunächst einmal müssen sich die Amerikaner der Tatsache bewusst werden, dass die Prosperität der amerikanischen Volkswirtschaft nicht für alle Zeiten garantiert ist, dass die in Kapitel 2 angesprochenen Risiken durchaus real sind und die USA von einem wirtschaftlichen Rückgang getroffen werden könnten, der nicht unbedingt die ganze Welt trifft. Dies im Blick, könnten amerikanische Unternehmen Makromärkte nutzen, um sich in für Amerika wirtschaftlich schwierigen Zeiten über die Begebung von Makrowertpapieren aus anderen Ländern Unterstützung zu holen. Das mag für amerikanische Ohren ungewohnt und geradezu abartig klingen, weil sie sich zu sehr daran gewöhnt haben, Amerika als führende Nation der Welt zu sehen, die niemals auf fremde Hilfe angewiesen sein wird. Trotzdem wäre es nur vernünftig. Dieselbe Form des Risikomanagements stünde allen Staaten offen. Institutionen, die das Volk vertreten, könnten das BIP des Landes verbriefen und umgekehrt in die BIPs anderer Staaten investieren. Dadurch könnten sie eine potenzielle Schieflage durch eine Diversifizierung absichern, wie sie größer nicht vorstellbar ist.

Es gibt keinen Markt für das Sozialprodukt oder das BIP von Staaten. Es gibt weder einen Markt für einzelne Produktionswerte, aus denen das Sozialprodukt errechnet wird, noch für das Einkommen verschiedener Berufsgruppen.[1] Es wäre sehr wichtig, den Handel mit den größten Risiken zuzulassen, denn damit wird die größte denkbare Risikomischung im Dienst der Menschen möglich. Die Schaffung von Makromärkten trägt insofern zu einer Infrastruktur des Risikomanagements bei, die eine demokratische Finanzordnung genannt werden könnte, selbst wenn nur ein Bruchteil der Weltbevölkerung an diesen Märkten teilnimmt. Sie sind vor allem für jene Organisationen gedacht, die Risikomanagement-Instrumente verkaufen.

Beispielsweise könnten Versicherungsgesellschaften, die die in Kapitel 8 erörterten Lebensstandard-Versicherung anbieten, die mit dem Verkauf dieser Policen anfallenden Risiken über Makromärkte hedgen. Sie könnten ein Makrowertpapier begeben, dem das BIP des Landes zugrunde liegt, und den Erlös in Wertpapieren anlegen, die auf das BIP anderer Länder begeben werden. Damit lagern sie die Risiken des inländischen Volkseinkommens aus und diversifizieren es über die Volkseinkommen anderer Staaten oder sogar der ganzen Welt. Die ausländischen Investoren erhalten Dividenden, deren Höhe sich nach der inländischen Wirtschaftsentwicklung richtet, die inländischen Anleger erhalten Dividenden, deren Höhe sich nach der jeweiligen Wirtschaftsentwicklung der anderen Staaten richtet, und alle stabilisieren auf diese Weise ihre Einnahmen. Anders könnten Versicherungsgesellschaften die Risiken aus den abgeschlossenen Lebensstandard-Versicherungsverträgen für die einheimische Bevölkerung nicht abdecken. Wenn weltweit Lebensstandard-Versicherer diese Form der Risikostreuung betreiben würden, könnten Makromärkte funktionieren. Genügend Emittenten würden neue Emissionen platzieren und könnten mit einer ausreichenden Nachfrage rechnen. Der Vorschlag klingt kompliziert und nur Fachleuten verständlich, aber in Finanzkreisen ist er gut bekannt. Das Einzige, was fehlt, sind die Makromärkte.

Der Vergleich mit Aktienmärkten

Würden eines Tages Makromärkte eingerichtet, könnten wir jeden Tag in den Nachrichten den neuesten Stand erfahren. Dann wüssten wir, wie sich unser Land – die USA, Großbritannen, Deutschland, Frankreich oder die Dominikanische Republik – heute entwickelt hat, ob es mit uns ökonomisch aufwärts oder abwärts geht. Statt Dow Jones, FTSE 100 oder Dax wird die Bewertung ganzer Volkswirtschaften relevant: Wenn China drei Punkte tiefer geschlossen, Brasilien fünf Punkte zugelegt hat, dann betrifft das nicht nur jenen Bruchteil der börsennotierten Unternehmen, sondern alle produktiven Kräfte dieser Länder. Wenn die medizinischen Berufe fünf Punkte zugelegt und die Juristen drei Punkte tiefer geschlossen haben, kann uns die Nachricht zunächst erschrecken, insbesondere wenn wir mit heftigen Kursbewegungen konfrontiert sind, aber wir würden damit nur erfahren, was ohnehin geschieht, aber niemand wahrnimmt, weil es unsichtbar bleibt.

Ich habe schon in der Einleitung betont, dass die Aktienmärkte letztlich keine große Bedeutung für die Wirtschaft eines Landes haben. Wer Aktien verkauft und kauft, handelt mit Ansprüchen, die nur einen Teil des Volkseinkommens repräsentieren: die Unternehmensgewinne. Trotzdem glauben viele Menschen, der Aktienmarkt eines Landes sei für die Wirtschaft dieses Landes repräsentativ. Es besteht keine Möglichkeit, die Risiken eines ganzen Landes zu handeln.

Die Aktienmärkte repräsentieren nicht nur einen relativ kleinen Teil der zugehörigen Volkswirtschaft, die Kursbewegungen weichen zudem oft von der Entwicklung volkswirtschaftlicher Kennzahlen ab.[2] In den Medien mit ihrer Vorliebe für große und einfache Geschichten wird jedoch der Eindruck vermittelt, die nationalen Börsen seien eine Art Index für die nationale Performance. Durch das ständige Rätselraten, ob wir nun am Anfang oder am Ende einer Rezession stehen, setzen die Medien Prognosen zur Entwicklung des Börsengeschehens mit der Prognose potenzieller Rezessionen gleich.

Oft genug setzen wir deshalb den amerikanischen Aktienmarkt mit der amerikanischen Volkswirtschaft, den deutschen Aktienmarkt mit der deutschen Volkswirtschaft und so weiter gleich. Aber wenn man die aufgebauschten Geschichten beiseite lässt und sich die Zahlen anschaut, wird man überraschend wenig Übereinstimmung zwischen den Aktienkursen und der Gesamtwirtschaft feststellen. Über lange Zeiträume, in denen sich die Börsen fantastisch entwickelt hatten, durchlebten wir mehrere Rezessionen; über lange Zeiträume, an denen der Bär an der Börse tanzte, durchlebten wir ebenfalls mehrere Rezessionen. Im Allgemeinen schlagen Rezessionen nicht besonders stark auf die Börse durch. An der Börse werden Ansprüche auf einen kleinen Sektor der Volkswirtschaft gehandelt, auf die Unternehmensgewinne, und diese haben keine enge Beziehung zur Gesamtwirtschaft. Derzeit gibt es nichts, was einem Makromarkt für Bruttoinlandsprodukte entsprechen würde.

Die Schaffung von Makromärkten

In einer bahnbrechenden Neuentwicklung hat die *Citibank* 1994 für Bulgarien eine Anleihe in Höhe von 1,865 Milliarden US-Dollar platziert. Die Zinsrate wurde an das Wachstum der bulgarischen

Wirtschaft gebunden.[3] Je höher das Wirtschaftswachstum, desto höher die Zinsen. Die Anleihe hat ihre Risikomanagementfunktion für Bulgarien gut erfüllt: Die bulgarische Wirtschaft hat sich seit 1994 ausgesprochen enttäuschend entwickelt, Bulgarien musste also keine besonders hohen Zinsen zahlen. Die Investoren, die ihr Geld in Bulgarien angelegt haben, sind über diese Entwicklung natürlich nicht glücklich, aber hier handelt es sich vermutlich um institutionelle Investoren, deren diversifizierte Portfolios den Rückschlag gut verkraften können. Immerhin hat es der kleine Balkanstaat erfolgreich verstanden, seine nationalen Risiken auf viele Investoren zu verteilen, und das ist für eine Übergangswirtschaft besonders wichtig.

Ein zweites Beispiel: 2001 kündigte der Premierminister von Singapur, *Goh Chok Tong*, die Ausgabe von *New Singapore Shares* (*NSS*) im Gesamtwert von 2,7 Milliarden US-Dollar an, die wenig später platziert wurden. Die Anteilsscheine laufen bis 2007 und werden mit 3 Prozent verzinst. Dazu kommt eine Dividende, deren Höhe an das Wirtschaftswachstum Singapurs geknüpft ist. Das Modell zeigt interessante Parallelen zu den von mir vorgeschlagenen Makrowertpapieren. Die Papiere sind jedoch nicht handelbar und sagen damit nichts über die Einschätzung von Ansprüchen auf das Volkseinkommen aus. Auch streut der Stadtstaat mit dieser Anleihe nicht seine gesamtwirtschaftlichen Risiken, weil der Verkauf auf die Einwohner von Singapur beschränkt wurde. Wenn Ausländern nicht erlaubt wird, einen Teil des Wachstumsrisikos der Wirtschaft mitzutragen, lastet es allein auf den Schultern der Einheimischen.

Die *New Singapure Shares* wurden vor allem an Menschen aus einkommensschwachen Bevölkerungskreisen ausgegeben, um die Einkommensschere ein kleines Stück weit zu schließen, ihnen aber auch das Gefühl zu vermitteln, am wirtschaftlichen Erfolg teilzuhaben. Auch wenn die Anleihe diesen Zweck gut erfüllt, vom Standpunkt der Risikostreuung wäre es viel sinnvoller gewesen, wenn die Regierung die Anteile überwiegend an Ausländer verkauft hätte. Das Gefühl, an der Wirtschaftsentwicklung Singapurs teilzuhaben, könnte in eher symbolischer Weise vermittelt werden, ohne die Menschen den damit ja auch verbundenen Risiken auszusetzen. Der Sachverhalt liegt hier ähnlich wie bei der in Kapitel 8 diskutierten Kombination von Lebensstandard-Versicherung und Mitarbeiterbeteiligung.

Ein drittes Beispiel: 2002 schuf *Goldman Sachs* für die USA und die *Deutsche Bank* für Europa den *Economic Derivatives Market*. Auf ihm werden durch eine spezielle Form der Versteigerung (*Parimutuel Digital Call Auction*, *PDCA*, eine Entwicklung von *Longitude, Inc.*) synthetische Optionen für makroökonomische Variablen wie Lohnsumme ohne Agrarsektor, Einzelhandelsumsätze oder Vertrauensindizes gehandelt. Ohne direkt an Wirtschaftswachstumsraten gebunden zu sein, stehen die gewählten Basisobjekte für diese kurzlaufenden Optionen doch in Korrelation zu denselben.

Die Beispiele, allesamt in der jüngeren Vergangenheit entstanden, erinnern an die Makromärkte, die ich 1992 vorgeschlagen habe, ohne diese wirklich einzulösen. Sie haben zweifelsohne einen gewissen Einfluss auf die Art, wie nationale Risiken getragen werden, aber sie leisten nicht dasselbe für das Volkseinkommen wie die Aktienmärkte für Unternehmensgewinne. Notwendig wären Makromärkte, die jedermann zugänglich sind, damit genügend Marktteilnehmer Liquidität garantieren. Über diese Märkte müssen riesige Stückzahlen, riesige Beträge abgewickelt werden. Wir brauchen reine Märkte, Märkte für einfach konzipierte Ansprüche und keine Gemischtwarenläden. Wir brauchen im wahren Sinn des Wortes langfristige Märkte, an denen wie an den Börsen Ansprüche sowohl für die nächste als auch für die ferne Zukunft gehandelt werden können. Dann werden diese Märkte Preise für die Ansprüche auf das Volkseinkommen verschiedener Staaten festsetzen, und wir werden täglich erfahren, was der Markt einer Volkswirtschaft zutraut. Das ist wichtiger als der Wert einer noch so ungewöhnlich konstruierten Anleihe mit oder ohne Bezugsrechte.

Wir müssten künftig eine allgemeinere Ebene für Makromärkte schaffen, das Recht beziehungsweise die Möglichkeit zur Emission von Aktien oder Anleihen dürfte nicht auf einzelne Regierungen oder große Konzerne beschränkt sein. Denn wenn man die Begebung von Wertpapieren Regierungen oder Unternehmen überlässt, ist der Markt zu sehr auf die Entscheidungen dieser wenigen Großen fixiert. Makromärkte sollten allen Menschen die Absicherung ihrer Risiken gestatten, und insofern benötigen wir einen Mechanismus, über den jeder Wertpapiere emittieren kann.

In meinem Buch über die Makromärkte habe ich gezeigt, wie das zu verwirklichen wäre. Ich habe sie in Analogie zu den am *Chicago Board of Trade* und anderen Terminbörsen gehandelten Arten von Kontrakten konstruiert und »ewige Futures« genannt. Einziger Unterschied: es gibt keinen Fälligkeitstag.[4] Hinsichtlich der Marktbewertung dürften sich die ewigen Futures nicht von der in diesem Kapitel vorgeschlagenen Art von Wertpapieren unterscheiden. Das Problem der ewigen Futures liegt allerdings in der Konstruktion; es handelt sich tatsächlich eher um Terminkontrakte als um Wertpapiere. Futures sind jedoch kein Medium für die breite Masse, die sich ungern auf Einschuss- und Nachschussforderungen einlässt und sich schon unter den Begriffen nichts vorstellen kann.

Ich habe über diese Probleme ausführlich mit meinem Geschäftspartner *Allan Weiss* diskutiert. Er rief mich eines Morgens an und erklärte mir seine Idee, wie ganz gewöhnliche Wertpapiere aussehen könnten, bei denen sich das Angebot automatisch mit der Nachfrage ausdehnen oder zusammenziehen würde. Diese Idee haben wir gemeinsam ausgearbeitet und schließlich patentieren lassen, 1999 in den USA, inzwischen auch international. Als Bezeichnung haben wir uns für *Makrowertpapiere – macro securities* – entschieden.[5] In der einfachsten Form werden Makrowertpapiere auf Anfrage automatisch von einer Börse oder einer anderen Organisation herausgegeben, jedoch immer nur paarweise, einem »Kauf-Makro« und einem »Verkaufs-Makro«. Wenn der als Basisobjekt gewählte Index steigt, steigt auch der Kurs des Kauf-Makros, während der Kurs des Verkaufs-Makros im selben Maß fällt. Makrowertpapiere werden zwar nur paarweise ausgegeben und zurückgenommen, einmal auf dem

Markt, können sie jedoch unabhängig voneinander gehandelt und damit auch separat bewertet werden. Die Papiere werden Kassakonten – die in der Regel verschiedene Kontoinhaber haben werden – gutgeschrieben, deren Saldo sich gewissermaßen über Kreuz nach der Wertentwicklung des Basisobjekts richtet. Auf das Guthaben werden Dividenden bezahlt, die im Grunde normalen Zinsen entsprechen.

Lassen Sie uns das Modell mit einem Zahlenbeispiel durchrechnen. Der Index steht bei 100 Punkten, ein Makro-Pärchen wird für 200 Euro emittiert. Das Kauf-Makro wird dem Depot mit 100 Euro gutgeschrieben, das Verkaufs-Makro wird vermutlich einem anderen Depot ebenfalls mit 100 Euro gutgeschrieben. Wenn der Index auf 102 Punkte steigt, nimmt die Depotbank 2 Euro vom Konto des Verkaufs-Makros und schreibt sie dem Konto des Kauf-Makros gut. Das Konto des Verkaufs-Makros weist nun ein Guthaben von 98 Euro auf, das Guthaben des Kauf-Makros beläuft sich auf 102 Euro. Die Dividende für beide Konten berechnet sich nach dem jeweiligen Kontostand. Über die Dividendenzahlungen wird in diesem Fall also derjenige belohnt, der auf eine positive Wirtschaftsentwicklung gesetzt hat. Die Erwartung der höheren Dividende treibt die Nachfrage nach dem Papier und damit auch seinen Kurs in die Höhe, noch bevor die Dividende selbst ausgeschüttet wird. Durch die rasche Reaktion auf neue Nachrichten werden die Kurse an Makromärkten sehr volatil sein, nicht anders als die Kurse von Aktien.

Fällt der Index auf 97 Punkte, nimmt die Depotbank 3 Euro vom Verkaufs-Makro und schreibt sie dem Kauf-Makro gut. Das Konto unseres Baisse-Spekulanten wächst auf 103 Euro mit entsprechend besseren Dividendenerwartungen an, das unseres Hausse-Spekulanten fällt auf 97 Euro und trübt die Renditeaussichten. Die Anleger werden mit den bekannten Folgen für die Kursentwicklung vom Kauf- auf das Verkaufs-Makro umsteigen.

Die Depotbank kann den Transfer problemlos durchführen, es handelt sich lediglich um ein Hin- und Herschieben von Mitteln. Zwar werden Dividenden ausgeschüttet, aber der Nominalbetrag des Makro-Pärchens bleibt immer erhalten. Die Depotbank kann zudem das Makro-Pärchen jederzeit nach Abrechnung der Dividende zurücknehmen, denn der Saldo von Kauf- und Verkaufs-Makro verharrt immer bei 200 Euro.

Diese Rechnung innerhalb der Depotbank und die Ausschüttung der Erträge gewährleisten, dass das Kauf-Makro jederzeit einen langfristigen Anspruch auf den Index repräsentiert, nicht anders als die Aktie eines Unternehmens einen Anspruch auf dessen Gewinne darstellt. Insofern sollten sich die Kurse für Kauf-Makros ähnlich wie Aktienkurse verhalten und gesamtwirtschaftliche Auf- und Abwärtstrends vorwegnehmen. Die Kurse werden die Entwicklung des Basisobjekts vermutlich nicht nachvollziehen, sondern antizipieren. Das ist besonders wichtig mit Blick auf die Anwendung von Makrowertpapieren auf Indizes, die besonders gut zu prognostizieren sind, zum Beispiel das Bruttoinlandsprodukt. Solange Makro-Securities dem breiten Publikum als preiswerte Anlageform offenstehen, wird sich die Kursentwicklung nur schwer vorhersagen lassen. Sie wird in gewisser Weise den Wert des Basisobjekts spiegeln.

Durch die Rückbindung der Dividenden von Makrowertpapieren an den Index verbrieft das Kauf-Makro wirklich einen zeitlich unbegrenzten Anspruch auf den Wert des fortlaufend notierten Indexes. Darin sind Makrowertpapiere Aktien ähnlich, die einen zeitlich unbegrenzten Anspruch auf die Unternehmensgewinne verbriefen. Der Kurs des Kauf-Makros spiegelt die Marktbewertung eines Anspruchs auf den Cashflow, für den der Index steht. Der Kurs des Verkaufs-Makros verhält sich spiegelbildlich zu dem Kurs des Kauf-Makros, denn der Wert beider Papiere gemeinsam ergibt immer den Ausgabebetrag, in diesem Fall 200 Euro. Wer in den Index investieren will, erwirbt ein Kauf-Makro, wer sich gegen einen fallenden Index versichern will, erwirbt ein Verkaufs-Makro.

Der Vorteil der Makrowertpapiere gegenüber den ewigen Futures besteht darin, dass sie als Wertpapiere an einer Börse gehandelt werden können. Anleger, die sich bestimmten Risiken gegenübersehen, können ein Verkaufs-Makro ordern. Damit erzeugen sie einen

Cashflow, der ihre Risiken absichert, solange sie es für notwendig halten. Anders als bei Terminkontrakten müssen sich die Anleger nicht zu festgelegten Zeitpunkten um ihre Investitionen kümmern, auch können sie nicht mit Nachschussforderungen behelligt werden. Makros wären eine leicht verständliche, benutzerfreundliche Anlageform und ein hervorragendes Mittel zur Risikostreuung.

Makro-Pärchen werden immer dann automatisch erzeugt, wenn gleichzeitig ein Kauf- und ein Verkaufs-Makro zu demselben Kurs bestellt werden. Wenn gleichzeitig und zu demselben Kurs ein Kaufauftrag für ein Kauf- und für ein Verkaufs-Makro vorliegt, wird automatisch ein Makro-Pärchen zurückgenommen.

Dieser Automatismus erinnert an die *Exchange Traded Funds* (*FTFs*), ein Fondstyp, der 1993 von der *American Stock Exchange* mit den *Standard & Poor's Depository Receipts* (nach dem Börsenkürzel *SPDR Spider*, Spinnen, genannt) eingeführt und seither vielfach nachgeahmt wurde. Darüber hinaus ähneln Makrowertpapiere formal, aber auch von der Motivation her teilweise den *Protection SuperShares* und den *Income and Residual SuperShares* von *Leland O'Brien and Rubinstein, Inc.*, die 1992 kurzfristig an der Chicagoer Optionsbörse in Zusammenarbeit mit der *American Stock Exchange* gehandelt wurden.

Gemeinsam ist Makrowertpapieren und ewigen Futures, dass jeder auf eine positive Indexentwicklung spekulierende Wirtschaftseinheit (Personen, Unternehmen oder Staaten) eine auf eine negative Indexentwicklung spekulierende Wirtschaftseinheit gegenübersteht. Anders ausgedrückt, zu jeder Long-Position existiert eine Short-Position. Im Idealfall hält die Partei die Short-Position (wie das oben erwähnte Bulgarien), die unter einem fallenden Index (im genannten Beispiel das Bruttoinlandsprodukt Bulgariens) leiden würde, die zugehörige Long-Position sollte hingegen internationale Investoren halten. Dann würde der Makromarkt seine Risikomanagementfunktion erfüllen. Als Basisobjekt können viele Kennziffern herangezogen werden: Energiekosten, Kosten des Gesundheitswesens, Bildungsausgaben und andere Zahlen, die den Wohlstand der Bevölkerung berühren. Dann könnte im Prinzip jeder Mensch sein Investmentportfolio so zusammenstellen, dass er sich vor den von ihm befürchteten Risiken schützen kann. Das wichtigste Basisobjekt ist und bleibt jedoch das Bruttoinlandsprodukt, dem im Guten wie im Schlechten umfassendsten Index für die Wirtschaftsentwicklung.

Makromärkte und Moral

In der Einführung habe ich bereits angedeutet, dass man *Rawls'* Theorie der Verteilungsgerechtigkeit mit Bezug auf das Problem des Risikomanagements umformulieren kann. So gesehen wären Makromärkte ein Schritt zu einer finanziell gerechteren Welt.

Der Rockstar *Bono* hat, unterstützt von Wirtschaftswissenschaftlern wie *Jeffrey Sachs* oder *Lawrence Summer*, zum Milleniumswechsel 2000 mit seiner Antischulden-Kampagne ein weithin sichtbares Zeichen für mehr ökonomische Gerechtigkeit gesetzt. Ziel der Kampagne war ein international vereinbarter Schuldenerlass für die ärmsten Länder der Welt. *Bono* verlieh seinen Forderungen mit Besuchen bei Staatsoberhäuptern und religiösen Führern Nachdruck.

Gewiss sprechen humanitäre Gründe für einen solchen Schuldenerlass. Die Bevölkerung leidet in den betroffenen Ländern unvorstellbar unter dem Zusammenbruch ihrer Volkswirtschaft. Aber ein Schuldenerlass zu Lasten der Kreditgeber wirft einige Fragen auf. Wie würde sich der Schritt auf die Bereitschaft auswirken, solchen Ländern erneut Geld zu leihen, wenn die Verpflichtung zur Rückzahlung über internationale Verträge kassiert wird?

Für die Zukunft ließe sich ein solches Dilemma von vorneherein durch bestimmte Vertragsklauseln vermeiden. In wirtschaftliche Schwierigkeiten geratene Länder erhielten automatisch einen Schuldenerlass, wenn die Kreditsumme dazu an eine relevante Kennziffer gekoppelt wäre. Hier bietet sich das Bruttoinlandsprodukt oder eines seiner Bestandteile an, wie Bulgarien das mit einer einzelnen Anleihe bereits vorgemacht hat. Das wäre eine der Funktionen, die Makromärkte in Zukunft übernehmen könnten.

Eine solche Kreditgestaltung hätte nichts mit Wohltätigkeit zu tun, es handelt sich um reines Risikomanagement. Der Handel an den Makromärkten würde das Risiko einer negativen Entwicklung einzelner Volkswirtschaften in die Kurse einpreisen. Die Investoren rund um den Globus können das Risiko durch Risikostreuung gut verkraften. Makromärkte könnten dieselbe humanitäre Hilfe leisten wie die Jubilee Debt Campaign von *Bono*, nur effektiver – denn der Rockstar hat ja letztlich außer freundlichen Absichtserklärungen von den Regierungen nicht viel erreicht.[6]

Ein Markt für die ganze Welt

Wenn je ein Makromarkt für das Bruttoinlandsprodukt aller Staaten geschaffen würde, dann könnte man diese Wertpapiere in einem gigantischen Portfolio zusammenfassen, das Ansprüche auf die Weltwirtschaftsleistung abbildet. Da das Bruttoinlandsprodukt das gesamte Einkommen eines Landes repräsentiert und alle inländischen Einnahmeströme (bereinigt um Abschreibungen und andere Wertberichtigungen) erfasst, würde dieses Portfolio tatsächlich alle ökonomisch relevanten Werte abbilden. Eine stärkere Diversifizierung ist nicht denkbar, derzeit können wir eine solche Streuung nicht einmal näherungsweise erreichen. Die theoretische Vorstellung eines »Weltportfolios« oder »Marktportfolios« ist nichts als ein Traum der Finanzwissenschaftler, eine begriffliche Abstraktion in den Lehrbüchern.

Gemeinsam mit meinem Kollegen *Stefano Athanasoulis* habe ich die These zur Diskussion gestellt, dass wir mit dem Weltmarkt nicht warten müssten, bis jedes Land der Erde eine Börse für Makrowerte hat. Wir könnten vielmehr mit dem Weltmarkt beginnen, eine Art »Weltaktie« kreieren, bevor noch in einzelnen Staaten Makromärkte entstehen.[7] Wir können einen Makromarkt für langfristige Ansprüche auf die BIPs aller Staaten gründen. Der IWF veröffentlicht jährlich für alle Länder der Erde Bruttoinlandsprodukt und Wachstumsrate.

In den Kursschwankungen der Weltaktie würde sich die Wertveränderung von all unserem Besitz spiegeln, begrenzt nur von unserer Fähigkeit, adäquate Kennziffern und akkurate Erhebungsmethoden zu schaffen. Wenn sich im Volkseinkommen alle Arten von Einnahmen niederschlagen, wird der Wert aller im Weltmarkt kapitalisierten Einnahmeströme auch die Summe der Risiken enthalten, die den Planeten treffen können.

Man könnte meinen, ein Markt für Risiken, die die ganze Menschheit betreffen, sei wenig hilfreich, weil wir ihnen ohnehin alle in gleichem Maße ausgesetzt seien. Aber die Menschen sind den Gefahren nicht gleichmäßig ausgesetzt, und deswegen ist eine Weltaktie sehr wohl nützlich.[8]

Wenn wir einen Markt für das Welteinkommen hätten, würde der Kurs je nach den Gesamtaussichten schwanken. In dem Kurs der Weltaktie würden sich sämtliche globalen Ereignisse niederschlagen: technische Fortschritte, Verfügbarkeit von Energieressourcen aller Art, Einwohnerzahl, Ausbildungs- und Gesundheitszustand der Weltbevölkerung, Umweltrisiken wie zum Beispiel der Treibhauseffekt. Es wäre wohl der interessanteste Aktienkurs überhaupt.

Der Wert dieses Marktes (seine »Marktkapitalisierung«) lässt sich derzeit auf mehrere Trillionen Dollar beziffern. Bisher, dessen kann ich meine Leser und Leserinnen versichern, hat es noch keinen Finanzmarkt in einer solchen Größenordnung gegeben.

Märkte für Ansprüche aus anderen Einkommensströmen

Bestehende Verträge für gesamtwirtschaftliche Größen müssen sich auf das Bruttoinlandsprodukt oder verwandte Kennziffern stützen, weil diese Zahlen weithin verfügbar sind. Sie werden seit vielen Jahren aufgezeichnet und sind der Öffentlichkeit vertraut. Insofern kann man von einer weitgehenden Akzeptanz für Risikomanagement-Verträge ausgehen, die sich auf das BIP stützen. Aber bessere volkswirtschaftliche Kennziffern wären durchaus denkbar, das Bruttoinlandsprodukt hat seine Schwächen. Es kann zum Beispiel plötzlich stark ansteigen, weil eine nationale Katastrophe hohe Investitionen für Reparaturen erzwingt, oder weil das Land einen Krieg führt und deswegen mehr Menschen länger arbeiten. Risikomanagement-Verträge sollten solchen Ländern nicht aufzwingen, höhere Beträge an das Ausland zu zahlen, als wenn es eine unerwartete Blüte erlebt hätte.

William Nordhaus und *James Tobin* haben 1972 einen alternativen Maßstab vorgeschlagen, den *MEW* (*Measure of Economic Welfare*). Diese Kennziffer fußt wie das BIP auf Volkseinkommen und Produktionskonten, jedoch mit vielen Anpassungen, die eine recht genaue Messung des nachhaltigen Verbrauchs gewährleisten.[9] *Nordhaus* und *Tobin* rechneten zum Beispiel die Verteidigungsausgaben aus dem BIP heraus, denn diese tragen nur indirekt zum Wohlstand bei. Die beiden Wissenschaftler berücksichtigten das Einkommen aus Gebrauchsgütern und die wachsende Freizeit ebenso wie die Unannehmlichkeiten der Ballungsräume und die Erschöpfung natürlicher Ressourcen.

Wirtschaftliche Kennziffern wie der MEW haben zum Teil deswegen nur geringes Echo ausgelöst, weil sie nicht für Verträge genutzt wurden. Außerdem ergaben sich nach *Nordhaus'* und *Tobins* Modell, so wie sie es berechneten, kaum Änderungen gegenüber dem BIP, die Wachstumsraten wichen nicht sonderlich voneinander ab. Aber für das Risikomanagement sind die Fortschritte durch Kennziffern wie den MEW wichtig, weil sich im Lauf der nächsten Jahre durchaus Abweichungen vom BIP einstellen könnten.

Diese Zusammenhänge müssten besser erforscht werden, und die Kennziffern sollten auf eindeutig objektiven Normen beruhen, ihre Veränderung keinen Diskussionsbedarf auslösen.

Märkte für Erwerbseinkommen

Richard Freeman hat 1971 eine inzwischen klassische Untersuchung vorgelegt. Er konnte zeigen, dass die Erwerbseinkommen lange Zyklen durchlaufen. Ursache ist ein Rückkopplungsmechanismus, den er *Cobweb-Zyklus* (nach der Form der Angebots-und-Nachfrage-Diagramme, die in den einschlägigen Einführungsvorlesungen lange Zeit verwendet wurden) nannte. Dieser Spinnweb-Zyklus verläuft so: Wenn Menschen in bestimmten Berufsgruppen einige Jahre lang überdurchschnittlich gut verdienen, reizt diese Tatsache junge Menschen, diesen Beruf zu ergreifen. Später, wenn sie ihre Ausbildung abgeschlossen haben, gibt es zu viele Bewerber für diesen Beruf und die Gehälter gehen zurück. Das schreckt die nächste Generation von Schulabgängern ab, also lernen weniger Menschen den Beruf und durch die Verknappung an Arbeitskräften verdienen diese sehr gut. Der Kreislauf beginnt von neuem und wiederholt sich im Prinzip endlos. Er ist natürlich nicht so plakativ und so starr, aber bestimmte Arbeitsmärkte gehorchen offenbar einem Wechsel von Angebots- und Nachfrageüberhang.[10]

Solche Probleme lassen die Erwerbseinkommen als geeignete gesamtwirtschaftliche Größe zur Beurteilung eines neuen Marktes erscheinen. Ein derart transparenter Markt würde den Beschäftigten ein wichtiges Mittel der Risikostreuung bieten und ließe sich mit den heutigen Kennzahlen bezüglich der Verhältnisse am Arbeitsmarkt bewerkstelligen. Die Behörden stellen hinreichend viel statistisches Material bereit. Man könnte sich zum Beispiel einen Markt für Mediziner vorstellen. Der Berufsstand musste in den letzten Jahren deutliche Einnahmerückgänge hinnehmen. Hätten Lebensstandard-Versicherungen oder andere Organisationen im Privatkundengeschäft sich in einem solchen Markt (eher durch Wertpapieremissionen als durch den Erwerb von Effekten) für die Ärzte engagiert, hätten sie diese zumindest teilweise vor diesem Einbruch schützen können. Medizinische Fakultäten hätten in diese Märkte investieren und damit ihren Studenten und Studentinnen Lebensstandard-Versicherungen anbieten können. Auch Berufsverbände wären für solche Hilfestellungen geeignet. In den USA schreiben sich immer weniger Studenten für das Medizinstudium an den Universitäten ein. Darin spiegeln sich sowohl die rückläufigen Verdienstchancen als auch die ungewissen Zukunftsaussichten. Der Rückgang bei den Medizinstudenten deutet auf eine sinkende Lebensqualität der Ärzte hin. Insoweit dieser Rückgang von der wachsenden Ungewissheit bedingt ist, ließe er sich durch Instrumente der Risikostreuung mildern und würde die Qualität der medizinischen Versorgung sichern oder verbessern.

Märkte für Erwerbseinkommen könnten wichtige Informationen zur künftigen Nachfrage bereitstellen. Diese wären bei der Berufswahl sicher hilfreich. So könnte sich das in 20 Jahren vermutete Gehaltsniveau in den tagesaktuellen Kursen der entsprechenden Risikomanagement-Instrumente spiegeln.

Solche Informationen könnten sich, vorausgesetzt, die Makromärkte funktionieren einwandfrei, als weit nützlicher als die heute üblichen Statistiken erweisen. Das US-Arbeitsministerium gibt auf seiner Homepage einen Überblick über Berufsaussichten mit Tipps für die Berufswahl.[11] Die Macher der Site haben es gut gemeint und wollen die jungen Menschen in jene Berufe lenken, in denen Personal gesucht wird. Sie wollen sie vor falschen Entscheidungen bewahren. Aber die Berufsberatung im Netz erweist sich nur als bedingt hilfreich, denn die Homepage nennt durchschnittliche Wachstumsraten der Beschäftigungszahlen, die durch Extrapolation aus Zahlen der Vergangenheit gewonnen wurden. Die Veränderung der Beschäftigungszahlen sagt wenig über die langfristigen Verdienstaussichten in diesem Beruf aus. Insofern hilft die Seite des Arbeitsministeriums jungen Amerikanern bei der Suche nach einem geeigneten Beruf kaum. Die Chance für bestimmte, genau begrenzte Berufsgruppen lässt sich auf diese Weise nicht prognostizieren. Der Preis für langfristige Ansprüche auf sorgfältig differenzierte Einkommen von detailliert definierten Berufen, der sich künftig über Makromärkte ermitteln ließe, würde hingegen wichtige Informationen für junge Menschen liefern. In dem Ausmaß, in dem sie diese Märkte tatsächlich zur Absicherung von Risiken in ihrem gewählten Beruf nutzen, werden ihre Karrierepläne in den Kursen enthalten sein. Auf diese Weise lässt sich der von Richard Freemann beschriebene Spinnweb-Zyklus durchbrechen.[12]

Märkte für die Bewertung des Erwerbseinkommens

Auch das Einkommen gemessen an der durchschnittlichen Höhe des Erwerbseinkommens ist eine wichtige gesamtwirtschaftliche Größe, die sich für Makromärkte eignet, handelt es sich doch um eines der größten Risiken, denen sich die Menschen ausgesetzt sehen. Die durchschnittliche Höhe des Erwerbseinkommens mag dabei stellvertretend für die unbeachteten Merkmale stehen, die für die Menschen Marktwert haben. Menschen mit ähnlichen Merkmalen können auch in verschiedenen Berufen ein ähnliches Einkommensniveau erreichen, insofern mag die Höhe des Gehalts eine recht brauchbare Kennziffer für die Beurteilung solcher Merkmale sein, obwohl sie natürlich nicht irrtumsfrei ist.

Sowohl Menschen mit hohem als auch Menschen mit niedrigem Einkommen können diese Märkte zur Absicherung ihrer wirtschaftlichen Situation nutzen. Durch die Absicherung allgemeiner Einkommensrisiken fällt es leichter, größere Ausgaben zu planen. Ein übertriebener Sparzwang entfällt, man kann frei in seine Zukunft investieren, in die Ausbildung oder andere Qualifizierungen. All das sind Dinge, die sich nicht sofort wieder zu Geld machen lassen und die in wirtschaftlich schlechten Zeiten ohne Absicherung zu großen Problemen führen können.

Mit der Entwicklung besserer Datenbanken, die Zugriff auf individuelle Merkmale einschließlich des Einkommens erlauben, können wir die Grundlage für die Entwicklung von Märkten für Einkommensströme einzelner Personengruppen erschließen, die bestimmte Merkmale gemein haben. Wenn Erkennungssysteme und

Datenbanken den persönlichen Hintergrund, die jeweiligen Fähigkeiten und vielleicht sogar die genetischen Anlagen von Menschen erfassen und immer fortschrittlichere Anwendungsmöglichkeiten entwickelt werden, werden die Menschen ihre Risiken in Bezug auf ihre persönlichen Merkmale definiert sehen. Wie in Kapitel 8 dargelegt, werden wir die Nutzung solcher Informationen sicher Beschränkungen unterwerfen wollen, aber diese Nutzung verspricht echte Vorteile, wenn wir sie denn zulassen.

Liquidität durch Immobilienmärkte

Nicht unerhebliche Risiken sind auch durch den potenziellen Wertverlust von Immobilien gegeben, vor allem wenn man die Inflation berücksichtigt. Wer einen Kredit aufnimmt, um ein Haus zu kaufen, begibt sich in eine riskante Lage. Fällt der Wert nur um 10 Prozent, kann das Eigenkapital vernichtet sein.

Derzeit gibt es weder nationale Immobilienbörsen, die Liquidität bereitstellen würden, noch internationale Märkte für die Häuser, Grundstücke oder Eigentumswohnungen irgendeines Landes. Es besteht nur die Möglichkeit, die Immobilie tatsächlich zu verkaufen. Wir haben einen großen Markt für Hypotheken, aber das ist ein Markt für Schulden, kein Markt für die Immobilie selbst. Dieser Mangel schadet der Risikoverteilung weltweit. Er könnte behoben werden.

Bei den Preisen für Eigenheime haben sich in der Vergangenheit Boom-Phasen mit Einbrüchen abgewechselt. In den achtziger Jahren stiegen die Preise an der Ost- wie an der Westküste der USA, in den neunziger Jahren fielen sie, in Los Angeles um über 25 Prozent, in Boston über 15 Prozent. Inflationsbereinigt sehen die Zahlen noch schlimmer aus: über 40 Prozent in LA, fast 30 Prozent in Boston.[13]

Derartige Veränderungen sind zum Teil vorhersehbar.[14] Wegen des Aufwands, der mit dem Kauf und Verkauf einer Immobilie verbunden ist, eignen sich diese Objekte nicht für schnelle Spekulationen. Deswegen sind die Ausschläge der Preisbewegungen nicht ganz so unvorhersehbar wie an der Börse. Die *Case Shiller Weiss, Inc.*, konnte ungefähr die Hälfte der Preisbewegungen für Einfamilienhäuser in den amerikanischen Großstädten ein Jahr im Voraus richtig prognostizieren; die Daten wurden regelmäßig im *Wall Street Journal* publiziert.

Denkbar wäre eine Börse für Futures, die sich am Preisspiegel für Einfamilienhäuser orientieren.[15] Auch hier hat die *Case Shiller Weiss, Inc.*, 1990 die Initiative ergriffen. Wir konnten 1993 das *Chicago Board of Trade* dazu bewegen, eine Presseerklärung herauszugeben, dass man in nächster Zeit einen Versuch mit Futures für Einfamilienhäuser für einzelne Städte starten wolle.[16] Doch aus Furcht vor einem Misserfolg wurde der Versuch nie gewagt. 1991 hatte die *London Futures and Options Exchange* einen gescheiterten Anlauf mit Terminkontrakten auf Einfamilienhäuser und gewerbliche Immobilien im Vereinigten Königreich unternommen. Später lancierten der *City Index* und der *IG Index* ebenfalls in London Märkte für Futures für diese beiden Basisobjekte. Bevor *Enron* 2001 seine Zahlungsunfähigkeit erklären musste, wollte das Unternehmen solche Märkte für gewerbliche Immobilien in den USA eröffnen. 2002 verkündete *Advanced e-Financial Technologies, Inc.*, Pläne über Futures zu Wohn- und Gewerbeimmobilien. Die bisherigen Versuche geben wenig Anlass für übertriebene Hoffnungen, aber wir lassen uns nicht entmutigen.

Es könnte gut sein, dass für Einfamilienhäuser langlaufende Märkte günstiger wären. Vielleicht waren sowohl die vom *Chicago Board of Trade* angedachten Futures als auch die City-Index-Kontrakte mit höchstens einem Jahr Laufzeit zu kurzfristig. Kurzläufer könnten als Immobilien-Futures hinter unseren Erwartungen zurückbleiben, denn innerhalb dieses Zeitraums lässt sich die Preisentwicklung nicht gut abschätzen. Es handelt sich hier um ein Segment mit geringer Liquidität, deshalb sollten wir für den Handel mit Einfamilienhauspreisen ewigen Futures oder Makrowertpapieren den Vorzug geben.

Psychologische Voraussetzungen

Derzeit gibt es praktisch keine etablierten Märkte für langfristige Ansprüche auf breit definierte Einkommen, sondern lediglich auf das schmale Segment der Unternehmensgewinne. Deswegen kennen wir weder Kurse noch Kursschwankungen für diese gesamtwirtschaftlichen Größen und spüren erst recht nicht ihre Volatilität. Aber ohne das Auf und Ab von Kursbewegungen erkennen die Menschen nicht die Schwankungsbreite von Einkommen und Immobilienpreisen. Die Volatilität bleibt ohne Resonanz.

Wenn jeden Tag, jede Stunde, jede Minute auf einem Makromarkt ein Preis für ein BIP festgesetzt wird, haben wir einen Anhaltspunkt für die künftige Entwicklung und wie wir uns von den hektischen Ausschlägen der Aktienkurse, die uns derzeit in Atem halten und die ganze Aufmerksamkeit binden, abwenden können. Die Wahrnehmung richtet sich dann auf die wesentlich spannenderen Aufs und Abs in der langfristigen Wertentwicklung der Gesamtwirtschaft und damit auf die Größe, die wirklich Beachtung verdient. Denn hier entsteht und vergeht der Wohlstand des einzelnen Bürgers. Diese Blickverschiebung erzeugt wichtige neue Referenzpunkte, wichtige neue Bezugspunkte, nicht anders als die Schaffung von Aktienmärkten vor mehreren Jahrhunderten den langfristigen Wert von Unternehmensgewinnen in die Sichtbarkeit holte. Die vermutlich atemberaubenden Kursausschläge an den BIP-Makromärkten werden ihren Eindruck auf die Menschen nicht verfehlen. Sie werden sich kaum mehr der Erkenntnis verschließen können, wie gefährdet ihr Auskommen ist und wie sehr auch Einkommensverluste des kleinen Mannes die ganze Nation betreffen.[17]

Und wenn die Menschen erst die Makroentwicklung von bestimmten Berufen oder von Personengruppen mit ähnlichen Merkmalen wie sie selbst verfolgen können, wird sich die Einschätzung von manchen Erwerbstätigkeiten vielleicht völlig verschieben. Die langfristigen Risiken von Berufen bohren sich ins Bewusstsein, aber auch die Chancen, die andere in diesem und jenen Beruf sehen.

Wenn schließlich Ansprüche auf Einfamilienhäuser an liquiden Märkten gehandelt werden, werden sich vielleicht eines Tages die als Verhandlungsbasis genannten Preise für die Objekte nach den Kursen der Makropapiere richten. Auf jeden Fall wäre es mit der Behäbigkeit derzeitiger Immobilien-Preisspiegel endgültig vorbei.

Diese Blickverschiebung hat selbstverständlich auch ihre Schattenseite: Ein spekulativer Überschwang wäre denkbar, wenn die Menschen in den Sog eines Aufwärtstrends geraten, Spekulationsblasen sind auch an Makromärkten nicht auszuschließen und wenn aus diesen »die Luft rausgelassen« wird, wird es richtig schmerzhaft. Wir haben es ja vor kurzem erst erlebt.[18]

Eine Welt mit funktionierenden Makromärkten

Seit einigen Jahrzehnten werden immer mehr Daten gesammelt, analysiert und geordnet. Makromärkte werden auch deshalb immer wahrscheinlicher. Sie würden für die Wirtschaft einen gigantischen Fortschritt bedeuten. Die wichtigsten Quellen unseres Wohlstands würden handelbar, hätten einen Marktwert und würden ein solides Risikomanagement im globalen Maßstab ermöglichen.

Wenn diese Märkte erst einmal geschaffen sind, werden sich viele Anwendungsmöglichkeiten zeigen. Diese werden weit über ein paar BIP-Bonds mit Bezugsrechten hinausgehen. Die gesamten Staatsschulden der Welt würden auf Anleihen umgestellt, die an Indizes zum Volkseinkommen des jeweiligen Landes geknüpft sind. Makromärkte würden die Einführung von Lebensstandard-Versicherungen erleichtern, weil die Versicherungsgesellschaften die Risiken auf diesem Weg diversifizieren könnten. Wichtige internationale Verträge würden vereinbart, um die Risiken auf viele Schultern zu verteilen. Die Menschen könnten die Risiken der inländischen Volkswirtschaft oder ihrer Berufsgruppe mit einem diversifizierten Portfolio absichern. Hausbesitzer und Hypotheken-Kreditnehmer könnten sich gegen den Wertverfall ihrer Immobilie über Märkte für einzelne Städte schützen, Eigenheimkapital-Versicherer würden über diese Märkte ihre Policen an die Hausbesitzenden refinanzieren. Die Welt mag dann gefährlich sein wie eh und je, aber die individuellen Risiken wären deutlich niedriger.

10

Einkommensgebundene Kredite: Kampf dem Offenbarungseid

Inzwischen ist die Informationstechnologie so weit gediehen, dass die herkömmlichen Nominalzinssätze für Kredite überholt sind. Die bisherige Schuldenwirtschaft lässt Probleme so lange auflaufen, bis die gesamte Konstruktion zusammenbricht und der Schuldner sich – abgesehen von der Demütigung – mit einem Konkurs oder einem Offenbarungseid eine gewisse Erleichterung verschaffen kann. Die laufende Anpassung von Schulden an die wirtschaftlichen Umstände wäre wesentlich geschickter. In diesem Sinn konzipierte Darlehen könnten Standards setzen und die üblichen Kreditformen zum Kauf oder zur Renovierung von Immobilien, zur Finanzierung der Ausbildung, aber auch von Lebensstandard-Versicherungen oder anderen Risikomanagement-Instrumenten ablösen. Dasselbe gilt für Unternehmens- und sogar für Staatskredite.

So, wie das moderne Finanzwesen eine Reihe von Makromärkten für Großrisiken ermöglicht, so ermöglicht es auch neue, bessere Kreditformen. Darlehensgeber wie Banken und Hypothekeninstitute könnten langfristige Darlehen anbieten, deren Rückzahlungsbedingungen entweder an gesamtwirtschaftliche Einkünfte oder an personen- beziehungsweise unternehmensspezifische Einkünfte oder an beides geknüpft sein könnten. Je höher das spätere Einkommen, desto höher Zinsen und Darlehenssumme. Diese Darlehen würden für den Darlehensnehmer eine wichtige Funktion im Risikomanagement übernehmen, weil die Zahlungen eng an seine wirtschaftliche Leistungsfähigkeit geknüpft wären. Das würde insbesondere für langfristige Kredite gelten und so manchen Offenbarungseid abwenden.

Der Vorschlag geht auf *Milton Friedman* zurück. In seinem Buch *Kapitalismus und Freiheit* verband er 1962 herkömmliche Ausbildungskredite gedanklich mit der Finanzierung über die Börse, die bis heute allein Unternehmen offensteht. »Das Gegenstück im Ausbildungswesen wäre, einen Anteil an den Verdienstaussichten einer Einzelperson zu ›kaufen‹; dies hieße, ihm die Mittel zur Finanzierung seiner Ausbildung zur Verfügung zu stellen unter der Bedingung seiner Bereitschaft, dem Kreditgeber einen festgelegten Anteil an seinen zukünftigen Einnahmen zu überlassen.«[1]

Friedman hat seinen Vorschlag nicht ernsthaft verfolgt, er erwähnt ihn eher als »amüsante« Spekulation, weil er große öffentliche Widerstände dagegen voraussah und ihm deswegen wenig Erfolgschancen einräumte. Außerdem hielt er ihn vom Verwaltungsaufwand her für zu teuer.

> Ein Grund dafür, daß derartige Verträge nicht allgemein eingeführt sind, ungeachtet ihres potentiellen Nutzens für Kreditgeber und Kreditnehmer, liegt vermutlich in den beachtlichen verwaltungstechnischen Schwierigkeiten unter Berücksichtigung der Freiheit des einzelnen, seinen Wohnsitz frei zu wählen, in der Notwendigkeit zur Erlangung exakter Einkommenserklärungen und in der Länge der Laufzeit derartiger Verträge.[2]

Heute ist seitens der Öffentlichkeit die von *Friedman* befürchtete irrationale Verdammung nicht zu erwarten und es gibt auch keinen Grund, das Modell auf Ausbildungsdarlehen oder Privatpersonen zu beschränken. Unternehmen und Staaten könnten sie ebenfalls erhalten. Mit den neuen technischen Möglichkeiten tritt die Frage der Verwaltungskosten in den Hintergrund. Fortschrittliche Informationstechnologie (insbesondere die in Teil 4 erörterten GRIDs) könnten die Handhabung erleichtern. Elektronische Datenbanken könnten Kontenbewegungen mühelos abarbeiten, Erkennungssysteme die Bewegung der Menschen nachzeichnen. Solche Innovationen räumen einen großen Teil der Hindernisse aus. Die Zeit ist reif für einkommensgebundene Kreditmodelle.

Die Rückbindung an Indizes zum Erwerbseinkommen

Entsprechend dem in Kapitel 8 in Bezug auf Lebensstandard-Versicherungen beschriebenen Zusammenhang wäre es ganz allgemein sinnvoll, *Friedmans* ursprüngliche Idee so abzuwandeln, dass Kreditraten sich nicht an persönliche Einkünfte (oder Familien-, Unternehmens- oder Staatseinkünfte) knüpfen, sondern zusätzlich von einem inhaltlich relevanten Index abhängen. Im Fall von Privatdarlehen würde damit das moralische Wagnis reduziert, das hier einerseits in der Gefahr liegt, dass Menschen weniger arbeiten oder sich sogar ins Privatleben zurückziehen, um ihre Kreditverpflichtungen nicht erfüllen zu müssen, und andererseits in der Tendenz, dass sich Menschen mit relativ anspruchslosen, schlecht bezahlten Stellen durch solche Kreditformen übernehmen.

Einkommensgebundene Privatdarlehen wären anders konzipiert als die uns heute vertrauten Kreditformen. Der Wettbewerb unter den Darlehensgebern würde nicht über die Zinshöhe ausgetragen, sondern über den mit alternativen Maßstäben bezifferten Anteil am künftigen Gehalt. Wenn etwa die Familie Meyer sagen wir 200000 Euro aufnehmen will und sich deshalb bei verschiedenen Banken umhört, könnte Bank A ein einkommensgebundenes Privatdarlehen für 10 Prozent des Familieneinkommens über 30 Jahre anbieten, Bank B hingegen 5 Prozent des Familieneinkommens sowie 4 Prozent des Einkommens nach einem Index vergleichbarer Familien ebenfalls für 30 Jahre fordern, Bank C würde 7 Prozent auf das Einkommen gemäß eines anderen Indexes verlangen. Einige dieser Darlehen sind prozentual etwas teurer, bieten der Familie jedoch ein besseres Risikomanagement. Bei anderen ist der Zinssatz niedriger, aber das Modell passt nicht so gut zu den Lebensumständen der Meyers. Je enger das Darlehen an das persönliche Einkommen geknüpft ist, desto größer wird das moralische Wagnis, was natürlich auch auf die Kosten durchschlägt. Vielleicht sind Privatdarlehen, die allein an das persönliche Einkommen gebunden sind, ein unrealistisches Modell, weil zu anfällig für Missbrauch. Andererseits sind durchaus, je nach Beruf und potenziellen Vertuschungsmöglichkeiten, auch sinnvolle Anwendungsfälle denkbar.

Die Darlehen können sich auch hinsichtlich der Indizes unterscheiden, die zur Definition des Schadenfalls benutzt werden. Nehmen wir an, der Ernährer bei den Meyers sei Zahnarzt. Ein Kreditinstitut könnte ihm ein Darlehen anbieten, das an den Index der landesweiten Zahnarzteinkommen gebunden ist, während ein anderes Kreditinstitut das Darlehen am Index für medizinisches Personal am Wohnort der Meyers orientiert. Dann könnten sich die Meyers – je nachdem, ob sie sich stärker an den Beruf des Vaters oder an den Wohnort gebunden fühlen – zwischen einem eher beruflichen und einem eher regionalen Modell entscheiden. Sie werden das Modell auswählen, das ihrer Sicht nach am ehesten potenzielle Verluste des Familieneinkommens ausgleichen könnte, nicht zuletzt also nach ihrer Einschätzung der Berufsaussichten von Zahnärzten in ihrer Stadt.

Das Darlehen ließe sich für die Ausbildung der Kinder oder für den Kauf eines Einfamilienhauses nutzen. Darlehensnehmer mit einem guten Finanzberater – der durchaus der Arbeitgeber oder die Gewerkschaft sein könnte – könnten für das Geld auch ein Portfolio von Makrowertpapieren erwerben, sodass sie die Einkünfte aus diesen Effekten gegen einen möglichen Verlust oder eine unerwartete Minderung des Familieneinkommens versichern. Zusätzlich könnten sie eine Lebensstandard- oder eine Eigenheimkapital-Versicherung kaufen, wenn sie auf Nummer sicher gehen wollen.

Es gibt bereits Finanzinstrumente, die einkommensgebundenen Darlehen ähneln (wie wir weiter unten sehen werden). Allerdings sind sie sehr selten, und von diesen wenigen sind die wenigsten an Indizes gebunden, um die Höhe der Ansprüche festzusetzen. Um dieser Darlehensform ein größeres Publikum zu verschaffen, müssten sowohl die Privatwirtschaft als auch die Regierung Vorarbeiten leisten. Nötig wären ein Standardvertrag, der die vorhandenen Informationsquellen zu den Einkommen von Individuen und Unternehmen nutzt, sowie eine theoretische Begründung für die Preisbildung. Ferner wäre eine sichere Rechtsgrundlage erforderlich, die allen interessierten Personen Zugang zu diesen Darlehen gewährt, nicht nur zugelassenen Anlegern. Der Staat müsste auch für die Zukunft die Regulierung der Verträge garantieren und dürfte diesbezüglich keinerlei Zweifel aufkommen lassen. Die Darlehensgeber müssten größtmögliche Sicherheit erhalten, dass sie die ausgegebenen Gelder wieder hereinholen dürfen und die Darlehensnehmer sich nicht unangemessen leicht mit einem Offenbarungseid oder einem Konkurs aus der Affäre ziehen können.

Der Staat müsste hier wie für andere Güter Verbraucherschutz gewährleisten. Insbesondere Privathaushalte sollten daran gehindert werden, ein großes einkommensgebundenes Privatdarlehen zum Beispiel für kurzlebige Konsumgüter auszugeben oder das Geld zu verspielen. Derartige Sicherungsmechanismen gibt es schon heute zum Beispiel für Darlehen an Studenten. In den Vereinigten Staaten dürfen sie nur für Ausbildungszwecke verwendet werden, die Verpflichtung zur Rückzahlung wird auch durch einen Offenbarungseid nicht getilgt.[3]

Erste Ansätze

Es gibt, wenn auch nur sehr vereinzelt, bereits Beispiele für solche einkommensgebundenen Darlehen sowohl für Unternehmen als auch für Privatpersonen.

Im Jahr 2000 arbeiteten *Swiss Re New Markets* und *Société Générale* für ein einzelnes Unternehmen ein BIP-gebundenes Darlehen aus. Dem französischen Reifenhersteller *Michelin* wurden Kreditfazilitäten in einstelliger Milliardenhöhe zugesichert, falls das Bruttoinlandsprodukt seines Hauptabsatzmarktes unter einen bestimmten Grenzwert fällt. Formal handelt es sich um eine nachrangige Kreditfazilität, die 2012 ausläuft und von *Michelin* nur im Fall eines tatsächlich unter den vereinbarten Wert gesunkenen BIP abgerufen werden kann.[4] Der Reifenhersteller konnte sein Risiko bei der Verfolgung neuer Geschäftsideen reduzieren, denn das BIP steht stellvertretend für den Umsatzzuwachs von *Michelin*. Diese Unternehmensanleihe ist ein wichtiger Präzedenzfall, auch wenn sich solche Darlehensformen bisher überhaupt noch nicht durchsetzen konnten.

Auch die in Kapitel 9 beschriebene bulgarische BIP-Staatsanleihe kann als Präzedenzfall für einkommensgebundene Darlehen gelten, obwohl es sich formal um eine börsenfähige Anleihe eines Staates und nicht eines Unternehmens handelt. Auch hier berücksichtigen die Darlehensbedingungen die Zahlungsfähigkeit des Schuldners.

Die Experten des Internationalen Währungsfonds haben kürzlich ein Programm lanciert, um unterentwickelte Staaten zu BIP-gebundenen Anleihen zu ermutigen.[5] Um solche Veränderungen durchzusetzen, eignen sich wirtschaftliche Krisenzeiten besonders gut, denn dann sind die Vorteile von innovativen Ansätzen offensichtlich und die strauchelnden Staaten gegenüber Neuerungen aufgeschlossener als in Zeiten allgemeiner Prosperität.

Die Yale University hat eine *Tuition Postponement Option*, kurz *TPO*, geschaffen und vorfinanziert, welche die Zahlung der Studiengebühren (tuition) aufschiebt und gleichzeitig Risikovorsorge gegenüber künftigen Einkommensrückgängen ermöglicht. Der Plan wurde unter Anleitung von Professor *James Tobin* entwickelt. Zwischen 1971 und 1978 konnten eingeschriebene Studierende um Aufschub der Studiengebühren bitten, verbunden mit der Klausel, dass Besserverdienende später mehr zahlen sollten als Absolventen, die es finanziell weniger gut getroffen hatten.[6] Alle Teilnehmenden zahlten 0,4 Prozent ihres Jahreseinkommens je 1000 geliehene Dollar, und zwar solange, bis der ganze Jahrgang zurückgezahlt hatte, höchstens jedoch 35 Jahre lang.[7] Das ist in Yale möglich, weil hier ein starker Gemeinschaftsgeist herrscht, der die Absolventen ihr Leben lang verbindet. Man konnte davon ausgehen, dass alle ihr Möglichstes tun würden, um den Vertrag zu erfüllen. Das Programm berücksichtigte das individuelle Risiko, ein niedriges Einkommen zu verdienen. Wer weniger in der Lohntüte hatte, zahlte effektiv weniger Studiengebühren.

Das Programm war ein Versuch, der von der Wirtschaftsfakultät von Yale angeregt wurde, um mit modernen Methoden des Risikomanagements individuelle Einkommensrisiken zu versichern. Der Plan stieß jedoch in den letzten Jahren auf erheblichen Widerstand seitens der Teilnehmenden; die Universität erließ den letzten 3300 Studenten 2001 ihre Restschulden.[8] Die Idee war gut, aber ihr fehlte die Einbindung in ein übergeordnetes Risikomanagement. Sie berücksichtigte die persönlichen Informationen nicht ausreichend und verletzte so den Gerechtigkeitssinn.

Das Programm scheiterte zum Teil auch daran, dass es nicht die vorhersehbaren Einkommensunterschiede von Studierenden verschiedener akademischer Fächer berücksichtigte. Die anzunehmenden Beschäftigungsfelder wurden völlig außer Acht gelassen, und das führte zu einer schwerwiegenden Verzerrung zu Ungunsten von Studenten wie dem späteren amerikanischen Präsidenten *William Jefferson Clinton* (der in Yale Jura studiert hat und in den Sozialdienst gehen wollte, wo er vermutlich nicht besonders viel verdient hätte).

Dennoch haben viele juristische Fakultäten ähnliche Programme aufgelegt, die Studenten mit niedrigen Einkommen einen Teil des Darlehens für die Studiengebühren erlassen.

Als das umfassendste und effizienteste Programm darf wiederum eine Initiative der Yale Law School gelten, das 1988 initiierte *Career Options Assistance Programme* (*COAP*). Weithin gilt es als identitätsstiftendes Moment der juristischen Fakultät, weil dieses Programm einem ungewöhnlich hohen Prozentsatz der Absolventen die Aufnahme schlecht bezahlter, aber gesellschaftlich engagierter Stellen erlaubt. Yale-Juristen können als Anwälte für Arme und sozial Benachteiligte arbeiten, sie müssen keine gut dotierten Jobs annehmen, nur um Darlehen für ihre Studiengebühren zurückzuzahlen. Aber das Programm steht für mehr als subventionierten Idealismus – es ist eindeutig auch ein Instrument der Risikovorsorge.

Doch warum beschränken sich derartige Programme derzeit auf

juristische Fakultäten in den USA? Die Beschränkung löst das Auswahlproblem, denn die wenigsten Jurastudenten gehen in eine Laufbahn, die wenig Geld, aber hohe persönliche Zufriedenheit verspricht. Jurastudenten werden in der Regel weder Skilehrer noch Künstler.

Zwei Absolventen der New York University, *Vishal Garg* und *Raza Khan*, entwarfen 2001 ein weiteres einkommensgebundenes Darlehen für Studenten, nachzulesen auf ihrer Website MyRichUncle.com. Im Vergleich zu der Vorlage aus Yale hat das Programm einen entscheidenden Vorteil: Die Ratenhöhe unterscheidet sich je nach gewähltem Hauptfach. Aber es ist zu früh, um die Erfolgschancen zu beurteilen.

Für eine ganz andere Zielgruppe schuf der Finanzexperte *David Pullman* 1997 Darlehen auf künftige Einnahmen: für reiche Künstler. Er organisierte für den Rockstar *David Bowie* eine Anleihe auf dessen künftige Platteneinnahmen. Die mit 10-jähriger Laufzeit und 7,9 Prozent Zinsen ausgestatte Emission wurde in voller Höhe (55 Millionen Dollar) von der *Prudential Insurance Co.* aufgekauft. Seither wurden nach diesem Schema weitere Anleihen begeben, unter anderem für *James Brown*, *Ron Isley*, *Rod Stewart* und *Dusty Springfield*, aber auch für das Songschreiber-Team *Nicholas Ashford* und *Valerie Simpson*.

Derartige Anleihen werden die Ausnahme bleiben. Die Emittenten beklagen den hohen Aufwand, der zu ihrer Emission erforderlich ist.[9]

Die Hemmschwelle könnte jedoch gesenkt werden, wenn diese Instrumente standardisiert und auf den Einsatz der vorhandenen Informationstechnologie abgestimmt würden. Voraussetzung wäre natürlich, dass sie nicht auf Stars beschränkt bleiben, sondern einen sehr viel weiteren Anwenderkreis finden. Auch in dieser Beziehung könnte gelten, was *Joseph Beuys* verkündete: Jeder Mensch ist ein Künstler.

Familienprobleme

Technisch verkompliziert werden einkommensgebundene Darlehen von der Tatsache, dass oft nicht das Individuum, sondern die Familie der eigentliche Darlehensnehmer ist. Aber in Zeiten der Patchwork-Familie ist das keine stabile Einheit, man lässt sich scheiden, heiratet wieder, und auch der Tod verlangt seinen Tribut. Kinder werden geboren, wachsen auf und ziehen weg. Die Familie als Wirtschaftsgemeinschaft ist ein kompliziertes Gebilde und ein wichtiger Grund, warum sich einkommensgebundene Darlehen (ebenso wenig wie in Kapitel 8 beschriebene Lebensstandard-Versicherungen) bisher nicht durchsetzen konnten.

Das oben erwähnte Yale-Programm TPO scheiterte nicht zuletzt an dem Problem Familie und dem damals relativ primitiven Steuersystem der Vereinigten Staaten. Die Raten für die TPO-Zahlungen waren an das bereinigte Bruttoeinkommen geknüpft, eine Position in der amerikanischen Einkommenssteuererklärung. In Ermangelung von Daten zum verfügbaren Einkommen waren die Konstrukteure des Programmes gezwungen, auf gut dokumentierte und bereits auf dem Papier vorhandene Zahlen zurückzugreifen: die Steuererstattung. Da die meisten verheirateten Paare eine gemeinsame Steuererklärung abgeben, sind auf dem Formular die Einkommen beider Gatten zusammengefasst. Wollte man es auseinanderdividieren, wäre das ein sehr hoher Aufwand, und das Ergebnis ließe sich auch kaum verifizieren. Deswegen bezahlten die Yale-Absolventen für beide Ehegatten Studiengebühren, auch wenn nur einer der beiden dort studiert hatte. Dieses Ergebnis musste als ungerecht empfunden werden, man hatte einfach nicht weit genug gedacht.

Doch die Probleme im Zusammenhang mit Familien gehen sehr viel weiter. Nimmt ein Familienmitglied ein einkommensgebundenes Darlehen auf, das sich ausschließlich nach eigenen Einkünften richtet, ist die Versuchung zu groß, mit dem Ehepartner oder den Eltern oder den Kindern einen Deal zu schließen, das eigene Einkommen zu reduzieren und die Rückzahlungsraten dadurch zu senken. Das moralische Wagnis ist in solchen Fällen also sehr hoch und würde sich natürlich in den Kosten der Kredite spiegeln. Einkommensgebundene Darlehen müssen auch die Phase berücksichtigen, in der die Kinder klein sind; die Situation stellt sich dann für die Familie ganz anders dar. Die Verträge müssen sehr komplexe Klauseln enthalten, was Heiraten, Scheidungen und erneute Heirat betrifft und sowohl den praktischen wie den psychologischen Aspekten genug Gewicht einräumen.

Derartige Familienprobleme sind wahrscheinlich für Privatanleihen wie die von *David Bowie* weniger relevant. Das Einkommen des Stars lässt sich leicht abgrenzen und es lohnt die Mühe, es genau auseinander zu rechnen, falls er eine Frau mit eigenem Einkommen haben sollte. Wegen der komplexen Familienverhältnisse waren einkommensgebundene Darlehen bisher auf Menschen beschränkt, die wie *David Bowie* in außergewöhnlichen Umständen leben. Im digitalen Zeitalter sollte es möglich sein, vertragliche Verpflichtungen aus einkommensgebundenen Darlehen sehr komplex zu gestalten und in Abhängigkeit von der Familienstruktur so zu formulieren, dass der Vertrag die Interessen der wechselnden Beteiligten berücksichtigt, gleichzeitig eine gewisse Liquidität und eine Gewinnchance aus dem Risikomanagement schafft.

Der Offenbarungseid und die Folgen

Was mit Schulden geschehen soll, deren Schuldner zahlungsunfähig ist und was mit dem Schuldner geschehen soll, ist ein endloses Thema. Dabei wären viele Fälle vermeidbar gewesen, wenn schon früher einkommensgebundene Darlehen existiert hätten. Sie bieten einen Schutz vor dem Bankrott.

Eine Änderung des Insolvenzrechtes ist eine juristisch verzwickte Angelegenheit. Die entsprechenden Gesetze verändern die Ausgangsbedingungen, schaffen für die einen Anreize und für die anderen Probleme. Zahlungsunfähigkeit hat viele Ursachen, und an diesen

Ursachen sollte sich jede staatliche Regelung orientieren. Gleichzeitig sollte das Gesetz möglichst einfach sein; man kann nicht jeden Einzelfall gesondert regeln. Zum Glück bieten auch hier die digitalen Medien durch die schnelle Informationsverarbeitung die Chance, ein komplexes Insolvenzrecht aufzustellen.

In den Vereinigten Staaten war die Geschichte des Insolvenzrechtes von Anfang an von Finanzkrisen geprägt. In mehr oder weniger regelmäßigen Abständen musste die Regierung auf Umstände reagieren, durch die Hunderttausende in den Offenbarungseid getrieben wurden.[10] Und war es im 18. Jahrhundert noch üblich, zahlungsunfähige Schuldner ins Gefängnis zu werfen, so wurde diese Praxis von der nationalen Diskussion um die Wende zum 19. Jahrhundert in Frage gestellt. Damals gerieten zunehmend die systembedingten Ursachen eines Bankrotts – Umstände, die man nicht beeinflussen kann – ins Blickfeld. Wenn man mitansehen musste, wie Freunde und Nachbarn in Geldnöte gerieten, wurde klar, dass solche persönlichen finanziellen Schwierigkeiten nicht unbedingt der Beweis für einen schlechten Charakter oder von Faulheit sind. Infolge dieser lebhaften Diskussion wurden am Anfang des 19. Jahrhunderts Gesetze erlassen, die eigentlich als Provisorium für die aktuelle Finanzkrise gedacht waren, aber zur Dauereinrichtung wurden. Diese Gesetze ermöglichten es Privatpersonen, ihre Schulden auszulöschen und von vorn zu beginnen. Für die damalige Zeit war das ein großer Fortschritt, der das Individuum mit Augenmaß vor einer ausweglosen Situation bewahrte. Was damals eine sinnvolle Innovation war, ist inzwischen von der Informationstechnologie überholt.

Einkommensgebundene Privatdarlehen erfordern eine Änderung des Insolvenzrechtes. Um die wirtschaftliche Grundlage solcher Darlehen nicht zu zerstören, sollte der Staat zumindest teilweise verhindern, dass die Bedienung eines Kredits im Zuge eines Offenbarungseides gestrichen wird. Diese Forderung gilt heute bereits für Studenten, die für ihre Ausbildung ein Darlehen in Anspruch nehmen. Andernfalls müsste der Darlehensgeber dieses Risiko in die Prämien für das Darlehen einrechnen, womit der Zweck des Darlehens – das Risikomanagement – vereitelt würde. Interessenten für ein einkommensgebundenes Darlehen müssten sich auf Lebenszeit verpflichten, das Darlehen aus ihren Einkünften zurückzuzahlen. Nur so kann das Finanzinstrument funktionieren.

Wir kennen nur das derzeit bestehende Insolvenzrecht. Aber diese Regelung ist keineswegs die einzige Möglichkeit für eine Gesellschaft, in Schwierigkeiten geratenen Menschen zu helfen. Das Insolvenzrecht ist nicht Teil des Naturrechts, es ist nicht unumstößlich. Manche Länder kennen so etwas wie einen Offenbarungseid überhaupt nicht, Menschen können sich dort nie von ihren Schulden befreien. In solchen Ländern sichert man sich gegen potenzielle Zahlungsunfähigkeit anders ab. Zudem werden durch effiziente einkommensgebundene Privatdarlehen, so wie sie hier vorgeschlagen wurden, teilweise die Ursachen der Zahlungsunfähigkeit verschwinden.

Bedeutung und Durchführbarkeit einkommensgebundener Darlehen

Die Tatsache, dass es bisher kaum einkommensgebundene Darlehen gibt, weder für Einzelpersonen noch für Unternehmen noch für Staaten, spiegelt lediglich die noch nicht besonders ausgeprägte Anwendung der aktuellen Informationstechnologie auf diesem Gebiet. Wir sollten daraus nicht auf langfristige Probleme schließen, die das Konzept einkommensgebundener Darlehen mit sich brächte. Die Entwicklung der Informationstechnologie wird die Reichweite solcher Darlehen bald schon erheblich vergrößern.

Die bisherigen Versuche mit einkommensgebundenen Studentendarlehen haben zwei Aspekte nicht ausreichend berücksichtigt: das moralische Wagnis und den teilnehmenden Personenkreis. Beides ließe sich weitgehend lösen, sobald detaillierte Einkommensindizes nach persönlichen und beruflichen Kriterien zur Verfügung stünden. Dann könnten sich die Verträge auf Indizes statt auf das tatsächliche Einkommen Einzelner stützen. Probleme entstehen auch durch die Interferenzen mit familiären Veränderungen und der privaten Zahlungsunfähigkeit, die mit dem Problem der Überschuldung zusammenhängt. Wenn sich diese Hindernisse auf dem Weg zu einkommensgebundenen Privatdarlehen lösen lassen, wäre die Menschheit im Risikomanagement einen großen Schritt weiter.

Die derzeitigen einkommensgebundenen Darlehen operieren überwiegend mit relativ niedrigen Beträgen. Viele Studenten nehmen nur einen Teil der Studiengebühren als Darlehen auf und sehen die Rückzahlung wohl eher als nostalgische Erinnerung an die Zeit damals. Einkommensgebundene Darlehen müssen sich jedoch nicht notwendig auf niedrige Beträge beschränken. Sie könnten, wenn wir die richtigen Normen und eine internationale Regelung gefunden haben, den Kreditmarkt dominieren.

Menschen, Unternehmen und Staaten sollten aus der Vorsorgeperspektive gesehen einen Großteil ihrer künftigen Einnahmen über solche Darlehen absichern. Es geht hier nicht um bloße Kuriositäten, es geht um ein lebensrettendes Element unserer Zivilisation. Verschlechtern sich etwa die eigenen Berufsaussichten durch technische Fortschritte, die den eigenen Beruf überflüssig machen, dann könnte die Entscheidung für ein einkommensgebundenes Privatdarlehen die beste im Leben gewesen sein.

11

Steuer gegen Einkommensungleichheit: die Kluft nicht weiter vertiefen

Wenn die Welt will, dass die politischen und ökonomischen Probleme nicht aus dem Ruder laufen, muss sie eine erhebliche Verschlechterung der Einkommensverhältnisse verhindern. Die Gesellschaft als Ganzes müsste jeder Tendenz, die Früchte ökonomischen Schaffens noch ungerechter zu verteilen, unbedingt Einhalt gebieten.

Eine Steuer gegen Einkommensungleichheit würde dies ermöglichen. Der Vorschlag verlangt, so wie er hier vorgestellt wird, dass die Regierung erstens ein bestimmtes Maß an Einkommensungleichheit als Richtschnur gesetzlich festlegt. Das könnte zumindest für den Anfang ungefähr der derzeitigen Einkommensverteilung entsprechen. Veränderungen des Steuersystems sollen zweitens verhindern, dass die Einkommensschere sich weiter öffnet. Die Grundidee hinter diesen Veränderungen ist ein Automatismus, der die Progression verschärft, sobald sich die gesellschaftliche Ungleichheit verschlimmert. Dies wird möglich, sobald das Steuersystem nicht als rein fiskalisches Mittel der Staatsfinanzierung, sondern als politisches Instrument gegen Ungleichheit gesehen wird.

Vielleicht sollte man im Zusammenhang mit diesem Vorschlag nicht von Steuer, sondern von Versicherung reden. Auch wenn der inhaltliche Zusammenhang eher lose ist, würde er es doch der öffentlichen Meinung gestatten, das System als das Risikomanagement-Instrument zu sehen, das es ist. Ich will nicht den modernen *Robin Hood* spielen, der den Reichen das Geld nimmt und es den Armen gibt. Wie bei allen Risikomanagement-Instrumenten geht es ausschließlich darum, dass wir uns gemeinsam vor zukünftigen Risiken schützen.

Wie die Sache funktionieren könnte

Fangen wir mit der Konstruktion dieser Steuer an. Dazu müssen wir etwas tiefer in die Materie einsteigen, Fachchinesisch lässt sich leider nicht gänzlich vermeiden. Derzeit erfolgt die Besteuerung in den meisten Ländern nach Steuertabellen, in denen dem Einkommen eines Haushaltes eine bestimmte Steuerzahlung zugeordnet wird. In der einfachsten Form würde die Steuer gegen Einkommensungleichheit diese Steuertabellen durch ein anderes Verfahren ersetzen. Die Höhe der Steuerzahlung würde sich nicht an Steuertabellen ablesen lassen, sondern würde sich aus dem gesamten Steueraufkommen und einem Zielkorridor, in dem sich die Einkommensunterschiede einpendeln sollen, ergeben. Maßstab für die Berechnung der zulässigen Ungleichheit ist die *Lorenzkurve* zur Konzentration der Einkommen, relativ zu den Einkommensbeziehern.

Die Lorenzkurve ist eine grafische Darstellung, bei der auf der horizontalen Achse die Prozentsätze der Einkommensbezieher, auf der vertikalen Achse die Prozentsätze der Einkommen eingetragen werden. Trägt man darauf ein, wie viel Prozent der Haushalte wie viel Prozent Anteil am Gesamteinkommen haben, dann kann man daran zum Beispiel ablesen, dass die unteren 30 Prozent der Bevölkerung nur 10 Prozent der Nettoeinkünfte erhalten, die unteren 50 Prozent 30 Prozent. Per definitionem muss die Lorenzkurve bei 0 beginnen und bei 100 enden – 0 Prozent der Bevölkerung haben 0 Prozent der Einkommen, 100 Prozent der Bevölkerung haben 100 Prozent der Einkommen. Zwischen diesen unveränderlichen Anfangs- und Endpunkten jedoch ergibt sich das Maß der Ungleichheit. Nur wenn eine Gerade Anfangs- und Endpunkt verbindet, liegt eine gleichmäßige Verteilung der Einkommen vor. Dann stünde den unteren 30 Prozent der Haushalte 30 Prozent der Einkommen zur

Verfügung, den unteren 50 Prozent der Haushalte 50 Prozent der Einkommen und so weiter. Sobald die Einkommen ungleich verteilt sind, sackt die Kurve ab, je ungleicher, desto stärker.

Wie stark die Kurve absackt, gibt das Lorenzsche Konzentrationsmaß an.[1] Für jedes Land der Welt findet sich auf der Internetseite der Vereinten Nationen ein geschätzter Wert für diese Kennziffer; im Zusammenhang mit dem Entwicklungsprogramm der UNO wurde eine Datenbank zur ungleichen Verteilung des Welteinkommens angelegt. Man kann sich auch die Entwicklungsindikatoren der Weltbank ansehen.

Soll durch steuerliche Maßnahmen ein weiteres Auseinanderdriften der Einkommensverhältnisse verhindert werden, müssten die Steuerbehörden jedes Jahr das Lorenzsche Konzentrationsmaß neu berechnen. Jedes Jahr würde die Regierung automatisch die Steuertabellen anpassen, und die Bürger würden ganz normal ihre Steuern bezahlen. Der einzige Unterschied bestünde in der gesetzlichen Grundlage, in der öffentlichen Diskussion und in einer Kontinuität der Vermögensverteilung, jedenfalls solange die Regierung den Kurs beibehält. Die Steuer gegen Ungleichheit würde vor allem das psychologische und institutionelle Framing – die »Anker« der Steuer – verändern.

Schauen wir uns an, welche Schritte die Finanzämter unternehmen müssten, um die beschlossene Lorenzkurve in eine Steuertabelle für die Steuerzahler umzurechnen. Ein zentrales Finanzamt müsste für die gesamte Bundesrepublik eine riesige Tabelle anlegen, in der jedem Haushalt eine Zeile zugeordnet wird. In Spalte A wird die Steuerzahlung eingetragen und die Haushalte nach dieser Steuerzahlung in aufsteigender Reihenfolge geordnet. Je weniger Steuern ein Haushalt bezahlt, desto weiter oben steht er in der Tabelle. In der Praxis müsste diese Einteilung nach der geschätzten Steuer bereits im Vorjahr der Fälligkeit erfolgen.

Von der Summe aller Einkommen in dieser Tabelle – dem Volkseinkommen – wird der gesamte Betrag abgezogen, den die Regierung zur Begleichung ihrer Ausgaben für dieses Jahr an Steuern einzuziehen gedenkt. Daraus erhält man das Nettovolkseinkommen. In Spalte B unserer imaginären Riesentabelle mit allen bundesdeutschen Steuerpflichtigen wird nun der Anteil am Nettovolkseinkommen eingetragen, der gemäß der Lorenzkurve auf den jeweiligen Steuerzahler entfällt. Die Reihenfolge der Haushalte in der Tabelle darf sich dabei nicht verändern. Um die Höhe der Einkommenssteuer zu errechnen, muss man das Nettovolkseinkommen mit der Veränderung in der gesetzlich festgelegten Lorenzkurve zwischen dem prozentualen Anteil dieses Haushalts und dem prozentualen Anteil des nächst höheren Haushalts multiplizieren. Spalte C ergibt sich aus der Subtraktion von Spalte A und Spalte B und enthält die fällige Einkommenssteuer, gegebenenfalls nach einer gewissen Glättung. Dieses Verfahren wiederholt sich Jahr für Jahr und sorgt für eine automatische Anpassung der Steuertabellen an Veränderungen der Einkommensungleichheit. Die jährlichen Anpassungen der Steuersätze können in manchen Fällen sehr groß ausfallen, aber in keinem Fall würde das Verfahren den Grenzsteuersatz auf 100 Prozent drücken.

Das ist der Grundgedanke, der hinter einer Steuer für Ungleichheit steht. Auf den ersten Blick sieht es nicht nach einer großen Veränderung gegenüber unserem derzeitigen Steuersystem aus, und tatsächlich wird hauptsächlich die Einstellung gegenüber diesem Steuersystem verändert, seine Verankerung im Bewusstsein der Menschen. Den Steuerpflichtigen dürfte anfangs schwerlich eine Veränderung auffallen, denn wenn man den gegenwärtigen Stand der Einkommensungleichheit als Maßstab nimmt, verändert sich durch eine gesetzlich verfügte Lorenzkurve nicht viel. Doch das System verhindert, dass sich in Zukunft die Einkommensungleichheit verschärft, und das macht einen Riesenunterschied.

Durch ihre Konstruktion schreibt die Steuer gegen Einkommensungleichheit die Verteilung der Einkommen für alle Schichten fest. Sie ist keineswegs nur ein Mittel zur Bekämpfung größerer Armut, auf die sich die Diskussion zur Einkommensungleichheit meistens konzentriert. Die Möglichkeit, dass sich viele Haushalte gerade noch über der Armutsgrenze halten können, gerät in dieser Diskussion aus dem Blick. Aber diese Möglichkeit ist nicht weniger beunruhigend als blankes Elend. Aus der Perspektive des Risikomanagements ist es natürlich wichtig, schreiende Armut auszuschließen, aber es ist ebenso wichtig, auch bei den Gut- und Besserverdienenden eine unnötige Polarisierung zu verhindern.

Man muss nur ein wenig theoretisch durchspielen, wie die Lorenzkurve künftig die Steuerzahlungen beeinflussen würde, dann erkennt man rasch, dass sich die Höhe der Steuer auf allen Einkommensebenen radikal verändern könnte, weit radikaler, als es eine Regierung, die Steuern direkt festsetzt, je rechtfertigen könnte. Würde man jetzt eine Steuer gegen Einkommensungleichheit einführen und auf diese Art und Weise das derzeitige Niveau der Ungleichheit festschreiben, würden diese Veränderungen nicht nur wahrscheinlicher erfolgen, sondern auch sehr viel eher akzeptiert werden. Vom heutigen Standpunkt aus gesehen handelt es sich nicht um eine radikale Veränderung, es soll ja lediglich verhindert werden, dass sich die Kluft zwischen Arm und Reich vertieft.

Die Vorteile einer Steuer gegen Einkommensungleichheit

Die meisten Bürger und Bürgerinnen der Industriestaaten haben sich mit dem derzeitigen Niveau ungleicher Einkommensverteilung arrangiert, doch der Gedanke an eine mögliche erhebliche Verschlechterung erfüllt sie mit Sorge. Wir können akzeptieren, dass *Bill Gates* so reich ist, wie er es nun einmal ist, aber wenn er noch tausendmal reicher wäre oder wenn es tausend *Bill Gates*' gäbe und die restliche Bevölkerung im Gegenzug in relativer Armut lebte, das fänden wir wohl nicht so toll.

Wenn wir uns wie in Kapitel 3 vor Augen halten, dass technische Veränderungen und andere Faktoren die Einkommensverteilung drastisch verschieben können und dass niemand die Gründe für eine solche Verschiebung vorhersehen oder beeinflussen kann, würden wir dem Ausdünnen der Mittelschicht wohl gern rechtzeitig einen Riegel vorschieben. Wie viel wir verdienen, hängt in einer freien Marktwirtschaft von unserem Beitrag zur Unternehmensleistung ab. Aber dieser Beitrag schwankt wie ein Rohr im Wind, wenn eine technische Revolution nach der anderen über uns hinweg fegt. Von *Rawls'* Urzustand aus gesehen sind derartige Schicksalsschläge weder für den Einzelnen noch für die Gesellschaft als Ganzes sinnvoll und gut. Sie sind einfach unnatürlich. Dabei geschieht es sehr häufig, dass Menschen herbe Rückschläge in Beruf und Verdienst hinnehmen müssen, die nichts mit ihrem Einsatz, ihrer Begabung und ihrem Verantwortungsgefühl zu tun haben. Diese Rückschläge zerstören Träume und Seelen.

Die 40 Räuber, denen wir in Kapitel 4 die Maske heruntergezogen haben, können jeder für sich zu großer Ungleichheit in der Zukunft führen. Sollte sich die Ungleichheit festsetzen und immer schlimmer werden, dann könnte sie in ganzen Schichten ständigen Hass erzeugen und unsere Gesellschaft grundlegend verändern. Irgendwann können wir diesem Ansturm nicht mehr standhalten, er wird unser Leben zerstören.

Es ist genauso gut möglich, dass die genannten Faktoren die Einkommensverteilung in Zukunft bessern und die Kluft geringer wird. Tatsache ist, dass wir es einfach nicht wissen. Wir wissen nicht, ob es in Zukunft zu mehr oder zu weniger Einkommensungleichheit kommen wird. Aber diese Unsicherheit können wir mit Finanzinstrumenten ausschalten, und darauf kommt es mir hier an.

Bis zu einem gewissen Grad ist Ungleichheit in einer freien Gesellschaft mit einer freien Wirtschaft unvermeidbar. Wie schon gesagt, arbeiten manche Menschen mehr und angestrengter und engagierter und verdienen deswegen auch mehr, es gibt unangenehme Jobs, die besser bezahlt sind, um diese Unannehmlichkeiten auszugleichen, und nicht zuletzt ist das Streben nach mehr Geld ein Abenteuer, etwas, was uns vorantreibt, uns anspornt und Ziele vermittelt. Aber eine massive Verzerrung der Einkommen, die nichts mit der Beschwerlichkeit, Verantwortlichkeit oder Qualität der Arbeit zu tun hat, ist ausgesprochen gefährlich. Es wäre klug, gegen dieses Risiko schon im Vorfeld etwas zu unternehmen – bevor es zum Schlimmsten kommt. Die Einführung einer Steuer gegen Einkommensungleichheit wäre nicht teuer, und niemand würde etwas verlieren, solange die Einkommensschere sich nicht weiter öffnet. Wenn sie sich aber öffnet, hat dieses fiskalische Instrument gewaltige Vorteile.

Variationen des Grundgedankens

Der Vorschlag für eine Steuer gegen Einkommensungleichheit enthält einige wichtige Variablen, aufgrund derer sich die Ausformung unterschiedlich gestalten könnte. Man könnte zum Beispiel sämtliche Staatsausgaben, darunter auch die Steuern, in die Berechnung einbeziehen. Denkbar wäre auch eine Berücksichtigung der demografischen Veränderungen. Beispielsweise könnte man verhindern wollen, dass die Steuer gegen Einkommensungleichheit lediglich die veränderte Altersverteilung der Bevölkerung auffängt. Oder man versucht, die Veränderung der durchschnittlichen Anzahl der Haushaltsmitglieder einzubinden. Objektive Veränderungen in den Bedürfnissen einzelner Bevölkerungsgruppen könnten Eingang in die Berechnung finden, etwa indem man Ausgaben für Medikamente und andere Krankheitsfolgen einbezieht. Natürlich ist auch denkbar, die derzeitige Ungleichheit nicht einfach festzuschreiben, sondern auf eine gleichmäßigere Verteilung der Einkommen hin zu arbeiten. Auf jeden Fall sollte die Steuer gegen Einkommensungleichheit natürlich nicht den vorherigen Zustand wiederherstellen, falls sich die Einkommensverteilung verbessern sollte. Sinnvoll wäre unter Umständen auch, einen Grenzsteuersatz festzusetzen, damit der Spitzensteuersatz nicht allzu nahe an die 100-Prozent-Marke heranreicht. Damit würden zu starke Anreize gegeben, nicht zu arbeiten. Wir werden weiter unten darauf zurückkommen.

Die Steuer gegen Einkommensungleichheit sollte sich im günstigen Fall nicht auf das Jahreseinkommen konzentrieren, wie das im derzeitigen Steuersystem der Fall ist. Denn dann würden Menschen für ein gutes Jahr, in dem sie besonders viel verdient haben, bestraft. Das gemittelte Einkommen würde dieses Problem umgehen. So manche Ungerechtigkeit ließe sich auch durch den Übergang zu einer Art Verbrauchssteuer lösen. Die Steuer gegen Einkommensungleichheit würde nur auf den Teil des Einkommens angewendet, der konsumiert, also nicht investiert oder angelegt wird.[2] Geht man davon aus, dass sich der persönliche Konsum im Lauf des Lebens ausgleicht, dann spiegelt der Verbrauch das persönliche Einkommen genauer und könnte insofern eine bessere Grundlage für die Besteuerung abgeben.[3]

Angesichts dieser Erwägungen, wie die Steuer gegen Einkommensungleichheit im Detail zu konzipieren wäre, wird die Notwendigkeit vertiefender Forschung sichtbar. Das System muss schlüssig sein und mit dem allgemeinen Empfinden von Gerechtigkeit und Anreizen zur Arbeit übereinstimmen.

Die Dringlichkeit des Projekts

Dass wir nicht wissen können, ob sich die Einkommensschere in Zukunft weiter öffnet oder nicht, ist unsere Chance. Eine Feuerversicherung müssen wir schließlich auch abschließen, bevor der Brand ausbricht. Nicht anders die Steuer gegen Einkommensungleichheit: Sie muss fest im System verankert sein, bevor sich die Ungleichheit weiter verschlimmert.

Auch wenn sich die staatliche Sozialversicherung von privaten Versicherungen unterscheidet, weil der Staat Leistungen auch post faktum einführen kann, also nachdem der Schaden schon eingetreten ist, muss man doch auch im Fall der Sozialversicherung mit wesentlich weniger Widerstand rechnen, wenn Leistungen vor dem realisierten Risiko beschlossen werden. Um eine signifikante Veränderung der Einkommensverteilung zu erreichen, müsste unser Steuersystem grundlegend überarbeitet werden. Eine solche Maßnahme ist, wenn man sich über den gewünschten Erfolg derselben vorher verständigt, sehr viel Erfolg versprechender. Und wenn eine Umverteilung als Teil eines früher abgeschlossenen Versicherungsvertrags erlebt wird, wird sie im öffentlichen Bewusstsein als gerechte und ehrenvolle Angelegenheit und nicht als Wohlfahrt oder Fürsorge gesehen.

Psychologische Experimente beweisen, wie wir in Kapitel 6 besprochen haben, dass sich Menschen stärker engagieren und verpflichtet fühlen, wenn sie sich aus freien Stücken für eine ehrenamtliche Tätigkeit entscheiden. Es gibt offenbar keine feste Regel, wie viel Menschen ihren Mitmenschen schulden, sehr wohl aber das Gefühl, man müsse zum eigenen Wort stehen, ob man es nun öffentlich oder nur sich selbst gegeben hat. Die Steuer gegen Einkommensungleichheit packt die Menschen gewissermaßen bei ihrer Ehre. Wenn sie sich auf einen Risikomanagement-Vertrag einlassen, bevor der Versicherungsfall eintritt, dann akzeptieren sie in aller Regel die sich daraus ergebenden Verpflichtungen. Das gilt auch dann, wenn sie einen solchen Vertrag nicht persönlich unterschrieben, sondern ihre Repräsentanten im Parlament darüber entschieden haben. Dieser Weg verspricht jedenfalls mehr Erfolg, als wenn man den Menschen viel zu spät sagt, die Ungleichheit sei inzwischen dramatisch gewachsen, es müsse endlich etwas dagegen getan werden, und deswegen kämen nun gigantische Ausgaben auf sie zu. Die hier vorgeschlagene Verschiebung des Bezugspunkts setzt auf die Fähigkeit der Menschen, Besitzrechte neu zu definieren und so ein weiteres Anwachsen der Ungleichheit zu verhindern.

Wenn wir noch lange warten, und sich die Ungleichheit sehr verschlimmert, wird es schwer sein, von der Allgemeinheit die Zustimmung für eine Revision der dann schon bestehenden Verhältnisse zu erreichen. Man hat sich dann inzwischen ebenso daran gewöhnt, wie wir uns heute an die bestehende Ungleichheit gewöhnt haben. Wer ökonomisch Erfolg hat, schreibt diesen Erfolg eigenen Fähigkeiten zu und ist kaum bereit, sich einen Teil der materiellen Gewinne wieder vom Staat abnehmen zu lassen. Und sogar die »Versager«, die Gescheiterten, scheinen ihr Scheitern verinnerlicht zu haben und schreiben sich ihren relativ niedrigen Status oft selbst zu.

Das gilt auch dann, wenn Erfolg oder Misserfolg offensichtlich zufällig verteilt sind, wie psychologische Untersuchungen ergeben (man denke nur an das oben geschilderte Beispiel der Vietnam-Lotterie).[4] Ist ein eigentlich nicht mehr akzeptables Niveau von Einkommensungleichheit erst einmal »normal« geworden, haben die Menschen ihren Reichtum oder ihre Armut erst einmal in ihr Selbstwertgefühl integriert, dann ist es viel schwerer, das Rad zurückzudrehen.[5]

Die Idee, man müsste jetzt die Weichen für die Steuersätze von morgen stellen, hat mehrere Vorläufer. Die Steuer gegen Einkommensungleichheit fällt in den Bereich fiskalischer Maßnahmen oder der fiskalischen Ordnung. Die hier präsentierte Form ist jedoch, soweit ich sehen kann, ebenso neu wie die Verankerung in der Psychologie statt in der reinen Wirtschafts- oder der politischen Theorie.[6]

Die öffentliche Zustimmung zu Risikomanagement-Instrumenten lässt sich durch einen Perspektivwechsel, durch eine Änderung der Vergleichsmaßstäbe und durch eine Umdeutung der beteiligten Institutionen gewinnen.

Jetzt ist die Zeit zum Handeln, da sich die Institutionen ohnehin aufgrund der technologischen Fortschritte im Wandel befinden und sich damit auch ihre Wahrnehmung in der Bevölkerung verändert. Die Regierung könnte die Steuer gegen Einkommensungleichheit als Versicherung bezeichnen, sodass höhere Zahlungen als Versicherungsprämien aufgefasst werden und Steuererleichterungen als Versicherungsleistungen erscheinen. Eine institutionelle Annäherung an die Systeme der Sozialversicherung wäre denkbar. All das wäre dann am glaubwürdigsten, wenn wir handeln, bevor sich die Einkommensschere noch weiter öffnet.[7]

Die Rolle des Staates

Eine Steuer gegen Einkommensungleichheit ist Sache des Staates. Privatwirtschaftliche Institutionen können ein solches Unterfangen nicht leisten. Allerdings tritt eine Wechselwirkung ein. Das Problem völlig freier Märkte besteht bezüglich der Risikovorsorge darin, dass sich der Einzelne frühzeitig versichern müsste. Aber das liegt vielen Menschen nicht. Und deswegen muss der Staat einspringen. Auch wenn die Begrenztheit menschlicher Voraussicht gut bekannt ist, lohnt sich die Erinnerung daran, um diese Rolle zu rechtfertigen.

Erstens können weder Minderjährige noch Ungeborene für die Zukunft vorsorgen. Manche Gefahren bauen sich über Jahrzehnte auf, wer sich dagegen versichern wollte, müsste die Verträge jenseits der Grenzen der eigenen Lebenszeit abschließen, was offensichtlich unmöglich ist. Das gilt zum Beispiel für die Gefahr, dass durch die fortschreitende Automatisierung die menschliche Arbeitskraft in Fabriken oder auf dem Feld überhaupt nicht mehr gefragt ist. Derartige Entwicklungen benötigen Jahrzehnte, ihre Folgen sind noch Generationen später zu spüren.

Zweitens verstehen viele Menschen die Marktmechanismen nicht – nicht unbedingt aus Unfähigkeit. Sie haben oft weder die Muße noch die Energie, sich um diese extrem verzwickten und selbst unter Experten umstrittenen Fragen zu kümmern und diese gar erschöpfend zu beantworten. Optimale Zukunftssicherung verlangt viel Zeit und Disziplin.

Drittens hindern die bestehenden staatlichen Institutionen und Gesetze Menschen an Handlungen in ihrem eigenen Interesse. Zum Beispiel ist das Insolvenzrecht eine staatliche Risikoinstitution, die unter der Voraussetzung fehlender privater Risikoinstitutionen geschaffen wurde. Derartige staatliche Einrichtungen können mit der privaten Vorsorge kollidieren und müssten in diesem Fall neu konzipiert werden. Nur die Regierung kann die Gesetze ändern, damit die anderen Institutionen nicht mit der Steuer gegen Einkommensungleichheit in Konflikt geraten.

Psychologische Hintergründe zur Steuerfestsetzung

Um die psychologischen Voraussetzungen einer Steuer gegen Einkommensungleichheit zu verstehen, sollten wir uns zunächst die Akzeptanz dieser Steuer in der Vergangenheit ansehen. Wie wurden Einkommenssteuersätze früher festgelegt, welche Grundsätze spiegeln sich in dieser Praxis?

Der Rechtswissenschaftler *Edward McCaffery* hat eine Reihe psychologischer Gründe aufgeführt, mit der sich viele Veränderungen amerikanischer Steuersätze erklären lassen.[8] Seiner Meinung nach nutzt der Gesetzgeber oft ganz instinktiv diese Prinzipien, um Steuern ohne allzugroßen Widerstand anheben zu können. Den Verantwortlichen ist nur zu bewusst, so *McCaffery*, dass vor allem die höchsten Margen im Blickpunkt der Öffentlichkeit stehen. Die Diskussion konzentriert sich oft auf den Grenzsteuersatz für die größten Einkommen. Deswegen hat der Gesetzgeber diese oft genug herauf gesetzt, jedoch so, dass nur ganz wenige Menschen davon faktisch betroffen waren, weil eben nur sehr wenige sehr viel verdienen. Aber der höchste Steuersatz ist für alle ein Vergleichsmaßstab, ein Referenzpunkt.

Der Gesetzgeber kann dann die Steuereinnahmen bei gleichbleibenden oder gar sinkenden Steuersätzen steigern, indem er die Steuerstufen verschiebt und der Inflation das Feld überlässt. Abschreibemöglichkeiten und Steuerstufe sind nicht so augenfällig wie der Steuersatz. In einer Phase des Wirtschaftswachstums können die Steuerstufen selbst dann verschoben werden, wenn sie an die Inflation gebunden sind. Das wäre nur dann nicht möglich, wenn sie an das Wirtschaftswachstum gebunden wären. Diese so genannte schleichende oder heimliche Steuererhöhung ist ein mächtiges Instrument, um Steuern anzuheben.

Der Erfolg dieser Strategie ist besonders durchschlagend, wenn der höchste Steuersatz in Kriegszeiten angehoben wird. Dann erscheint es nur fair, wenn die Reichsten mehr bezahlen müssen. Nach dem Krieg werden die Steuern dann langsam wieder gesenkt, und jede Steuersenkung wird von den Menschen als Gewinn empfunden, selbst wenn sie eher symbolisch ist. Man spürt nur, dass die Steuern sinken und protestiert, wenn überhaupt, nur halbherzig, weil die Steuersätze nicht schneller gesenkt werden. Mit anderen Worten, die Menschen konzentrieren sich auf die Vorteile durch die Steuersenkung, dabei gerät der im Grunde immer noch sehr hohe Steuersatz aus dem Blick.

Ein hoher Grenzsteuersatz wurde in den USA zum ersten Mal während des Ersten Weltkrieges eingeführt. Was war die hohe Steuer im Vergleich zum persönlichen Opfer der Soldaten? Die Daheimgebliebenen hatten anderes im Sinn, als reich zu werden. So wurde der Krieg genutzt, um das Bewusstsein für Eigentumsrechte zu verschieben. So mancher rief nach einer »Einberufung des Reichtums«, um die Einberufung der Soldaten moralisch auszugleichen. 1918 lag der Grenzsteuersatz für ein Jahreseinkommen über 1 Million Dollar bei 77 Prozent. Da nur wenige in den Genuss eines derart hohen Jahreseinkommens kamen, war die Steuer noch nicht im wahren Sinn des Wortes progressiv. Aber die damals eingeführten hohen Grenzsteuersätze veränderten die Einstellung gegenüber der Steuer, der psychologische Anker wurde neu ausgeworfen.

Auch der Zweite Weltkrieg veränderte die Wahrnehmung und führte zu einer echten progressiven Besteuerung. In dieser Zeit stieg der Spitzensteuersatz in den Vereinigten Staaten auf 94 Prozent. Nach dem Krieg wurde er schrittweise und höchst unregelmäßig zurückgefahren, gleichzeitig erfasste die hohe Besteuerung auch immer mehr nicht ganz so hohe Einkommen. Die Sichtweise, die durch die Weltkriege allgemeine Verbreitung fand, ermöglicht erst das hochgradig progressive Steuersystem in Friedenszeiten.

Wir müssen von diesem absurden Vorgehen weg- und zu einer vernünftigen Bestimmungen der Steuersätze hinkommen. Eben das würde eine Steuer gegen Einkommensungleichheit leisten, indem sie öffentlich einen Standard für einen Steuersatz setzt, der die Ungleichheit begrenzt. Das Prinzip wäre den Menschen schnell zu vermitteln und deswegen hätte es auch langfristig Bestand.

Probleme mit der Migration

In Zukunft werden immer mehr Menschen nicht in dem Land sterben, in dem sie geboren wurden.[9] Viele wandern aus und suchen anderswo ihr Glück. Dem muss eine Steuer gegen Einkommensungleichheit Rechnung tragen. Je entwickelter die Technik, desto leichter kann man im Ausland arbeiten. Dazu trägt der Aufschwung multinationaler Unternehmen bei, aber auch Einrichtungen wie der Schüleraustausch oder Auslandssemester und dergleichen. Im Verhältnis zum Einkommen wird das Reisen immer billiger, vor allem die Flüge, und das Englische setzt sich immer mehr als Weltsprache im Sinn einer Lingua Franca durch, außerdem verbindet das Internet die Menschen über die nationalen Grenzen hinweg. Immer mehr junge Leute interessieren sich dafür, über den Tellerrand hinaus- und sich in der Welt umzuschauen. Wenn die nationalen Grenzen durchlässiger werden, könnte das die Bemühungen um eine inländische gleichmäßige Einkommensverteilung erheblich stören.

Was die progressiven Einkommenssteuersätze betrifft, ist das Problem leicht zu lösen. Die Besserverdienenden lehnen es im Allgemeinen ab, in ein Land der Dritten Welt zu ziehen, nur um Steuern zu sparen, und die Länder, in die sie mit einiger Wahrscheinlichkeit ziehen würden, haben nicht so wesentlich niedrigere Steuersätze, dass sich der Aufwand lohnen würde. Einige reiche Franzosen verlegen ihren Wohnsitz nach Belgien, um der Vermögensteuer zu entgehen, aber die meisten Menschen bleiben trotz der hohen Steuern in ihrer Heimat. Und für die Menschen aus Entwicklungsländern sind die Hürden sehr hoch, wenn sie in die Industrieländer auswandern wollen.

Die restriktive Handhabung von Einwanderungswünschen erlaubt eine erhebliche Einkommensumverteilung durch progressive Einkommenssteuern innerhalb bestimmter Länder. Aber diese Hürden haben ihren Preis. Es ist eine Tragödie, dass schwer arbeitenden und gutwilligen Menschen aus den Entwicklungsländern der Eintritt in die Industrieländer verwehrt wird, wo sie ein besseres Leben führen könnten. Dagegen ist wenig zu sagen, denn würde man das zulassen, würden sie die Interessen der Einheimischen verletzen. Deren Bürgerrechte gilt es jedoch zu achten.[10]

Doch die Abschreckungstaktik gegenüber Menschen aus der Dritten Welt hat Lücken. Die Vereinigten Staaten haben harte Gesetze, aber ihre Einhaltung wird kaum überwacht, viele halten sich illegal im Land der unbegrenzten Möglichkeiten auf. Sie können ungehindert einreisen und einmal im Land, nehmen sie ungeheure Abstriche an Lebensqualität in Kauf. In regelmäßigen Abständen wird dann eine allgemeine Amnestie für illegale Immigranten gewährt.[11] Es ist ein verrücktes System. Es wäre wirklich sinnvoller, das Problem offen anzugehen.

Verschiedene Ökonomen, darunter *Julian Simon* 1986, haben die Versteigerung von Einwanderungsrechten an den Meistbietenden vorgeschlagen.[12] Das klingt logisch und vernünftig. Die Versteigerung von Green Cards würde das Recht auf Einwanderung dem zukommen lassen, der es am dringendsten will oder am besten nutzen kann. Interessenten müssten den Betrag nicht unbedingt im Voraus entrichten, wie es bei den meisten Einwanderungsländern derzeit geregelt ist.[13] Stattdessen könnte die Summe mit zukünftigen Steuerzahlungen abgestottert werden. So wären nicht unbedingt die begüterten und wahrscheinlich älteren Menschen bei den Auktionen im Vorteil. *Simons* Vorschlag wurde kaum beachtet. Er wäre heute vielleicht eher durchführbar als 1986, weil sich die Erkennungssysteme weiterentwickelt haben und wir die Bewegung von Menschen besser nachvollziehen können. Es wäre heute einfacher, Illegale aufzuspüren und nachträgliche Steuerzahlungen zu verlangen. Ein Einwanderungsmarkt wäre heute vielleicht auch für die Menschen eher akzeptabel als 1986, obwohl man die dafür nötigen Veränderungen der Bürgerrechte nicht auf die leichte Schulter nehmen sollte.

Der Markt für Einwanderungsrechte wäre ein stark reglementierter Markt mit Stillhaltezeiten vor dem Vertragsabschluss und Regeln gegen zu häufige Abschlüsse. Menschen, die das Schulsystem des Gastlandes genutzt haben, müssten Sondersteuern bezahlen. Außerdem müsste die Steuer gegen Einkommensungleichheit für

Immigranten wahrscheinlich modifiziert werden. Wenn diese Bedingungen noch vor der Einwanderung offen gelegt sind, würde das nicht unbedingt als unfair empfunden.

Abschreckungseffekte

In der Anwendung könnte eine Steuer gegen Einkommensungleichheit weitere Probleme hervorrufen, spätestens dann, wenn sich angesichts hoher Steuersätze das Arbeiten gar nicht mehr lohnt. Seit Jahrzehnten diskutieren die Experten, inwiefern höhere Steuersätze die Menschen vom Engagement für ihre Arbeit abhalten. Selbstverständlich würde jeder das Arbeiten einstellen, wenn er einen Steuersatz von 100 Prozent bezahlen müsste. Aber was geschieht, sagen wir, wenn die Regierung 70 Prozent einbehält? Würden die Menschen ihre Arbeitsleistung reduzieren? Würde ihre Leistungsbereitschaft sinken? Würden Ehemänner oder Ehefrauen eher zu Hause bleiben?

Bislang gaben statistische Erhebungen relativ wenig Anhaltspunkte dafür, dass hohe Grenzsteuersätze zu einer Absenkung der Arbeitsstunden oder des Leistungsniveaus führen. Jüngste Studien jedoch, die die Reaktion von Gutverdienenden auf Steueränderungen zum Gegenstand hatten, wurden so interpretiert, als sei eine starke Reaktion auf die Steueranhebung festzustellen.

Einer der führenden Wirtschaftsberater von Präsident *George W. Bush*, *Lawrence Lindsey*, unmittelbar bei dessen Amtsantritt 2001 berufen, hat den einflussreichsten Artikel zu diesem Thema vorgelegt. *Lindsey* untersucht, wie die Steuerzahler auf die ersten Steuersenkungen unter Präsident *Ronald Reagan* reagierten. Sein Befund: die Einkommen stiegen massiv, weil – so seine Interpretation – sie sich aufgrund der niedrigeren Steuersätze stärker anstrengten.[14] Allerdings ist der von Lindsey gewählte Untersuchungszeitraum zu kurz und außerdem hat er alle anderen möglichen Ursachen außer Acht gelassen, die zur Erklärung ebenfalls in Frage kämen.[15]

Nach Auffassung der herkömmlichen Finanzwissenschaft, wie

sie ursprünglich von dem Volkswirtschaftler *William Vickrey* vertreten und von *James Mirrlees* weiterentwickelt wurde, wägen die Menschen die Mühen der Arbeit gegen das Vergnügen ab, Geld in der Freizeit auszugeben.[16] Menschen arbeiten nach dieser Theorie schwer, weil sie sich vorstellen, was sie sich von dem zusätzlich verdienten Geld alles leisten können, um die mit der Arbeit verbundenen Unannehmlichkeiten auffangen zu können. Zweifelsohne denken viele Menschen zumindest teilweise in diesen Kategorien. Aber psychologische Untersuchungen zum Phänomen des Bedauerns und zu mentalen Kategorien sprechen eine andere Sprache.

Im Großen und Ganzen entscheiden sich Menschen für Arbeit und gegen Freizeit anhand vorgegebener Bedingungen. Der Teil, den man dem Staat »gibt«, lässt sich als das zentrale mentale Konstrukt bezeichnen. Übersteigt er ein bestimmtes Maß, sind die Menschen verärgert und empfinden es als ungerecht, dass sie so viel abgeben müssen. In diesem Fall stellt sich die Entscheidung gegen Arbeit als eine Art Rache an der Regierung dar. Das ist völlig unabhängig von dem Vergnügen, das man in der Freizeit empfindet und das mit dem Spaß am Konsum konkurriert.

Zorn und Bedauern können vorübergehende Erscheinungen unmittelbar nach einer Steuererhöhung bleiben. Und wenn Steuern mit Gleichheit statt mit Staatsausgaben begründet werden, wenn ihre Höhe in Prozent des damit erreichten Ausgleichs statt als Steuerhöhe beziffert wird (wobei die Steuersätze selbst von Jahr zu Jahr mit den Schwankungen bei der Einkommensungleichheit variieren), treten die Steuersätze in den Hintergrund und bieten weniger Angriffsfläche. Die Menschen würden die höheren Steuern durch die höheren Ausgleichszahlungen aufgrund der Einkommensungleichheit nicht als Zahlungen an den Staat, sondern als Zahlungen zugunsten weniger glücklicher Menschen sehen. Um das Problem noch weiter zu entschärfen, könnte die Steuer direkt vom Arbeitgeber abgeführt werden, denn viele Menschen rechnen eher mit ihrem Nettoeinkommen.

Nicht alle vergleichen ihre Bruttobezüge mit dem, was schließlich auf ihrem Konto landet, eher schon mit den Nettoeinkünften ihrer Freunde und Bekannten (die sich in deren Lebensstandard zeigen). *Leon Festinger* hat die grundsätzliche Bedeutung solcher Vergleiche für das menschliche Verhalten belegt. Menschen vergleichen ihr Selbstbild fortlaufend mit ihnen nahestehenden Personen.[17] Der Volkswirtschaftler *Robert Frank* wies darauf hin, dass Menschen mit sehr hohen Einkommen den größten Nutzen aus dem Vergleich mit anderen ziehen, nicht durch mehr Konsum.[18] Leistungsorientierte Menschen arbeiten schwer, weil sie ehrgeizige Ziele haben, und so lange ihnen das Ziel »hoher sozialer Status« nicht versperrt wird, wird ihre Leistungsbereitschaft nicht nachlassen.

Ein wichtiger Vergleichsmaßstab ist allerdings das Nettogehalt, das vor der Steuererhöhung auf dem Konto eingegangen war. Wenn man plötzlich weniger ausgeben kann als vorher, hängt man wahrscheinlich nur ungern noch eine Arbeitsstunde dran, nur um noch mehr abführen zu müssen. Kurzfristig dürften Steueranhebungen sich tatsächlich auswirken, aber da die Steuern unser ganzes Leben begleiten, gerät die Erhöhung allmählich in Vergessenheit. Richtet sich die Steuer gegen Einkommensungleichheit vorrangig auf die Bewahrung des Status quo, wird es nicht zu plötzlichen und steilen Erhöhungen kommen.

Wer arbeitet, weil er sich in seiner Arbeit verwirklichen will, weil er einen Sinn im Karriere-Machen sieht, weil er etwas werden und seinen Beitrag leisten will, dem wird eine Steuererhöhung ohnehin weniger bedeuten als denen, die ihre Arbeitskraft stundenweise verkaufen. Ein junger Unternehmensgründer oder eine ehrgeizige Abteilungsleiterin wird sich nicht den Spaß an der Arbeit verderben lassen, weil der sehnlich erwünschte erfolgreiche Ausgang irgendwann nicht 100, sondern nur 10 Millionen Euro bringt.

Mit diesen Überlegungen wollte ich zeigen, dass die Auswirkungen der durch die Steuer für Einkommensungleichheit steigenden Belastung nicht unbedingt verheerend sein müssen, selbst dann nicht, wenn die Belastung ein erhebliches Ausmaß annimmt. Trotzdem ist dieser Punkt natürlich heikel und könnte das Projekt gefährden oder zumindest seine Anwendung einschränken.

Nebenwirkungen der Verteilungsgerechtigkeit

Einige Staaten sind dem Gleichheitsziel schon vergleichsweise nahe gekommen. So sind Kanada und Schweden seit der Mitte des 20. Jahrhunderts ziemlich egalitäre Gesellschaften.[19] Das Steuer- und Wohlfahrtssystem beider Länder ist sehr viel progressiver als das der Vereinigten Staaten. Allerdings existiert weder in dem nördlichen Nachbarn der USA noch im Musterland Europas eine Steuer gegen Einkommensungleichheit, durch die ein hinnehmbares Maß an Ungleichheit gesetzlich festgeschrieben würde und die automatisch gegensteuern würde, wenn sich die Einkommensschere über das zulässige Maß hinaus öffnen würde. Das Steuersystem beider Länder überlässt Anpassungen nach wie vor politischen Entscheidungen. Die Einwohner sind mehrheitlich gegen ein zu großes Wohlstandsgefälle, haben aber keinen Maßstab, was »zu groß« in konkreten Zahlen ausgedrückt heißt. Das allgemeine Empfinden spricht im Grunde jedem Unterschied die Existenzberechtigung ab.

Kritiker dieser »Gleichmacherei« behaupten, die egalitäre Grundeinstellung beeinträchtige den wirtschaftlichen Erfolg, der als geradezu unanständig gelte, als Scheitern der Demokratie und Verhöhnung der eigenen Werte. In Kanada zeigen Beobachter die Kehrseite des Egalitarismus freimütig auf. So schreibt der kanadische Wirtschaftsrat an Premierminister *Jean Chrétien*:

> Sowohl der persönliche wie der unternehmerische Erfolg sollten Vorbilder sein, die zu fördern sich lohnt, die gefeiert und bestärkt werden sollten. Stattdessen gelten sie als eine Art peinlicher Anomalie, die solange zu besteuern ist, bis sie verschwindet. Die Zukunft unserer Wirtschaft und die Qualität der Sozialprogramme hängen jedoch davon ab, dass sich diese Einstellung endlich ändert.[20]

Ähnliche Beschwerden wurden in Schweden laut. *Nils-Eric Sandberg* schrieb 1997:

> In Schweden hat sich die Suche nach mehr Gleichheit von der reinen Reaktion auf ungerechtfertigte Einkommensunterschiede oder »Ungerechtigkeiten« hinaus zu einer allgemeinen Intoleranz gegenüber Unterschieden entwickelt.

»Ernste« Journalisten verbringen viel Zeit, um Unterschiede zwischen verschiedenen Gruppen zu recherchieren und diese als Ausdruck von »Ungleichheit« zu kritisieren.[21]

Der schwedische Volkswirtschaftler *Assar Lindbeck* äußerte ähnliche Ansichten:

Eine solche Politik muss in die *Politisierung* der Einkommensverteilung führen. Die Menschen sind geneigt, Einkommensunterschiede als »zufällig« und politisch bedingt anzusehen, statt ihnen eine wichtige Funktion bei der Ressourcenverteilung und bei der ökonomischen Effizienz zuzugestehen. Im Ergebnis können Verteilungskämpfe über einen gewissen Punkt hinaus tatsächlich auf eine Senkung der Einkommensunterschiede hinauslaufen.[22]

Die allgemeine Unduldsamkeit gegenüber Unterschieden behindert jenseits der hohen Grenzsteuersätze in diesen Ländern ökonomische Anreize. Wenn sich in einem Land eine Stimmung durchsetzt, die jedweden Unterschied ablehnt, die die nationale Identität mit einem Gefühl für Gleichheit verbindet, wenn jedes Erfolgszeichen als verwerflich bekämpft wird und die Menschen den Eindruck haben, Erfolg selbst sei moralisch anfechtbar, dann wird der Leistungswille nachlassen, ohne dass eine Änderung der Steuersätze dagegen etwas ausrichten könnte.

Doch auch hier könnte eine Steuer gegen Einkommensungleichheit Abhilfe schaffen, weil sie dem Gerechtigkeitsgefühl in der Gesellschaft eine neue Norm bietet, ein Symbol, das nicht die vollständige und allgegenwärtige Gleichheit verlangt.

Die Steuer gegen Einkommensungleichheit gibt den Menschen die Gewissheit, dass die Gesellschaft eine Antwort auf das Problem der wirtschaftlichen Ungleichheit gefunden hat. Sie soll verhindern, dass die Ungleichheit ein Ausmaß erreicht, das den Hass und die sozialen Konflikte, den Neid und die Auseinandersetzungen provoziert, die wir in anderen Ländern mit extrem ungleicher Einkommensverteilung beobachten können. Die Steuer gegen Einkommensungleichheit ist ein Symbol der Fürsorge der Bürger einer Nation untereinander, auch wenn manche besser dastehen als andere.

12

Generationengerechte Rentenversicherung: die Lasten auf alten und jungen Schultern verteilen

Die Weltbank legte 1994 einen einflussreichen Bericht vor, Averting the Old Age Crisis. Er warnte vor der Überalterung der Bevölkerung in weiten Teilen der Welt.[1] Zum Teil waren die Bemühungen, das rasche Bevölkerungswachstum zu unterbinden und die Lebenserwartung zu verlängern, so erfolgreich gewesen, dass die Weltgemeinschaft vor einem historisch einmaligen Problem steht: dem überproportionalen Anteil älterer Menschen an der Weltbevölkerung.

Dem Bericht zufolge waren 1990 500 Millionen Menschen über 60 Jahre alt. Um 2030 wird diese Zahl auf 1,4 Milliarden angestiegen sein. Entweder wird die in der Relation kleine Zahl arbeitender Menschen die ganze Last für die Versorgung der alten Menschen tragen müssen, oder die alten Menschen werden ein erbärmliches Schicksal erleiden.

Noch eine Generation zuvor wäre diese Krise undenkbar gewesen, die Welt war vielmehr mit dem Problem der Überbevölkerung konfrontiert. Es wurden zu viele Babys geboren, zu viele Münder, um sie alle satt zu bekommen. Es ist schon bemerkenswert, wie sich unsere Sorgen im Lauf der Zeit verschieben. Die neue Krise ist ein weiterer Beleg für die Überraschungen, die die Geschichte für uns bereithält.

Zumindest teilweise ist die neue Krise von medizinischen Fortschritten verursacht, der Einführung der Antibabypille Mitte der sechziger Jahre, welche die Geburtenrate senkte, und der besseren medizinischen Versorgung, welche die Lebenserwartung steigerte. Wissenschaftlich-technische Fortschritte, durch die die Lebenserwartung in den meisten Industrieländern von 45 Jahren um 1900 auf ungefähr 70 Jahre Mitte des Jahrhunderts stieg, erzwangen im 20. Jahrhundert vielerorts den Aufbau einer Rentenversicherung. Die Anzahl der Alten, die nicht mehr arbeiten, wächst. Füt ihre Probleme muss man neue Institutionen schaffen.[2] Die aktuelle Debatte sollte das Risiko ähnlich gelagerter Verschiebungen stets im Blick behalten. Die Auswirkungen technischer Fortschritte haben uns überrascht, sie werden uns auch künftig überraschen.

Die finanziellen Probleme, die mit der wachsenden Zahl von Rentnern verbunden sind, sind – dieses Detail ist wichtig – Probleme, die mehrere Generationen zur gleichen Zeit betreffen. Deswegen muss das Risikomanagement grundsätzlich die Risiken zwischen den Generationen aufteilen.

Das Finanzwesen hat keinen Einfluss auf demografische Veränderungen, aber es kann sicherstellen, dass unerwartete Entwicklungen, die sich auf den relativen Wohlstand der Generationen auswirken, zwischen allen Alterstufen geteilt werden. Wir müssen die herkömmliche Altersvorsorge durch ein System ersetzen, das junge wie alte Menschen schützt und nicht ausschließlich nur die alten. Das drängendste Problem ist die Frage, wie man die Lasten zwischen älteren oder jüngeren Menschen teilt, die unerwartet in eine Notlage geraten.

Für die Neuausrichtung der Altersvorsorge gilt dasselbe wie für alle Neuausrichtungen, die bisher in diesem Buch erwähnt wurden: Unser Bezugsrahmen und unsere Bezugspunkte müssen sich verschieben, unser Verständnis von Institutionen, unsere Auffassung von der Existenzberechtigung dieser Institutionen sowie die Berechnungsgrundlage und die Standards für Kennziffern.[3]

Heutige Rentenansprüche und die Beitragsrechnung

Schauen wir uns zunächst die derzeitige Verfassung der Altersvorsorge an. In den meisten Staaten berechnen sich die Rentenbezüge nach den Beiträgen, die während der Berufstätigkeit geleistet wurden. Wie viel die Einzelnen beitragen müssen, liegt nicht in ihrer freien Entscheidung. Abhängig Beschäftigte sind gesetzlich zu Beiträgen verpflichtet, die direkt von ihrem Gehalt abgezogen werden, wobei sich die Höhe im Prinzip nach den fälligen Zahlungen an die Anspruchsberechtigten richtet. 136 von 173 untersuchten Ländern hatten 1999 ein solches Beitragssystem, also fast vier Fünftel der von der Studie erfassten Staaten (um genau zu sein: 79 Prozent).[4]

Die Beiträge zur Rentenversicherung in den USA sind ein Beispiel für dieses System. Abhängig Beschäftigte müssen bis zu einem maximalen Verdienst, der 2002 bei 84900 Dollar lag, 6,2 Prozent abführen, der Arbeitgeber gibt weitere 6,2 Prozent hinzu. Dieser Beitrag von insgesamt 12,4 Prozent bleibt jahrein, jahraus gleich, eine Änderung müsste den Kongress passieren.

Die gesetzlich festgelegte Berechnung der Renten in den Vereinigten Staaten ermittelt zunächst für jeden Anspruchsberechtigten ein »durchschnittliches indexiertes Monatseinkommen«. Berücksichtigt werden nur Lohnzahlungen bis zum maximalen Verdienst, bei mehr als 35 Jahren Beitragszahlungen wird das jeweils höchste Gehalt herangezogen und um die Lohninflation korrigiert. Der Rentenanspruch richtet sich lediglich nach dem Renteneintrittsalter und dem indexierten durchschnittlichen Monatsverdienst.[5] Die laufenden Rentenzahlungen werden der Inflation angepasst, für die ein bestimmter Verbraucherpreisindex maßgeblich ist (der *Consumer Price Index for Urban Wage Earners and Clerical Workers, CPI-W*). Die Kaufkraft, der reale Wert der Renten, verändert sich niemals. Rentner tragen finanziell keinerlei Risiko.

Mehr oder weniger gleicht das System der Rentenversicherung in den anderen Staaten dem amerikanischen Modell. In Frankreich zahlen die Arbeitnehmer 6,55 Prozent der ruhegehaltsfähigen Einkünfte, die Arbeitgeber 8,2 Prozent des Nettolohns und 1,6 Prozent des Bruttolohns für ihre Mitarbeiter ein. Die Ansprüche bewegen sich (je nach Alter oder Versicherungszugehörigkeit) zwischen 25 und 50 Prozent des Durchschnittsverdienstes der besten 25 Jahre. In Brasilien zahlen die Arbeitnehmer 8 Prozent, 9 Prozent oder 11 Prozent des Lohns, je nach Gehaltsniveau, die Arbeitgeber steuern 20 Prozent dazu. Die Rente liegt bei 70 Prozent des in den letzten 36 Monaten vor Rentenbeginn erhaltenen Lohns, zuzüglich 1 Prozent des Durchschnittsverdienstes für jedes Beitragsjahr, maximal 100 Prozent.

Die Beitragsberechnung wird so ausgestaltet, dass die Beiträge ungefähr die Auszahlungen decken; es handelt sich also um eine umlagefinanzierte Rentenversicherung. Da Beitragszahlungen und Rentenansprüche nicht exakt übereinstimmen, muss die Rentenversicherungsanstalt über eigene Rücklagen verfügen. 2001 enthielt der *Social Security Trust Fund* in den USA annähernd 1,2 Billiarden Dollar; angesichts von 10 Billiarden Dollar Auszahlungen ein eher geringer Betrag. Wenn die Rücklagen erschöpft sind, die Auszahlungen jedoch weiterhin die Einzahlungen übersteigen, ist die Rentenversicherung insolvent. Dann wäre sie nicht mehr in der Lage, die Renten in voller Höhe auszuzahlen. Die Rentenversicherung ist also auf Beitragszahlungen angewiesen, die die Höhe der Rentenansprüche decken.

Wegen der in fast allen Industrieländern seit Mitte der sechziger Jahre rückläufigen Geburtenrate und der steigenden Lebenserwartung wird die potenzielle Zahlungsunfähigkeit der Rentenversicherung seit längerem in der Öffentlichkeit diskutiert. Wenn das derzeitige System unverändert fortgeschrieben würde, werden die Renten irgendwann nicht mehr finanzierbar sein.

Die öffentliche Debatte ist oft viel zu sehr auf die Beitrags- und Rentenberechnung fixiert; man vergisst, dass sie willkürlich gewählt wurde. Die Älteren müssten sich auf frühere Zusagen verlassen können, heißt es oft, als handele es sich um feierlich gelobte Zusagen. In Wirklichkeit wurde das System von einigen Gesetzgebern erfunden, und kaum jemand erinnert sich noch daran, warum sie es gerade so und nicht anders konstruiert haben.

Die Unklarheit, was geteiltes Risiko eigentlich bedeutet, führt in der öffentlichen Diskussion über die Besteuerung von Rentenbezügen und die Beitragszahlungen zu einer erschreckenden Inhaltsarmut. Als der amerikanische Kongress 1983 die Besteuerung von 50 Prozent der Rentenbezüge über 25 000 Dollar einführte, wurde mit abstrakten Begriffen wie Gleichberechtigung und progressive Besteuerung argumentiert. Empört war von Doppelbesteuerung die Rede, da bereits die Rentenversicherungsbeiträge progressiv berechnet worden seien. Aber es fehlte eine verbindliche Norm, an die der Steuersatz hätte angeknüpft werden können. So ging es letztlich um das bedrohlich anwachsende Defizit, das die Regierung mit dieser Maßnahme zu stopfen gedachte – schließlich hatte Präsident *Ronald Reagan* »geschworen«, die Steuern nicht zu erhöhen. Die Debatte über die Besteuerung von Rentenbezügen war damals extrem unbefriedigend und ist heute ganz verstummt. Dass Renten besteuert werden, ist inzwischen selbstverständlicher Bestandteil der Altersvorsorge und findet von der Öffentlichkeit unbemerkt statt. Die fehlende Diskussion lässt sich nur mit der fehlenden Theorie oder fehlenden Norm erklären, wie Rentenbezüge definiert sein sollten.

Ein einfaches Beispiel für eine generationengerechte Rentenversicherung

Wäre die Welt nicht so kompliziert, wie sie es nun einmal ist, könnte eine generationengerechte Rentenversicherung wie folgt berechnet werden.[6] Um das Prinzip zu verdeutlichen, vereinfachen wir stark und gehen davon aus, dass alle Berufstätigen Vollzeit arbeiten, und es keine Unterschiede im täglichen Bedarf von alten und jungen Menschen gibt. Außerdem nehmen wir an, dass alle Menschen ausschließlich von ihren Gehältern leben. Dann wäre die Abhängigkeit von der Rentenversicherung total: Rentner dürften nicht arbeiten und hätten keinerlei Ersparnisse.

Unter diesen theoretischen Voraussetzungen läuft die Rentenversicherung auf eine Teilung des von den Jungen erwirtschafteten Arbeitseinkommens zwischen Jungen und Alten hinaus. Am naheliegendsten wäre es, es gleichmäßig zu verteilen, lediglich beschränkt durch das proportionale Verhältnis zum eigenen früheren Einkommen der Rentner. Wer mehr eingezahlt hat, erhält mehr ausgezahlt.

Eine attraktive, einfache generationengerechte Rentenversicherung würde den Beitragssatz nach diesem Modell als Prozentsatz des Erwerbseinkommens berechnen (nach Steuern einschließlich der Steuer gegen Einkommensungleichheit wie im Kapitel 11 beschrieben), der dem Prozentsatz der Rentner entspricht. Der Anteil der Ruheständler in der amerikanischen Bevölkerung liegt derzeit bei 11 Prozent;[7] demnach würden die Beiträge bei 11 Prozent für jeden Berufstätigen liegen. 89 Prozent des versteuerten Einkommens blieben dem Haushalt. In diesem Modell werden die Beitragssätze nicht von politischen Faktoren oder willkürlichen Maßnahmen, sondern ausschließlich von der Demografie bestimmt; der Beitragssatz ändert sich mit der demografischen Entwicklung.

Die Fairness gebietet, dass sich die Höhe der Renten nach der Höhe der früheren Bezüge und damit nach der Höhe der früher gezahlten Beiträge richtet. Vereinfacht würde die Rentenberechnung für jeden Rentner und jede Rentnerin von dem inflationsbereinigten Durchschnittseinkommen ausgehen (wobei dieses Durchschnittseinkommen ähnlich wie heute in der amerikanischen Sozialversicherung berechnet würde, allerdings ohne die Beschränkung auf ein Maximaleinkommen). Der Quotient würde sich jährlich aus der Division der Beitragszahlungen der arbeitenden Bevölkerung in diesem Jahr durch die Summe der inflationsbereinigten Durchschnittseinkommen aller Menschen im Ruhestand errechnen. Auf diese Weise entsprechen sich Ein- und Auszahlungen exakt; die Gesamtsumme der Beiträge von den berufstätigen Menschen entspricht der Gesamtsumme der Renten der im Ruhestand lebenden Menschen. Dabei erhalten jene, die mehr eingezahlt haben, proportional mehr.

Zwischen diesem System und dem derzeit in vielen Ländern genutzten System besteht ein großer Unterschied. Das schematische Konzept der derzeitigen Altersvorsorge verspricht den Rentnern ein bestimmtes Einkommen, unabhängig von Veränderungen des Verhältnisses zwischen Berufstätigen und Rentnern innerhalb der Bevölkerung und unabhängig von dem tatsächlichen Einkommen der im Arbeitsprozess stehenden Bevölkerung. In einem solchen System teilen sich die Generationen das Risiko nicht. Die Last einer potenziellen Verschlechterung liegt allein auf den Berufstätigen und ihren Familien, wodurch das Risiko vergrößert wird und zwei Generation betrifft. Wird das System, wie vorgeschlagen, umgestellt, tragen alle zur gleichen Zeit lebenden Menschen die Risiken der aktuellen Wirtschaftslage.

Die tatsächliche Einführung einer generationengerechten Rentenversicherung würde viele andere Faktoren berücksichtigen müssen, die in diesem vereinfachten Beispiel weggelassen wurden: Ersparnisse, Anreize zum Sparen, Risiken, den Ersparnisse ausgesetzt sind, Zuverdienst, die jeweiligen wirtschaftlichen Bedürfnisse von alten und jungen Menschen und die Versuchung der Jungen, sich ihrer Verantwortung gegenüber den Alten zu entziehen. Aber das grundsätzliche Prinzip des zwischen den Generationen gerecht geteilten Risikos bliebe dasselbe.

Geteilte Risiken innerhalb der Familie

Eine generationengerechte Rentenversicherung überträgt die Aufgabe der Familie auf eine größere Einheit. Bisher war die Familie im Grunde die einzige generationsübergreifende Institution, um mit wirtschaftlichen Schwierigkeiten fertig zu werden. Die Möglichkeit, vergleichbare Verträge über die Finanzmärkte abzuschließen, bestand für Einzelpersonen nicht, und da man mit Kindern keine Verträge schließen kann – mit jenen, die für uns sorgen werden, wenn wir alt sind –, hat man sich auf die Tradition verlassen. Es war Sache der Familien, die jeweiligen Bedürfnisse und Fähigkeiten der einzelnen Mitglieder zu berücksichtigen, und es war bislang in gewissem Grad selbstverständlich, dass man sich gegenseitig half. Die Beschränkung des Risikomanagements auf eine familieninterne Angelegenheit hat auch mit dem Informationsstand zu tun. Im Informationszeitalter liegen die Dinge jedoch anders. Die allgegenwärtige Verfügbarkeit der notwendigen Daten erlaubt es, das Risikomanagement von der Familie auf eine breiter abgestützte soziale Institution zu übertragen. Wenn die Rentenversicherungssysteme in ihrer Risikomanagement-Funktion der Familie ähnlicher werden könnten, könnten sie die relevanten Informationen besser berücksichtigen.

Zu jedem Zeitpunkt der menschlichen Geschichte war die Altersvorsorge ein Umlagesystem: In jeder Generation halfen junge Erwachsene ihren Kindern, in ihren mittleren Jahren dann auch den Eltern. Als junger Mensch »sparte« man, indem man seine Kinder verpflichtete, nicht, indem man Aktien, Anleihen oder anderes Kapital anhäufte. Die heutigen Umlagesystem mit der Altersvorsorge können als verbesserte Version dieses altehrwürdigen Systems betrachtet werden. Die Verbesserung liegt dabei in der Formalisierung und dem größeren Pool, aus dem das Risiko gedeckt werden kann.

Die Familie ist eine grundlegende Institution, die wir auch in ihrer Funktion für das Risikomanagement nicht abschaffen wollen. Aber wenn sich die Menschen ausschließlich auf die Familie zur Altersvorsorge verlassen müssten, wäre das Risiko einfach zu hoch.

Wenn die Sorge für die eigenen Eltern an ein Rentenversicherungssystem abgegeben werden kann, hat das verschiedene Vorteile. Nicht jeder Mensch hat Kinder, und manchmal sterben die Kinder vor den Eltern: Diese Menschen haben Probleme mit ihrer Altersvorsorge. Manche Kinder kümmern sich nicht um ihrer Eltern und vernachlässigen sie. Früher konnte der Familienclan Druck auf diese Kinder ausüben oder die Sorge für diese älteren Menschen teilweise mitübernehmen, aber darauf kann man sich nicht verlassen. Ein staatliches Umlagesystem der Rentenversicherung eliminiert solche Ungewissheiten.

Die staatliche Rentenversicherung sollte jedoch ebenso flexibel sein, wie früher die Familien. Innerhalb der Familie hängt die Sorge für die Eltern ganz natürlich von dem Einkommen der Kinder ab und deren Belastungen für eventuelle eigene Kinder. Diese Flexibilität impliziert ein Geben und Nehmen, je nach den Bedürfnissen und Fähigkeiten der Beteiligten. Wenn die Eltern ökonomisch gut dastehen, beispielsweise geschäftlich erfolgreich waren und ihren Verdienst in Aktien investiert haben, die sich gut entwickelt haben, erwarten sie von ihren Kindern wahrscheinlich weniger oder gar keine Unterstützung. Und wenn die Kinder als Erwachsene sehr wohlhabende Leute sind, werden sie die finanziellen Bedürfnisse ihrer Eltern tendenziell großzügiger erfüllen. Leiden die Kinder umgekehrt als Erwachsene unter großen wirtschaftlichen Schwierigkeiten, versteht sich eine entsprechend geminderte Großzügigkeit von selbst.

Derzeit lassen die Rentenversicherungssysteme eine solche Flexibilität vermissen. Feststehende und garantiert an die Inflation angepasste Rentenbezüge, verstanden als nicht veränderliche Zusage an die älteren Menschen, entheben diese aller wirtschaftlichen Risiken, die allein auf den Jüngeren ruhen.

Soweit ich sehen kann, gibt es derzeit kein Rentenversicherungssystem, das die Anforderungen einer generationengerechten Risikoverteilung im Grundsatz erfüllen würde. Immerhin wurden in Schweden zwischen 1998 und 2001 Änderungen eingebaut, die diesen Aspekt berücksichtigen. Seither liegt der Beitrag jedes einzelnen Berufstätigen (einschließlich des Arbeitgeberanteils) bei 18,5 Prozent der ruhegehaltsfähigen Einkünfte. Davon gehen 16 Prozent in das Umlagesystem, 2,5 Prozent werden auf ein individuelles Konto eingezahlt. Der Umlageanteil wird unmittelbar als Rente wieder ausgezahlt (ein Teil fließt auch in die Rücklagen) und auf ein »fiktives Konto« eingezahlt, für das es »Zinsen« gibt, die die späteren Rentenansprüche des oder der Betreffenden bestimmt. Da sich der »Zinssatz« des fiktiven Kontos nach der Wachstumsrate der Durchschnittseinkommen richtet (berechnet nach einer komplizierten Formel, die sicherstellen soll, dass sich Rentenansprüche und Beiträge ungefähr die Waage halten), richtet sich die Höhe der späteren Renten nach der zum Zeitpunkt der Auszahlung vorhandenen Wirtschaftskraft. Das System berücksichtigt einige, wenn auch nicht alle

Vorschläge in diesem Kapitel. Der demografische Aspekt fehlt, ebenso die Bedürfnisse oder Einkünfte von Menschen im Ruhestand. Aber die Renten richten sich nach der Fähigkeit der arbeitenden Menschen, die notwendigen Gelder aufbringen zu können.[8]

Generationengerechte Rentenversicherung im Vergleich zu individuellen Konten

Die jüngsten Vorschläge zur Sanierung der Rentenversicherung sehen vor, dass die Berufstätigen ihren Beitrag auf ein persönliches Konto einzahlen und am Aktienmarkt oder in anderen Anlageformen investieren. Damit würde die Altersvorsorge zum Teil auf eine Art Pflichtsparen und Investmentpläne verlagert. Derartige Vorschläge wurden in vielen Ländern diskutiert und in einigen bereits umgesetzt. Die Befürworter begründen sie mit dem modernen Sinn für die Finanzmärkte. Und in genau diesem Punkt liegt ihr Manko. Denn wer die moderne Finanztheorie kennt, weiß, dass man Risiken nicht allein durch Diversifizierung eines Portfolios, sondern durch die Verteilung auf viele Schultern in ihren Auswirkungen mildert. Bei der Rentenversicherung muss die Risikoverteilung zwischen den Generationen konstruktiv gelöst werden. Wer sie von dem Geschick oder dem Glück bei der Anlagestrategie abhängig macht, kippt das Risikomanagement insgesamt.

Wer der ausschließlich privaten, wenn auch staatlich verordneten Vorsorge das Wort redet, hat die Lektion des modernen Finanzwesens offenbar nicht begriffen. Manche scheinen 12 Prozent als langfristige Rendite von Aktien für eine eherne Regel zu halten, die alle Probleme der Rentenversicherung lösen könnte, wenn denn alle Versicherten sich an der Börse engagieren würden. Das hat mit finanziellem Sachverstand nichts zu tun. Es heißt einfach, blind darauf zu vertrauen, dass sich die Aktien auch in Zukunft so prächtig wie in der Vergangenheit entwickeln werden.[9]

Viele Befürworter einer individuellen Altersvorsorge scheinen anzunehmen, eine Lektion des modernen Finanzwesens sei die unterschiedliche Risikobereitschaft von Menschen. Als käme es hauptsächlich auf die Vorlieben beim Geldanlegen an, legen sie den Akzent auf die Wahlfreiheit zwischen Aktien und Anleihen, zwischen riskanten Aktien und weniger riskanten Aktien. Doch was die Sorge um die Zeit im Ruhestand betrifft, unterscheiden sich Menschen offensichtlich hauptsächlich hinsichtlich ihres Alters und ihrer Generationszugehörigkeit. Ob risikofreudig oder nicht spielt eine untergeordnete Rolle.[10]

Sicherheit für die Gesellschaft als Ganzes

Wir müssen die Rentenversicherung so umgestalten, dass die Risiken gerecht zwischen den Generationen geteilt sind. Wenn sich solche Risiken innerhalb der engen Familienbande einstellen, ist deren Bedeutung offensichtlich. In Familien mit einem starken Zusammenhalt und einem liebevollen Umgang ist es selbstverständlich, dass sich die Einzelnen an jene Beiträge erinnern, die von Eltern oder Großeltern oder anderen bereits geleistet wurden und werden sich bei Bedarf um die Betreffenden kümmern. Die Gesellschaft als Ganzes kann und soll eine Familie nicht ersetzen, muss aber anerkennen, dass enge Familienbande nicht überall selbstverständlich sind. Und selbst wenn eine Familie intakt ist, es ist eine zu kleine Einheit, als dass sie alle Risiken aller Familienmitglieder abfangen könnte. Die Gesellschaft kann die in einer guten Familie selbstverständliche Fürsorge nicht ersetzen, aber sie kann ihr einen großen Teil des Risikomanagements abnehmen und Risiken effizienter als jede Familie bewältigen.

13

Internationale Risikokontrolle

Zwischen 1965 und 1990 erlebten zwei Länder auf zwei verschiedenen Kontinenten – Argentinien und Südkorea – wirtschaftlich einen Umbruch. 1965 lag das Pro-Kopf-Einkommen in Südkorea bei 1 754 Dollar. Zu demselben Zeitpunkt lag das Pro-Kopf-Einkommen in Argentinien mit 8 371 Dollar fast fünfmal so hoch. Damals hätte Südkorea Argentinien demütig um Auslandshilfe bitten können. 25 Jahre später, 1990, war das Pro-Kopf-Einkommen von Südkorea auf 10087 Dollar gestiegen, wärend das argentinische Pro-Kopf-Einkommen auf 7 158 Dollar gefallen war.[1] Jetzt war Südkorea das reiche und Argentinien das vergleichsweise arme Land. Niemand hätte diesen Umschwung erwartet.

Die Dinge könnten anders liegen, wenn Südkorea 1965, vermutlich über eine internationale Agentur, mit Argentinien und anderen Staaten ein Abkommen zur Teilung von Entwicklungsrisiken vereinbart hätte. Ein solches Abkommen hätte vorgesehen, dass Südkorea den Vertragspartnern etwas bezahlt, wenn sich sein Bruttoinlandsprodukt im Vergleich zu deren Performance besser als erwartet entwickelt und umgekehrt. Die internationale Agentur, die ein solches Abkommen eingefädelt hätte, hätte wohl Staaten aus ganz verschiedenen Ecken der Welt zusammengebracht, weil durch die räumliche Entfernung die Wahrscheinlichkeit einer unterschiedlichen wirtschaftlichen Entwicklung höher ist. Vielleicht wäre die internationale Agentur auch der geeignetere Vertragspartner, sodass das Arrangement nicht direkt zwischen den beiden Staaten, sondern jeweils zwischen Argentinien und der Agentur und Korea und der

Agentur vereinbart worden wäre. Die politischen Auswirkungen wären andere, die inhaltlichen Folgen blieben dieselben.

Im Rückblick können wir sagen, dass Südkorea Argentinien große Geldsummen hätte zahlen müssen und damit das ökonomische Desaster des südamerikanischen Landes erheblich hätte lindern können. Südkorea könnte angesichts seines Reichtums die Zahlungen an Argentinien mühelos aufbringen. Diese Entwicklung – dass ein Entwicklungsland dem entwickelten Land unter die Arme greift – hätte niemand erwartet, sie entspricht aber der Realität.

Andererseits hätte sich Südkorea natürlich durchaus anders entwickeln können. Dass das Pro-Kopf-Einkommen weit über die ursprünglichen 1754 Dollar anwachsen würde, stand nicht von vornherein fest. Und Argentinien hätte sich ökonomisch erfolgreich entwickeln können. In diesem Fall hätte Argentinien Südkorea vor wirtschaftlich extrem schwierigen Jahrzehnten bewahren können.

1965 hätte niemand sagen können, wer wem was zu zahlen hätte. Gleichgültig in welche Richtung, vorhersehbar wäre nur gewesen, dass erhebliche Summen zwischen den beiden Ländern fließen würden. 1965 wäre der Vertrag auf jeden Fall zum beiderseitigen Nutzen gewesen.

Mehr noch, wäre ein solches Abkommen 1965 geschlossen worden, der Lebensstandard wäre heute vielleicht in beiden Ländern höher. Denn abgesichert durch den Vertrag hätten beide Länder kalkulierte Risiken eingehen und Chancen nutzen können, die keines der Länder allein wagen konnte.

Wie die internationale Risikokontrolle funktionieren könnte

In diesem Kapitel geht es um eine Risikoteilung zwischen Staaten, vermutlich mit Unterstützung internationaler Agenturen, vereinbart von ihren Regierungen, die wirtschaftlich wesentliche Erleichterungen bringen könnte. Das Teilen von Risiken zwischen Regierungen, welches das Risikomanagement einzelner Staatsbürger durch

Instrumente wie Lebensstandard-Versicherungen, Makromärkte und einkommensgebundene Darlehen verstärkt, würde die Form zwischenstaatlicher Abkommen annehmen.

Das staatliche Engagement in Sachen Risikominimierung ist notwendig, weil Individuen sich zwar für ihre eigene Lebenszeit, nicht aber darüber hinaus vertraglich verpflichten können. Auch können sich weder Kinder noch Kindeskinder vertraglich binden, es sei denn über den Staat. Und auch das moralische Wagnis, dass Menschen in dem einen Staat weniger hart arbeiten könnten, weil ihr Einkommen durch die geteilten Risiken ohnehin garantiert ist, ist in den Händen der Regierung am besten aufgehoben.[2]

Mein Vorschlag richtet sich auf sehr langfristige (50 Jahre oder mehr) Risikomanagement-Vereinbarungen zwischen Staaten zugunsten ihrer Bürger. Diese Form internationaler Risikokontrolle würde sich auf die kumulierten Auswirkungen von Risiken richten, denen die Staaten ausgesetzt sind und die in ökonomisch aussagekräftigen Kennziffern wie dem Pro-Kopf-Einkommen gemessen werden. Anhand der im Vertrag vorgesehenen Berechnungsmethode würde das ökonomisch erfolgreichere Land, also jenes mit einem höheren Pro-Kopf-Einkommen, dem ökonomisch weniger erfolgreichen Land, dessen Pro-Kopf-Einkommen unter die erwarteten Zahlen gefallen oder nicht so stark wie erwartet gewachsen ist, Ausgleichszahlungen leisten. Die Abkommen könnten auch eine Untergrenze vorsehen, bis zu welchem Anteil des Bruttoinlandsprodukts ein Land zu Zahlungen verpflichtet ist. Ein solches Limit würde verhindern, dass ein Staat unter extremen Bedingungen die Mitarbeit verweigert.[3]

Die Implementierung internationaler Risikovereinbarungen würde verschiedene Elemente umfassen. Erstens müsste der Vertrag anhand der bei Aufnahme der Verhandlungen vorliegenden Informationen die erwarteten Wirtschaftswachstumsraten festhalten, damit später klar ist, welche Wachstumsraten sich gegen diese Erwartung entwickelt haben. Zweitens müsste vertraglich ein Zahlungsplan festgehalten werden, nach dem der Vertragspartner mit dem besseren Wirtschaftswachstum dem Vertragspartner mit dem schlechteren Wachstum jährlich Gelder überweist. Drittens müsste der Vertrag die verschiedenen Vertragspartner gewichten, je nach Umfang der Risiken, relativem Pro-Kopf-Einkommen und Einwohnerzahl. Verschiedene Einsichten der Finanzwissenschaften könnten zur optimalen Ausgestaltung der Vertragsbedingungen beitragen.[4]

Selbstverständlich würden diese Vertragsbedingungen zum Gegenstand heftiger Auseinandersetzungen. Gleichzeitig müsste jeder Staat ein Interesse daran haben, derartige Verträge bis zur Unterschriftsreife auszudiskutieren, denn alle würden von einem optimalen Abkommen profitieren.

Derartige Abkommen würden den Staaten eine Sicherheit bieten, die weit über spezifische, eng umgrenzte Risiken hinausgeht, nicht anders als die in Kapitel 9 beschriebenen Makromärkte für Privatpersonen und Unternehmen. Jede Bewegung, die sich im Bruttoinlandsprodukt niederschlägt, würde erfasst.

Ein Beispiel: Risikomanagement-Abkommen zwischen Indien und anderen großen Staaten

Nehmen wir einmal an, ein Vertrag mit zehnjähriger Laufzeit würde zwischen einem armen Staat auf der einen Seite – in unserem Beispiel Indien – und einigen der wohlhabenderen Länder wie Kanada, Mexiko, den Vereinigten Staaten, Brasilien, Japan, Frankreich, Deutschland, Italien und Großbritannien auf der anderen Seite geschlossen, um unvorhersehbare Veränderungen des indischen Bruttoinlandsprodukts gegen unvorhersehbare Änderungen des kumulierten Bruttoinlandsprodukts der Vertragspartner abzusichern. Das Abkommen soll Indien gegen wirtschaftliche Risiken schützen, weil ein ökonomischer Niedergang hier auf die ohnehin sehr arme Bevölkerung verheerende Auswirkungen hätte. Viele Inder haben keine Rücklagen, die sie vor den Folgen einer Rezession schützen könnten. Der Vertrag wäre kein Wohlfahrtsabkommen für Indien. Er würde allen Vertragspartnern zugute kommen, nicht nur dem Subkontinent.

Stefano Athanasoulis und ich haben ein denkbares Vertragsmodell zwischen Indien und einigen Industrieländern beschrieben und analysiert.[5] Es wäre ein Vertrag in der Form eines Swap, eine heute geläufige Form finanzieller Verträge. Der erste Schritt auf dem Weg zu einem solchen Vertrag wäre eine Vereinbarung über das erwartete Wirtschaftswachstum beziehungsweise das Wachstum des Pro-Kopf-Einkommens in allen Vertragspartnerländern. Die Zukunft ist ungewiss, insofern ist das natürlich eine sehr schwierige Aufgabe. Aber alle Beteiligten sollten ein Interesse an übereinstimmenden Erwartungen haben.

Vernünftigerweise kann man annehmen, dass Indien nach einiger Zeit die genannten Länder hinsichtlich des Pro-Kopf-Einkommens einholen wird. Die Kennziffer ist in Indien zwischen 1995 und 1999 jährlich um 5 Prozent gewachsen, der Abstand wird also kleiner. Aber da die anderen Länder vermutlich auch wachsen, kann es Jahrzehnte dauern, bis er verschwindet.

Das wäre also die Erwartung, aber Erwartungen können täuschen. Die Entwicklung könnte sich umkehren, die indische Wirtschaft mehrere Rückschläge erleiden, etwa infolge eines Krieges oder politisch motivierter Unruhen oder falscher Regierungsentscheidungen oder aus rein ökonomischen Gründen, etwa weil das Ziel einer Massenproduktion verfehlt wird (Gewinne, die nur sehr großen, etablierten Branchen allein aufgrund ihrer Größe zugute kommen). Denkbar sind natürlich auch verschiedene Kombinationen solcher Gründe. Andererseits könnte Indien auch ein spektakuläres Wirtschaftswunder erleben, das den Aufholprozess stark verkürzt. Im Vergleich zum erwarteten Szenario kann sich Indien mithin sowohl besser als auch schlechter entwickeln.

Wenn die in Kapitel 9 beschriebenen Makromärkte für das Bruttoinlandsprodukt von Staaten Wirklichkeit würden, wird es wahrscheinlich einfacher sein, solche Erwartungen zu definieren. Der in Makromärkten festgestellte Marktpreis enthält Aussagen über die künftige Entwicklung. Aber wir müssen nicht auf solche Makromärkte warten, um die hier vorgeschlagenen internationalen Verträge einzuführen. In diesem Fall muss die Erwartung lediglich innerhalb des Vertrages definiert werden.

Wenn sich das indische Bruttoinlandsprodukt während der zehnjährigen Laufzeit des Vertrages im Verhältnis zum durchschnittlichen Bruttoinlandsprodukt der Vertragspartner schlechter als erwartet entwickelt, sind diese verpflichtet, Gelder in bestimmter Höhe an Indien zu überweisen und die Wucht der negativen Entwicklung dort zu mildern. Würde sich andererseits das indische Bruttoinlandsprodukt im Lauf dieser zehn Jahre besser als erwartet und besser als das Bruttoinlandsprodukt der Vertragspartner entwickeln, müsste Indien den reicheren Ländern Zahlungen leisten.

Der Swap zwischen Indien und seinen Vertragspartnern könnte auch die Form einer Parallelanleihe (oder eines wechselseitigen Kredits) annehmen, vergleichbar mit den in den siebziger Jahren zwischen Unternehmen beliebten Devisen-Swapgeschäften oder Zins-Swaps.[6] Indien hätte gegenüber jedem der Partnerstaaten eine Verbindlichkeit, die als prozentualer Anteil am Wachstum des indischen Bruttoinlandsprodukts über die vertraglich festgelegten Erwartungen hinaus definiert wäre. Jeder Partnerstaat hätte gegenüber Indien eine Verbindlichkeit, die als prozentualer Anteil am Wachstum seines Bruttoinlandsprodukts über die vertraglich festgelegten Erwartungen hinaus definiert wäre. Der Vertrag läuft auf einen Austausch eines unerwarteten BIP-Wachstums hinaus. In Gestalt einer Parallelanleihe wird der Swap wahrscheinlich eher respektiert als das simple Versprechen, unerwartete Zuwächse des Bruttoinlandsprodukts auszutauschen, denn für alle Teilnehmer stellt sie sich psychologisch als normale Verbindlichkeit dar, deren Bedienung seit langem selbstverständlich ist.

Abgesehen von den Zahlungen, die von der Entwicklung des Bruttoinlandsprodukts abhängen, würde der Vertrag weitere feststehende jährliche Zahlungen vorsehen. *Athanasoulis* und ich haben für Indien ausgerechnet, dass das Land am besten für die Risikominderung durch den Swap eine negative Gebühr zahlen würde. Das heißt, Indien würde als Hauptnutznießer des Vertrags den anderen Vertragspartnern genügend große Vorteile verschaffen, um ihre Teilnahmebereitschaft zu vergüten.

Es sollte klar geworden sein, dass Indien gegen unabsehbare wirtschaftliche Risiken abgepolstert werden soll und im Gegenzug den reicheren Ländern kleine Zahlungen leistet, falls sich seine Wirtschaft besser als erwartet entwickelt. Mit einer solchen Konstruktion könnte Indien viel »Versicherung« für wenig mehr als ein Versprechen auf künftige Hilfsleistungen einkaufen, die nur im Fall einer für die Industriestaaten ungünstigen Entwicklung fällig würden.

Ein Vertrag, der das arme Indien (dessen Pro-Kopf-Einkommen bei 10 Prozent des Pro-Kopf-Einkommens der Vereinigten Staaten liegt) unter irgendwelchen Umständen zur Zahlung eines signifikanten Anteils seines Bruttoinlandsprodukts an wohlhabendere Staaten verpflichtet, mag herzlos wirken. Jedoch könnte allein diese Aussicht die wohlhabenderen Staaten dazu bewegen, mit Indien einen derartigen Vertrag überhaupt abzuschließen. Indien müsste nur in dem Fall einen Teil seines Bruttoinlandsprodukts zahlen, wenn sich dieses im Verhältnis zur Entwicklung des Bruttoinlandsprodukts der Vertragspartner besser als erwartet entwickelt, und in diesem Fall würde Indien das Geld nicht derart dringend brauchen, als wenn die Entwicklung des Bruttoinlandsprodukts hinter den Erwartungen zurückbliebe. Der Wert eines solchen Abkommens erweist sich für Indien in dem Moment, in dem sich das indische Bruttoinlandsprodukt schlechter als das der anderen entwickelt und das Geld dringend im Land benötigt wird.

Mancher mag es für utopisch halten, dass Indien je in die Lage kommen könnte, Zahlungen aus derartigen Verträgen leisten zu müssen. Mancher mag denken, warum sollte sich ein armes Land an sein Versprechen halten und an ein viel reicheres Land Geld zahlen? Doch Indien bedient auch heute seine Schulden, und die zusätzlichen Zahlungsverpflichtungen würden nur in dem Fall entstehen, wenn sich seine Wirtschaft besser als erwartet entwickelt. Es hätte dann keinen Anlass, sich moralisch aufs hohe Ross zu setzen und die Verweigerung seiner Zahlungen zu begründen. Nach dem Zusammenbruch der Sowjetunion 1991 stellte mancher die Verpflichtung Indiens in Frage, Kredite von der ehemaligen Sowjetunion den Nachfolgestaaten zurückzuzahlen. Aber Indien zahlte. Man könnte meinen, Indien hätte sich auf sein sehr viel niedrigeres Pro-Kopf-Einkommen zurückziehen und die Zweideutigkeit der Schuldenfrage dahingehend lösen können, dass es die Zahlungsverpflichtungen insgesamt ablehnte.[7] Dieses und andere Beispiele zeigen, dass es keinen Grund zu der Annahme gibt, Indien könnte Risikomanagement-Abkommen im Fall einer positiven Wirtschaftsentwicklung brechen.

Nach *Athanasoulis'* und meinen Berechnungen würde sich diese Form internationaler Risikokontrolle für Indien mit 10 Prozent jährlichem Wachstum des Bruttoinlandsprodukts auszahlen.[8] Das heißt, allein dieses Abkommen würde für einen Anstieg der erwarteten wirtschaftlichen Prosperität sorgen, der einem Zehntel der Jahreseinkünfte entspricht. Dieser positive Effekt wäre noch sehr viel ausgeprägter, wenn der Vertrag länger als zehn Jahre laufen würde. Er liegt deswegen so hoch, weil die Kosten im Fall eines ökonomischen Rückschlags für Indien angesichts der im Land herrschenden Armut sehr hoch lägen. Zu viele Menschen leben dort bereits an und unter der Armutsgrenze. Für die USA läge der erwartete Wert eines solchen Vertrags bei lediglich 0,2 Prozent des jährlichen Bruttoinlandsprodukts. Die Zahl liegt viel niedriger, weil die Vereinigten Staaten nicht der einzige Vertragspartner Indiens sind. Trotzdem lohnt es sich für die USA, aus der bloßen Unterzeichnung dieses Vertrags 0,2 Prozent des jährlichen Bruttoinlandsprodukts zu erhalten.

Die Zahlen könnten noch zu niedrig geschätzt sein, weil sie die Auswirkungen der internationalen Risikokontrolle auf das Verhalten der Staaten nicht berücksichtigen. Durch die Absicherung könnten Staaten größere Risiken eingehen. So, wie die Dinge heute liegen, kann die indische Geschäftswelt vieles nicht wagen, weil das Risiko für das gesamte Land untragbar groß wäre, und die indische Regierung kann keine Anreize für riskante Unternehmen auf nationaler Ebene bieten, weil ein potenzielles Scheitern verheerende Folgen für die Millionen Einwohner des Landes hätte. Dank eines internationalen Abkommens könnten sich in Indien neue Branchen entwickeln, neue Industrien ansiedeln, neue Schwerpunkte herausbilden, an die derzeit wegen der möglichen Gefahren niemand auch nur zu denken wagt.

Diese Form internationaler Risikokontrolle, die am Beispiel Indiens beschrieben wurde, könnte auf alle Staaten der Welt ausgedehnt werden. Denkbar sind internationale Verträge zwischen den Vereinigten Staaten und der Europäischen Union, zwischen der Europäischen Union und Japan, zwischen Lateinamerika und Asien und so weiter.

Die Größenordnung der vorgeschlagenen internationalen Vereinbarungen

Um Wirkung zu zeigen, müssten internationale Risikovereinbarungen in einem sehr großen Umfang abgeschlossen werden. Erhebliche Anteile des Volkseinkommens müssten zwischen den Staaten verschoben werden. Vergleichen wir die Transferleistungen mit der Auslandshilfe, die den Entwicklungsländern von den Industrieländern geboten wird. Ihr Anteil schwankt zwischen 0,1 Prozent am amerikanischen Bruttoinlandsprodukt bis hin zu 1 Prozent am schwedischen Bruttoinlandsprodukt. Erst wenn dieser Prozentsatz mindestens verzehnfacht würde, könnte man von einem bedeutsamen Beitrag sprechen.

Die derzeit übliche Entwicklungshilfe wird bevorzugt an ehemalige Kolonien oder Länder vergeben, an denen seitens des entwickelten Landes ein politisches Interesse besteht. Unabhängig von den jeweiligen Systemen erhalten jene Länder, die wirtschaftlich am weitesten hinterherhinken, keinerlei substanzielle Hilfe.[9]

Um die Auslandshilfe auf ein nennenswertes Niveau zu heben und den Ländern zugute kommen zulassen, die sie am dringendsten brauchen – jene, deren wirtschaftliche Entwicklung besonders unglücklich verlief –, sind neue Konzepte nötig. Die Auslandshilfe muss allen beteiligten Staaten Vorteile verschaffen, und genau das leistet die hier vorgeschlagene internationale Risikokontrolle. Es wäre wohl vergeblich, auf verstärkte internationale Hilfen durch eine wachsende Hilfsbereitschaft der Geberländer zu hoffen, und das ist auch nicht Gegenstand meiner Ausführungen. Kein Land der Welt würde sich aus purem Altruismus auf internationale Risikokontrolle einlassen, kein Kontrakt von den Vertragspartnern ohne eigenes Interesse unterschrieben.

Internationale Risikokontrolle bedeutet weder Weltregierung noch die Übertragung nationaler Rechte auf ausländische Körperschaften. Es bedeutet nur, auf staatlicher Ebene dieselbe Risikovorsorge zu betreiben, die ich weiter oben für Privatpersonen beschrieben habe. Es bedeutet, dass die Staaten ihre Beziehungen zu anderen Staaten unter Gesichtspunkten des Risikomanagements betrachten.

Diese Abkommen unterscheiden sich von den heutigen, Risikoaspekte nur am Rande behandelnden Verträgen durch die Größenordnung und die stärkere Formalisierung. Die vielversprechendsten Verträge über den Austausch von Zuwächsen im Volkseinkommen über erwartete Margen hinaus könnten zwischen Länderblöcken geschlossen werden, die sich in ihrer Wirtschaftsstruktur sehr voneinander unterscheiden und insofern völlig unterschiedliche Risiken wechselseitig absichern können.[10]

Der derzeitige Stand der internationalen Risikokontrolle

Die heute zwischen souveränen Staaten übliche Risikoteilung ist vollkommen unzureichend und eher informell als vertraglich vereinbart. Verträge, die substanziell und effizient helfen könnten, so wie von *Athanasoulis* und mir vorgeschlagen, hat es noch nie gegeben. Es konnte sie gar nicht geben, weil der theoretische Hintergrund und das Vokabular des modernen Risikomanagements fehlte, um überhaupt solche Verträge formulieren zu können. Die staatlichen Abkommen, die wir vorschlagen, ähneln eher den heute üblichen Finanzverträgen zwischen Privatpersonen oder Unternehmen. Bisher hat die Sprache der Finanzwelt den Sprung in internationale Vereinbarungen nicht geschafft. Schafft sie ihn weiterhin nicht, wird eine Verfeinerung des Risikomanagements nicht möglich sein.

Heutzutage erhalten Länder in Notlagen Hilfslieferungen aus den reicheren Staaten. Dabei muss regelmäßig ein katastrophales Ereignis vorangegangen sein. Eine auf allgemeinen Grundlagen beruhende, vertraglich vereinbarte Unterstützungen ist nicht üblich. Die reichen Länder leisten Hilfe, wenn sie sich davon politische Vorteile versprechen. Nur wenn sie durch die öffentliche Meinung, durch die Schlagzeilen zum Handeln gezwungen werden, tun sie etwas. Und selbst dann ist es meistens ein Tropfen auf den heißen Stein.

Trotzdem gibt es natürlich Staaten, die sich in der internationalen Risikokontrolle engagieren, das sei hier ausdrücklich anerkannt.

Der Commonwealth of Nations, der frühere British Commonwealth, hat in gewissem Maß einen Geist wechselseitiger Hilfe zwischen den Mitgliedsnationen entwickelt. Es handelt sich um eine lose Allianz mit 54 unabhängigen Staaten, die einst zum Britischen Empire gehörten. Der Commonwealth erhielt 1931, als er nur aus dem Vereinigten Königreich, Australien, Kanada und Neuseeland bestand, mit dem Westminster-Statut seine Gründungsurkunde. Inzwischen repräsentiert er mit 1,7 Milliarden Einwohnern rund 30 Prozent der Weltbevölkerung. Schon der Name, der übersetzt »allgemeiner Wohlstand« bedeutet, enthält einen Hinweis auf geteilte Risiken. Trotzdem übernimmt der Commonwealth keinerlei effektive Risikomanagementfunktion, er kennt keine Vereinbarung, dass die erfolgreichen den ökonomisch weniger erfolgreichen Mitgliedern – wer auch immer das sein wird – helfen.

Die reicheren Mitgliedsländer lassen offenbar lieber anderen

Commonwealth-Staaten Auslandshilfe zukommen als Staaten, die nicht dem Commonwealth angehören. In dem Maß, in dem die Auslandshilfe Veränderungen der Volkswirtschaften spiegelt, ist der Commonwealth eine Risikomanagement-Institution. Aber die Hilfe bleibt auf niedrigem Niveau.

Die Europäische Union, ein Verbund europäischer Staaten, der aus der Europäischen Wirtschaftgemeinschaft hervorging und in dem ungefähr 6 Prozent der Weltbevölkerung leben, verfügt über einige ausdrücklich der Risikokontrolle dienende Einrichtungen. Ein Teil der Mehrwertsteuer fließt aus den Mitgliedstaaten an die EU. Zusammen mit einigen anderen Einnahmequellen verfügt die EU über rund 1 Prozent des BIP aller Mitgliedstaaten. Ein Drittel der Einnahmen wird für Strukturfonds ausgegeben, die den ärmeren Regionen zugedacht sind. Außerdem existiert ein kleinerer Kohäsionsfonds mit derselben Aufgabe. Beide Fonds sind Mittel der Risikoteilung, aber die Beträge beschränken sich auf einen winzigen Bruchteil des BIP.

In der Gemeinschaft unabhängiger Staaten, kurz GUS, schlossen sich elf der früheren Sowjetrepubliken nach dem Zusammenbruch der UdSSR 1991 zusammen. 5 Prozent der Weltbevölkerung leben auf ihrem Gebiet. Satzungsgemäß wollen die GUS-Mitglieder wechselseitig für militärische Sicherheit sorgen, Konflikte verhindern und Streitigkeiten lösen sowie wirtschaftliche, soziale und juristische Maßnahmen untereinander abstimmen und auf die gleichberechtigte Souveränität aller Mitgliedsländer achten. Risikoteilung sieht das Gründungsdokument nicht vor. Die Vernachlässigung dieses Punktes, der innerhalb der Sowjetunion wenigsten in gewissem Umfang gegeben war, wurde bereits kritisiert.

Auch internationale Handelsabkommen oder die internationalen Dachorganisationen der Gewerkschaften sehen keine nennenswerten Vorkehrungen im Sinn einer Risikoteilung zwischen den Nationen vor.[11]

Die einzigen derzeit vorhandenen Vereinbarungen zur Teilung von Risiken – die Strukturfonds der EU – umfassen Staaten, die sich politisch und geografisch vergleichsweise nahe stehen. Es wäre wesentlich sinnvoller, solche Vereinbarungen zwischen geografisch und ökonomisch weit entfernt liegenden Ländern abzuschließen, die mit hoher Wahrscheinlichkeit nicht ähnliche Ereignisse treffen werden. Das würde zugleich ein höheres Potenzial für Risikokontrolle bedeuten.

Risikokontrolle als Bestandteil internationaler Vereinbarungen

Die grundsätzlichen ökonomischen Risiken und ihre mögliche Lösung durch internationale Risikokontrolle gehören bislang nicht zum Vokabular und zum Handwerkszeug der Diplomaten, die internationale Verträge ausarbeiten. Es fehlt die Einsicht in Gefahren für den Lebensstandard, die sich über die Jahre langsam aufsummieren und soziale und andere Umwälzungen nach sich ziehen. Es fehlt die Einsicht, dass wir mit den BIP-Statistiken die nötigen Kennziffern besitzen, um grundlegende Risikokontrollvereinbarungen abzuschließen, dass wir die kombinierten Effekte aus zahlreichen, höchst verschiedenartigen Gefahren für den Wohlstand einer Nation messen können. Es fehlt vor allem die Einsicht, dass internationale Abkommen wirksame Abhilfe schaffen könnten.

Natürlich müssten beidseitig vorteilhafte Verträge die ökonomische Überlegenheit der Industriestaaten gegenüber den Entwicklungsländern anerkennen und die Tatsache, dass diese Überlegenheit zumindest kurzfristig, wenn nicht für immer, bestehen bleiben wird. Ein reiches Land wird keinem Vertrag zustimmen, der es mittel- oder langfristig seiner Vorteile beraubt. Ein Vertrag müsste künftige Veränderungen in Bezug zu derzeitigen Erwartungen setzen und einen Sachverhalt mit ungewissem Ausgang betreffen.

Es empfiehlt sich wohlhabenden Nationen generell, lieber mit ärmeren Ländern als mit anderen wohlhabenden Nationen eine Risikoteilung zu vereinbaren, da die zuerst Genannten mit anderen wirtschaftlichen Problemen kämpfen und insofern eine echte Diversifizierung stattfindet. Risiken lassen sich immer mit mehr Aussicht auf Erfolg zwischen unterschiedlichen Parteien teilen. Und dennoch ist die Konstruktion solcher Vereinbarungen besonders schwierig, weil sie auf künftige Risiken gerichtet sind und nicht auf aktuelle Ungleichheiten, die große Resentiments auslösen.

Der Abschluss von Verträgen zwischen Nationen über künftige Transferleistungen, die je nach ökonomischer Entwicklung die Zahlung großer Summen beinhalten, ist nicht leicht. Aber wenn diese Vereinbarungen im richtigen Licht – im Licht des Versicherungs- und Finanzwesens – gesehen und als wechselseitige Absicherung konzipiert werden, werden die meisten Menschen solche Vereinbarungen akzeptieren und sich ebenso daran gewöhnen wie an die heute bereits bestehenden Instrumente zur persönlichen Risikovorsorge.

Teil 4

Fragen der Umsetzung

14

GRID – Globale Risiko-Informations-Datenbanken

Unser derzeitiges Versicherungs- und Finanzsystem, das für unser persönliches Wohlergehen wie für den allgemeinen Wohlstand unentbehrlich ist, wäre ohne Daten undenkbar. Es beruht auf versicherungsmathematischen Tabellen, Unternehmensbilanzen, der Erfassung von Strafzetteln und Unfallberichten, Informationen zur Beschäftigung, zur Bonitätsgeschichte, zu Steuerzahlungen und so weiter. Daten aller Art erlauben eine effiziente Einschätzung und Preisbildung und erleichtern die reibungslose Abwicklung von Verträgen, Schadensfällen, Schadensregulierungen und Beitragszahlungen. Wenn wir diese Risikomanagement-Institutionen als Gesellschaft umfassender ausgestalten wollen, benötigen wir alle – Bürger, Versicherungen, Investmentgesellschaften, Banken und Behörden – genauere, umfangreichere Datenbanken einschließlich der dazugehörigen Software, um neue Risiken abdecken zu können.

In Teil 3 wurden die Risikomanagement-Institutionen in ihren Grundzügen vorgestellt. Die Vorschläge könnten das Leben von Einzelnen, Familien, Gemeinden und Gesellschaften sehr erleichtern. Bereits die Erwähnung der neuen Institutionen enthüllt jedoch einige grundlegende Probleme hinsichtlich der Datenbasis. Sie müssen gelöst werden, um durch die Umsetzung erst heute möglicher Finanzinnovationen bisher noch nie abgesicherte Risiken zum Gegenstand von Versicherungen zu machen. Denn letztlich hängt die Idee, Risiken zu teilen, von der Bereitschaft natürlicher oder juristischer Personen ab, sich zum beiderseitigen Vorteil zusammenzuschließen. Unentbehrliche Voraussetzung ist der freie Austausch jener Informationen, ohne die Risiken nicht zu erfassen und zu quantifizieren sind. Um zwischen Käufer und Verkäufer den Abschluss innovativer Risikomanagement-Verträge zu ermöglichen, benötigen wir umfassendere und bessere Datenbanken. Sie würden die Grundlage der neuen, demokratischeren Finanzordnung schaffen und der Gesellschaft über den ausgiebigen Gebrauch von digitalen Informationen die wirtschaftlich vernünftige, juristisch durchsetzbare und einfach handhabbare Versicherung einer ganzen Reihe zuvor nicht versicherbarer Risiken ermöglichen. Dieses Kapitel enthält im Kern einen Vorschlag, wie das System Globaler Risiko-Informations-Datenbanken (GRIDs) aussehen könnte.

Die vorgeschlagenen GRIDs würden sehr differenzierte, laufend aktualisierte und weithin verfügbare Daten zu Einkünften und Preisen sowie gesamtwirtschaftliche Daten zu diesen und anderen Werten enthalten, die sich auf die Risiken von Individuen, Organisationen, Unternehmen und Regierungen auswirken. Sachgemäß angewandt würde diese neue Informationsfülle die Handhabung eines immer breiteren Spektrums von Risiken erlauben. Sie würde das Leben der Menschen vor wirtschaftlichen Zufallsschlägen schützen und die Gleichheit innerhalb der Gesellschaft ein Stück voranbringen.

Es folgen einige Schnappschüsse, wie GRIDs funktionieren würden. Erstens würden die globalen elektronischen Netze Zugriff auf persönliche Daten beziehungsweise die Daten eines bestimmten Unternehmens erlauben. Wenn unser Biochemiker (aus Kapitel 8) seine Karriere als Gentechniker mit einer Lebensstandard-Versicherung absichern will, müsste er der Versicherungsgesellschaft über ein Passwort den Zugriff auf einen Teil seiner persönlichen Daten gestatten, aus denen sein Anspruch anhand der tatsächlichen beruflichen Laufbahn hervorgeht. Das würde nicht allein die Zeile in der Steuererklärung mit dem zu versteuernden Einkommen betreffen, sondern verschiedene Kennziffern zum ökonomischen Status. Wenn unsere Violinistin (wir haben sie in der Einleitung kennen gelernt) für die Berufsausbildung ein einkommensgebundenes Darlehen aufnehmen will, dessen Rückzahlung sich auch nach ihrem persönlichen Erfolg als Musikerin richtet, müssten die Informationen im GRID so organisiert sein, dass die Versicherungsgesellschaft auf die für die Karriere der Violinistin relevanten, nicht jedoch auf die irrelevanten Informationen zugreifen kann. Damit ließen sich falsche Anreize und die Befriedigung unrechtmäßig erhobener Ansprüche vermeiden.

GRIDs müssten auch Suchfunktionen bereitstellen, um neue Risikomanagement-Verträge auszuarbeiten. Eine Versicherung in Manila will zum Beispiel eine Police anbieten, die die Risiken einer bestimmten Berufsausbildung absichert. Um die Tarife zu staffeln, durchforstet die für das neue Produkt verantwortliche Managerin ein GRID hinsichtlich der Gehaltsentwicklung in der anvisierten Branche. Der Vorsitzende der Gewerkschaft für den öffentlichen Dienst will für die Mitglieder mit einem neuen Vertrag Lohngewinne und -verluste versichern lassen und holt aus dem GRID für städtische Angestellte Verdienstauskünfte. Der Leiter einer Wohnungsbaugenossenschaft in Duisburg will den Wertverlust der Grundstücke versichern, falls ein weiterer großer Arbeitgeber die Fabriktore schließt, und durchsucht deshalb das GRID nach den Immobilienpreisen vergleichbarer Industriestädte in Verbindung mit deren Lohnniveau. Die Abteilungsleiterin eines internationalen Pensionsfonds in Ottawa will den Tochterorganisationen ermöglichen, die Wertpapierbestände bei der Muttergesellschaft abzusichern, und ermittelt im GRID eine Reihe von Hedgefonds, die genau auf die Bedürfnisse der Töchter zugeschnitten sind.

All das hört sich futuristischer und abseitiger an, als es für eine Generation, die mit dem Computer aufgewachsen ist, sein wird. Heutzutage bezahlen die Menschen ihre Steuern über das Internet, sie führen ihre Girokonten online, sie handeln elektronisch mit Aktien und Anleihen, sie spielen und reden und wickeln jede denkbare Tätigkeit über das Internet ab, oft mit unbekannten Personen am anderen Ende der Welt. Die hier vorgeschlagenen Datenbanken würden diese Fertigkeiten im Umgang mit Computern zur Steigerung der eigenen Sicherheit einsetzen und den Herstellern von Informations- und Finanztechnologie einen Anreiz bieten, neue, lohnende Anwendungen für Computerdienstleistungen zu entwickeln.

Längst sind viele Daten über das Internet abrufbar. Aber die GRIDs müssten verschiedene Bedingungen erfüllen, die neue Formen effizienten Risikomanagements erlauben. Ich werde mich in meiner Darstellung auf die Grundzüge beschränken, Einzelheiten und Feinheiten des Konzepts können sich ohnehin erst aus der Anwendung ergeben.

Öffentliche Informationen und Privatsphäre

Der erste Schritt zur Schaffung der vorgeschlagenen GRIDs muss von den Regierungen kommen: Normen müssen aufgestellt, Gesetze formuliert werden. Es bedarf einer gesetzlichen Regelung, welche Informationen überhaupt in GRIDs aufgenommen werden dürfen, zu welchen Informationen GRIDs verpflichtet sind, und welche Informationen ungeschützt der Allgemeinheit präsentiert werden dürfen. Außerdem muss der Staat gewährleisten, dass bestimmte Verträge, die anhand der aus GRIDs entnommenen Informationen abgeschlossen wurden, auch in der fernen Zukunft noch erfüllt werden. Da ein Teil der in GRIDs gespeicherten Informationen zum öffentlichen Gut wird, sollte man auch über eine öffentliche Finanzierung der Datenerhebung nachdenken. Darüber hinaus muss es Regeln für einen wirksamen Datenschutz geben. Es ist Sache der Regierung, den fairen Umgang mit Informationen inhaltlich zu konkretisieren und den juristischen Rahmen zu schaffen, um diese Fairness mit rechtsstaatlichen Mitteln auch erzwingen zu können. Die gesetzlichen Regelungen zum Datenschutz müssten überarbeitet werden, in den USA also der Federal Privacy Act von 1974.

Die GRIDs sollten so konzipiert sein, dass Wissenschaftler und die Planungsabteilungen der Versicherungen freien Zugang zu zahlreichen aktuellen Einkommensdaten haben, ohne sie bestimmten

Personen zuordnen zu können. Sie könnten aus dem Rohmaterial Tausende und Millionen von Einkommensindizes erstellen, die ökonomische Risiken anzeigen und als Basis von Risikomanagement-Verträgen dienen könnten.

Der Datenschutz muss diesen weitreichenden Zugriffsrechten nicht widersprechen. Er ist auch ohne die restriktive, altmodische Unterdrückung von Tabellenfeldern möglich, die die Interpretation der Daten erschwert. Die Zuordnung zu bestimmten Personen kann technisch verhindert werden, ohne gleichzeitig die wissenschaftliche Nutzung der Daten zu verhindern. Dabei lassen sich sogar mehrere Datenquellen verknüpfen. Eine Methode besteht in der dynamischen Einschätzung des Missbrauchsrisikos bei wiederholten Suchanfragen, die nach einer gewissen Wiederholungsfrequenz abgewiesen werden.[1] Eine andere Methode ist die Matrix-Maske, verbunden mit einem akustischen Signal.[2] Noch ausgeklügelter ist die Maskierung von Mikrodaten durch die Vertauschung von vertraulichen Angaben, wobei die statistischen Interferenzen in ihrer Aussagekraft nicht beeinträchtigt werden.[3] Diese Methoden befinden sich derzeit in der Entwicklung und werden den Zugang zu schützenswerten Daten ohne Bezug zur Person oder zum Unternehmen für wissenschaftliche, im Sinn der Allgemeinheit legitime Zwecke ermöglichen. So lassen sich die Anwendungsfälle für innovatives Risikomanagement durch GRIDs immer weiter ausdifferenzieren.[4]

Der Betrieb von GRIDs

Die Entwicklung der Software, die für den leistungsfähigen Betrieb von GRIDs erforderlich ist, überlässt man wohl am besten privater Initiative, nachdem die Regierung die Fundamente gelegt und standardisierte Eingabe- und Zugangsvoraussetzungen für die Informationen geschaffen hat. Dann entfiele die mühselige und kostspielige Suche nach Informationen, die in verarbeiteter und aufbereiteter Form gebrauchsfertig vorlägen. Idealerweise würden verschiedene

Unternehmen konkurrierende Produkte auf den Markt bringen, und die Nutzer von GRIDs hätten die freie Wahl, für welches System sie sich entscheiden.

Da sich der größte Teil des innovativen Risikomanagements auf die Absicherung des Lebensunterhalts bezieht, würden die GRIDs im Wesentlichen Angaben zu Einkünften von Personen, Unternehmen und Staaten enthalten. Die Datenbanken müssten global sein, denn ein gelungenes Risikomanagement verbindet das Schicksal von Menschen, die weit entfernt voneinander und unter ganz unterschiedlichen ökonomischen Verhältnissen leben. Die Datentiefe sollte ausreichen, damit man die jeweilige Definition der Einkünfte nachvollziehen und gegebenenfalls ändern kann.

GRIDs sollten auf ein allgemein übliches Datenformat ausgelegt sein, also ein standardisiertes Protokoll für den Zugang zu den Daten berücksichtigen, damit sie automatisch von Computerprogrammen verwendet werden können.[5] Dann lassen sich mit herkömmlichen Programmen neue volkswirtschaftliche Gesamtgrößen bestimmen, die die Risiken abbilden, und aus diesem Material Risikomanagement-Verträge erstellen, die die beteiligen Parteien mit ihrer eigenen Software weiterverarbeiten können.

Langfristige Risikomanagement-Verträge lassen sich nur dann zu vernünftigen Kosten anbieten, wenn die Datenbanken eine Erkennungssoftware enthalten, die Menschen und Organisationen beobachtet. Man kann Verträge abschließen, die auf künftige Entwicklungen im Spiegel der GRIDs abheben, und die GRIDs werden derartige Kontrakte nachhalten. Die Datenbanken sollten so angelegt sein, dass man mit ihnen arbeiten kann, sie sollten ein Medium für persönliche Ideen und die Geschäftstätigkeit sein.

Einkommensabsicherung leichtgemacht

Im Idealfall wäre die gesamte Einkommensgeschichte einer Person, zusammen mit anderen Informationen über diese Person und ihre

Familie, in einer GRID abrufbar, natürlich innerhalb der vom Standpunkt des Datenschutzes vertretbaren Grenzen. Trotz der entsprechenden Filter kann die Person den Zugang zu relevanten Einkommensdaten erlauben, sodass die GRID ihre Risikomanagement-Funktion erfüllen kann. Auch kann die Person selbst auf die globale Datenbank zugreifen und Informationen sowohl zu ihrer eigenen als auch zu der Einkommensgeschichte anderer Personen abrufen und so die eigene Position im Verhältnis zu den Mitmenschen einschätzen. Sie könnte ebenso gut nicht die exakte Höhe, sondern nur die Größenordnung ihrer Einkünfte allgemein zugänglich machen. Der Empfänger der Informationen kann diese Einschränkung jedoch einschätzen und sie entsprechend verwerten.

Eine GRID würde nicht allein das derzeitige Einkommen, sondern auch historische Aufzeichnungen über die Einkommensentwicklung, die Entwicklung einzelner Komponenten und bestimmter Entsprechungen enthalten. Risikomanagement funktioniert nur dann, wenn man weiß, wie sich Einkommen verändert haben. Die Einbrüche und Schrecknisse der Vergangenheit sind zwar kein unfehlbarer Wegweiser in die Zukunft, aber eine unentbehrliche Hilfe bei der Beurteilung künftiger Risiken.

Mit den persönlichen Einkommensangaben wären – vorausgesetzt, man kann diese Daten gegen Missbrauch schützen – persönliche Merkmale wie Alter, Geschlecht, Familienstand, Ausbildung und berufliche Entwicklung und vielleicht sogar genetische Informationen verknüpft. In diesem Fall könnte das Risikomanagement individuelle Eigenschaften berücksichtigen, insofern diese individuelle Risiken erkennen lassen.

Die GRIDs könnten auch bestimmte Komponenten des Einkommens und der Kosten enthalten, die für die Ausübung des eigenen Berufs anfallen. Dann könnte man Alternativen zum Bruttoinlandsprodukts berechnen wie zum Beispiel den »Wohlstandsmaßstab« (Measure of Economic Welfare, MEW, eine Art Nettosozialprodukt), den *William Nordhaus* und *James Tobin* 1972 für die volkswirtschaftliche Gesamtrechnung entworfen haben.[6] Man kann sich auch noch weiter von unserem herkömmlichen Einkommensbegriff entfernen und den Verbrauch oder den um bestimmte Lebensereignisse bereinigten Verbrauch als Kennziffer für das Risikomanagement nehmen. Der individuelle Konsum könnte sehr viel präziser erfasst werden, als wir uns das heute vorstellen können, wenn in den GRIDs elektronisch bezahlte Rechnungen gespeichert würden.

GRIDs würden die für die Berechnung umfassender Indizes – etwa des Volkseinkommens oder des Bruttoinlandsprodukts – nötige Datenfülle bereitstellen. Je mehr Informationen über eine globale Datenbank abgerufen werden können, desto mehr Menschen werden in der Lage sein, das Bruttoinlandsprodukt zu berechnen und die staatlichen Zahlen zu kontrollieren. Je detailliertere Informationen in den GRIDs bereitstünden, desto schwieriger würde es für die Regierungen, Angaben über das Volkseinkommen zu manipulieren und so Zahlungen für einkommensgebundene Kredite, internationale Verträge oder Makromärkte zu fälschen. Betrügereien müssten entweder völlig neue Dimensionen annehmen, bei der auch Komponenten des Volkseinkommens gefälscht werden müssten, oder sie würden praktisch unmöglich.

Längst erfassen die Regierungen die Einkommen ihrer Bürger in Verbindung mit den Steuerzahlungen. So gesehen wäre die Erfindung von GRIDs nichts wirklich Neues. Ein Großteil der Informationen liegt heute schon vor. Aber die Finanzämter sind nicht befugt, diese Daten für ein konstruktives Risikomanagement zur Verfügung zu stellen. Auch der Öffentlichkeit sind diese Informationen nicht zugänglich; sie werden ausschließlich gesammelt, um Steuerhinterziehung zu verhindern.

Es gibt verschiedene Projekte, die Daten zu Einkommen, Familienstand und anderen Merkmalen von Menschen sammeln, um das ganze Bild zu verstehen. In den Vereinigten Staaten hat eine Untersuchung (*Panel Study of Income Dynamics*, *PSID*) seit 1968 Familien für statistische Zwecke ausgewählt und über die Jahre Veränderungen von deren Vermögens- und Einkommensverhältnissen sowie von persönlichen Merkmalen registriert. Die Studie enthält inzwischen Daten von über 62 000 Menschen, das sind 0,2 Prozent der US-Bevölkerung. Eine GRID wäre eine zumindest vereinfachte Ausgabe dieser Datensammlung für alle amerikanischen Staatsbürger.

Viele Industriestaaten betreiben dem PSID vergleichbare statistische Projekte.[7] Die allgemeine Verbreitung solcher Untersuchungen bestätigt ihre Bedeutung und Nützlichkeit. Sie eignen sich derzeit noch nicht für den Einsatz im Sinn des Risikomanagements. Als *Ryan Schneider* und ich Einkommensindizes optimieren und nach Beruf und Ausbildungsstand differenzieren wollten, damit sie sich für Risikomanagement-Instrumente wie zum Beispiel die Lebensstandard-Versicherungen geeignet hätten, stolperten wir über die unzureichende Datenbasis.[8] Wir hätten unsere Indizes gern auf fortlaufenden Zahlen zu den Einkünften einzelner Personen gestützt, hatten aber nur die Zahlen der PSID zu Haushalten zur Verfügung. Während deren Informationen über die Einkommensverhältnisse recht zuverlässig waren, blieben Angaben zu Berufen und Merkmalen von Personen recht lückenhaft. Außerdem war das Zahlenmaterial völlig veraltet, weil die Erhebung der Daten und die Verarbeitung nach den Methoden der PSID Jahre dauert. Es wäre unmöglich, mit den vorhandenen Indizes Risikomanagement-Verträge abzuschließen.

Ich möchte hier vorschlagen, diese Datenbanken aus dem Reich der Wissenschaft herauszulösen, sie auf alle Menschen auszudehnen, die Aktualität des Zahlenmaterials sicherzustellen, den schnellen Zugriff darauf zu gewähren, ohne den Datenschutz zu verletzen und ihm vor allen Dingen eine gesetzliche Grundlage zu geben, damit er in den Dienst von Risikomanagement-Verträgen gestellt werden kann.

Angaben zu Unternehmenseinkommen

GRIDs können auch Daten zu den Gewinnen von Unternehmen bereitstellen. Die Informationen sollten hier sehr ins Detail gehen, damit man Unternehmenseinkünfte in ihrer ganzen Komplexität bewerten kann. Das Zahlenmaterial lässt sich gesondert oder als Bestandteil von Indizes für die Bestimmung von Gewinnen und Verlusten nutzen, um finanzielle Ansprüche oder Versicherungsfälle abzuwickeln. Diese Funktion könnten Unternehmen gemeinsam nutzen, indem sie neu definierte Risiken teilen. Aber auch natürliche Personen können anhand dieses Materials Verträge abschließen und ihre persönlichen Risiken auf das Erwerbseinkommen in einer bestimmten Branche absichern.

Darüber hinaus würde die Erfassung von Unternehmensgewinnen in GRIDs den Publizitätspflichten von Unternehmen in einem wesentlich umfassenderen Sinn als heute genügen. *Louis Brandeis* (er wurde später Richter am Obersten Gerichtshof der USA) schrieb schon 1914 in seinem Klassiker *Other People's Money*, Offenlegung von Unternehmensdaten sei der beste Schutz vor Missbrauch: »Sonnenlicht soll zu den effizientesten Desinfektionsmitteln gehören; elektrisches Licht ist mitunter der beste Polizist.«[9]

Brandeis schlug vor, man solle den Unternehmen detaillierte Berichtspflichten aufzwingen und dafür sorgen, dass die Informationen einen möglichst großen Adressatenkreis erreichen. »Aber«, so *Brandeis* wörtlich,

> Die Offenlegung muß halten, was der Name verspricht. Und sie muß gegenüber den Geldgebern erfolgen. Es genügt nicht, wenn die Berichtspflicht nur gegenüber einer Aufsichtsbehörde besteht. Das wäre ungefähr so effizient, wie wenn die Lebensmittelaufsicht Meldung über Inhaltsstoffe in Lebensmitteln verlangen würde, statt dass deren Nennung auf dem Etikett gesetzlich festgeschrieben würde.[10]

Brandeis war einer der treibenden Kräfte, die 1934 die Gründung der amerikanischen Börsenaufsicht, die *Securities and Exchange Commission* (*SEC*), durchsetzten. Die Leistungsfähigkeit des amerikanischen Aktienmarktes verdankt sich nicht zuletzt den Publizitätsanforderungen der SEC und dem damit aufgebauten öffentlichen Vertrauen.

Die SEC hat echte Publizitätspflichten geschaffen, wie von *Brand-*

eis gefordert, und die moderne Informationstechnologie in beeindruckendem Umfang in ihre aufsichtsrechtliche Tätigkeit einbezogen. Viele Informationen zur Gewinnentwicklung von Unternehmen, die bei der SEC registriert sind, lassen sich auf der Homepage der Börsenaufsicht abrufen (www.SEC.gov), und zwar in einem Bereich unter der Überschrift EDGAR. Die Abkürzung steht für *Electronic Data Gathering, Analysis and Retrieval.* EDGAR wurde Ende der achtziger Jahre geplant und war schon am Anfang der Interneteuphorie in den neunziger Jahren implementiert.

Immer mehr Unternehmensdaten stehen im Internet rund um den Globus zur Verfügung.[11] Die jüngsten Versuche, weltweit einheitliche Maßstäbe für die Rechnungslegung zu finden, werden die Darstellung von Daten in den elektronischen Datenbanken vereinfachen. Beispielhaft für die Globalisierung der Rechnungslegung sei die Übernahme der *International Accounting Standards* (*IAS*) durch den Europarat 2002 im Rahmen der europäischen Bemühungen um einen einheitlichen Kapitalmarkt genannt.

Erst Gesetze, die eine Ad-hoc-Finanzberichterstattung verlangen, werden die Nützlichkeit von GRIDs im vollen Umfang erweisen. Die technischen Voraussetzungen sind inzwischen gegeben, auf diesem Gebiet waren in den letzten Jahren rasante Fortschritte zu verzeichnen. Mit der im Jahr 2000 umgesetzten Regulation FG hat die SEC in den Vereinigten Staaten die rasche elektronische Offenlegung durch die Unternehmen erzwungen. Unternehmen, denen von außen Informationsmaterial zugespielt wird, müssen dieses nach Regulation FG umgehend veröffentlichen. Der Text der Bestimmung enthält zwar keine Angaben, wie die Veröffentlichung stattzufinden hat, sie wurde jedoch eindeutig unter der Voraussetzung verabschiedet, dass moderne elektronische Voraussetzungen eine technisch und ökonomisch sinnvolle Verbreitung von Informationen gestatten. Heute nutzen Unternehmen regelmäßig ihre Web-Seiten für die Offenlegung. Informationen können auch über Live-Übertragungen im Internet von Analystenbesprechungen ihren Weg in die Öffentlichkeit finden. Waren diese vor wenigen Jahren noch eine mehr oder weniger geschlossene Veranstaltung, so können heute Hunderttausende die Diskussion der Fachleute mitverfolgen.

Regulation FG hat bereits Nachahmer gefunden. Kurz nach der amerikanischen Börsenaufsicht folgte die australische *Securities and Investment Commission* mit einer ähnlichen Richtlinie. Auch die Beamten der italienischen *Commissione Nazionale per la Società e la Borsa* arbeiten an einer solchen Vorschrift, und die britische *Financial Services Authority* (*FSA*) hat bereits neue Richtlinien erlassen, die eine umfassendere Offenlegungspraxis vorschreiben, zu der dann auch Übertragungen in Internet und Chatrooms gehören.

Allerdings reichen die in EDGAR abgelegten Daten und die Publizitätspflichten gemäß Regulation FG nicht in allen Fällen aus. Von den Vorgängen, die zur Zahlungsunfähigkeit von *Enron* geführt haben, erfuhr die Öffentlichkeit beispielsweise erst nach dem Konkurs. Die Berichtspflichten der Aktiengesellschaften müssen weiter verschärft werden. Von verbesserten Informationen über Wirtschaftsunternehmen wird die Gesellschaft in vielerlei Hinsicht profitieren, nicht zuletzt, indem Betrug verhindert und die Wahrscheinlichkeit von Spekulationsblasen reduziert wird.

Die Bemühungen um eine verbesserte Rechnungslegung sollten sinnvollerweise mit der fortgesetzten Ausweitung elektronischer Offenlegung koordiniert werden. Wie Geschäfts- und Quartalsberichte im Internet publiziert werden, sollten die mit der Überarbeitung von Rechnungslegungsvorschriften befassten Parteien stets mitbedenken. Auch sollte man sich unbedingt überlegen, wie die erweiterten Informationen genutzt werden könnten. Den größten Teil dieser Nutzungsmöglichkeiten können Privatunternehmen übernehmen. EDGAR Online zum Beispiel verwertet und analysiert die Informationen aus dem EDGAR-System der SEC. Nicht von Privaten darf die Überwachung und die Festlegung von Rechnungslegungsstandards sowie die Kontrolle der damit verknüpfter Offenlegungspflichten übernommen werden.

Die Verknüpfung von GRIDs und Steuererhebung

Je stärker GRIDs in das interne Rechnungswesen eingebunden sind, desto einfacher wird es für Privatpersonen wie für Unternehmen, Steuern zu zahlen. Die komplizierte Steuergesetzgebung und die sich daraus ergebenden Schwierigkeiten beim Ausfüllen der Formulare werden dann kein Thema mehr sein. Sind im System umfassende Informationen zu den Einkünften von Individuen und Unternehmen gespeichert, kann das Finanzamt die geschuldeten Steuern automatisch berechnen lassen. Denkbar ist auch der automatische Einzug von Steuergeldern. Die Möglichkeit, Steuererklärung und -zahlung dem Staat zu überlassen, könnte so mancher als Erleichterung empfinden.

In den USA existieren bereits erste Versuche, Steuern online zu entrichten, und es gibt inzwischen erste Computer in den Behörden, in denen Teilinformationen über die Einkommensquellen einzelner Bürger abgespeichert sind. Die Umstellung ist jedoch in den USA noch nicht so weit gediehen, dass über diese Rechner die Steuerschuld vollständig berechnet werden könnte. Durch die Verknüpfung von GRIDs mit dem Steuersystem könnte die Genauigkeit der Daten im System garantiert werden, denn die Bürger sind dem Staat gegenüber zur Ehrlichkeit verpflichtet. Sie müssen korrekte Angaben über ihr Einkommen machen, andernfalls kann sie der Staat mit Rechtsmitteln erzwingen. Damit wären die in den GRIDs gespeicherten Daten zuverlässig genug, um darauf Risikomanagement-Verträge aufzubauen, wie beispielsweise die Lebensstandard-Versicherungen, die in Kapitel 8 beschrieben wurden.

Eine technisch ausgereifte Schnittstelle zwischen Steuersystem und GRIDs würde eine Ausdifferenzierung der Steuersätze erlauben. Damit könnte auch das Steuersystem selbst zu einem effizienten Werkzeug des Risikomanagements ausgebaut werden. Es wäre leichter, Steuerzahlungen über mehrere Jahre hinweg zu mitteln oder die Lasten gerechter zwischen den einzelnen Bürgern zu verteilen (etwa, indem man Steuerzahlungen von Familienmitgliedern einbezieht und deren persönliche Verhältnisse berücksichtigt).[12] Wird diese Komplexität von automatischen Computerprogrammen aufgefangen, wird sie die Steuerzahler bei der Erstellung ihrer Steuererklärung nicht weiter belasten.

Es wäre nur gerecht, die Durchschnittsbesteuerung nicht auf einzelne Jahre, sondern in Bezug auf die Lebensarbeitszeit zu berechnen.[13] Dabei könnten GRIDs sehr hilfreich sein.

Die Einbindung von Informationen zum Risikomanagement

Wäre das Steuersystem erst mit den GRIDs verbunden, könnte man durch die eingespeisten, zuverlässigen und extrem umfangreichen Daten verschiedenste Risikoszenarien durchrechnen. Man könnte die qualitative Natur des Systems voll für das Risikomanagement ausnutzen und nicht nur die tatsächlichen Steuerzahlungen auf vergangene Einkünfte berechnen, sondern auch die Auswirkungen auf das derzeitige und das spätere Einkommen. Geplante Steuergesetzänderungen könnten in den GRIDs eingestellt werden, und jeder könnte sich die Auswirkungen auf seine persönliche Steuerschuld und die sich daraus ergebende wirtschaftliche Gefährdung ausrechnen.

Auch abgeschlossene Versicherungspolicen könnten in das GRID eingestellt und deren Auswirkungen auf die Steuerzahlungen berechnet werden, aber auch die Auswirkungen auf andere Versicherungspolicen und weitere Risikomanagement-Instrumente. Bürger und Bürgerinnen könnten im Idealfall Angaben zu anderen Risikomanagement-Verträgen, die sie abgeschlossen haben, zu Optionen oder Mitarbeiteraktien oder auch einen Schätzwert für künftige Bonuszahlungen ihres Arbeitgebers eingeben. Da einige dieser Parameter von Meinungen beeinflusst und schwer zu objektivieren sind, sollten GRIDs so ausgelegt sein, dass sie so viel Informationen wie möglich verarbeiten können, und dass sie es den Benutzern ermöglichen, diese Informationen möglichst leicht zu verfeinern. Die Datenformate, mit denen Informationen im GRIDs abgespeichert sind, sollten eine eigenständige Software zur Berechnung persönlicher Risiken ermöglichen, welche die Informationen über abgeschlossene und geplante Verträge in umfassender Weise nutzt.

Schnittstellen zu Wohlfahrtseinrichtungen

Die Wohltätigkeit – dass die Glücklichen den weniger Glücklichen etwas abgeben – gehört zu den Grundpfeilern gesellschaftlichen Risikomanagements. GRIDs könnten karitative Beiträge erleichtern. Aus ihnen könnten wir zuverlässige Informationen über hilfsbedürftige Mitmenschen oder über Hilfsorganisationen, die unserer Unterstützung wert sind, holen und umgekehrt unsere eigenen karitativen Bemühungen offenlegen. Das System würde gleichzeitig der Verbreitung von Informationen und der Informationssuche dienen, wäre einfach und bequem zu nutzen, könnte uns über jedes gewünschte Projekt auf dem Laufenden halten und uns zudem Anerkennung verschaffen, wenn wir unsere Spenden und ehrenamtlichen Tätigkeiten in die GRID eingeben.

Über GRIDs ließe sich sicherstellen, dass die Spende die wirklich Bedürftigen erreicht und nicht etwa jene, die nur so tun als ob. Im Idealfall könnten GRIDs einen Mechanismus enthalten, über den man seine Spende persönlich einem Menschen mit niedrigem Einkommen und verschiedenen Merkmalen (Wohnort, Geschlecht, Kirchenzugehörigkeit, Alter) zukommen lassen kann. Das ist derzeit vollkommen unmöglich. Könnten die Menschen jedoch jene unterstützen, die ihren eigenen persönlichen Neigungen und Werten entsprechen, würde die Spendenfreude vielleicht steigen.

Vor der Erfindung der Versicherungen hatte die Wohltätigkeit viele verschiedene Risiken abzufangen. Soziales Engagement als Mittel des Risikomanagements wurde von der unterentwickelten Informationstechnik und dem fehlenden Finanzdenken erzwungen, obwohl schon in der Antike die Gefahr gesehen wurde, dass dieses

System zu erheblichen Verzerrungen führen, etwa die Reichen belohnen und die Armen bestrafen könnte.[14] Diese Probleme wurden mit moderner Technik von modernen Versicherungsgesellschaften teilweise gelöst. Doch es bleibt viel zu tun. Wohltätigkeit wird immer eine Rolle spielen, denn sie kann schneller auf Bedürftigkeit reagieren und deren Sinn und Notwendigkeit besser beurteilen als jede Institution. Diese Aufgabe würde von integrieren Datenbanken mit vielen relevanten Informationen erheblich erleichtert.[15]

Eine Schnittstelle zum letzten Willen

Mit Hilfe von GRIDs könnte auch der Umgang mit Testamenten und letzten Erklärungen erleichtert werden. Das derzeitige System ist teuer und von Rechtsanwälten und Treuhändern abhängig. Nur die Reichen können über ausgeklügelte Konstruktionen für die Verwendung ihrer Ersparnisse nach ihrem Tod verfügen. Unter den gegebenen Voraussetzungen ist es schwierig, eine breite Öffentlichkeit für die Vergabe von Mitteln an Stiftungen oder für Spenden an Hilfsorganisationen aus der Erbmasse zu gewinnen. Sind deshalb so wenige bereit, ihr Vermögen für gute Zwecke zu spenden? 1995 haben nur 13,4 Prozent der männlichen und 24,3 Prozent der weiblichen Verstorbenen nach Angaben des *Internal Revenue Service*, der größten Bundessteuerbehörde der USA, in ihrem Nachlass wohltätige Organisationen oder andere Stiftungen bedacht. Das berichtet die Zeitschrift *Giving USA.* In den zurückliegenden Jahren blieben die testamentarisch verfügten Spenden in den USA weit hinter denen von lebenden Personen zurück (der Anteil liegt bei rund 10 Prozent).[16] Eine angenehme, benutzerfreundliche Schnittstelle in den GRIDs, die die Erklärung des letzten Willens ermöglicht, in der man einen Teil seines Vermögens an Bedürftige oder für andere Zwecke spenden und über die man seine gute Tat auch publik machen kann, könnte zu häufigeren und größeren Schenkungen führen.

Wären Legate Bestandteil der GRIDs, könnten Menschen einen

Teil ihres Nachlasses direkt hilfsbedürftigen Menschen zukommen lassen. Oder sie könnten einen Teil ihres Vermögens Treuhändern übertragen, damit es jenen ihrer Kinder oder Kindeskinder oder jenen Mitgliedern der Kirchengemeinde oder jenen Einwohnern ihrer Heimatstadt, die es Jahrzehnte nach ihrem Tod wirklich nötig haben, zugute kommt. Mit effizienten GRIDs stünde jedem offen, was sich derzeit nur die Reichen leisten können: Stiftungen und Schenkungen.

Datenbanken für unser wirtschaftliches Fortkommen

Die hier vorgeschlagenen globalen Risiko-Informations–Datenbanken müssen detaillierte Informationen über persönliche Einkünfte, aber auch Unternehmensgewinne so abspeichern, dass die Menschen insgesamt ihre Risiken besser bewältigen und überwachen können. Dann können sie ihre Einkünfte zielgerichteter planen und verwalten. Der eigentliche Zweck von GRIDs ist die Bereitstellung aktueller, genauer und vielfältiger Finanzinformationen, aus denen sich effiziente Verträge zur Absicherung der größten Risiken erstellen lassen. Darüber hinaus haben wir zahlreiche andere Verwendungsmöglichkeiten für derartige GRIDs vorgestellt.

Die hier genannten Beispiele – Lebensstandard-Versicherungen, langfristige Verträge, Steuern, Nachlässe und Spenden – sind nur ein Ausschnitt der insgesamt viel größeren Palette. Zwar sind die Konzepte zur Risikotrennung, die hier präsentiert wurden, auch ohne GRIDs zu entwickeln, eine detaillierte Planung kann jedoch nur auf solider Datenbasis erfolgen.

15

Indexierte Rechnungseinheiten und elektronisches Geld

Geld hat als stabile, vernünftige Maßeinheit für finanzielle Transaktionen versagt und nicht wenige Turbulenzen verursacht. Die von Inflation oder Deflation erzeugten Verwerfungen sind den Menschen so präsent, dass die öffentliche Meinung in vielen Ländern der Welt geradezu auf den Geldwert fixiert ist.

Wer mit dem Computer englischsprachige Zeitungen vom Ende des 20. Jahrhunderts nach der Häufigkeit des Wortes »Inflation« durchsucht, stellt fest, dass dieser Begriff von allen Wirtschaftsbegriffen im allgemeinen Sprachgebrauch am häufigsten und sogar häufiger noch als das Wort »Sex« vorkommt. Der Begriff ist sicher nicht deshalb so allgegenwärtig, weil die Öffentlichkeit insgeheim von den volkswirtschaftlichen Zusammenhängen fasziniert wäre. Die Menschen achten vielmehr darauf, weil sich der Wert einer Währung in unvorhersehbarer Weise ändert und das massive Auswirkungen auf ihr Leben hat.[1]

Angesichts dieser Tatsachen fragt man sich, warum nicht längst eine stabile, sinnvolle Rechnungseinheit für unsere Verträge geschaffen wurde. Wir kennen genug Maßeinheiten – Liter, Meter, Gramm –, die sich nicht verändern. Warum verfügen wir nicht über eine unveränderliche ökonomische Maßeinheit? Eine solche stabile Maßeinheit könnte mit der Zeit die Berechnungsfunktion des Geldes ersetzen. Das ist Thema dieses Kapitels.

Die Geschichte zeigt einige extreme Beispiele für die Probleme, die durch instabile Währungen entstehen. 1923 mussten die Deutschen eine Preisentwicklung erfahren, die als »Hyperinflation«

bezeichnet wird. Die Mark fiel innerhalb weniger Jahre auf ein Milliardstel ihres früheren Wertes. Die deutsche Regierung musste Scheine im Wert von 100 Millionen Mark drucken lassen, die bald schon als Kleingeld im Umlauf waren. Für eine Briefmarke musste man 3 Millionen Mark bezahlen. Heute sind diese Banknoten und Briefmarken Sammlerstücke.

Die Folge dieser galoppierenden Geldentwertung war eine geradezu absurde Umverteilung des Wohlstands. Jene Bürger, die ihre Ersparnisse in Regierungsanleihen vor Beginn der Inflation angelegt hatten, verloren alles. Denn der Wert dieser Anleihen war in Mark-Beträgen festgelegt, an die nicht eine Null nach der anderen angehängt wurde, auch nicht, als man für eine Briefmarke 3 Millionen Mark bezahlen musste. Jene Bürger, die sich bis über beide Ohren verschuldet hatten, waren die großen Gewinner, denn der Wert ihrer Schulden war praktisch gleich Null. Der Wertverlust der Kredite, die die deutsche Regierung nach dem Ersten Weltkrieg im Ausland aufgenommen hatte, kompensierte sämtliche Reparationen, die Deutschland bis zu diesem Zeitpunkt zahlen musste. Der Zorn, den diese Umverteilung im In- und Ausland auslöste, gehört zu den Wegbereitern des Faschismus in Deutschland und letztlich zu den Ursachen des Zweiten Weltkriegs. Adolf Hitler versuchte nicht zufällig im November 1923 – dem Höhepunkt der deutschen Inflation –, sich in München an die Macht zu putschen.

Die Hyperinflation in Deutschland ist einer der extremsten Fälle, weniger krasse Beispiele lassen sich jedoch überall finden. Jedes größere Land der Erde hat seit 1950 erhebliche Veränderungen seiner Währung erlebt und dadurch auch eine größere Umverteilung des Reichtums der Bürger. Trotzdem werden Verträge bis heute überwiegend in der jeweiligen Landeswährung geschlossen, deren Wert auf keinen Fall völlig stabil und im Fall des Falles sehr instabil ist. Aber das muss nicht so sein.

Die Menschen sollten erkennen, dass die Inflation letztlich ein Problem veränderlicher Maßeinheiten ist, gerade so, als würde sich das Urmeter in unvorhersehbarer Weise ausdehnen und zusammenziehen. Das Hauptproblem liegt gar nicht im Wertverlust des Geldes. Viele Menschen werden überrascht sein zu erfahren, dass der Wert amerikanischer Dollarnoten und Münzen in den Händen der Öffentlichkeit und in den Banktresoren sich 2002 auf insgesamt 3 Prozent des gesamten Finanzbesitzes amerikanischer Haushalte belief. Und davon war der größte Teil vermutlich in kriminellen Händen. Der geringste Teil des Reichtums wird weltweit in Banknoten gehalten: Wir haben ein paar Scheine in unserem Portemonnaie, ein bisschen Kleingeld in der Hosentasche und etwas Haushaltsgeld in einem Kästchen irgendwo in der Küche. Würden diese Werte durch Inflation vernichtet, es würde uns kaum kratzen.

Der größte Teil unseres eigentlichen Vermögens liegt zum Beispiel auf Sparbüchern, und dann wird das Geld von der Bank wieder ausgeliehen, damit es die an den Sparbuchinhaber ausgezahlten Zinsen erwirtschaftet, oder es steckt in Aktien, die wir uns nur deshalb als Geld vorstellen, weil der Wert in der jeweiligen Währung ausgewiesen wird. Unser Gehalt wird ebenfalls in der Währung ausgewiesen, aber nur im Ausnahmefall bar ausgezahlt. Unsere eigentliche Verdienstquelle ist unser Beitrag zu einer Wirtschaftsaktivität, die vom Wert der Währung völlig unabhängig ist. Und da diese Währung selbst unzuverlässig und von der Bargeldmenge her bedeutungslos ist, ist es nicht sinnvoll, die Masse unseres Vermögens und unserer Transaktionen in einer Währung zu denominieren.

Wir sollten in der Lage sein, die Maßeinheit zu verändern, sodass nicht länger eine Währung die bevorzugte Einheit für finanzielle oder andere wichtige Transaktionen ist. Wir sollten die Währungen durch andere Maßeinheiten – indexierte Rechnungseinheiten – ersetzen. Wären vor 1923 in Deutschland Kredite und Darlehen sowie die deutsche Staatsschuld in Rechnungseinheiten festgehalten worden, hätte die Hyperinflation keinen Schaden anrichten können, oder sie wäre gar insgesamt zu vermeiden gewesen. Dasselbe gilt für jede in der Geschichte belegte Inflationsphase. Würden Verträge in Rechnungseinheiten festgehalten, würde der größte Teil der Probleme durch Inflation und Deflation verschwinden.

Die Erfindung des chilenischen *Unidad de Fomento*

Der *Unidad de Fomento* (UF, zu deutsch Entwicklungseinheit) von Chile ist die erste indexierte Rechnungseinheit weltweit. Sie wurde 1967 geschaffen, als die chilenische Inflation wesentlich höher als heute war, und wird seither benutzt. In Chile kaufen und verkaufen die Menschen nicht nur in ihrer Währung, dem Peso, sondern auch in UFs. Das gilt vor allem für langfristige Verträge. Die UFs wirken wie Geld, weil in ihnen Preise ausgehandelt werden, aber es handelt sich nicht um Banknoten und Münzen. Der UF ist nichts als eine Maßeinheit, wie Meter oder Gramm, mit einem stabilen Wert hinsichtlich der Kaufkraft. Der Wechselkurs zwischen Peso und UF verändert sich ständig, weil der UF stabil bleibt, während der Peso schwankt. Der UF wird durch den Wechselkurs definiert und von Regierungsbeamten nach dem chilenischen Verbraucherpreisindex berechnet.

Heute wird der Peso-UF-Wechselkurs in den chilenischen Tageszeitungen veröffentlicht, man kann den aktuellen Stand auch auf einer staatlichen Homepage nachlesen. Der UF wird als Rechnungseinheit für Transaktionen von Regierung und Justiz genutzt.[2] Werden in UF vereinbarte Zahlungen fällig, muss der UF-Betrag mit dem zum Fälligkeitszeitpunkt gültigen Umtauschkurs des Peso multipliziert werden. Immobilienpreise und Mieten werden in UF genannt, ebenso Hypothekenzahlungen, Steuern und sogar die Alimente, die geschiedene Väter (gelegentlich auch Mütter) für ihre Kinder bezahlen müssen. Löhne und Alltagswaren werden jedoch noch immer in Pesos gerechnet.

Man sollte die Vorteile des UF und seinen Anteil am Wirtschaftsaufschwung in Chile klar herausstellen. Nehmen wir ein ganz einfaches Beispiel. Stellen Sie sich vor, Sie würden in Santiago wohnen und hätten eine kleine Einliegerwohnung, die Sie vermieten wollen. Wäre es bequemer, die Miete in UF oder in Pesos anzugeben?

Bevor Sie die Höhe der Miete festsetzen, schauen Sie in die Zeitung. Der Wechselkurs UF-Peso lag am 1. Juni 2002 bei 16 326,94 Pesos für 1 UF.[3] An diesem Tag bekam man für 690,85 chilenische

Pesos 1 US-Dollar, für 1 UF mithin 23,63 US-Dollar. Nehmen wir an, Sie setzen die Miete bei 10 UFs oder 163 269,40 Pesos pro Monat fest (236,30 US-Dollar). Dem Mieter gegenüber und im Mietvertrag nennen Sie nur den UF-Betrag. Einen Monat später ist der Peso-Kurs durch die chilenische Inflation gesunken, nun bekam man 16 355,74 Pesos für 1 UF. Die Miete, deren UF-Äquivalent konstant bleibt, beträgt nun 163 557,40 Pesos. In zehn Jahren, 2012, kann dieser Mietvertrag immer noch gültig sein und die Miete würde immer noch 10 UF betragen, unabhängig davon, ob die Inflation den Peso weiter entwertet hat oder inzwischen in eine Deflation umgeschlagen ist.

Der UF übernimmt hier die Funktion von ausländischen Währungen, die in manchen inflationsgeplagten Ländern die Rolle der Leitwährung übernimmt. In der Türkei, in Ex-Jugoslawien und in vielen anderen Ländern wurden größere Beträge ganz selbstverständlich in Dollar, Euro oder einer anderen stabileren Währung abgewickelt. Auch hier musste ein Mieter monatlich die Zeitung konsultieren, um die Höhe seiner Miete auszurechnen, falls er sie, unwahrscheinlich genug, überhaupt in der einheimischen Währung bezahlen durfte. Solange die ausländische Währung ihren Wert behält, bleibt auch die Miete stabil. Aber die Festsetzung von Mieten in einer indexierten Rechnungseinheit ist viel vorteilhafter als in einer ausländischen Währung, denn auch diese hat keine stabile Kaufkraft auf dem heimischen Markt. Die extremen Schwankungen im internationalen Handel (von denen der amerikanischen Wirtschaft ganz zu schweigen) würden die Kaufkraft des US-Dollar in Chile und jedem anderen Land hektisch fluktuieren lassen. Argentinien hat seine Wirtschaft an den US-Dollar gekoppelt und musste seine Lektion durch bittere Erfahrungen lernen.

Körbe – ein schlichter Name

Die Rechnungseinheit sollte eine schlichte Bezeichnung tragen, die Dignität ausstrahlt.[4] Ein elektronisches Zahlungssystem würde die

Anwendung erleichtern, das Wesen des Zahlungsmittels – ob es sich nun um Geld oder etwas anderes handelt – müsste also niemand interessieren.

Ich habe bereits weiter oben auf die Bedeutung von Namen und Bezeichnungen hingewiesen. Der Ausdruck *unidad de fomento* oder »Entwicklungseinheit« ist zu abstrakt. Ich würde statt UF »Körbe« vorschlagen, abgeleitet von den Warenkörben, aus denen Verbraucherpreisindizes errechnet werden. Da diese Körbe Gegenstände des täglichen Bedarfs umfassen und die Konsumgewohnheiten der Bevölkerungsmehrheit spiegeln, repräsentieren sie letztlich die Lebenshaltungskosten. Die Rechnungseinheit – ein Korb – würde die Assoziation zu Warenkörben wecken und dem Sinn, wenn nicht sogar der Form nach, das Überreichen eines Korbs voller Güter im Austausch gegen andere Güter bedeuten. Der schlichtere Name gibt den Kern des Vorschlags besser wider als die abstrakte Bezeichnung »Rechnungseinheit«.

Mit entsprechender Infrastruktur lässt sich alles elektronisch bezahlen, mit elektronischen Schecks, Kreditkarten, Smartcards und dergleichen mehr können in Körben gestellte Rechnungen beglichen werden, die Zahlung würde per Computer direkt in die betreffende Währung oder eine andere Einheit umgerechnet und weitergeleitet. Man müsste den Wechselkurs nicht über die Zeitung oder das Internet in Erfahrung bringen. Ob die Zahlung nun in der einheimischen oder in einer fremdländischen Währung, in Edelmetallen oder in einer anderen Einheit erfolgt, wird den meisten Menschen gleichgültig sein. Es wäre am einfachsten, direkt in Körben zu rechnen. Körbe könnten eine neue Form des elektronischen Geldes bilden, das grundsätzlich nicht auf- oder abgewertet werden kann.

Die Illusion des Geldes

Der Vorschlag für indexierte Rechnungseinheiten scheint nicht zuletzt deshalb sinnvoll, weil die wenigsten Menschen die Schwankungen der Kaufkraft ihrer Währung wirklich verstehen. Die Öffentlichkeit kommt mit Indizes oder mit der Indizierung von Preisen oder Löhnen nicht gut zurecht. Die meisten Menschen beschäftigen sich nur in extremen Ausnahmesituationen mit diesbezüglichen Überlegungen. Selbst in Zeiten einer mittleren oder sogar hohen Inflationsrate entscheiden sie sich gegen inflationsindexierte Anleihen und lassen sich kaum auf indexierte Hypotheken ein. Sie verweigern sich der Anpassung von Alimenten an die Geldentwertung und bitten nicht um indexierte Miet- oder Gehaltszusagen. Die Preise für Waren oder die Höhe der Gehälter bleiben manchmal über Monate und Jahre nominal gleich, und dieses Beharrungsvermögen kann in wirtschaftlich turbulenten Phasen zu einer höchst unglücklichen Umverteilung von Vermögen führen. Dieses Beharrungsvermögen verstärkt zudem tendenziell die Amplitude der Konjunkturausschläge.

Simon Newcomb hat für die Astronomie ein international einheitliches Maßsystem geschaffen und die Benford-Verteilung (nach der die meisten mehrstelligen Zahlen mit 1 und die wenigsten mit 9 anfangen) entdeckt.[5] Er wandte seine Aufmerksamkeit unseren überlieferten Messmethoden für Werte zu und schrieb 1879:

> Die Menschen dieses und anderer Länder sind von kleinauf daran gewöhnt, Veränderungen ihres Vermögens in Dollar oder einer anderen Währung zu messen … Selbst wenn die Zusammenhänge verstanden werden, sitzt die Vorstellung, daß sich der Wert des Besitzes verändert und nicht der der Währungseinheit, so tief, daß man sich über lange Zeit geistig massiv disziplinieren muß, um sie loszuwerden. Es ist sogar fraglich, ob selbst die besten Wirtschaftswissenschaftler dazu in der Lage sind.[6]

1920 nannte der Yale-Professor *Irving Fisher* die Fixierung der Öffentlichkeit auf den Nominalwert statt auf den inflationsbereinigten Wert »die Illusion des Geldes«.[7]

Die Illusion des Geldes ließe sich im Prinzip durch eine Indexierung aufheben, indem man alle Geldbeträge diskontiert. In diesem Fall würde zum Beispiel ein Mietvertrag eine Formel enthalten, die sich auf den Verbraucherpreisindex bezieht und nach der die Miete jeden Monat um die Inflationsrate erhöht wird. Von den mathematischen Anforderungen her ist das kein Problem, psychologisch sehr wohl. Es ist etwas ganz anderes, ob man jeden Monat eine bestimmte Zahl von Körben bezahlt oder ob man jeden Monat mittels einer Formel eine regelmäßig fällige Zahlung ausrechnen muss. Körbe sind in einer Weise allgemein gültig, wie eine Formel das niemals erreichen kann. Wenn wir die Berechnungsgrundlage »Körbe« nennen, würden wir der Illusion des Geldes ein Schnippchen schlagen.

Zahlungsverpflichtungen, die in kaufkraft-stabilen Körben vereinbart werden, laufen keinesweg auf eine endgültige Festlegung hinaus. Jeder Vertrag lässt sich kündigen oder ändern. Auch hier unterliegt die Veränderung eher der emotionalen Bewertung. Der neue Bezugsrahmen hat den Vorteil, dass man den Inflationsausgleich zum Beispiel nicht durch Mieterhöhungen herbeiführen muss, die Anpassung geschieht automatisch. Man könnte auf Jahre hinaus auf Mieterhöhungen verzichten.

In allen Ländern, abgesehen von Chile, weist die inflationsbereinigte Durchschnittsmiete (also die Kaufkraft der Miete) ein merkwürdiges Sägezahnmuster auf. Mieterhöhungen sind verwaltungstechnisch aufwändig und weder für den Mieter noch für den Vermieter emotional einfach. Deswegen bleiben Mieten über lange Zeiträume hinweg relativ konstant, oft länger als ein Jahr, und springen dann plötzlich, wenn sich der Vermieter einen Ruck gibt und endlich einen Inflationsausgleich verlangt. Durch die kontinuierlich mehr oder weniger stark ansteigende Inflation und die nur von Zeit zu Zeit vorgenommenen Anpassungen der Miete entsteht das Sägezahnmuster. Konflikte zwischen Vermieter und Mieter sind in diesem System vorprogrammiert, und es erzeugt eine unruhige Entwicklung der realen Mieten.

Obgleich es bereits indexgestützte Berechnungsverfahren in einigen Bereichen gibt, ist die Inflationsbereinigung nicht sehr populär. Das hat verschiedene Gründe. Vielen Menschen ist die mit der Geldentwertung gegebene Unsicherheit nicht bis ins Letzte klar und sie haben keinen Sinn für die durch die Inflation entstehende Umverteilung von Vermögen. Die große Mehrheit findet mathematische Formeln in Verträgen abschreckend. Ohne diese ist eine Indizierung unter derzeitigen Verhältnissen jedoch nicht möglich. Wir sind so sehr an das Rechnen in Geldbeträgen gewöhnt, dass wir sie für einen soliden Wertmaßstab halten.[8]

Vor kurzem stieg ich in einen der Vorortzüge bei Boston und sah dort ein metallenes Verbotsschild, beschriftet mit roten und schwarzen Emaillebuchstaben. »No Smoking«, stand da, eine Zeile tiefer prangte die einschlägige gesetzliche Vorschrift: »General Laws Chapter 272 Sec. 43A« und darunter das Strafmaß: »Punishable by imprisonment for not more than 10 days or by a fine of just $ 50 or both«. Ich schaute das Schild an und wunderte mich über das Missverhältnis zwischen zehn Tagen Gefängnis und 50 Dollar Strafe. Das entspräche einem Tagessatz von 5 Dollar, obwohl doch schon der Mindeststundenlohn 5,50 Dollar beträgt. Schließlich dämmerte mir, dass dieses Schild zu einer Zeit angebracht wurde, in der 50 Dollar noch dem Lohn für zehn Tage Arbeit entsprachen. Das Gesetz war 1968 verabschiedet worden, und damals lagen Löhne und Preise bei einem Fünftel des heutigen Niveaus. Der Gesetzgeber hatte das Strafmaß damals nicht an die Inflation gebunden. Es ist auch schwer vorstellbar, dass in Vorortzügen ein Schild aufgehängt wird, nach dem die Strafe 50 Dollar beträgt, multipliziert mit dem aktuellen Verbraucherpreisindex und dividiert durch den Verbraucherpreisindex von 1968. So etwas käme niemandem in den Sinn, und das gilt für viele Fälle, in denen eine Inflationsbereinigung durchaus angemessen wäre.[9]

Am auffälligsten sind die Folgen dieses Versäumnisses bei unseren Ersparnissen. Anleihen werden immer als »sichere« Geldanlageform gepriesen, die sich für risikoscheue Anleger eigne, ein sicherer Hafen im Vergleich zu den Aktien. Aber *Jeremy Siegel* hat ausführlich belegen können, dass Aktien zwischen 1802 und 2001 in den Vereinigten Staaten, gemessen am Realwert, über Zeiträume von 20 Jahren und mehr die sicherere Anlage waren.[10] Und trotzdem denken die Menschen bis zum heutigen Tage, Staatsanleihen seien ohne Risiko, wenn man sie bis zur Fälligkeit hält.

Die misslichen Folgen der Illusion des Geldes wurden Ende der siebziger, Anfang der achtziger Jahre sichtbar, als die Inflation in den Industriestaaten zweistellige Steigerungsraten erreichte, in den Vereinigten Staaten lag sie kurzfristig bei 15 Prozent pro Jahr. Die Inflation trieb die Hypothekenzinsen in die Höhe, diese erreichten 1981 in den USA durchschnittlich 20 Prozent. Zu Beginn der Laufzeit waren die realen, inflationsbereinigten Zins- und Tilgungszahlungen sehr hoch. Die üblichen Annuitätendarlehen sehen gleichbleibende Raten über die gesamte Laufzeit vor, die Höhe der Rate wird in einer bestimmten Währung angegeben. Wenn diese Währung pro Jahr 15 Prozent ihrer Kaufkraft einbüßt, hat die Rate nach zehn Jahren nur noch ein Viertel und nach der üblichen 30-jährigen Laufzeit eines Hypothekenkredits nur noch den 66sten Teil ihres ursprünglichen Werts. Deswegen ist die Rate zunächst extrem teuer und verliert im Lauf der Jahre dramatisch an Wert.

1981 wurde es also sehr schwierig, eine Immobilie zu erwerben, die Hypothekenraten waren auf schwindelerregende 20 Prozent des Immobilienpreises geklettert. Es ist ein schwacher Trost, dass der Realwert dieser Rate später viel niedriger liegen wird, wenn man die Anfangszahlungen nicht leisten kann. Die Banken boten durchaus einfache Lösungen für das Problem an, entweder durch eine Indexierung der Hypotheken oder durch eine regelmäßige, von vornherein fix vereinbarte Erhöhung der Raten. Aber diese Modelle konnten sich nie durchsetzen,[11] nicht zuletzt, weil einige Finanzexperten (zum Beispiel in *Consumer Reports,* dem angesehensten Verbrauchermagazin der USA) den Menschen aus Prinzip von Verträgen mit einer automatisch wachsenden Nominalverschuldung abrieten, auch wenn sich die Kreditsumme real betrachtet fortlaufend verkleinerte.[12]

Offenbar erlagen auch die Experten der Illusion des Geldes. Die Immobilienpreise stürzten wegen dieser hohen Hypothekenzinsen 1981 in vielen amerikanischen Großstädten praktisch in den Keller. Die massiven Preissteigerungen auf diesem Sektor während der achtziger Jahre gehen auf die weltweiten Erfolge in der Inflationsbekämpfung zurück.

Als die amerikanische Regierung 1997 die erste indexierte Staatsanleihe begab, musste sie mühselige Überzeugungsarbeit leisten, weil die Indexierung in der Öffentlichkeit kaum verstanden wurde. Wieder waren es die Experten des Verbrauchermagazins *Consumer Reports*, die vom Kauf dieser Bonds abrieten.[13] Noch immer sind nur 2 Prozent der amerikanischen Staatsverschuldung über indexierte Anleihen finanziert, im privaten Sektor sucht man diese Form der Geldaufnahme fast vergebens.

Bei der amerikanischen Staatsanleihe 1997 erhöhte sich der Nominalbetrag um die jährliche Inflation, bei einer Deflation ist keine Minderung vorgesehen. Wahrscheinlich reagierte die amerikanische Regierung mit dieser Entscheidung auf die Illusion des Geldes: Die Menschen würden kein Verständnis dafür aufbringen, wenn sie Geld »verlören«. Selbst wenn die Kaufkraft erhalten bleibt, würden sie sich bei einer Minderung des Nominalbetrags betrogen fühlen. Die Staatsanleihen wurden von der Wirtschaft kaum kopiert, denn der Emittent hätte sich auf diese Weise nicht vor einer Deflation schützen können. Da auch das Steuersystem nicht an die Geldentwertung gekoppelt ist, hätte ein nominaler Gewinn durch den Inflationsausgleich zudem versteuert werden müssen.

All diese Wahrnehmungsverzerrungen ließen sich vermeiden, wenn wir uns an das Rechnen mit inflationsunabhängigen Zahlen gewöhnen würden. Eben das würden indexierte Rechnungseinheiten leisten.

Erfolgsnachweise für indexierte Rechnungseinheiten

Die Chilenen scheinen in ihrem UF eine Art Geld zu sehen, auch wenn er weder durch Münzen noch durch Banknoten greifbar ist. Jedenfalls dominiert der UF die Immobilienspalten der Tageszeitungen, und zwar ohne Umrechnung in Pesos.

Ein weiterer Beweis, dass der UF dem Geld gleichgesetzt wird, zeigt die Höhe der in UF ausgezeichneten Preise – sie enden häufiger auf 9 denn auf 1,[14] nicht anders als Preise in einer normalen Währung. So wie der Händler an der Ecke ein Produkt eher mit 1,99 Euro denn mit 2,01 Euro auszeichnet, weil das preiswerter wirkt und eher zum Kauf anregt, so annoncieren Chilenen in UF ausgepreiste Güter in den Zeitungen. Das alles spricht dafür, dass sie nicht mehr in Pesos umrechnen.

Der UF wurde zwar bereits 1967 eingeführt, fand aber erst nach der Reform des Steuersystems weithin Gebrauch – seit Anfang der achtziger Jahre werden die Steuern in Chile in UF berechnet. Im Jahr 2000 begab die Weltbank die erste chilenische Anleihe für eine internationale Anlegergemeinde, die zwar in Pesos denominiert, aber an den UF-Kurs gebunden ist. Es handelt sich um eine Euronote mit fünfjähriger Laufzeit und 55 Milliarden Pesos (105 Millionen Dollar) Volumen. 75 Prozent der Anleihe wurden einer Presseerklärung der Weltbank zufolge an chilenische Anleger verkauft, die restlichen 15 Prozent gingen an europäische und amerikanische Investoren.

Fünf Staaten (Brasilien, Kolumbien, Ecuador, Mexiko und Uruguay) sind Chiles Beispiel gefolgt und haben eine indexierte Rechnungseinheit entwickelt. Uruguay hat sie an die Lohnentwicklung, nicht an den Verbraucherpreisindex gekoppelt. Brasilien hat den *unidade real de valor* (URV) inzwischen wieder abgeschafft. In Kolumbien heißt die Rechnungseinheit *unidad de poder adquisitivo constante* (UPAC), in Ecuador *unidad de valor constante* (UVC), in Mexiko *unidad de inversion* (UDI) und in Uruguay *unidad reajustable* (UR), aber in keinem dieser Länder konnte sie sich so durchsetzen wie in Chile. Das gilt auch für Venezuela, in dem Mietpreise oft in Mindestlohn angegeben sind, genannt *salarios mínimos.*

Die Ausbreitung der Idee ist offenbar geografisch beschränkt und kam bisher nicht über Lateinamerika hinaus. Die *uslovnaya yedinitsa* der Ukraine ist in Wirklichkeit nur ein getarnter Dollar.

Auch die 1979 offenbar unabhängig vom chilenischen UF geschaffene europäische Währungseinheit, den ECU, kann man als eine Art indexierte Rechnungseinheit beschreiben. Der ECU wurde als Korb europäischer Währungen definiert, also als eine Art Index, und insofern haben wir es auch hier mit einer Rechnungseinheit zu tun, die unabhängig von den einzelnen Währungen funktionierte. Sie garantierte zwar keine gleichbleibende Kaufkraft, erfüllte aber nichts desto weniger eine wichtige Rolle bei der Inflationsbekämpfung. Es gab einen Markt für ECU-denominierte Anleihen, die zum Teil aus Gründen der Diversifizierung gekauft wurden, also zur Absicherung von Kaufkraftschwankungen der einzelnen am Europäischen Währungssystem beteiligten Währungen. Mit der Verständigung auf feste Wechselkurse zwischen den am Europäischen Währungssystem beteiligten Währungen in Maastricht verlor der ECU seine Risikomanagement-Funktion. Er wurde von einer konventionellen Währung, dem Euro, ersetzt. Der Übergang war 2002 abgeschlossen.

Inflationsrisiken bekämpfen

Die Idee für indexierte Rechnungseinheiten sollte weit über Lateinamerika hinaus übernommen werden. Sie könnten ein freiwilliges Angebot sein. Eine Regierung müsste lediglich eine Definition der Maßeinheit leisten und die Rechnungseinheit als gesetzliches Zahlungsmittel bestätigen. Allein der Staat kann garantieren, dass in einer solchen Rechnungseinheit abgeschlossene Verträge für die Zukunft Gültigkeit haben. Wenig Aufwand also für einen wirksamen Inflationsschutz!

Ich habe diesen Vorschlag in vielen Seminaren vorgestellt und immer wieder zu hören bekommen, das Problem ließe sich doch einfacher dadurch lösen, wenn die Regierungen für eine gleichmäßige Kaufkraft ihrer Währung sorgen würden. Doch diese Garantie ist zu viel verlangt. Regierungen sind außer Stande, langfristig den Geldwert zu erhalten.

Nicht wenige Zeitgenossen glauben, das Problem der Inflation hätte sich überlebt. *Roger Bootle* beschreibt in seinem Buch *Das Ende der Inflation* eine Welt ohne Geldentwertung, aber seine Argumentation, warum das in Zukunft so bleiben wird, ist mehr als dürftig.[15] Auch sonst konnte niemand diese Auffassung überzeugend belegen.

Zentralbanken können die Inflationsrate höchstens niedrig halten, aber selbst 1 oder 2 Prozent Inflation addieren sich im Lauf der Jahre zu erheblichen Wertverlusten. Eine Geldentwertung von bis zu 3 Prozent gilt als normal und beunruhigt niemanden. Aber schon 1 Prozent Wertverlust bedeutet auf 30 Jahre gerechnet (der normalen Ansparzeit für Rentenansprüche) 26 Prozent weniger Kaufkraft, bei 3 Prozent Inflation pro Jahr summiert sich der Verlust über 30 Jahre hinweg bereits auf 59 Prozent. Kann dieser nicht über eine Indexierung oder durch die Anlage in Aktien mit guten Renditen ausgeglichen werden, ist die Einbuße enorm.

Es gibt keine Garantie, dass die Zentralbanken die Inflationsrate innerhalb dieser schmalen Bandbreite werden halten können. Die Geldentwertung kann wieder anziehen. Viele Länder haben in den letzten Jahren den Zentralbanken mehr Unabhängigkeit zugesichert und sie von kurzfristigen politischen Überlegungen befreit. Man hofft, die Inflation so künftig unter Kontrolle zu halten.[16] Doch nach wie vor werden unabhängige Zentralbanken von Menschen geleitet, die als Mitglieder der Gesellschaft unter Umständen politischem Druck nachgeben. Unabhängige Zentralbanken sind keine Garantie gegen die Geldentwertung. Die Vereinigten Staaten hatten Ende der siebziger, Anfang der achtziger Jahre zweistellige Inflationsraten – trotz einer unabhängigen Zentralbank. Dabei hatte sich *Arthur Burns* als Zentralbankvorsitzenden die Preisstabilität auf die Fahnen geschrieben. Hohe Inflationsraten sind in der Geschichte unter so unterschiedlichen Umständen aufgetreten, dass der Gedanke an ihre Überwindung als Wunschdenken erscheint.[17] Die historisch belegten Fehlschläge sollten jeden Optimismus in dieser Richtung ersticken. Die von der Politik berufenen Vorsitzenden der Zentralbanken haben es in der Hand, durch Inflation eine wesentliche Umverteilung des Reichtums innerhalb der Gesellschaft zu erzeugen, zwischen Schuldnern und Gläubigern. Wenn sie die Sache langsam angehen, wird es kaum jemand merken, und die Verlierer haben keine Möglichkeit, ihren Verlust einzuklagen, der juristische Weg zu Regressansprüchen ist ihnen verwehrt. Eine derartige Machtfülle führt in Versuchung, zumal sie kaum zu kontrollieren ist.

Es ist vernünftiger, vertragliche Vereinbarungen und Preise in indexierten Einheiten zu definieren, statt sich einem politischen Prozess auszuliefern, der die Stabilität einer Währung garantieren soll. Die Einigungsaufgabe könnte sogar die Wahrscheinlichkeit einer erneuten Inflation mindern, weil sie das Preisniveau entpolitisiert und der Geldmarktspolitik ihr wichtigstes Instrument aus der Hand schlägt.

Indexierte Rechnungseinheiten und die neue Finanzordnung

Die eingebürgerte Verwendung von Währungen als Rechnungseinheiten, die nicht an die Inflation rückgebunden sind, wird besonders ärgerlich, wenn wir uns höher entwickelten Finanzinstitutionen zuwenden wollen. Müssten wir Zahlungsverpflichtungen in Währungseinheiten angeben, dann würden wir in alle Ewigkeit gegen die Ungewissheit dieser Einheiten kämpfen. In Ermangelung indexierter Rechnungseinheiten würden wir uns sehr wahrscheinlich gegen neue und andere Institutionen entscheiden. Wir würden hier etwas verbessern und dort etwas reparieren und uns vor grundsätzlichen Änderungen hüten, weil wir fürchten müssten, uns damit nur neue Probleme einzuhandeln.

Eine bequeme Maßeinheit für den realen Wert würde Verträge begünstigen, die mit inflationsunabhängigen Beträgen operieren und damit nicht von politischen Entscheidungen abhängen würden. Auch der juristische Status solcher Verträge wäre sinnvoller, weil sie das Ergebnis im Sinn des Wohlstands der Vertragspartner formulieren könnten und nicht auf willkürliche Einheiten angewiesen wären.

Natürlich könnten Vertragspartner selbstständig eine Maßeinheit vereinbaren und darin die finanziellen Bedingungen ihrer Verträge festschreiben. Aber eine allgemein akzeptierte Maßeinheit, sorgfältig konstruiert und langfristig gültig, hat große Vorteile. Ingenieure schwören auf das metrische System, das alle Ingenieure auf der ganzen Welt verwenden. Physikalische Lehrbücher listen die verschiedenen physikalischen Maßeinheiten auf dem Vorsatzpapier auf. Biologen erkennen die Bedeutung der Linnéschen Klassifizierung für die Nomenklatura aller Gattungen und Arten an und korrigieren und verfeinern es anhand der neueren genetischen Erkenntnisse. Maßeinheiten und die Bezeichnung derselben spielen also sehr wohl eine große Rolle.

Die Einführung von indexierten Rechnungseinheiten ist auch in Ländern mit niedriger Inflation wichtig, zum Teil, weil es keine Garantie gibt, dass es auf Dauer bei dieser niedrigen Inflationsrate bleiben wird. Risikomanagement ist nur sinnvoll, bevor die Risiken zur Realität werden. Man sollte also nicht abwarten, bis die Inflation wieder anzieht und die Vorteile von Rechnungseinheiten offensichtlich werden. Außerdem erlaubt die Einführung indexierter Rechnungseinheiten die Anpassung der Preise an Faktoren, die nicht mit der Inflation zusammenhängen.

Wir sollten ein System indexierter Rechnungseinheiten zu einem ständigen Merkmal unserer Wirtschaft erheben, gesetzlich verankern und von Behörden überwachen lassen, die neue Maßeinheit voll in die GRIDs integrieren und als prominentes Anliegen hervorheben.

Das Misstrauen überwinden

Grund für die Ablehnung indexierter Rechnungseinheiten könnte das tief verwurzelte Misstrauen gegenüber der Regierung sein. Viele Bürger trauen ihren Volksvertretern so etwas wie einen zuverlässigen Index nicht zu. Dieses Misstrauen konnte ich 1996 in einer Umfrage feststellen, die ich mit einer Stichprobe sowohl in den Vereinigten Staaten (einem Land mit niedriger Inflation) als auch in der

Türkei (einem Land mit hoher Inflation) durchführte. Eine der Fragen, die dieses Misstrauen ausloten sollte, war folgende:[18]

Inflationsindexierten Verträgen ist vor allem deshalb zu misstrauen, weil die Regierung Angaben zur Inflationsrate willkürlich fälschen könnte, um sich zu Lasten von Menschen wie mir zu bereichern.
– Stimmt unbedingt (USA: 21 Prozent, Türkei: 18 Prozent)
– Stimmt vermutlich (USA: 24 Prozent, Türkei: 43 Prozent)
– Neutral oder keine Meinung (USA: 16 Prozent, Türkei: 4 Prozent)
– Stimmt eher nicht (USA: 27 Prozent, Türkei: 21 Prozent)
– Stimmt nicht (USA: 13 Prozent, Türkei: 13 Prozent)

Es mag auf den ersten Blick überraschen, dass die Einschätzung der Menschen in beiden Ländern relativ stark übereinstimmt und so viele glauben, die Zahlen könnten von staatlicher Seite manipuliert werden. Aus der Luft gegriffen ist die Einschätzung sicher nicht. Es gibt durchaus Beispiele, wenn vielleicht auch nicht in den USA oder in der Türkei, dass Inflationszahlen manipuliert wurden.

1983 einigten sich in Australien Regierung und Gewerkschaften auf den *Accord Mark I:* Die Gewerkschaften setzten ihre Wünsche bezüglich der Gesundheitsvorsorge durch und akzeptierten im Gegenzug stillschweigend eine Veränderung der Besteuerung, die den Verbraucherpreisindex und damit auch die Belastung durch die Indexklausel (mit der die Löhne der Inflation angepasst wurden) absenkte. Offensichtlich stimmten die Gewerkschaften diesem Einschnitt in die Reallöhne zu, weil der Zusammenhang nicht offen zutage trat und die Einkommensminderung insofern nicht der Gewerkschaft angelastet wurde. Solange es politischen Kuhhandel gibt, und solange die Genauigkeit des Verbraucherpreisindexes als Angelegenheit für Experten gesehen wird, für die sich Lieschen Müller nicht interessieren muss, liegen solche Risiken auf der Hand.

1990 griff die brasilianische Regierung unter *Fernando Collor* ausgerechnet mit dem Argument, er solle auf inflationsindexierte Verträge angewandt werden, willkürlich in den Verbraucherpreisindex ein: Der neue Preisindex versteckte einen Großteil der Inflation.[19] Die brasilianische Öffentlichkeit hat ihre Lektion gelernt und legt seither in Verträgen eindeutig fest, welcher Preisindex verwendet werden soll. In Brasilien gibt es verschiedene Verbraucherpreisindizes, die von verschiedenen Organisationen berechnet werden, darunter das regierungseigene Statistische Institut, aber auch die Wirtschaftsfakultät der Universität von Sao Paulo und die Getulio Vargas Stiftung. Durch diese Vielzahl von Quellen genießt der Preisindex in der brasilianischen Gesellschaft mehr Legitimation.

Die Achtung vor einem Index steigt, wenn verschiedene Gesellschaftsgruppen an der statistischen Berechnung beteiligt sind. Private Konkurrenz zur amtlichen Statistik kann das öffentliche Vertrauen in die indexierte Rechnungseinheit stärken. Je mehr Verträge in Wirtschaftsindizes abgeschlossen werden, desto größer wird der Anreiz sein, private Konkurrenz zu gründen. Je stärker unsere Wirtschaft elektronisch vernetzt wird, je mehr Datenbanken existieren, desto einfacher wird es für private Forschungsinitiativen, alternative Indizes zu berechnen.

Vorläufer indexierter Rechnungseinheiten

1911 schlug *Irving Fisher* eine neue Münzwährung vor, den *compensated dollar*, dessen Goldgehalt laufend angepasst werden sollte, damit die Kaufkraft konstant blieb.[20] Er griff damit einen Vorschlag von *Simon Newcomb* aus dem Jahr 1879 auf. *Fishers* Erfindung würde die indexierte Rechnungseinheit sowohl als Tauschmittel als auch als Rechnungsmittel erhalten.

Fishers Vorschlag wurde eine zeitlang angeregt diskutiert, dann aber bald vergessen. Er hatte einen Schönheitsfehler: Sobald die Veränderung des Goldgehalts absehbar ist, werden das Spekulanten ausnutzen, in Gold und Dollar investieren und das System schließlich in den Bankrott treiben. Dass sich sein Vorschlag eher als die indexierten Rechnungseinheiten durchsetzt, ist unwahrscheinlich, weil der erste Schritt – die Veränderung der Währung selbst – viel radikaler wirkt als die bloße Verkündung einer optionalen neuen Maßeinheit. Bis heute wurde der Vorschlag von keinem Land aufgegriffen.

Die Verwendung von indexierten Rechnungseinheiten für ein bestimmtes Marktsegment (Vermietungen etwa) ist keine vollkommen neue Idee, wie die allgemeine Verbreitung des UF in Chile und seiner Korrelate in anderen lateinamerikanischen Ländern zeigt. Haben sich indexierte Rechnungseinheiten erst einmal für bestimmte Preise durchgesetzt, kann es sein, dass sie ganz allgemein verwendet werden. Mehr noch, heute gibt es – anders als zu *Fishers* Zeiten – Computer und elektronische Kommunikationsmittel und damit wenig Bedarf für eine indexierte Münzwährung. Das physisch greifbare Geld wird mehr und mehr von elektronischem Geld verschiedenster Art ersetzt, das an die Veränderungen eines Indexes gekoppelt werden könne.[21]

Die Ausweitung des *Unidad de Fomento*

Am besten wäre es, wenn es eine Reihe verschiedener indexierter Rechnungseinheiten gäbe, in denen sich verschiedene Auffassungen des realen Wertes spiegeln. Dann könnten sich die Menschen zwischen verschiedenen Formen fortlaufend angepasster Zahlungen entscheiden. Wir sollten uns nicht auf indexierte Rechnungseinheiten festlegen, deren reale Kaufkraft im Lauf der Zeit konstant bleibt. Versetzen Sie sich in die Rolle eines Geschäftsführers, der einen Mitarbeiter für ein zumindest der Absicht nach langjähriges Beschäftigungsverhältnis einstellt. Die regional üblichen Löhne sind in einer indexierten Rechnungseinheit namens »Normalstunde« erfasst. Dabei handelt es sich nicht um den gesetzlichen Mindestlohn, sondern um einen Index (der vielleicht absichtlich zu niedrig gewählt ist, wie wir später sehen werden) der aktuell tatsächlich gezahlten Löhne. Nehmen wir an, Sie wollen dem Mitarbeiter drei Normalstunden pro Arbeitsstunde bezahlen. Wenn der Index für eine Arbeitsstunde 5,25 Euro vorsieht, würden Sie diesem Mitarbeiter also 15,75 Euro pro Stunde bezahlen. Steigt der Index später auf 5,50 Euro, erhöht sich der Stundenlohn Ihres Mitarbeiters auf 16,50 Euro. Natürlich könnten Sie jederzeit mit Ihrem Mitarbeiter eine andere Entlohnung vereinbaren, aber durch den Index müssen Sie nichts tun, um den Anschluss an die allgemeine Lohnentwicklung in der Region zu halten. Durch eine auf Normalstunden abstellende Vereinbarung erübrigt sich die jährliche Anpassung an die Inflationsrate oder andere Veränderungen in der Wirtschaftslandschaft. Die Beziehungen zwischen Arbeitgeber und Arbeitnehmer würden sich einfacher gestalten, und man könnte bestimmte Abrechnungsfehler von vornherein ausschließen.

Die Löhne folgen derzeit demselben Sägezahnmuster wie die Mieten, der Realwert fällt nach einer Lohnerhöhung kontinuierlich ab und springt dann plötzlich in die Höhe, um danach wieder abzufallen. Das unregelmäßige Muster begleitet uns durch unser Leben, aber es ist nicht sinnvoll, weder für uns noch für die Institutionen unserer Gesellschaft. Die Abrechnung in Normalstunden würde das verhindern.

Weitere Rechnungseinheiten sind denkbar. Senioren-Körbe etwa könnten vergleichbar den oben geschilderten Körben zusammengestellt werden, jedoch speziell auf den Bedarf älterer Menschen abgestimmt. In Normalstunden könnten die Löhne ungelernter Arbeiter, in Berufsstunden die Löhne von Menschen mit einer Berufsausbildung, in Expertenstunden die Gehälter hoch qualifizierter Mitarbeiter erfasst werden. Die Einheiten tragen einfache Namen, in denen sich ihre einfache Konstruktion spiegelt und an die sich die Menschen rasch gewöhnen können.

Alternativ zu den Normal-, Berufs- und Expertenstunden wäre ein Index der Arbeitsproduktivität oder des Grenzprodukts denkbar. Manche Beschäftigte werden eine Entlohnung nach Leistung gegenüber einer zeitlich erfassten Anwesenheit bevorzugen. Dann würden sich die Löhne automatisch mit der Produktivität erhöhen und nicht erst, wenn der Arbeitsmarkt diese Produktivitätssteigerung anerkannt hat.

Denkbar wären weiterhin Einheiten in Relation zum Bruttoinlandsprodukt des Landes oder sogar der Welt.[22] Solche Einheiten würden eine Definition der Entgeltzahlungen in Relation zu den gesamten Weltressourcen erlauben, eine Entsprechung zu dem ultimativen Marktportfolio der Finanzwissenschaft.[23]

Es könnte von Vorteil sein, von vornherein einen ganzen Satz alternativer Indexeinheiten zu schaffen. Es dürfte nicht wesentlich schwerer sein, die Öffentlichkeit von dem neuen Ansatz zu überzeugen, ob nun von Beginn an eine ganze Reihe von Indizes oder nur ein einziger Index eingeführt wird. Allerdings müsste klar sein, dass es sich um gleichwertige Möglichkeiten zur Festsetzung von Preisen, Löhnen und Zahlungen handelt. In Analogie zum metrischen System sollten wir bei der Definition der Maße ein multifunktionales System entwickeln.

Bisher gibt es kein Beispiel für die Anwendung mehrerer indexierter Rechnungseinheiten nebeneinander, wohl aber für den parallelen Gebrauch zweier Rechnungseinheiten – der Währung und der indexierten Rechnungseinheit (zum Beispiel in Chile). Die Bedeutung der Währung ließe sich zumindest erheblich einschränken, wenn sie als Rechnungseinheit durch eine andere Einheit ersetzt würde, damit wenigstens zwei indexierte Einheiten gleichzeitig benutzt werden könnten.

Indexeinheiten bewusst zu niedrig ansetzen

Die eben beschriebenen Normalstunden (aber auch auf Produktivität beruhende Rechnungseinheiten) könnten die größte Akzeptanz finden, wenn sie in Höhe und Steigerungsrate nach unten verzerrt sind. Der Grund ist psychologischer Natur und hat mit Neid, Konkurrenz und Selbstachtung zu tun. Das Niveau indexierter Normalstunden könnte ungefähr bei dem heutigen gesetzlichen Mindestlohn liegen, mithin so niedrig, dass praktisch jeder (außer vielleicht jobbenden Schülern) einen höheren Stundenlohn bekommt.

Der Index sollte die allgemeine Lohnentwicklung spiegeln. Um jedoch diesen Durchschnitt als Index zu verwenden, sollte er mit einer Zahl größer als 1 multipliziert werden. Das würde so manchem Mitarbeiter die Demütigung ersparen, nur einen Bruchteil der Normalstunde zu verdienen. Solche Fragen des persönlichen Umgangs sind sehr wichtig.

Auch die Zuwachsrate der Normalstunde könnte im Verhältnis zur tatsächlichen Lohnsteigerung nach unten verzerrt werden, zum Beispiel um 3 Prozent pro Jahr. Damit würden regelmäßige Lohnerhöhungen möglich, ohne dass der Lohn im Verhältnis zum Gesamtmarkt überproportional wachsen würde. Den Arbeitnehmern bliebe das Gefühl eines Fortschritts.

Wenn die Normalstunde so definiert wird, kann man sie als Index der üblichen Tätigkeiten von Menschen verstehen, die sich anders als die Mehrheit der Arbeitnehmer weder weiterbilden noch ihre Fähigkeiten verbessern. Er würde mithin eine Vergleichsgruppe ohne jeden Ehrgeiz bezeichnen und damit die Selbstachtung jener Mehrheit, die ein Vielfaches der Normalstunde verdient, steigern, obwohl sie am Monatsende nicht mehr als der Durchschnitt überwiesen bekommt. Dieses Konzept signalisiert eine menschenfreundliche Haltung der Arbeitgeber und gestattet es weniger erfolgreichen Mitarbeitern, ihr Gesicht zu wahren.

Es ist noch aus einem anderen Grund vernünftig, die Normalstunde niedrig anzusetzen. Menschen akzeptieren nur in sehr seltenen Ausnahmefällen eine Minderung ihres Nominallohns, auch wenn sie die durch Inflation verursachte reale Minderung durchaus hinnehmen.[24] Sie empfinden es durch die irrationale Fixierung auf den Dollar oder den Euro als Affront, als Beleidigung, wenn ihr Entgelt herabgestuft wird, und deswegen schrecken Arbeitgeber auch dann vor einer Lohnsenkung zurück, wenn die Betreffenden nicht mehr so produktiv sind wie früher. Lohnsenkungen sind daher auf Fälle beschränkt, in denen der Arbeitgeber disziplinieren und provozieren und gegen bestimmte Personen im Betrieb aggressiv vorgehen will. Praktikabel ist ein solches Vorgehen auch in wirtschaftlich angespannten Zeiten, etwa wenn das Unternehmen kurz vor dem Bankrott steht. Dann kann es auf das Verständnis der Beschäftigten hoffen. Sonst jedoch gilt: Arbeiter reagieren weniger sensibel auf den Kaufkraftverlust ihres Lohns als auf nominale Kürzungen.[25]

Da es dem Arbeitgeber nicht möglich ist, einen Arbeitnehmer aufgrund von geringerer Produktivität herabzustufen, greift er häufig zum Mittel der Entlassung. Wahrscheinlich werden viele ältere Arbeitnehmer nur deshalb in den Ruhestand geschickt, weil man ihr Gehalt aus psychologischen Gründen nicht kürzen kann. Da die niedrige Inflationsrate die Wirkung der Illusion des Geldes fast aufhebt, haben die Arbeitgeber mit der gnädig verschleiernden Rolle des Kaufkraftverlusts einen wichtigen Verbündeten verloren. Das mag das Problem verschärft haben.

Bleibt die Frage, ob Menschen ohne Steigerung ihrer Normalstunden diese Konstruktion letztlich als bewusste Täuschung empfinden, weil ihr reales Einkommen sinkt. Dann wäre der psychologische Vorteil des niedrigen Vergleichsmaßstabs dahin. Aber meiner Meinung nach ist das unwahrscheinlich, zumindest wird das Phänomen nicht mit voller Wucht auftreten. Natürlich würden die Betroffenen merken, dass ihr Gehalt in Normalstunden oder Körben gerechnet nicht mehr so viel wert ist wie früher. Aber das wiegt nicht so schwer, als wenn auf ihrer Abrechnung eine definitiv niedrigere Ziffer steht. Auch heute merken es die Menschen, wenn ihre Löhne hinter der Inflation zurückbleiben. Trotzdem reagieren sie darauf weniger empfindlich als auf nominale Gehaltskürzungen. Selbst jene, die den Zusammenhang genau kennen, könnten mit der in den Zahlen manifesten Absenkung weniger gut leben als mit dem abstrakten Bewusstsein, dass die Geldentwertung ihrer Kaufkraft schadet.

Der Einfluss auf die Wirtschaft

Ich habe in diesem Kapitel für die Einführung von indexierten Rechnungseinheiten plädiert, die unsere Wirtschaft verändern könnten.

Sie würden die Wertvernichtung durch Inflation und die damit einhergehenden persönlichen Notlagen vermeiden helfen. Wenn diese Einheiten in einem umfassenderen Sinn als derzeit in Chile eingeführt würden, also auch für Löhne und Preise, könnten vorzeitige Pensionierungen und Entlassungen vermieden werden, weil sich Produktivitätsrückgänge von Mitarbeitern mit einer Senkung des Reallohns auffangen ließen, ohne psychologische Widerstände fürchten zu müssen. Die Entlassungswellen könnten abflachen, statt mit den Konjunkturzyklen an- und abzuschwellen. Die Risiken bezüglich des Lebensunterhalts ließen sich auf viele Schultern verteilen. Die Einführung indexierter Rechnungseinheiten war in Lateinamerika erfolgreich. Das allein schon gibt der Hoffnung Nahrung, es könnte auch in anderen Ländern fruchten. Vielleicht wären einige der hier erörterten Änderungen hilfreich: verschiedenste Rechnungseinheiten und niedrig angesetzte Durchschnitte, was Gehaltsindizes betrifft.

Die nationalen Regierungen können durch eine Anlehnung des Steuersystems an eine Indexeinheit den wichtigen ersten Schritt tun, ohne übermäßigen Aufwand treiben zu müssen. Die Steuern würden nach einer indexierten Rechnungseinheit berechnet und bezahlt. Chile hat es mit dem UF vorgemacht, die Einheit hat sich in der Folge auch im Alltag durchgesetzt. Die Anlehnung der Besteuerung an eine indexierte Rechnungseinheit wird nicht nur die öffentliche Akzeptanz und die Vertrautheit mit dem neuen Zahlungsmodus steigern. Wenn das Steuersystem vollständig auf Körbe umgestellt würde, dann hätten wir den Wirrwarr der bisherigen Indizes hinter uns gelassen, die immer nur punktuell, zeitlich begrenzt und planlos ermittelt wurden. Vor allem die Planlosigkeit führt zu einer nicht mehr bewältigbaren Komplexität des Steuersystems und verfehlt das Ziel einer einheitlichen Indexierung.

Wir können und sollten weit über das chilenische Modell hinausgehen, also bei der Integration von elektronischen Zahlungsmitteln und indexierten Rechnungseinheiten bei Zahlungen mit Kreditkarte mehrere Einheiten zulassen. Die verschiedenen Einheiten würden demnach als elektronisches Geld in Erscheinung treten. Sie könnten sich mit der Zeit als ständiges Merkmal unserer Wirtschaft einbürgern und würden Eingang in die Alltagssprache finden.

Wenn indexierte Rechnungseinheiten erst einmal eingeführt sind, werden sich sehr viele Anwendungsmöglichkeiten im Risikomanagement eröffnen. Wir wären nicht länger aus praktischen Gründen gezwungen, Währungsbeträge als Versicherungssumme zu nutzen, und mit einem vielfältigen Angebot an Einheiten könnten die Strategen in den Planungsabteilungen der Versicherungsgesellschaften innovative Produkte auf den Markt bringen, die weit über die heutigen Möglichkeiten hinausgehen.

16

Wie es gehen könnte: Forschung und Engagement

Alles bisher Gesagte reicht jedoch nicht aus, um die Vorschläge zum Risikomanagement in die Tat umzusetzen. Es sind weitere Forschungen über Risiken notwendig, Forschungen, die in Verbindung mit den in GRIDs abgespeicherten Informationen anfallen, und die Suche nach weiteren Gelegenheiten, Risiken zu teilen. Notwendig ist zudem ein breites Engagement von Interessengruppen und Instanzen, die die Interessen der verschiedenen Gesellschaftsschichten vertreten.

Risikoforschung

Risiken erkennen heißt, Chancen zur Risikoverteilung zu erkennen und zu quantifizieren. Die Bestimmung, wo die größten Gefahren lauern, ist ebenso unentbehrlich wie die Unterscheidung von verschiedenen Risikogruppen. Nur wenn wir die großen Gefahren angehen und nur wenn wir die Menschen nach den verschiedenen Risiken, denen sie ausgesetzt sind, unterscheiden, können wir effektiv gegensteuern.

Auch hier sind verbesserte Indizes hilfreich. Sie sind der erste Schritt zur Identifizierung von Risiken. Die meisten Indizes entstehen aus beschränkten Ressourcen und weitgehend unter Ausschluss der Öffentlichkeit. Da sie für Verträge gewöhnlich keine Rolle spielen, gibt es keinen Anreiz, sich darüber zu streiten. Einzige Ausnahme ist der Verbraucherpreisindex, der für verschiedene Teuerungszulagen eine Rolle spielt und über den ausführlich geforscht und diskutiert wurde. Dieselbe Sorgfalt sollten wir bei anderen Wohlstandsindikatoren walten lassen.

Ich habe die Wichtigkeit von Wirtschaftsindizes zum Anlass genommen, um mit meinen Kollegen zu versuchen, Futures für Einfamilienhaus-Preise während der Rezessionsphase 1990/91 an die Börse zu bringen. Wir standen vor dem Problem, dass die von uns entwickelten Indizes einen klaren Preisrutsch in den Großstädten belegten, die allgemein verbreiteten Immobilienindizes, etwa von der *National Association of Realtors* (*NAR*), jedoch keine eindeutige Tendenz zeigten. Die Verantwortlichen an der Terminbörse fragten uns natürlich, ob irgendjemand etwas Genaues über die Immobilienpreise sagen könne.

Die Daten der NAR waren einfach Durchschnittspreise von Einfamilienhäusern, der Index im Gegensatz zu unserem nicht auf Preisänderungen ausgerichtet. Damals war es uns unmöglich, den Anschein von Autorität zu durchbrechen, den die Standesorganisation der Immobilienmakler in den Medien und weit darüber hinaus genoss. Der NAR-Index wurde von den Zeitungen unkritisch übernommen, das einfache Konzept der Mittelwerte überzeugte, und durch die häufige Zitierung in verschiedenen Medien wurde er zum Selbstläufer. Da die Zahlen der NAR für Verträge keine Rolle spielten, kümmerte sich niemand ernsthaft darum, wie der Index zustande kam. So sahen wir uns bei unserem Engagement für Einfamilienhaus-Futures mit einem doppelten Problem konfrontiert: Wir mussten nicht nur eine Lanze für den Markt selbst, sondern auch für den Index, mit dem das Risiko gemessen wurde, brechen.

Diese Situation wird sich sicher verbessern, je mehr Daten zur Verfügung stehen und je häufiger Wirtschaftsindizes zur Vertragsgestaltung genutzt werden. Die Bewertung von Wirtschaftsrisiken, soweit sie in Indizes erfasst sind, wird selbst zu einem lukrativen Geschäft werden, die Urheber von Indizes werden Gebühren für deren Gebrauch verlangen, Honorare werden abgeführt werden müssen, sobald ein Index für einen Vertragsabschluss genutzt wird;

eines Tages werden sogar Mikrogebühren bei jedem Aufruf eines Indexes anfallen, wenn die Abrechnung winzigster Beträge über das Internet erst einmal ausgereift ist. Der freie Markt wird eine Vielzahl konkurrierender Indizes hervorbringen, die öffentliche Aufmerksamkeit wird sich umso stärker darauf richten, je mehr Geld davon abhängt. Auch staatliche Unterstützung bei der Messung ökonomischer Risiken wäre sehr hilfreich.

Eine Verallgemeinerung des Begriffs vom Volkseinkommen, wie *Nordhaus* und *Tobin* ihn entwickelt haben, und die wissenschaftliche Untersuchung von Maßstäben für den allgemeinen Wohlstand wären wünschenswert. Die Übertragung der Idee von *Nordhaus* und *Tobin* auf Subindizes wie Einkommen aus Vermögen oder Einkommen aus Erwerbstätigkeit könnte bewirken, dass wir wesentliche Bestandteile des nationalen Wohlstands nicht aus dem Auge verlieren. Man begibt sich damit allerdings durchaus auf Glatteis. Schon heute werden in verschiedenen Zeitungen und Zeitschriften Ratings für Berufe abgedruckt, etwa im *National Business Employment Weekly's Jobs Rated Almanac*. Die Kriterien richten sich nicht nur nach der Verdiensthöhe und den Nebenleistungen, sondern auch nach der Arbeitsumgebung, der Sicherheit des Arbeitsplatzes, Stress, körperlichen Anforderungen und Mobilität. Die Fülle der Kriterien wirkt subjektiv und degradiert den Index in den Augen vieler Menschen bis zur Bedeutungslosigkeit. Diese Bewertung von Berufen wurde jedoch nicht für Vertragsabschlüsse geschaffen, sondern um eine neue Magazinidee zu verkaufen. Mit der entsprechenden öffentlichen Unterstützung und vor dem Hintergrund einer lebhaften Auseinandersetzung können wir Indizes zur wirtschaftlichen Entwicklung einzelner Berufe schaffen, anhand derer man Verträge abschließen könnte. Der Kunde hat die Wahl, er kann sich für den Index entscheiden, an den er glaubt, denn viele Wettbewerber werden mit Hilfe der GRIDs ihre eigenen Indizes erstellen.

Zu den Problemen bei der Erkenntnis von Risiken gehört, dass wir uns für Kategorien entscheiden müssen, anhand derer wir Risiken messen wollen. Natürlich bieten sich Kategorien wie Länderrisiken oder Berufsrisiken an, aber wenn wir uns nur daran ausrichten, verpassen wir etwas sehr Wesentliches. Wir müssen die Daten nach Risikostrukturen durchforsten und dürfen uns nicht auf die herkömmlichen Sichtweisen verlassen.

Ryan Schneider und ich haben bei der Arbeit über die Einkommen einzelner Menschen ein statistisches Verfahren verwendet, das »Clusteranalyse« genannt wird. Wir wollten Berufsgruppen finden, die einander hinsichtlich der Risiken ähnelten.[1] Daraus ergaben sich Indizes zum Erwerbseinkommen, die die persönlichen Risiken ausführlicher beschrieben als herkömmliche Indizes, die der traditionellen Einteilung von Berufen folgen. Derartige Forschungen könnten mit Hilfe der GRIDs sehr gute Ergebnisse liefern.

Risiken, die die gesamte Menschheit betreffen und von allen Menschen gleichzeitig getragen werden, etwa dass die globale Erwärmung alle Volkswirtschaften gleichzeitig zerstören würde, lassen sich nicht teilen.[2] Was alle erleiden, ist ja bereits auf alle verteilt. Hier ist keine weitere Diversifizierung möglich. Nur jene Risiken, die verschiedene Menschen unterschiedlich ereilen – etwa wenn die globale Erwärmung die Volkswirtschaften der Länder in den Tropen zerstört und den Volkswirtschaften der gemäßigten Zonen hilft –, können sinnvoll verteilt werden. Die Staaten rund um den Äquator könnten zum Beispiel mit den Ländern in gemäßigten Zonen Verträge abschließen, sodass sie für den Fall, dass die Erwärmung schlimmer ausfällt als befürchtet, abgesichert sind. Umgekehrt würden die Staaten in den Tropen den Ländern in den gemäßigten Zonen unter die Arme greifen, wenn der Treibhauseffekt dort schlimmer als befürchtet wütete, immer gemessen an den vertraglich festgehaltenen Erwartungen.

Stefano Athanasoulis und ich haben ein mathematisch-ökonometrisches Modell entwickelt, das auf dem statistischen Verfahren der Hauptkomponenten-Analyse beruht und das methodische Aufspüren der wichtigsten Risikomanagement-Vereinbarungen rund um die Welt erlaubt.[3] Das Verfahren beginnt mit historischen Daten zur Einkommenshöhe von Personen und durchsucht diese nach typischen Interferenzen und Streuungsmustern in den verschiedenen Teilen der Welt. Die Ergebnisse werden mit einem mathematischen Programm weiterverarbeitet. Die Personengruppen mit möglichst unterschiedlichen ökonomischen Risiken werden als potenzielle Partner für spätere Verträge ermittelt.[4]

Die Arbeit legt nicht mehr als einige theoretische Grundlagen, es ist nur ein winziger Anfang. Erst wenn GRIDs zur Verfügung stehen, lohnt sich eine ausgefeilte Analyse. Beteiligt werden sollten nicht nur Fachleute für Ökonometrie, sondern auch aus anderen Wissenschaftsbereichen. Denn das Thema rechtfertigt Aufmerksamkeit. Bei der Abgrenzung großer Personengruppen mit dem Ziel, Risiken zu teilen, müssen die Wissenschaftler überlieferte Einteilungen hinter sich lassen. Da werden seltsame Paare miteinander Verträge schließen, nicht nur gleichgesinnte, nicht nur Nachbarn, nicht nur Menschen derselben sozioökonomischen Schicht, nicht nur Menschen der eigenen Generation.

Unsere Finanzinstitutionen können schon heute neue Formen des Risikomanagements ermitteln. Investmentbanken bringen jene zusammen, die ungewöhnliche, einander entgegengesetzte Risiken haben. Dieses System gilt es auszubauen und auf eine viel größere Zielgruppe anzuwenden. Das wäre eine Demokratisierung des Finanzwesen.

Die Bestimmung von Risiken bedeutet auch, objektive Kennziffern für Risiken zu entwickeln und die Gelegenheiten für Betrug zu minimieren. Risikomanagement darf keine Anreize schaffen, sich auf die faule Haut zu legen, sondern muss die Menschen anregen, gut zu arbeiten und Verluste zu vermeiden. Mit Hilfe hoch entwickelter GRIDs kann das Problem des moralischen Wagnisses in Risikomanagement-Verträgen eng eingegrenzt werden. Der Vorschlag, GRIDs zu installieren, hat eine systematische Erfassung von Risiken zum Ziel. Je mehr Informationen nicht nur über individuelle Einkommen, sondern auch über individuelle Umstände in den GRIDs verfügbar sind, desto näher kommen wir dem Ziel der Risikoidentifizierung.

Der erste Schritt in Richtung einer Risikoidentifizierung wäre eine umfassende Sammlung von Daten zu ökonomischen Risiken, die eines Tages in eine GRID gestellt werden könnten. Außerdem sollte die Erforschung dieser Risiken in den Universitäten und von Stiftungen finanziell unterstützt werden. Wenn wir diesen Schritt jetzt versäumen, werden im Lauf der Zeit immer mehr Informationen verloren gehen. Und ohne Daten aus der Vergangenheit fehlen wichtige Anhaltspunkte zum Verständnis von Risiken. Wirtschaftsunternehmen sollten es als ihre Pflicht ansehen, alte Gehaltsabrechnungen aufzubewahren, möglichst auch die Beurteilungen ihrer Mitarbeiter, damit diese eines Tages in Datenbanken wie den hier vorgeschlagenen GRIDs eingestellt werden können.

Ein allgemeines Engagement für geteilte Risiken

Ein wirksames Risikomanagement verlangt Datensammlungen in einer gigantischen Größenordnung. Diese ist nur zu erreichen, wenn die Öffentlichkeit das Vorhaben unterstützt. Es reicht nicht, Institutionen zum Handel mit neuen Risiken zu schaffen und auf allgemeine Teilnahme zu hoffen. Es muss hinter der Anwendung neuer Risikomanagement-Instrumente eine treibende Kraft geben. Menschen müssen sich dafür stark machen, Prominente dafür engagieren. Sinn und Zweck solcher Verträge werden sich den meisten Menschen nicht von selbst erschließen. Meinungsführer müssen die Attraktivität erst herstellen.

Engagement für Risikomanagement-Instrumente war schon immer schwierig. Es ist ein Engagement für einen extrem abstrakten Sachverhalt, ähnlich wie der Verbraucherschutz. Produkte, die Benutzer einer Gefahr aussetzen, etwa ein Auto, das die Insassen bei Unfällen nicht ausreichend schützt, lassen sich häufig nur statistisch ermitteln, in diesem Fall über Unfallstatistiken; es handelt sich jedenfalls nicht um offensichtliche Risiken. Selbst die Betroffenen, die nach einem Unfall an den Folgen leiden, können nicht sicher sein, dass ihr Fahrzeug die Unfallursache war. Ist das Sicherheitsproblem dann behoben, wird man in aller Regel nicht von dankbaren Menschen bejubelt, die froh sind, vor einer Gefahr bewahrt worden zu sein. Dasselbe gilt für die Eindämmung wirtschaftlicher Risiken. Der Horizont der meisten Menschen reicht nicht bis zu den Dimensionen der Bedrohung, die sich durch Risikomanagement-Verträge vermeiden lässt. Ist die Lücke durch Finanzinnovation dann geschlossen, wird sie nach wenigen Jahren so selbstverständlich, dass alle sie genau so – für selbstverständlich – hinnehmen.

Als Befürworter müssen vor allen Dingen Politker und Politikerinnen auftreten. Sie sind es, die die Visionen einer Gesellschaft, die von den Schicksalsschlägen durch wirtschaftliche Umbrüche befreit sind, formulieren und vertreten können. Sie sind es, die die Öffentlichkeit von der Notwendigkeit einer Informationsstruktur überzeugen können, ohne die der Wechsel nicht stattfinden kann. Die Geschichte zeigt, dass viele Finanzinnovationen auch auf dem Privatsektor erst möglich wurden, nachdem der Staat die Initiative zur Verbesserung der Finanzmärkte ergriffen hatte.

Doch auch Leitfiguren außerhalb der Regierung sollten die Erneuerung des Finanzwesens befürworten. Unternehmensführer sollten sich hier engagieren. Die Vertreter der Versicherungsbranche sollten sich die Demokratisierung des Finanzwesens auf die Fahnen schreiben und ihre spezifischen Fähigkeiten in den Dienst der Allgemeinheit stellen. Das geht Hand in Hand mit einer Ausweitung der Kundenbasis. Entwicklungshilfeorganisationen wie die Weltbank, der Internationale Währungsfonds, die Welthandelsorganisation oder die Konferenz der Vereinten Nationen über Handel und Entwicklung sind die ideale Plattform, um Bemühungen in Richtung internationales Risikomanagement voranzutreiben. Sie stehen mit zahlreichen Ländern in Kontakt und sind mit deren ökonomischen Schwächen vertraut. Diese Organisationen sind prädestiniert, um konkrete Vereinbarungen anzustoßen und nationale Risiken zu verbriefen und entsprechende Wertpapiere auf dem Markt abzusetzen.

Die Gewerkschaften sollten eine Führungsrolle bei der Demokratisierung der Finanzwesens übernehmen. Sie könnten Versicherungspolicen im Risikomanagement mit finanziellen Anreizen unterstützen und damit das Leben ihrer Mitglieder sicherer machen, sie vor einer missgünstigen Einkommensentwicklung schützen, besser, als das mit Tarifvereinbarungen je gelingen könnte. Gewerkschaften verstehen die Risiken, denen ihre Mitglieder ausgesetzt sind, besonders gut, verstehen Bedürfnisse, die an die jeweilige Berufsgruppe und die persönlichen Umstände geknüpft sind. Gewerkschaften sollten Berufsversicherungen für ihre Mitglieder abschließen oder entwickeln und Indizes auswählen, die sie für besonders relevant halten. Sie könnten auch Eigenheimkapital-Versicherungen für ihre Mitglieder fördern, je nach Interessenlage. Für Bergleute ist es durchaus wichtig zu wissen, ob der Wert ihres Eigenheims mit dem Schließen einer Zeche ins Bodenlose fällt. Gewerkschaften könnten eine Altersvorsorge befürworten, die in Makrowertpapiere investiert, um die Risiken bestimmter Berufsgruppen auszugleichen. Und sie könnten Informationen über die spezifischen Bedürfnisse ihrer Mitglieder in die GRIDs stellen.

Berufsverbände – etwa die Standesorganisationen der Ärzte, der Rechtsanwälte, der Wirtschaftsprüfer und so weiter – könnten ähnliche Risikomanagement-Instrumente für ihre Mitglieder entwickeln. Sie könnten spezifische Formen von Verträgen empfehlen, angemessene Einkommensindizes für den Abschluss solcher Verträge zur Verfügung stellen und Lebensstandard-Versicherungen, Makrowertpapiere und andere Instrumente finanzieren, die speziell auf ihre Mitglieder zugeschnitten sind.

Karitative, wohltätige und religiöse Vereinigungen, oft die einzigen, die eine Lobby für die Benachteiligten der Gesellschaft bilden, könnten ebenfalls eine wichtige Rolle spielen. Würden sie Risikomanagement-Institutionen unterstützen, könnte das – abgesehen von der staatlichen Unterstützung – die größte Stabilisierung bewirken. Ohnehin engagieren sich gemeinnützige Organisationen häufig schon sehr lange im Risikomanagement; sie könnten diesen Aspekt ihrer Tätigkeit stärker betonen und sich mit anderen verbünden, die ebenfalls in Richtung Risikomanagement arbeiten.

Würden sich alle diese Parteien zusammenschließen und ein grundsätzliches Risikomanagement befürworten, könnten die Widerstände gegen eine Veränderung der Institutionen überwunden werden, und die Wirtschaft könnte für alle Menschen sicherer werden.

Teil 5

Die neue Finanzordnung als Teil der historischen Entwicklung

17

Lektionen aus Innovationen im Finanzwesen

Die bisher genannten Innovationen bauen schrittweise aufeinander auf, in einem organischen Prozess allmählicher Entfaltung. Diese Kontinuität in der Weiterentwicklung finanzieller Instrumente ist von Bedeutung. Die meisten Menschen erleben während ihres Lebens Reformen, wenige haben Revolutionen am eigenen Leib erfahren. Und weil wir keine Erfahrung damit haben, kann es sein, dass wir die Wahrscheinlichkeit einer radikalen Veränderung unterschätzen und daran zweifeln, es könne je geschehen.

Die Geschichte aktuell gegebener Finanzinstitutionen könnte ein Licht auf die prinzipiellen Möglichkeiten einer neuen Technologie und auf die Art von Anreizen werfen, die zur Minimierung ökonomischer Risiken anregen. Auch ihrer Schaffung gingen komplexe Überlegungen voran. Deren Erörterung zeigt nicht zuletzt die psychologischen Beweggründe und die Richtung, in der sich die Einstellung nach der Einführung neuer Finanzinstrumente ändert. Vielleicht gewinnen wir so Hinweise auf die Voraussetzungen für Finanzinnovationen.

In diesem letzten Teil meines Buches will ich meine Argumente für die Einführung radikaler Finanzinnovationen mit dem Vergleich von historischen Vorgängen krönen. Zunächst wende ich mich dabei privatwirtschaftlichen Instrumenten zu, in Kapitel 18 wird es dann um staatliche Absicherungsmechanismen gehen. In diesem Kapitel will ich mich mit der Erfindung des Geldes, des modernen Aktienhandels, den Terminbörsen und der Lebensversicherung beschäftigen. Das Innovationspotenzial dieser Institutionen wurde erst nach langer Zeit und im Zusammenhang mit technischen Fortschritten sichtbar. In der Entwicklungsphase fanden sie in der Öffentlichkeit viel Beachtung. Ihr Erfolg war keineswegs von Anfang an garantiert, aber nachdem er feststand, wurde die betreffende Institution rund um den Globus kopiert.

Die Erfindung des Geldes

Das Geld ist eine wichtige Erfindung. Seit Jahrtausenden existieren Münzen, seit Jahrhunderten gibt es Papiergeld. Derzeit werden diese beiden vertrauten Formen zunehmend durch das elektronische Geld ersetzt, und an einem solchen Wendepunkt ist die Überlegung sinnvoll, in welcher Umgebung Münzen entwickelt wurden, und durch welche Entwicklungen sie derzeit verdrängt werden.

Mit einem Stempel der Obrigkeit geprägte Edelmetallscheiben wurden nach dem Bericht von *Herodot* erstmals von den Lydern als Tauschmittel genutzt. Die Erfindung ist aber wahrscheinlich noch älter.[1] Die Idee liegt nicht auf der Hand.[2] Edelmetalle wurden damals schon seit längerer Zeit von Kaufleuten als Tauschmittel verwendet, mussten jedoch gegen Standardgewichte sorgfältig ausgewogen werden. Noch heute finden Taucher in gesunkenen Schiffen aus der Bronzezeit sorgfältig bearbeitete Gewichtsstücke. In der Erfindung des Hartgeldes spiegelt sich eine technische Entwicklung: Man hatte gelernt, preiswert Gewichte aus Metall herzustellen, also konnte man die Gewichte selbst als Geld verwenden.

Die Erfindung war erst praktikabel, als sich die Münzen ohne große Kosten herstellen ließen. Sie traten offenbar mehr oder minder zeitgleich mit der Erfindung von Prägestempeln auf, mit denen der »Schrötling« (oder die »Ronde«) durch einen einzigen Hammerschlag zum fertigen Geldstück wurde, dessen Wert auf den ersten Blick erkennbar war. Der Prägestempel senkte die Kosten für die Münzherstellung erheblich.[3]

Da die wenigsten Menschen Waagen und Gewichte besaßen,

demokratisierte die Erfindung von Münzen den Gebrauch des Edelmetalls als Tauschmittel. Die antike Erfindung vervielfachte den Warenverkehr und erweiterte den Kreis der Nutznießer. Mit dem wachsenden Handel veränderte sich die Gesellschaft – aus einer Gemeinschaft von Selbstversorgern wurde eine arbeitsteilige Gesellschaft, in der sich Menschen auf bestimmte Tätigkeiten spezialisierten und das Warenangebot breiter wurde.

Das Papiergeld wurde bereits zwischen dem 9. und 15. Jahrhundert in China verwendet, verschwand jedoch wieder. In Europa setzte es sich um die Wende vom 18. zum 19. Jahrhundert allgemein durch. Auch dabei spielte eine technische Errungenschaft eine Rolle, in diesem Fall Fortschritte beim Gravieren, die den Fälschern das Handwerk erschwerten. Die Veränderungen durch das Papiergeld waren jedoch bei weitem nicht so umwälzend.[4] Münzen erfüllten den Zweck des Geldes bereits sehr effizient.[5]

Die jüngste Erfindung des elektronischen Geldes und des elektronischen Zahlungsverkehrs könnten den Gebrauch des Geldes weiter demokratisieren und zu einem ähnlichen Schub wie einst die Erfindung der Münzen führen. Die Veränderung geht weit über die Bedeutung des Papiergeldes hinaus. Elektronisches Geld lässt sich in wesentlich kleinere Beträge aufspalten, bis hin zu mikroskopisch kleinen Summen. Die Preise können nach komplizierten Formeln in Abhängigkeit von Zusatzinformationen variiert werden, Zahlungen dank der niedrigen Transaktionskosten viel häufiger erfolgen. All das kann im 21. Jahrhundert eine ähnliche Wirkung entfalten wie im 7. Jahrhundert vor Christus die Erfindung der Münzen und zu einer noch stärker ausdifferenzierten Arbeitsteilung und noch differenzierteren Waren und Dienstleistungen führen. Unter anderem kann elektronisches Geld die weiter oben vorgestellten neuen Formen des Risikomanagements fördern, weil auch kleine Bruchstücke von Informationen kommerziell erfolgreich geliefert und wesentlich spezialisiertere Produkte und Dienstleistungen als bislang bekannt angeboten werden könnten.

Die Geschichte des Münzgelds ist auch hinsichtlich der vorgeschlagenen indexierten Rechnungseinheiten lehrreich. Die Trennung der beiden Funktionen des Geldes – Tauschmittel und Rechnungseinheit – war im Mittelalter wegen der Unzulänglichkeiten der damaligen Technologie geläufig. In den kleinen Fürstentümern und Königreichen Europas waren unzählige Münzsorten im Umlauf, mindestens eine je Herrschaftsgebiet. Diese Münzen fanden ihren Weg in alle Länder des Kontinents; ein mittelalterlicher Geldbeutel enthielt also eine ganz erstaunliche Ansammlung verschiedener Währungen. Mit der antiken Weltordnung war auch die Einheit von Tauschmitteln und Rechnungseinheit zerbrochen, die uns heute so natürlich erscheint. Im Spätmittelalter bis tief in die Renaissance hinein wurde es üblich, Preise in einer Münze anzugeben, die sehr selten, eigentlich gar nicht mehr im Umlauf war: der Silberdenar, den *Karl der Große* 794 herausgegeben hatte. Die Zahlung selbst erfolgte dann in einem Sammelsurium von Münzen verschiedenster Provenienz. Der Denar war eine Art »Geldgespenst«, eine Münze, die kaum jemand persönlich zu Gesicht bekommen hatte.[6]

Es ist weder natürlich noch zwangsläufig, dass mit dem Tauschmittel eine Rechnungseinheit verbunden ist, wie wir das heute bei unserem Geld gewohnt sind. Für die Zukunft könnte es besser sein, beide Funktionen wieder wie früher zu trennen: einerseits elektronisches Zahlungsmittel, andererseits ein System indexierter Rechnungseinheiten zur Festsetzung wichtiger Preise.

Die Erfindung des modernen Aktienhandels

Die Entwicklung der Börse im 19. Jahrhundert war für die Absicherung geschäftlicher Risiken entscheidend. In den Jahrhunderten zuvor hatte der Handel mit Aktien einen so geringen Umfang, dass er für die Gesellschaft als Ganze nicht relevant war. Aktien ermöglichen die Trennung von Inhaber, Leiter und Gründer eines Wirtschaftsunternehmens. Ein Manager kann extrem riskante Geschäfte abschließen, ohne sein eigenes Vermögen zu gefährden. Über die internationalen Aktienmärkte kann das Risiko auf mehrere Investoren verteilt und durch diese Diversivizierung die Auswirkungen eines Scheiterns erheblich gemildert werden.

Aber dass, und wie sich diese Märkte etablieren konnten, war weder selbstverständlich noch offensichtlich. Die praktischen und psychologischen Hemmnisse konnten nur sehr allmählich abgebaut werden. Die Börse, wie wir sie heute kennen, ist das Ergebnis einer nicht vorhersebaren Entwicklung, in deren Zentrum so etwas wie *human financial engineering* (in Analogie zum englischen Begriff für Ergonomie, human factors engineering) stand. Die Anpassung wirtschaftlicher Mechanismen an die menschliche Psyche ist überhaupt das zentrale Moment der Entwicklung.

Vorangetrieben wurde das Aktienwesen von der staatlichen Garantie, dass Anteilseigner nur begrenzt haften. In ihrer heutigen Form begründet eine Aktie einen Anspruch auf einen Anteil am Unternehmensgewinn, nicht jedoch eine Verpflichtung, für Verbindlichkeiten gerade zu stehen. Begrenzte Haftung heißt also: keine Verpflichtung über den Verlust des eingesetzten Kapitals hinaus.

Diese klare Definition von Rechten und Pflichten wurde für den Gesamtmarkt erst Anfang des 19. Jahrhunderts erreicht, obwohl in den Verträgen für einzelne Aktien bereits früher entsprechende Klauseln eingearbeitet waren. Ein Durchbruch von weltweiter Bedeutung war das im Staat New York 1811 erlassene Gesetz für die Gründung von Unternehmen. Dieser *general act of incorporation* nannte Mindestvoraussetzungen, über die hinaus keine Bedingungen erfüllt werden mussten, und beschränkte die Haftung aller Investoren auf ein bestimmtes Maß.[7] Vor diesem Gesetz konnte im Grunde nur die Regierung Unternehmen als eigenständige Rechtspersonen gründen, die dann ein staatliches Monopol genossen. Diese Form der Haftungsbeschränkung war normalen Geschäftsleuten verschlossen. Wurde ein Unternehmen zahlungsunfähig, konnten die Gläubiger die Vermögen sämtlicher Aktionäre – auch wenn sie nur wenige Anteile hatten – einziehen lassen, bis die Schulden beglichen waren.

Die Haftungsbeschränkung, die das New Yorker Gesetz einführte, markiert einen historischen Wendepunkt. Vor der Verabschiedung konnte ein Investor Haus und Hof und alle Ersparnisse verlieren, sogar ins Gefängnis geworfen werden, einfach weil er zu seinem Pech Aktien eines in Konkurs gegangenen Unternehmens besaß. Die Geldanlage in Aktien konnte einen Investor mithin ruinieren, eine beängstigende Aussicht, die viele von solchen Abenteuern abhielt.

Trotz der offensichtlichen Probleme bereitete die Idee einer Haftungsbeschränkung dem damaligen Gesetzgeber Bauchschmerzen. Der Historiker *David Moss* hat die Polemiken um das Gesetz nachgezeichnet[8]: Viele Zeitgenossen hatten Bedenken, dass die fehlende Belangbarkeit die Unternehmen zu waghalsigen Strategien verleiten würde. Alle Gewinne mitnehmen, aber für Verluste nicht aufkommen müssen, das schien ihnen unausgewogen und zu dem herauszufordern, was wir in heutiger Terminologie moralisches Wagnis nennen würden. Den Begriff kannte man damals noch nicht.

Die amerikanische Verfassung hält in Artikel 1, Paragraph 10 fest, dass kein Bundesstaat Gesetze erlassen dürfe, durch die Verpflichtungen aus Verträgen eingeschränkt würden. Schon vor 1811 stand es Unternehmen frei, mit ihren Gläubigern zu vereinbaren, dass diese die Aktionäre nicht mit Schuldforderungen behelligten. Freilich mussten die Gläubiger dem zustimmen. Die wesentliche Neuerung durch die 1811 in den Neuengland-Staaten eingeführte beschränkte Haftung bestand in der gesetzlichen Forderung, solche Vereinbarungen zu treffen. Damit wurde die Vertragsfreiheit eingeschränkt. Der Vorteil dieser Einschränkung erschließt sich nicht auf den ersten Blick. Sollten freie Bürger nicht jeden Vertrag abschließen dürfen, der ihnen sinnvoll erscheint? Zudem hatte die unbeschränkte Haftung vor der Neuregelung keine echten Probleme verursacht, Fälle, in denen unschuldige Aktionäre für die Fehler der Geschäftsleitung im Schuldturm büßen mussten, waren nicht bekannt.

Doch das Experiment von New York war offensichtlich erfolgreich, jedenfalls gemessen an der Zahl der dort gegründeten Kapitalgesellschaften. Das Gesetz wurde nach und nach von allen Bundesstaaten kopiert, zuletzt von Kalifornien 1931. In ihm liegt eine der Ursachen für die weltweite Vorrangstellung der New Yorker Börse, es stand für vergleichbare gesetzlichen Regelungen in Großbritannien, Deutschland, Frankreich und schließlich in jedem anderen Land der Erde Pate.[9]

Die Haftungsbeschränkung förderte die öffentliche Akzeptanz von Unternehmensaktien, denn Investoren neigen dazu, die geringfügige Wahrscheinlichkeit von Verlusten über die Anfangsinvestitionen hinaus zu überschätzen. Die Tendenz von Menschen, geringfügige Wahrscheinlichkeit zu überschätzen, ist psychologisch gut dokumentiert.[10] Eine unbeschränkte Haftung jagt das Schreckgespenst des finanziellen Ruins vor das geistige Auge des Investors, beschränkte Haftung enthebt ihn solcher Ängste.

Wer in Aktien investiert, verliert maximal die Investitionssumme, und diese Sicherheit gibt einer anderen, ebenso übertriebenen Hoffnung Nahrung: Man könnte ein Vielfaches des investierten Betrags zurückerhalten. Die beschränkte Haftung verhalf Unternehmensanleihen, so *David Moss*, wegen der menschlichen Neigung zur Übertreibung geringer Wahrscheinlichkeiten zu ungeahnten Höhenflügen. Die bloße Aussicht auf sagenhafte Kursgewinne lässt die Geldanlage zum reinen Vergnügen werden – selbst wenn es sich von Anfang an um pure Fantasie gehandelt hat. Man kann an der Börse wie am Kartentisch zocken, und viele Menschen empfinden Glücksspiele als lustvoll, denken, sie hätten wenig zu verlieren und viel zu gewinnen. Der Lotteriecharakter von Aktien hat die Nachfrage gestärkt, hat vor allem den Typus des Kleinaktionärs geschaffen und auf diese Art und Weise den Unternehmen eine viel größere Kapitalbasis verschafft.

Durch die Haftungsbeschränkung wurde es Anlegern auch möglich, ein sehr diversifiziertes Portfolio zu halten. Ohne diese Haftungsbeschränkung wäre so etwas wie Risikostreuung überhaupt nicht möglich, denn ein einziges in Konkurs gegangenes Unternehmen hätte genügt, um alle anderen Aktien im Besitz zum Bestandteil der Konkursmasse werden zu lassen. Und in je mehr Unternehmen ein Anleger investiert, desto größer wird die Wahrscheinlichkeit, dass eines davon zahlungsunfähig wird. Heutzutage ist das Prinzip der Diversifizierung in Anlegerkreisen in aller Munde, aber ohne die Haftungsbeschränkung hätte es sich nicht entwickeln können. Nicht nur, dass man es nicht anwenden konnte – man konnte es überhaupt nicht sehen. Als die gesetzlichen Grundlagen für Kapitalgesellschaften geschaffen wurden, dachte niemand an die Diversifizierung eines Portfolios. Eine Erfindung führte zur nächsten, erst die Haftungsbeschränkung, dann die Diversifizierung.

Der Wert des Börsenhandels mit haftungsbeschränkten Aktien im Staat New York Anfang des 19. Jahrhunderts widerlegte eine Befürchtung des Gesetzgebers. Die von der Haftung befreiten Unternehmen gingen zwar in den ersten Jahren der Neuregelung größere Risiken als zuvor ein, und es gab tatsächlich eine Reihe von Konkursen. Aber letztlich überzeugte die lange Reihe extrem erfolgreicher Kapitalgesellschaften. Das Positive wog die Fehlschläge auf.

Die Geschichte der Börse zeigt, dass man die Wahrscheinlichkeit von Missbrauch und Betrug nicht abstrakt abwägen kann. Eine genaue Prognose, wie stark neue Risikomanagement-Instrumente genutzt werden könnten, ist unmöglich. Die Erfinder von in der Haftung beschränkten Aktien konnten die Vorteile dieser Anlageform nicht im ganzen Ausmaß überblicken. Erst im konkreten Umgang zeigte sich, welche Möglichkeiten sich eröffneten, wenn man auch Wirtschaftsunternehmen die Rechtsform der juristischen Person zubilligte, und welche Chancen ein modernes, diversifiziertes Portfolio bietet.

Auch neue Ideen zum Risikomanagement können Bedenken hinsichtlich der Missbrauchsmöglichkeiten wecken, aber wir werden lernen, mit diesem Problem umzugehen. Neue Geschäftsmodelle sind denkbar, die auf Risikomanagement aufbauen, ein neuer Umgang mit Anlagerisiken könnte sich durchsetzen, den wir uns heute noch in unseren kühnsten Träumen nicht vorstellen können.

Die Erfindung der Terminbörse

Heute gibt es für die verschiedensten Rohstoffe, landwirtschaftlichen Produkte, Waren und Finanzanlagen Terminbörsen. Auf diesen Märkten wird das Versprechen auf künftige Lieferung oder Abnahme eines bestimmten, vorher vereinbarten Gutes verkauft. Für Menschen, die mit diesen Waren handeln, erfüllen sie die wichtige Funktion des Risikomanagements.

Terminkontrakte und Terminbörsen sind eine sehr abstrakte Erfindung. Die einzelnen Elemente greifen auf schwer durchschaubare Art und Weise ineinander. Anders als bei Versicherungen und Aktien gibt es keine antiken Vorläufer. Die älteste bekannte Terminbörse entstand um 1600 in der Nähe von Osaka. Heute gibt es in allen Industriestaaten Terminbörsen. Chicago ist Sitz einer Options- und einer Produktbörse (*Chicago Board Options Exchange* und *Chicago Mercantile Exchange*), New York hat ebenfalls eine Produktbörse, in London sitzt die *London International Financial Futures Exchange*, Paris hat den *MATIF*, ausgeschrieben *Marché à Terme International de France*, die Züricher *SOFFEX* (*Swiss Option and Financial Futures Exchange*) und die *DTB Deutsche Terminbörse GmbH* in Frankfurt sind seit 1998 zur *EUREX* fusioniert. Es sind immer raffiniertere elektronische Märkte, an denen fundamentale Risiken gehandelt werden.

Grundfunktion von Terminbörsen ist das Hedgen. Man schafft Risiken, die exakt konträr zu anderen Risiken sind. Nehmen wir als Beispiel einen Großhändler für Reis. Nehmen wir der Einfachheit halber an, es gebe nur eine Ernte pro Jahr und die Vorräte müssten bis zur nächsten Ernte gelagert werden. Die Lagerung von Getreide gehört zu den wichtigen Aufgaben einer Volkswirtschaft.

Der Betreiber des Lagers ist den Preisschwankungen im Lauf des Jahres ausgesetzt. Je nach Witterungsbedingungen und anderen Umständen kann es zu wilden Ausschlägen kommen. Selbst wenn der Reis ohne allzu großen Tribut an Ratten, Mäuse und Verderbnis durch Feuchtigkeit gelagert wird, können durch einen Verfall des

Reispreises im Lauf des Jahres Verluste entstehen. Der Betreiber, der den Reis einlagert und über eine möglichst effiziente Lagerung wettbewerbsfähig sein will, möchte nicht zusätzlich das Risiko von Preisschwankungen tragen müssen. Die ohnehin bescheidene Gewinnmarge würde schon durch geringste Abwärtsbewegungen vernichtet. Sinnvollerweise versucht er sich abzusichern, indem er auch an fallenden Preisen verdient.

Die Betreibergesellschaft von Getreidesilos wird also versuchen, eine Art Wette auf fallende Reispreise abzuschließen. Fällt der Reispreis dann tatsächlich, werden die Gewinne aus dieser Wette die Verluste im Lagergeschäft ausgleichen. Umgekehrt könnte ein potenzieller Kunde die Steigerung des Reispreises fürchten. Er will eine Wette auf einen Anstieg abschließen, um im Fall des Falles mit den Gewinnen aus dieser Wette die Zusatzkosten wegen des höheren Reispreises auszugleichen. Eine solche Wette hat nichts mit einem Glücksspiel zu tun, denn sie gleicht lediglich eine vorhandene Risikoposition aus.

Die Grundidee des Hedgens – darauf zu wetten, dass der befürchtete Fall eintritt – ist denkbar einfach. In der Praxis wird sie jedoch durch zahlreiche Schwierigkeiten verkompliziert. Ohne die Einrichtung einer Terminbörse fehlt das »Wettbüro«, in dem Reisproduzent und Reisgroßverbraucher ihre Wetten abgeben könnten. Das Hedgen großer Risiken ist ohne einen institutionellen Rahmen praktisch unmöglich.

Der wichtigste Hinderungsgrund ist hierbei, dass ohne Terminbörse kein Marktpreis für Reis existiert, auf den man eine Wette abschließen könnte. Wenn man auf einem begrenzten Markt für ein bestimmtes Datum in der Zukunft einen Preis für eine bestimmte Menge Reis vereinbart, kann man noch nichts über die Qualität der Ware sagen oder die Bedingungen, unter denen der Verkauf stattfinden wird. Es könnte sein, dass just an diesem Tag eine ganz ungewöhnliche Reissorte verkauft wird, dass es Transportprobleme gab, die der Käufer zu tragen hat, dass die Versicherungspreise aufgrund äußerer Ereignisse in die Höhe geschnellt sind und so weiter. Mit anderen Worten, es kann sein, dass der Preis an dem vereinbarten Tag nicht repräsentativ ist. Schlimmer noch, es könnte zu Engpässen kommen, die Preise könnten künstlich in die Höhe getrieben werden, um den Ausgang der Wette zu beeinflussen.

Terminmärkte für Getreide lösen dieses Problem, indem sie Art des Getreides und Lieferdatum, Lieferbedingungen und Lieferort genau definieren und keinerlei Fragen offen lassen. Die Vereinbarungen werden über die Terminbörse veröffentlicht, und die Institution beauftragt Experten, um die Einhaltung zu überprüfen. Die täglichen Kursbewegungen von Terminkontrakten hängen demzufolge weder von den wechselnden Qualitäten des Produkts noch von den Vertrags- oder Lieferbedingungen ab.

Terminmärkte dienen im Grunde der Platzierung von Wetten zur Absicherung bestimmter Risiken. Faktisch läuft das Hedgen über das Kaufen und Verkaufen von Kontrakten, in denen die künftige Lieferung von Getreide verbindlich zugesagt wird. Die Silo-Gesellschaft, die den Verfall des Reispreises fürchtet, verkauft einen Kontrakt (unterschreibt einen Vertrag, in Zukunft eine bestimmte Reismenge zu liefern) und kauft ihn später zum dann gültigen Marktpreis zurück. Die China-Restaurantkette kauft den Kontrakt und verkauft ihn später zum gültigen Marktpreis. Auf dem Marktpreis dieser Kontrakte ruht das Risikomanagement, seine Veränderung ist das Zufallselement, die die Absicherung erlaubt.

Das Schöne an solchen Terminbörse ist, dass Menschen über die Standardisierung der Definition auch dann ihre Risiken hedgen können, wenn sie gar nicht diese spezifische Sorte Getreide kaufen oder verkaufen wollen. Man kann eine Getreidesorte mit einer anderen Getreidesorte auf einem Terminmarkt hedgen, man muss nicht einmal die Absicht haben, jemals eine Lieferung auf den Weg zu bringen. Die wenigsten Futures werden bis zum Erfüllungstag gehalten. Praktisch niemand liefert oder erhält Ware, so wie es in dem Terminkontrakt vereinbart wurde, und doch ist die Lieferoption oder die Annahmeoption eng mit dem Preis der zugrunde liegenden Ware verbunden.

Die Grundidee für Terminkontrakte ist alles andere als naheliegend. Die Vorstellung klingt völlig abgehoben, solange wir nicht eigene Erfahrungen mit tatsächlichen Futures-Märkten gesammelt haben. Wie hätte man im Vorhinein wissen können, dass die Preise für Terminkontrakte eine gute Absicherung bieten? Wie konnte man abschätzen, wie weit oder eng eine Ware definiert sein muss, damit sich der Preis für dieses Basisobjekt nicht zu sehr von dem Grundgedanken des Hedgens entfernt? Um hier das richtige Mittelmaß zu finden, muss die Börse einen heiklen Balanceakt vollführen und selbst dann kann sie nicht im Voraus wissen, ob es so richtig war. Es geht nur mit Versuch und Irrtum. Futures entstehen aus Experimenten, und die Vertragskonstruktion, die sich bewährt hat, gehört zu den glücklichen Überlebenden.

Die Börse muss auch sicherstellen, dass die Verträge erfüllt werden. Es reicht nicht, eine Standarddefinition für das Getreide zu schaffen. Auch der Vertrag selbst muss vollständig standardisiert sein, denn wenn die Kreditwürdigkeit der Parteien nicht vergleichbar ist, kann sich das auf den Preis auswirken. Diese vollständige Standardisierung der Verträge erreichen Terminbörsen über die Forderung an die Vertragsparteien, einen Einschuss zu hinterlegen, die turnusmäßige Glattstellung der Verträge und den Ausschluss von Teilnehmern, deren Einschuss fast erschöpft ist.

Die Börse muss auf irgendeine Art und Weise einen Abrechnungskurs ermitteln und einen Zeitpunkt festsetzen, zu dem abgerechnet wird. Die Börse muss zudem dafür Sorge tragen, dass der Kurs keine Anomalien enthält und Institutionen einrichten, die manipulative oder betrügerische Transaktionen aufdecken.

Durch die vollständige Standardisierung der Verträge kann jede Partei mit der Börse handeln und muss nicht direkt mit der Gegenpartei einen Vertrag schließen. Um derartige Transaktionen zu ermöglichen, muss die Börse über ein Clearinghaus verfügen, das die Abwicklung übernimmt. Dadurch entsteht das Risiko, dass das Clearinghaus zahlungsunfähig wird. Deswegen muss es mit ausreichend Kapital ausgestattet sein, um diesen Fall möglichst zu vermeiden.

Im Grundzug waren alle diese Merkmale der Erfindung bereits seit 1730 bei der ersten Terminbörse auf der Insel von Dojima vor Osaka vorhanden, einzelne Elemente gehen bis in die Zeit um 1600 zurück. Auf Dojima setzte man die Qualität der Ware genau fest, bestimmte exakt Zeit und Ort der Lieferung, verfügte über Fachleute, die den Reis beurteilten und eine Clearingsstelle für die Abwicklung der Verträge. Gegenstand der Terminkontrakte war Reis, der in verschiedenen Qualitäten zu verschiedenen Jahreszeiten geliefert wurde. Die Börse hatte ein »Parkett«, einen Raum, in dem die Verträge gehandelt wurden. Es gab auch einen Mechanismus zur Bestimmung von Schlusskursen. Man setzte eine Schnur in Brand, auf die alle Händler freie Sicht hatten, und wenn diese Schnur abgebrannt war, galt der zuletzt genannte Kurs als Schlusskurs und die »Wassermänner« spritzten alle Anwesenden nass, um den Handel für diesen Tag abzubrechen.

Abgesehen von den Wassermännern wurden die wesentlichen Merkmale des Terminmarkts von Osaka 1867 in Frankfurt, 1871 in Chicago, 1877 in London und seither von vielen Ländern der Welt kopiert. Der japanische Vorläufer weicht in einigen Details von den modernen Terminbörsen ab, aber der Kern ist derselbe.[11] Noch die Gesten, mit denen die Händler an westlichen Börsen die Zahl der Kontrakte spezifizieren, gleichen jenen der japanischen Händler und bezeugen so ihre Herkunft.

Es mag unwahrscheinlich klingen, dass eine so grundlegende Erfindung aus der Tokugawa-Zeit stammt, als Japan sich vom Rest der Welt weitgehend isolierte. Aber das Japan des 17. und 18. Jahrhunderts war in vielerlei Hinsicht sehr fortschrittlich. Außerdem hatte das einzige Land, zu dem es Kontakte unterhielt, – Holland – im 17. Jahrhundert das fortschrittlichste Finanzwesen der Welt (auch wenn es in den Niederlanden damals keine Terminbörsen gab). Eine mindestens ebenso große Rolle dürfte jedoch gespielt haben, dass Japan einen großen Markt für ein einziges Produkt – Reis – hatte und sich der Reishandel zudem in einer Stadt konzentrierte.

Dieses Beispiel für eine radikale Finanzinnovation beflügelt. Die

Erfindung der Terminbörse ist eine sehr komplexe Geschichte und wurde von den hoch entwickelten Finanzgemeinden bis zu diesem Tag meist übersehen. Sie verdankt sich einer ungewöhnlichen Umgebung mit einer großen Gemeinde erfindungsreicher Menschen, die nicht von den Konventionen in anderen Teilen der Welt beschränkt wurden. Die moderne Informationstechnologie, die rasche Entwicklung der Weltwirtschaft schaffen erneut ein solches ungewöhnliches Umfeld.

Die Erfindung der Lebensversicherung

Ich habe schon im Kapitel 7 eine nützliche wirtschaftliche Erfindung als Beispiel genutzt, die Versicherung. Wir können uns auf eine wichtige Spielart der Versicherung, die Lebensversicherung, konzentrieren, um uns die Bedeutung des psychologischen Framings und des oben erwähnten *human financial engineering* zu vergegenwärtigen.

Lebensversicherungen findet man bereits im England des 17. Jahrhunderts, einige Formen sogar noch früher. Aber erst nach einer Änderung des Grundkonzeptes im 19. Jahrhundert erlangten sie Bedeutung. Es gab zahlreiche Hindernisse auf dem Weg zur öffentlichen Anerkennung dieses Produkts. Der Sinn einer Lebensversicherung ist offensichtlich, und trotzdem schließen die wenigsten Verbraucher auf eigene Initiative hin eine Police ab. Der Bedarf für eine Lebensversicherung erschließt sich ihnen nicht auf dieselbe Weise wie der Bedarf für ein neues Auto.

Angeführt von *Morris Robinson* von der *Mutual Life* in New York erkannte die Branche um 1840, dass Versicherungen aktiv von Vertretern unter die Leute gebracht und diese Vertreter in hohem Maße von Prämien für verkaufte Verträge bezahlt werden müssen, damit sie in ihrem Bemühen um neue Abschlüsse nicht nachlassen.[12] Nach *Robinsons* Erfolg wurden Prämien für Versicherungsvertreter in der Versicherungsbranche allgemein üblich. In der Folge wurden viele Bücher geschrieben, wie man Lebensversicherungen an das

Volk verkauft, und diese Bücher rücken die psychologisch richtige Darstellung in den Vordergrund.

Psychologische Überlegungen spielten auch bei der Gestaltung der Versicherungsverträge selbst eine wichtige Rolle. Ende des 19. Jahrhunderts erfand *Henry B. Hyde* die Kapitallebensversicherung und hatte mit seiner *Equity Life Assurance Society* großen Erfolg. Wer die Police nicht vorzeitig kündigte, erhielt nach seinem Modell nach Ablauf von zehn, 15 oder 20 Jahren einen hohen Geldbetrag. Durch diese Konstruktion konnte die Zielgruppe ihre Versicherungsbeiträge als Investitionen in ein allmählich wachsendes Vermögens sehen, dessen Betrachtung Freude bereitet. So konnte das Bedauern, angesichts des ausbleibenden Versicherungsfalles für nichts und wieder nichts etwas zu bezahlen, erst gar nicht aufkommen. *Henry Hydes Equity Life Assurance Society* war so erfolgreich, dass sie um 1870 den Sprung über den Atlantik schaffte und in England, Frankreich und Deutschland Zweigstellen eröffnete. Dort waren die aggressiven Marketingmethoden aus Amerika noch unbekannt. Die Todesfallversicherung, die gemischte und die fondsgebundene Lebensversicherung, die in der Branche heute die Hauptrolle spielen, sind Nachfolgerinnen von *Hydes* Erfindung.[13]

Ein Lehrbuch für Vertreter aus dem Jahr 1922, *Selling Life Insurance,* enthält Textbausteine, mit deren Hilfe man den Kunden leichter zum Abschluss bringt. Darunter findet sich auch ein Text, wie man die Versicherung mit dem Geldanlagemotiv verknüpfen kann. Der Vertreter soll dem Interessenten Folgendes sagen:

> Vieles spricht für eine Lebensversicherung. Sie ist nicht zuletzt ein Mittel der Geldanlage, obwohl das nur die halbe Wahrheit ist. Sie können sich beruhigt zurücklehnen, weil Sie unmittelbar ein Vermögen aufbauen, das andernfalls Jahre benötigt hätte. Sie können Ihre Lebensziele erreichen, falls Sie zu früh abberufen werden sollten. Wenn Sie es von allen Seiten betrachten, können Sie sich eine bessere Investition vorstellen?[14]

Das Zitat zeigt, wie zwei Bilder in einen Rahmen zusammen gespannt werden, Versicherungspolice und Sparplan. Aus rationalen, wirtschaftlichen Überlegungen ist das nicht sinnvoll, sehr wohl aber bei der Überwindung emotionaler Widerstände gegen den Kauf einer Versicherung und der menschlichen Neigung, Beitragszahlungen zu unterbrechen und Policen zu kündigen, sobald das Geld knapp zu werden droht.

Auch in der Bezeichnung der Versicherung spiegeln sich psychologische Überlegungen. Sie heißt »Lebensversicherung«. In Amerika hatten andere Bezeichnungen nie eine Chance. Dort heißt auch die Versicherung auf den Todesfall *whole-life insurance*, also *Versicherung des ganzen Lebens* (was im Deutschen zumindest teilweise mit der Bezeichnung »Risiko-Lebensversicherung« nachgeahmt wird – dies klingt ein bisschen nach Achterbahn). Das Produkt braucht ein positives Image und der Versicherungsnehmer das Gefühl, es sei ganz normal, eine Wette auf den eigenen Tod abzuschließen.

Wie langsam sich die Idee einer Lebensversicherung im Lauf des 19. Jahrhunderts durchsetzte, hat *Viviana Zelizer* in ihrem Buch *Morals and Markets* beschrieben. Im Grunde ließen sich weite Bevölkerungskreise erst dann von dem Kauf einer Lebensversicherung überzeugen, als das Produkt mit den religiösen und mystischen Gefühlen der Zeit verbunden wurde. Aus der Untersuchung von zeitgenössischen Büchern und Pamphleten zum Thema konnte sie auf den starken Widerstand gegen Lebensversicherungen während des 19. Jahrhunderts rückschließen, ein Widerstand, der vor allem von den Frauen ausging, obwohl (oder gerade weil) diese die Hauptnutznießer des Produkts gewesen wären. Die Frauen dachten offensichtlich, dass der Kauf einer solchen Versicherung Gott herausfordern und ihren Gatten am Ende zu früh ins Grab bringen würde. Die Versicherungsgesellschaften stellten daraufhin ihre Rhetorik so um, dass eine Art Unsterblichkeit für den Mann heraus kam, durch die er seine schützende Hand auch nach seinem Dahinscheiden noch über seiner Gattin halten konnte. Es gelang den Lebensversicherungen nicht, die Menschen vom grundsätzlich zufälligen Zeitpunkt des Todes und ihren versicherungsmathematischen Modellen zu überzeugen, um in dieser Zufälligkeit statistische Muster zu erkennen. Stattdessen fütterten sie die Fantasie mit einem tröstlichen Bild vom

Tod und betonten den moralischen Wert einer Versicherung. Der Versicherungsvertreter geriet zu einer Art Missionar.[15]

Die letzte Veränderung des psychologischen Blicks auf Lebensversicherungen wurde von der amerikanischen Regierung eingeleitet. 1939 wurde der Social Security Act um einen Anhang erweitert, mit dem die Hinterbliebenen-Versicherung für alle Werktätigen eingeführt wurde. Nutznießer dieser Form von Lebensversicherung sind Kinder und Ehefrau eines Arbeiters. Die Hinterbliebenen-Versicherung ist bis heute die wichtigste Versicherung, zumindest in den USA übersteigt deren Wert den der Lebensversicherungen der meisten Bürger.[16]

Durch die Bezeichnung Hinterbliebenen-Versicherung wich die amerikanische Regierung einer Konfrontation mit der mächtigen Versicherungsbranche aus, über die das Projekt andernfalls vielleicht zu Fall gebracht worden wäre. Außerdem verzichtete sie auf jede Werbung für das Programm. Deswegen verstehen bis heute die wenigsten Amerikaner, dass sie vom Staat eine Lebensversicherung in Anspruch nehmen können, und Versicherungsvertreter können ihre Lebensversicherungen verkaufen, ohne das Regierungsprogramm zu erwähnen. Kaum ein Interessent wird sie nach dem Zusammenhang fragen, einfach weil er ihm nicht in den Sinn kommt. Dass die Regierung den Versicherungsvertretern diesen Vorteil eingeräumt hat, ist für die Gesellschaft als Ganze wahrscheinlich nicht schlecht, denn die meisten Menschen werden vom Kauf einer Lebensversicherung über das staatliche Niveau hinaus profitieren.[17]

Auf ganz ähnliche Weise werden die in diesem Buch vorgeschlagenen Innovationen mit psychologischen Anreizen experimentieren müssen, bevor sich die neueren Arten von Risikomanagement durchsetzen können. Man muss einen Weg finden, wie man die Widerstände der Verbraucher gegen das Nachdenken über langfristige Risiken überwinden kann. Mit entsprechenden Experimenten wird sich ein solcher Weg auf jeden Fall finden, und von diesem Zeitpunkt an wird die öffentliche Akzeptanz dieser grundlegenden Risikomanagement-Instrumente auf Dauer sichergestellt.

Schlussfolgerungen

Die Geschichte der Menschheit durchzieht eine bemerkenswerte Abfolge von Erfindungen, die unser Leben in sehr grundsätzlicher Hinsicht verbessert haben. Diese Erfindungen sind gewissermaßen das Salz der Geschichte, und wie sie Hürden überwanden, gibt Hoffnung für die Zukunft.

Die Erfahrungen mit neuen Institutionen, die moralische Wagnisse zu bergen schienen, haben gezeigt, dass sich diese Gefahren entweder als weniger bedeutsam herausstellten oder von anderen Vorteilen dieser Institutionen mehr als aufgewogen wurden. Die Erfahrungen mit extrem komplizierten Finanzkonstruktionen haben gezeigt, dass sie weithin im Risikomanagement genutzt werden können, sobald die Fachleute ihren angemessenen Einsatz verstanden haben.

Aus der Vielfalt menschlicher Kulturen und Versuch und Irrtum sind komplizierte und alles andere als einsichtige Finanzinstitutionen entstanden. Das berechtigt zu der Hoffnung, dass bei dem derzeitigen Veränderungstempo völlig neue Finanzinstitutionen bald schon auf der ganzen Welt kopiert werden könnten. Durch psychologische Umdeutung erwiesen sich die Risikomanagement-Institutionen als tragende Säulen unserer Wirtschaft. Eines Tages könnten die großen, bisher unbeachteten Risiken unseres Lebens von einer neuen, auf den Menschen abgestimmten Finanzwelt abgefedert werden.

18

Lektionen aus Innovationen im Sozialwesen

Wenden wir uns nun einigen wichtigen Erfindungen des Sozialwesens zu, also einer Form von Risikomanagement, die die politischen Eliten für alle Mitglieder einer Nation geschaffen haben. Welche Bedeutung haben sie für die Zukunft? Sozialhilfe und Altersvorsorge sind Risikomanagement-Instrumente, die nicht ohne den Hintergrund technischer Fortschritte, insbesondere in der Informationsverarbeitung und bei der Automatisierung, erörtert werden können.

Die Gefahren aus der technischen Entwicklung könnten sich mit den in Kapitel 4 diskutierten 40 Räubern verbünden und die derzeitige Einkommensverteilung in den USA, aber auch in vielen anderen entwickelten Ländern weiter verschlechtern und zu einer verelendeten Masse und wenigen Superreichen führen.

Unabhängig davon, ob sich die Einkommensschere tatsächlich bis zum Anschlag öffnen wird oder nicht, wenn wir etwas gegen die ökonomische Marginalisierung eines Großteils der Bevölkerung unternehmen wollen, dann jetzt. Die Betrachtung von vergleichbaren Innovationen in der Vergangenheit kann dieser sehr abstrakten Diskussion einen Schuss Realismus verleihen.

Wie schon bei den reinen Finanzinnovationen soll uns der geschichtliche Rückblick helfen, die Ursprünge und Vorläufer bedeutender staatlicher Risikomanagement-Instrumente zu verstehen. Wir wollen verstehen, wie groß der Anteil der Erfindung an ihrer Entstehung ist, wie stark der Anteil paralleler technischer Entwicklungen an ihrer Verbreitung ist, und welche Rolle der Mensch mit seiner besonderen Wahrnehmung und Vorstellungswelt in all dem spielt. Diese Einblicke werden zu einem Ausblick in die Zukunft verhelfen, eine Zukunft, die mit neuen Informationstechnologien und einem vertieften Verständnis der menschlichen Psyche erhebliche Verbesserungen der Vorsorgemechanismen erwarten lässt.

Im Folgenden wird es um Zehnten und Zakat, Einkommenssteuer, negative Einkommenssteuer, Gutschriften für Arbeitseinkommen, Kranken- und Invaliditätsversicherung, Renten- und Arbeitslosenversicherung gehen.

Die Erfindung von Zehnten und Zakat

Die ältesten Risikomanagement-Instrumente mussten mit den wenigen Informationen auskommen, die sich aus alltäglichen Beobachtungen ergeben. Trotzdem wurden sie erfunden, eingeführt und verbreitet.

Das fünfte Buch Mose (26,12), geschrieben im 6. Jahrhundert vor Christus, befiehlt den Israeliten, ein Zehntel ihres ganzen Ertrages »dem Leviten, dem Fremdling, der Waise und der Witwe [zu] geben, dass sie in deiner Stadt essen und satt werden«. Diese Vorschrift legt den Nachdruck auf die damals benachteiligten Minderheiten und erfüllt einige Kriterien der Rentenversicherung – indem sie Waisen und Witwen erwähnt, klingt es auch ein wenig nach Lebensversicherung. Die 10 Prozent, die jeder abzweigen soll, entsprechen einer Prämie für die Lebensversicherung, und der Zehnte, den man im Fall der Verarmung erhält, wirkt wie eine Versicherungsleistung.

Im Mittelalter verfügte die katholische Kirche, der Zehnte gehöre ihr. Sie verteilte ihn teilweise als Almosen an die Armen und finanzierte zum anderen Teil damit den Klerus und den Bau von Kathedralen. Die Kirche erhob den Zehnten allerdings nicht wie eine Steuer zwangsweise vom Einkommen. Den Vollzug der Gerechtigkeit legte sie in die Hände des Allmächtigen.

Eine der fünf Säulen des Islam ist der Zakat, der dem Zehnten stark ähnelt. Mohammed führte die Pflicht, Almosen zu geben, im 6. Jahrhundert in der arabischen Welt ein.

Im Koran steht geschrieben, dass jeder Mensch jedes Jahr 10 Prozent seines Einkommens und 2,5 Prozent seines Vermögens an arme Menschen verteilen muss, an wen, darf man sich aussuchen. Wie in der katholischen Kirche wird die Einhaltung dieses Gebots nicht überwacht, wenn man von der sozialen Kontrolle einmal absieht. Dasselbe gilt für die Einhaltung der vorgeschriebenen Höhe des Zakat. Derlei bleibt dem Gewissen des Einzelnen überlassen.

Zehnter und Zakat zeugen von einer guten Kenntnis der menschlichen Psyche. Beide rechnen mit dem Gefühl der Menschen, von ihren Mitmenschen beobachtet zu werden, und mit ihrem Wunsch, dass die anderen gut von ihnen denken. Beide verlassen sich vernünftigerweise nicht auf die damals höchst unzuverlässigen öffentlichen Einrichtungen.

Der Anteil am Einkommen ist mit 10 Prozent relativ niedrig, jedenfalls weit unter den 50 Prozent, die heutige Einkommenssteuern durchaus erreichen können. Es ist ein Anteil, den Menschen auch ohne juristische Zwangsmittel aus einer moralischen Verpflichtung heraus zu zahlen bereit sind. Andererseits liegen 10 Prozent über dem, was sie freiwillig bezahlen würden, sodass eine mehr als symbolische Hilfe gewährleistet ist.

Ohne die Genauigkeit moderner Einkommenssteuersätze und Sozialsysteme blieben Zehnter und Zakat ziemlich stumpfe Risikomanagement-Instrumente. Sie greifen nur in relativ kleinen Gemeinden, etwa einem Dorf, nicht jedoch zwischen mehreren Dörfern und schon gar nicht zwischen mehreren Nationen. Aber zu ihrer Zeit waren es wichtige Erfindungen, die oft das Schlimmste verhindert haben und den einfach zu vermeidenden Folgen plötzlicher Armut entgegenwirkten.[1]

Die Erfindung der Einkommenssteuer

Die Besteuerung des Einkommens ist eine der wichtigsten aktuellen Formen des Risikomanagements. Die Erfolgreichen werden stärker zur Kasse gebeten als die weniger Erfolgreichen, aber die über die Steuern finanzierten Leistungen dürfen alle Bürger und Bürgerinnen nutzen. Der Grundgedanke ist einfach, aber seine Umsetzung erfordert ein hohes Niveau insbesondere der Datenerhebung und Informationsverarbeitung.

Wegen der Mängel der Informationstechnologie waren bis zum Beginn des 20. Jahrhunderts Abgaben auf Besitztümer die vorherrschende Form der Besteuerung. *Adam Smith* erklärte 1776, also 23 Jahre vor der Einführung der ersten richtigen Einkommenssteuer durch das britische Parlament, in seinem Buch über den *Wohlstand der Nationen*, warum die Einkommenssteuer an der Unfähigkeit des Staates krankt, zuverlässige Informationen über die Einkommen seiner Bürger zu erhalten:

> Denn der Vermögensstand des Einzelnen ändert sich von Tag zu Tag und kann ohne Nachforschungen, die im Vergleich zu jeder anderen Steuer unerträglich wären und die man mindestens einmal im Jahr erneut vornehmen müßte, lediglich geschätzt werden. Eine solche Bemessung muß daher in den meisten Fällen vom guten oder schlechten Willen des Schätzers abhängen, sodaß sie gänzlich willkürlich und unbestimmt sind.[2]

Wenn *Smith* in diesem Zusammenhang von Inquisition spricht, dann wegen der problematischen Informationsbeschaffung. Er sah damit das wichtigste Argument gegen die Einkommenssteuer vorher, das nach deren Einführung auch tatsächlich laut wurde. Schriftliche Dokumente hätten damals nicht genügt, um das Einkommen zu belegen, denn vieles wurde ohne Belege abgewickelt. Also musste jeder Steuerzahler verhört und ausspioniert werden, wollte man sein Einkommen ermitteln.

Als Ersatz für die Einkommenssteuer bot *Smith* eine Steuer auf die Häuser an, die sich schlecht verstecken ließen: »In der Regel gibt es wahrscheinlich keinen einzigen Gegenstand des Aufwands oder

Verbrauchs, nach dem sich besser beurteilen lässt, wie großzügig oder beengt jemand in seinen Ausgaben ist, als nach der Miete, die er für seine Wohnung zahlt.«[3]

John Stuart Mill formulierte noch 1848, lange nach der Einführung der Einkommenssteuer auf den britischen Inseln, ähnliche Bedenken:

> Die Besteuerung der Wohnung ist ein besserer Näherungswert zu einer fairen Einkommenssteuer als die direkte Schätzung jemals sein könnte, denn sie hat den Vorteil, daß sie spontan die so schwierig durchführbare und exakt kaum zu bestimmende Festsetzung des Freibetrags erlaubt. Denn die Miete, die sich ein Mensch leistet, belegt nicht was er besitzt, sondern was er glaubt, ausgeben zu können.[4]

Aufgrund mangelnder Informationen blieb die Besteuerung von Immobilien lange Zeit die Haupteinnahmequelle von Staaten. Doch *Adam Smith* erkannte schon 1776 deren Pferdefuß: »Wäre allerdings die Steuer extrem hoch, würden sie wohl die meisten Leute möglichst zu umgehen suchen, indem sie sich nämlich mit einer kleineren Wohnung zufrieden geben und ihr Einkommen weitgehend für andere Dinge ausgeben würden.«[5] Der Streit über die Unzulänglichkeiten der Vermögensteuer auf der einen und die hohen Kosten für die Informationsbeschaffung im Dienst der Einkommenssteuer auf der anderen Seite wogte, begleitet von vielen Experimenten, noch lange Zeit hin und her.

1799 sorgte das britische Parlament mit der Einführung einer progressiven Steuer für eine Zäsur in der Steuergeschichte der Welt. Der Spitzensteuersatz lag damals bei 10 Prozent.[6] Allerdings wurde das Gesetz 1816 wieder für ungültig erklärt. Es hatte Beschwerden über die »widerliche, repressive und inquisitiorische Maschinerie zur Feststellung der Steuerschuld« gehagelt.[7]

Im Jahr 1779 war man auf primitive Mittel zur Beschaffung von Informationen angewiesen, die sich noch dazu sehr kostspielig gestaltete. Es gab den Buchdruck, es gab auch schon Papier, beides war jedoch sehr teuer, und wegen der fehlenden schriftlichen Dokumente, aber auch wegen Problemen mit der Archivierung waren die britischen Behörden auf Beobachtungen und Berichte von Nachbarn angewiesen, und so ist es kein Wunder, dass die Steuererhebung als Bespitzelung empfunden wurde. 1842 wurde die Einkommenssteuer im Vereinigten Königreich erneut eingeführt, der Steuersatz lag mit 3 Prozent sehr niedrig.

Die Bürger der Vereinigten Staaten mussten sich ab 1862 mit der Einkommenssteuer auseinandersetzen. Konzipiert als progressive Einkommenssteuer kann sie als erster Versuch einer nationalen Sozialversicherung betrachtet werden. Die Steuererhebung hatte mit ähnlichen Problemen wie im Vereinigten Königreich zu kämpfen, Problemen, die sich auch in den Vereinigten Staaten zunächst als unüberwindbar herausstellten. Sie scheiterte an der Informationsbeschaffung, deren Mängel eine genaue Berechnung der jeweiligen Steuerschuld verhinderte, und wurde 1872 abgeschafft, weil die Finanzämter die Steuer nicht eintreiben konnten, und die große Mehrheit der Steuerpflichtigen ungestraft die Zahlung verweigerte. Das war vor der Erfindung der Schreibmaschine, vor der allgemeinen Verbreitung gedruckter Formulare und vor der allumfassenden schriftlichen Dokumentation jedes Geschäftsvorgangs, mit der die Behörden heutzutage Steuerhinterziehern jedenfalls mit mehr Erfolg als damals das Handwerk legen.

In Ermangelung zuverlässiger Informationen über die Einkünfte veröffentlichten die amerikanischen Steuereintreiber Namen und Steuerschuld jener Bürger, die ihre Steuern bezahlt hatten, in den regionalen Zeitungen und hofften, die Einwohner würden begüterte Mitbürger verpfeifen, die in dieser Liste fehlten. Die Menschen konnten sich aus der veröffentlichten Steuerzahlung und dem bekannten Steuersatz leicht ausrechnen, was die gesetzestreuen Bürger verdient hatten. Diese Vollstreckungsmethode weckte natürlich den Widerstand der Bevölkerung, von Datenschutz konnte hier keine Rede sein und die Methode war auch nicht sonderlich erfolgreich. Der Staat hatte damals schlicht und ergreifend keine Möglichkeit, die notwendigen Informationen zur Eintreibung der Einkommenssteuer zu erhalten.

Probleme bereitete auch die schlechte Ausbildung und die miserable Motivation der Finanzbeamten. Der Leiter der Steuerbehörde, *E. A. Rollins*, beschrieb 1867 die zahlreichen Schwierigkeiten und wünschte sich eine Bürokratie wie in Deutschland herbei.

Die deutsche Obrigkeit ist der von England oder Frankreich überlegen. Alle deutschen Länder bilden die Bewerber, deren moralische Eignung und notwendige Vorbildung bei einer Einstellungsprüfung abgefragt wird, eigens aus. So wie wir Schulen zur Ausbildung von Lehrern und Akademien für die Offiziere in Armee und Marine haben, so existieren in Deutschland Schulen und Universitäten zu Ausbildung von Fachkräften für die öffentliche Verwaltung. Je höhere Anforderungen gestellt wurden, desto mehr junge Männer bewarben sich um eine Aufnahme, denn desto höher stieg das Ansehen, das mit einer Anstellung im öffentlichen Dienst verbunden war. Inzwischen rivalisieren verdiente Männer aus den besten Familien um diese Ehre.[8]

Rollins fährt fort, von den Vereinigten Staaten sei dergleichen in absehbarer Zeit nicht zu erwarten.

Ich bin mir dessen bewusst, daß die Besonderheit unserer Institutionen sowie die Tatsache, daß alle politischen Parteien hohe Anforderungen an die Inhaber einer öffentlichen Position stellen, die Übernahme eines so universellen und wertvollen Systems wie das der Deutschen in diesem Land zurzeit verhindern wird.[9]

Er hatte nicht Unrecht. Die US Civil Service Commission, die mit der Professionalisierung der amerikanischen Staatsangestellten beauftragt wurde, wurde erst 1883 gegründet, die Aufgabe erst Jahrzehnte später erfüllt.

Wegen der zahlreichen Probleme – Missachtung der Privatsphäre, korrupte und inkompetente Behörden – war die Einkommenssteuer noch erheblich unpopulärer, als es Steuern ohnehin schon sind. 1871 berichtete *Alfred Pleasanton* gegenüber dem Kongress über die Gründe für das Scheitern und die bevorstehende Abschaffung der Einkommenssteuer.

Die Steuer war ein Ärgernis für die Menschen, weil sie sich ausspioniert fühlten und ihre privatesten Geldangelegenheiten in die Öffentlichkeit gezerrt sahen. Die unfreiwillige Zurschaustellung kann nur durch eine extrem kostspielige

Maschinerie erzwungen werden, und sowohl die Steuer selbst als auch die zu ihrer Eintreibung benutzten Zwangsmittel sind in den besseren Kreisen von Jahr zu Jahr verhaßter.[10]

Im selben Jahr schlug *Henry George* vor, sämtliche Steuern durch eine Grundsteuer zu ersetzen. Er gewann damit die öffentliche Aufmerksamkeit und löste eine politische Bewegung aus. Zum Teil waren die Menschen wohl deshalb von seiner Idee so fasziniert, weil der Versuch, mit einer progressiven Einkommenssteuer die Kluft zwischen Arm und Reich zu verringern, ausgerechnet während der Wirtschaftsdepression der 1870er Jahre so kläglich gescheitert war. *Henry George* begründete 1879 in dem Buch *Fortschritt und Armut* seine Opposition gegen die Wiedereinführung der Einkommenssteuer.

Das Ziel [einer abgestuften Einkommenssteuer] – die Verminderung oder Verhinderung großer Vermögensanhäufungen – ist gut. Aber um sie zu verwirklichen, müssen zahlreiche Staatsangestellte mit inquisitiorischen Vollmachten ausgestattet werden. Sie fördert Bestechung und Meineid und all die anderen Mittel zur Umgehung einer Steuer und führt damit zur Demoralisierung. Skrupellosigkeit würde belohnt, Gewissen besteuert.[11]

Seine Besteuerung von Grund und Boden war damals attraktiv, weil sie einerseits die Verminderung der ökonomischen Ungleichheit versprach und andererseits zur effizienten und vertraulichen Behandlung nur Informationen benötigte, die mit den Mitteln der Zeit zu beschaffen waren.

Wenn wir uns nun mit Siebenmeilen-Stiefeln ins 21. Jahrhundert begeben, begegnen wir erneut der Abschaffung der Einkommenssteuer – in Russland, und aus denselben Gründen. Da es sich dort als unmöglich herausgestellt hat, hohe Einkommen wirksam zu besteuern, wurde die progressive Einkommenssteuer 2001 in Russland durch eine 13-prozentige Steuer auf alle Einkommen ersetzt. Angesichts der Schattenwirtschaft war die Maßnahme wohl unvermeidbar, aber in einem Land mit ohnehin gigantischen Unterschieden zwischen Arm und Reich ist es ein bedauerlicher Rückschritt. Man kann nur hoffen, dass die Fortschritte der Informationstechnologie auch dort die Wiedereinführung der progressive Einkommenssteuer erlauben, nicht anders als in den Vereinigten Staaten nach dem ersten Fehlschlag im 19. Jahrhundert.

Die Bedeutung der Einkommenssteuer für das Risikomanagement wuchs allmählich im Lauf der Jahre. Im 19. Jahrhundert waren die Steuersätze und damit auch die Bedeutung für das Risikomanagement sehr gering, da das Einkommen ohnehin nicht genau bestimmt werden konnte und die Möglichkeiten, die Gelder einzutreiben, sehr begrenzt waren. Aber im 20. Jahrhundert wurde die Steuereintreibung durch die Informationstechnologie effizienter, und in der Folge wurde die Einkommenssteuer zu einem wichtigen, wenn auch oft verleumdeten Pfeiler einer guten Gesellschaftsordnung. Im 21. Jahrhundert werden weitere Verbesserungen der Informationstechnologie eine noch effizientere Besteuerung ermöglichen und Ungleichheit und Irritationen abbauen. Das Gefühl, »bespitzelt« zu werden, wird weiter abnehmen, denn durch die moderne Elektronik lassen sich Steuern nahezu unsichtbar erheben. Der Datenschutz wird also weiter verbessert.

Die Erfindung der negativen Einkommenssteuer

Sobald die Steuer als Instrument des Risikomanagements erkannt ist, liegt der Gedanke nahe, ob sie für Menschen mit sehr niedrigen Einkommen nicht nur sehr niedrig, sondern sogar »negativ« sein sollte, allerdings nicht so negativ, dass sie den Missbrauch herausfordert. In diesem Fall wäre die Einkommenssteuer ein noch effizienteres Risikomanagement-Instrument und würde die Ungleichheit drastisch reduzieren. Die Frage ist hier von besonderer Bedeutung, denn die weiter oben diskutierte Steuer gegen Ungleichheit kann unter bestimmten Umständen auf eine negative Besteuerung für bestimmte Einkommensgruppen hinauslaufen.

Die negative Einkommenssteuer für Geringverdiener ist ein revolutionäres Risikomanagement-Instrument. Auch wenn sie nirgendwo in Reinkultur umgesetzt wurde, bleibt sie in der politischen Diskussion präsent. Zudem hat die kluge Konstruktion eine Reihe von Änderungen im Steuersystem einiger Länder bewirkt.

Die negative Einkommenssteuer sollte das bestehende Sozialhilfesystem ersetzen und die Armut systematischer und kontinuierlicher als die traditionelle Fürsorge abbauen.[12] Wichtigstes Argument für die negative Einkommenssteuer: Sie kann so konzipiert werden, dass sie die bestehenden moralischen Wagnisse im Sozialhilfesystem reduziert. Der Vorschlag geht auf das Jahr 1942 zurück, als *Lady Juliet Rhys-Williams* im Eigenverlag das Pamphlet *Something to Look Forward to* veröffentlichte. Sie wollte Armut lindern, ohne falsche Anreize zur Arbeitsvermeidung zu geben, wurde also von dem grundlegenden Dilemma aller Sozialhilfe umgetrieben.

> Das Teuflische an dem Wunsch, die Not zu lindern, ist die Tatsache, daß in dem Moment, in dem das Arbeitslosengeld ein befriedigendes Niveau erreicht und – neben all den anderen Kreisen, die davon profitieren werden, – alle Arbeiterklassen und ihre Angehörigen in das System einbezogen sind, fast alle Vorteile einer Arbeit gegen Lohn verschwinden.[13]

Um die Drückeberger so gut wie möglich mit den damaligen Mitteln zu eliminieren, fischten die britischen Regierungsstellen jene heraus, die wenig oder zu einem geringen Lohn arbeiteten. Ein bisschen arbeiten wurde als Zeichen für Arbeitsfähigkeit interpretiert. Die Bedürftigkeit der Betroffenen wurde überprüft: Wer das Geringste besaß oder ein noch so kleines Einkommen hatte, erhielt vom Staat nichts. *Lady Rhys-Williams* erkannte, dass diese Überprüfung der Bedürftigkeit jeden Arbeitswillen zerstörte. »So wie die Dinge liegen, werden Arbeitslose, die sich aufraffen, ein wenig hinzuzuverdienen, der Versuch ihrer Frauen, eine Arbeit anzunehmen, die Pennies, die ihre Kinder nach Hause tragen, sofort mit dem Verlust der ganzen Unterstützung bestraft.«[14]

Die Lady setzte dem Zielkonflikt zwischen Armutsbekämpfung und dem Erhalt der Arbeitswilligkeit einen verblüffenden Vorschlag entgegen.

Der Staat darf sich nicht länger wie eine gute Fee verhalten. Das Verhältnis zwischen Untertanen und Obrigkeit hat sich längst gewandelt. *Die Verhinderung von Not muß als Pflicht des Staates gegenüber seinen Bürgern gelten, nicht als Gunstbezeugung. Mit anderen Worten, wir müssen die Überprüfung der Bedürftigkeit abschaffen und durch Ansprüche ersetzen, die jedem einzelnen Mann, jeder Frau, jedem Kind im ganzen Land ähnlich der Arbeitslosenunterstützung zustehen.*[15]

Ihr Vorschlag läuft tatsächlich darauf hinaus, dass jeder Bürger Geld erhält, ohne dass irgendwelche Fragen gestellt würden. Da das System der progressiven Einkommenssteuer bestehen bliebe, würden Menschen mit sehr niedrigen Einkommen nur sehr niedrige oder gar keine Steuern bezahlen. Ein Arbeitsloser, der sich etwas hinzuverdient, müsste nur diese Zusatzeinnahmen versteuern. *Lady Rhys-Williams* verwendete nicht den Begriff »negative Einkommenssteuer«, aber wenn man die staatlichen Zahlungen und die progressive Besteuerung zusammennimmt, läuft ihr Vorschlag auf ein Steuersystem hinaus, bei dem Menschen ohne Einkünfte eine erhebliche negative Steuerzahlung zusteht. Die Steuersätze steigen nach *Rhys-Williams'* Vorschlag anfangs moderat. Wer kein Einkommen hat, erhält vom Staat eine erhebliche Unterstützung, wer ein geringes Einkommen hat, erhält vom Staat immer noch Unterstützung, wenn auch nicht in derselben Höhe. Es gibt (irgendwo zwischen keinem Einkommen und dem Durchschnitteinkommen) ein Einkommen, bei dem sich die Höhe der staatlichen Zahlung und der Steuerschuld aufheben. Auf alle Einkünfte über diese Höhe hinaus werden effektiv Steuern erhoben. Mit einem solchen Steuersystem wird jeder zusätzliche Penny unabhängig vom sonstigen Einkommen zu einem Steuersatz weit unter 100 Prozent besteuert. Es lohnt sich also immer, etwas zu verdienen – im Gegensatz zur derzeitigen und damaligen Sozialhilfe, bei der die Überprüfung der Bedürftigkeit den Armen jeden Anreiz nimmt, sich einen Verdienst zu suchen.

Lady Rhys-Williams nannte ihre Erfindung einen »Vorschlag zur Verschmelzung von Einkommenssteuer und Sozialhilfesystem«. Erst *Milton Friedman* sprach in seinem 1962 erschienenen Buch

Kapitalismus und Freiheit von negativer Einkommenssteuer, und dieser Name blieb haften. Andere Bezeichnungen sind »Basiseinkommen«, »Bürgereinkommen« oder »soziale Dividende«.

Die Logik dieses Vorschlags ist nicht zu widerlegen, aber es besteht ein grundsätzliches Problem: Selbst wenn es Menschen ohne Einkommen nicht bestraft, wenn sie sich etwas hinzuverdienen, gestattet das System dennoch totale Faulheit und Unverantwortlichkeit. Das Problem des moralischen Wagnisses kommt durch die Hintertür wieder herein, und es scheinen keine annehmbaren Alternativen zu existieren. Wird die Bedürftigkeit geprüft, also jeder von der Sozialhilfe ausgeschlossen, der ein geringes Einkommen hat, wird jeder Anreiz zu arbeiten zerstört, wird die Bedürftigkeit nicht geprüft, müssen wir am Ende ein Heer fauler Menschen mit durchfüttern, die einfach keine Lust zum Arbeiten haben.

Politische Unterstützung erhielt der Vorschlag der britischen Lady erst, als sein Begeisterungspotenzial entdeckt wurde. Das leistete *Robert Theobald* 1963 mit seinem Buch *Free Men and Free Markets.*[16] *Theobald* reagierte auf eine damals weithin diskutierte Theorie, nach der alle ökonomischen Probleme gelöst waren und der Menschheit deswegen die Widerstände fehlten, an denen sie sich abarbeiten konnten.[17] *John Kenneth Galbraith* hatte 1958 mit seinem Bestseller *Gesellschaft im Überfluss* den Eindruck erzeugt, das Hauptproblem der Zeit sei das Zuviel. Der technische Fortschritt hätte, so die Grundannahme hinter *Theobalds* »ökonomischer Grundsicherung«, die Menschen mit einer solchen Fülle von Konsumgütern überschwemmt, dass sie dafür keine sinnvolle Verwendung mehr hätten und die Reichen ihr Geld in überflüssige Extravaganzen steckten, in immer größere Häuser und immer teurere Autos, die nur dazu dienten, die Nachbarn zu beeindrucken. Zum anderen wies *Theobald* daraufhin, dass eines Tages Computer zahlreiche Menschen ersetzen könnten und stellte das Arbeitsethos in Frage: Warum sollte Arbeit wertvoll und tugendhaft sein, wo es sich doch um dumpfe, wiederholte Tätigkeiten handelte, die auch von Maschinen ausgeführt werden konnten?[18]

Angesichts dieses Überflusses sei, so *Theobald*, die herkömmliche Annahme, jeder müsse arbeiten, lächerlich. Es sei sinnlos, Arbeitslose zur Stellensuche zu zwingen, nur damit sie dem gesellschaftlich akzeptierten Leitbild entsprächen.[19] Jeder sollte ein Auskommen haben, indem die gutverdienende Oberschicht besteuert und das Geld den Armen gegeben werde, jeder sollte selbst entscheiden, was er mit seiner Zeit anfangen wolle. So viel Sinn und Verstand sollte man jedem Menschen zutrauen, nicht jeder müsse sich in die Tretmühle des Arbeitsalltags begeben, jedenfalls nicht in einer Wirtschaft, die immer mehr und immer sinnlosere Produkte herstellte.

Theobalds Buch rief einige leidenschaftliche Anhänger der negativen Einkommenssteuer beziehungsweise des Basiseinkommens auf den Plan. Die Befürworter ließen sich vom extravaganten Lebensstil der gut Bezahlten nicht beeindrucken oder lehnten die Wertvorstellungen der Geschäftstüchtigen ab.

Milton Friedman sprach sich aus ähnlichen Gründen wie *Robert Theobald* für die negative Einkommenssteuer aus. Niemand sollte zur Arbeitssuche gezwungen werden, niemand seine Arbeitsunfähigkeit nachweisen oder den Besuch von Sozialarbeitern akzeptieren müssen, vor allem aber sollte der Arbeitslosigkeit das Stigma genommen werden. Tatsächlich gehört die psychologische Umdeutung zu den Kernelementen der negativen Einkommenssteuer. Wenn man statt von Sozialhilfe von einer negativen Steuer spricht, nimmt man ihr den Makel und das praktisch institutionalisierte Vorurteil.

Friedman sah in der negativen Einkommenssteuer ein wirtschaftlich vernünftiges Mittel, um die Ungleichheit der Einkommen in einer mit Anreizen verträglichen Art und Weise zu beseitigen und gleichzeitig die Eingriffe des Staates in das Privatleben zu unterbinden (in diesem Fall die Überprüfung, ob man sich um eine neue Stelle bemüht). Er kam politisch aus einer ganz anderen Ecke als *Theobald*, vom linken und nicht vom rechten Flügel, und trotzdem lief sein Vorschlag auf dasselbe hinaus.

In den sechziger Jahren wurde *Friedmans* Fassung von *Rhys-Williams'* Erfindung heftig diskutiert und führte zu einer Reihe von

Feldversuchen. Höhepunkt waren die Experimente in Seattle und Denver, an denen 4800 Familien teilnahmen und die 70 Millionen Dollar kosteten. Präsident *Richard Nixon* schlug 1969 eine negative Einkommenssteuer vor, genannt *Family Assistance Plan.* Das Gesetz passierte 1970 das Repräsentantenhaus, wurde allerdings nie im Senat verabschiedet. Auch in anderen Ländern gab es ähnliche Vorstöße, keiner hatte Erfolg. Der US-Senator *Daniel Patrick Moynihan* hat ein Buch über das Scheitern dieser Vorstöße geschrieben und kommt zu dem Schluss, der Vorschlag sei durch die Unterstellung politisch diskreditiert worden, er halte Menschen zum Faulsein an.[20]

Trotzdem hatte die Bewegung für die negative Einkommenssteuer ihr Gutes: Sie führte zu einer ganzen Reihe von Veränderungen, teils kleiner Schritte, teils grundsätzlicher Neuerungen, und das in vielen Ländern der Welt. So empfahl der Rat der europäischen Gemeinschaften 1992, dass jeder Werktätige innerhalb der EU zeitlich unbegrenzt vom Staat ein Mindesteinkommen garantiert bekommen sollte. Die meisten Mitgliedstaaten haben inzwischen in irgendeiner Form ein garantiertes Mindesteinkommen.[21] Die Programme tragen unterschiedliche Namen: In Deutschland und Österreich ist es die *Sozialhilfe,* in Frankreich das *Revenue Minimum d'Insertion* oder RMI, die Briten haben *Income Support* und *Income-Based Job Seekers Allowance* und die Schweden den *Socialbridrag.*

Da das garantierte Mindesteinkommen nicht von vorherigen Einzahlungen abhängig und zeitlich unbegrenzt ist, ähnelt es in gewisser Weise dem Basiseinkommen oder einer negativen Einkommenssteuer. Abgesehen von Frankreich müssen die Empfänger jedoch in der gesamten Europäischen Union für eine Arbeit zur Verfügung stehen. Das garantierte Mindesteinkommen trägt also nach wie vor das Stigma der Sozialhilfe. Zudem wird höchstens für eine Übergangsphase erlaubt, gleichzeitig Sozialhilfe zu beziehen und etwas Geld dazu zu verdienen, etwa durch eine Halbtagsstelle.[22] Im Gegensatz zur echten negativen Einkommenssteuer schreckt das System des garantierten Mindesteinkommens von einer Arbeitsaufnahme ab. Die Steuer auf jeden zusätzlich verdienten Euro beträgt faktisch 100 Prozent.

In Europa gibt es besonders viele Anhänger der negativen Einkommenssteuer. Seit 1986 veranstaltet das Netzwerk der Befürworter regelmäßig Kongresse. Trotzdem konnte sich die Bewegung mit ihrer Forderung nicht durchsetzen, die gegen einen Zuverdienst gerichteten Anreize des garantierten Mindesteinkommens abzuschaffen. Haupthinderungsgrund für die Einführung des Basiseinkommens ist die allgemeine Auffassung, jeder solle einen Beitrag zur Gesellschaft leisten.

Derzeit sieht es nicht danach aus, als würde sich die negative Einkommenssteuer irgendwo durchsetzen können. Der Verzicht auf eine Überprüfung der Bedürftigkeit und auf die Forderung, dem Arbeitsmarkt zumindest zur Verfügung zu stehen, erscheint vielen als Aufforderung zur Faulheit, als Belohnung für das Nichtstun. Deswegen findet die negative Einkommenssteuer keine Mehrheit. Ironischerweise wird durch diese weit verbreitete Besorgnis gerade das System gefördert, das die Nutznießer vom Arbeiten abhält (indem jeder Zuverdienst in voller Höhe von der Sozialhilfe abgezogen wird). Das Problem der öffentlichen Akzeptanz ließe sich vielleicht mit einer Neufassung des Vorschlags lösen. Statt von Basiseinkommen könnte man mit *Anthony Atkinson* von »Beteiligungseinkommen« sprechen und als Gegenleistung von den Empfängern gemeinnützige Arbeit fordern.[23]

Die Erfindung der Gutschrift für Arbeitseinkommen

In den Vereinigten Staaten führten die Einwände zu einer Neuformulierung der negativen Einkommenssteuer. Man verlangte von den Empfängern nicht den Nachweis der Arbeitswilligkeit, sondern eines Einkommens. *Russell Long*, der für die Demokraten im Senat saß, schlug 1975 die *earned income tax credit* (EITC) als verbesserte Fassung der negativen Einkommenssteuer vor. Es handelte sich um einen negativen Steuersatz, nicht um einen Steueraufschub, und man musste Einkünfte (und ein Kind) vorweisen können. Diese Konstruktion vermied den Eindruck, man würde für Nichtstun belohnt. Nur wer arbeitete kam in den Genuss einer negativen Steuer. Die staatliche Leistung überließ Menschen mit geringem Einkommen auf diese Weise mehr als 100 Prozent ihrer Einkünfte. Anfangs war der Betrag auf 400 Dollar pro Jahr begrenzt. Unter der *Clinton-Administration* wurde das *EITC* erheblich angehoben. 2000 »zahlte« eine Familie mit einem Einkommen von 10 000 Dollar eine negative Steuer in Höhe von 3 888 Dollar.

Auch andere Staaten übernahmen das Modell der Steuergutschrift. Zum Beispiel richtete sich die Reform der neuseeländischen Sozialhilfe 1990 danach aus. 1993 führte Kanada eine radikalere Version des *EITC* ein, die armen Familien mit Kindern und ohne Einkommen ebenso unter die Arme greift wie Geringverdienern. Seit April 2000 gilt im Vereinigten Königreich eine Steuergutschrift für arbeitende Familien (*Working Families Tax Credit*, *WFTC*). Sie löst die frühere Familienbeihilfe ab und nimmt ihr damit den Ruch der Fürsorge. Das britische Modell wird wiederum in Belgien kopiert. Das europäische Expertengremium *CESifo* empfahl der EU 2001, ein modifiziertes Modell des *EITC* zu übernehmen, um den EU-Empfehlungen aus dem Jahr 1992 bezüglich eines garantierten Mindesteinkommens für alle Europäer zu genügen. Die Modifikation bestand in einem zusätzlichen niedrigen garantierten Einkommen für nicht arbeitende Menschen.[24]

Die Steuergutschrift ist eine wichtige Erfindung, weil sie die Armut mildert, ohne den Anreiz zu arbeiten zu nehmen. Wenn Menschen Geld ohne jede Gegenleistung bekommen, ist die Versuchung sehr groß. Die Aussicht, Einkünfte für absolutes Nichtstun zu erhalten, ist so fantastisch, dass sie viele wahrnehmen und weiterempfehlen werden. Eine Steuergutschrift verlangt jedoch den Schritt aus der Arbeitslosigkeit heraus. Auch wenn sie in ihrer derzeitigen Form sehr abrupt ausläuft und in der Endphase für die Betroffenen hohe Grenzsteuersätze bedeutet, beeinträchtigt sie die Arbeitswilligkeit weniger stark. Wer erst einmal eine Stelle hat, lässt sich von einem geringen Steuersatz auf seine Einkünfte wohl kaum dazu verleiten, die Arbeit aufzugeben.

Die Steuergutschrift auf Arbeitseinkommen ist ein interessantes Experiment, was das Risikomanagement betrifft. Sie hat sehr zur Linderung der Armut von arbeitenden Menschen beigetragen und ähnelt zudem der weiter oben vorgeschlagenen Steuer gegen Einkommensungleichheit.

Die Erfindung der Kranken- und Invaliditätsversicherung

Die Einführung einer Kranken- und Invaliditätsversicherung ist ein Triumph der ökonomischen Logik. Die Sachlage war eindeutig, ebenso die Gegenmaßnahme, und auch die Umsetzung verlief hervorragend. Bis heute hat sich das System mit der einen oder anderen Variante in nahezu jedem Land der Erde bewährt.

Als erster Staat führte Deutschland unter der Regierung von *Otto von Bismarck* eine Kranken- und Invaliditätsversicherung für Arbeiter ein, die Krankenversicherung 1883, die Unfallversicherung 1884. Es handelte sich um eine echte Versicherung in dem Sinn, dass Arbeiter und Angestellte regelmäßig einen Beitrag zahlten und im Gegenzug bei bestimmten Krankheiten oder Unfällen Leistungen erhielten.

Der Erfolg des deutschen Experiments gab weltweit einen Anstoß zur Veränderung, die Grundstruktur, Arbeiter und Angestellte über Beitragszahlungen staatlich abzusichern, setzte sich allgemein durch. Innerhalb eines Jahrzehnts wurde die deutsche Initiative von Österreich, Italien, Schweden und den Niederlanden kopiert und trat von da aus den Siegeszug durch fast alle Industrieländer an.

Die Pflichtversicherung löste das Problem, dass sich nur ein gefährdeter Personenkreis versichern wollte und die dadurch hohe Wahrscheinlichkeit für Leistungsbezüge die Prämien unerschwinglich verteuerte. Das eigentliche Betreiben der Versicherungen überließ der Staat jedoch zahlreichen Einrichtungen, die von den Versicherten und den Arbeitgebern kontrolliert wurden. Diese Selbstverantwortung schuf einen Anreiz, für gesunde und möglichst unfallfreie Arbeitsplätze zu sorgen, da beides Einfluss auf die Prämienhöhe hatte.

Ein Detail der ursprünglichen Unfallversicherung 1884 in Deutschland ist besonders interessant: die Bildung von Berufsgenossenschaften, die die Risiken der jeweiligen Branche versicherten. Betriebe, deren Unfallrisiko ähnlich hoch eingeschätzt wurde, wurden Mitglied derselben Vereinigung. Unternehmen in besonders risikoreichen Branchen mussten demnach höhere Prämien für ihre Arbeitnehmer bezahlen und gaben die höheren Kosten an die Verbraucher beziehungsweise die Abnehmer ihrer Produkte weiter. Dieses Abwälzen von Kosten auf den Endverbraucher sorgt für ökonomische Effizienz. Denn wenn die Konsumenten nicht bereit sind, die höheren Kosten zu tragen, wird die Branche insgesamt einen Rückgang erleben, und dieses Ergebnis ist ökonomisch sinnvoll.

Die Übernahme der deutschen Unfallversicherung in den USA lief unter dem Titel *workman's compensation*, heute heißt sie *worker's compensation*. *John R. Commons*, Professor für Volkswirtschaft an der Universität von Wisconsin und einer der stärksten Befürworter der Unfallversicherung in den Vereinigten Staaten, argumentierte mit dem »Internalisierungsprinzip«: Die Gesellschaft solle, wo immer möglich, alle Kosten, die im Zusammenhang mit einem Unternehmen anfallen, auf das Unternehmen selbst abwälzen (wir würden heute vom Verursacherprinzip sprechen). Nur dann hätten die Unternehmen einen Anreiz, die Kosten möglichst niedrig zu halten. *Commons* merkte an, dass viele Arbeitsplätze unnötig gefährlich waren, und sich viele Arbeitsunfälle hätten vermeiden lassen können. In dem Augenblick, in dem ein Unternehmen für einen durch einen Arbeitsunfall arbeitsunfähigen Mitarbeiter bezahlen müsse, würden die Unternehmen für weniger unfallträchtige Arbeitsplätze sorgen, statt sich auf mehr oder weniger kosmetische icherheitsmaßnahmen zu beschränken, um mögliche Gerichtsverfahren abzuwehren. Davon war *Commons* überzeugt.

Wisconsin und New York führten als die ersten amerikanischen Bundesstaaten eine Unfallversicherung ein. Das war 1911, und bis 1920 erließen alle Bundesstaaten bis auf sechs Ausnahmen entsprechende Gesetze. Der letzte Nachzügler folgte 1948. *Commons* Internalisierungsprinzip war so einleuchtend und einfach, dass er die Regierungen der Bundesstaaten relativ leicht überzeugen konnte. Eine Absicherung der Arbeiter gegen Unfälle und Invalidität steigerte die ökonomische Effizienz bedeutend, weil sie den Arbeitgebern einen Anreiz bot, sichere Arbeitsplätze zu schaffen, damit die Zahl der Krüppel senkte und der Familien, die durch den Ausfall des Ernährers in bitterste Armut abrutschten. Der Professor aus Wisconsin konnte jedoch nicht mit derselben Überzeugungskraft die Unternehmen zum Kauf von Lebens- oder Krankenversicherungen für ihre Beschäftigten bewegen, da der Arbeitgeber hier weniger Kontrolle über Verluste hat. Dass ein Mitarbeiter krank wird oder stirbt, kann viele Ursachen haben. Und dabei ist es in den Vereinigten Staaten bis heute geblieben, eine Krankenversicherung ist nicht gesetzlich vorgeschrieben.

Die Erfindung der Rentenversicherung

Kurze Zeit nach der Einführung von Kranken- und Unfallversicherung wurde im Deutschen Reich auch die gesetzliche Rentenversicherung eingeführt. Das geschah unter *Otto von Bismarck* 1889, und das System sah wiederum eine Zwangsmitgliedschaft und Beiträge von Arbeitern und Angestellten vor. Durch die Verknüpfung von Beitragshöhe und Leistungszahlungen war dieses System der Altersvorsorge mehr Versicherung als bloße Umverteilung. Die Beitragszahler wurden in verschiedene Einkommensgruppen eingeteilt, je höher die Bezüge, desto höher die Beiträge und desto höher auch die spätere Rente. Das war eindeutig kein Armen- oder Fürsorgegesetz.

Die 1889 in Deutschland eingeführte Altersvorsorge weist bemerkenswerte Ähnlichkeiten zu dem heutigen System in sämtlichen entwickelten Ländern auf, zum Beispiel zur Sozialversicherung der USA. Es liefert damit ein gutes Beispiel, wie derartige Erfindungen von Land zu Land kopiert werden.[25] Kaum ein Amerikaner weiß heutzutage noch, dass die amerikanische Sozialversicherung eine sklavische Kopie der deutschen Vorlage aus den achtziger Jahren des 19. Jahrhunderts ist.

Bereits 1889 sah das deutsche Modell vor, dass die Hälfte der Beiträge vom Arbeitnehmer, die andere vom Arbeitgeber bezahlt wurde. (Das ist noch heute so, und auch das wurde von den Vereinigten Staaten übernommen.) Anders als heute waren die Arbeitnehmer in vier Klassen eingeteilt. Wer in die Klasse I fiel, das heißt ein Jahreseinkommen bis zu 350 Mark hatte, zahlte 12 Pfennig pro Woche. Klasse II umfasste ein Jahreseinkommen bis zu 550 Mark und zahlte 18 Pfennig pro Woche, Klasse III mit einem Einkommen bis zu 850 Mark zahlte 20 Pfennig und Klasse IV mit einem Jahreseinkommen über 850 Mark 30 Pfennig pro Woche. Wer länger als 30 Jahre einzahlte, erhielt den Höchstsatz, Renteneintrittsalter war 70 Jahre. (In den Vereinigten Staaten ergibt sich die Höhe der Beitragszahlung aus einem Prozentsatz der Einkünfte bis zu einer bestimmten Höchstgrenze, das System ist also gewissermaßen die interpolierte Version der deutschen Vorlage.) Abgesehen von dem niedrigeren Renteneintrittsalter, der kontinuierlichen Berechnung der Beiträge und Renten und einem Höchstsatz erst nach 35 Jahren Beitragszahlungen wird dieses System in den USA heute noch fortgeführt.

Formal ähnelt das System von 1889 also stark dem heutigen, die Verwaltung allerdings war aufgrund der damaligen Informationstechnologie völlig anders. 1889 mussten Arbeitnehmer wie Arbeitgeber wöchentlich auf dem Postamt Märkchen kaufen, die auf eine spezielle Karte geklebt wurden. Am Ende des Jahres wurde diese Karte an einer bestimmten Stelle hinterlegt und registriert, der Arbeitnehmer erhielt eine neue Karte, auf der der Hinterlegungsort der vorherigen Karte vermerkt war. Diese Karten wurden für Jahrzehnte archiviert und bei Renteneintritt daraus die Rentenhöhe berechnet.

Ohne die Fortschritte der Informationstechnologie am Ende des 19. Jahrhunderts (wir haben sie in Kapitel 5 besprochen) wäre ein solches System zu teuer und zu fehleranfällig gewesen. Eine leistungsfähige Bürokratie, Aktenordner, Archive und Postämter bildeten die Voraussetzung, obwohl die Zeitgenossen noch lange nicht vom Funktionieren des Systems überzeugt waren. So meldete die *Londoner Times* 1889 erhebliche Zweifel an:

> Zweitens stellt sich die Frage nach den Verwaltungskosten. Sie werden mit einer Mark pro Kopf und Jahr angegeben, eine bescheidene Summe, wenn wir an die Märkchen, die Karten, die Arbeit der Beamten, das Ordnen, Sortieren, Archivieren und Berechnen, an die Rechnungsprüfung sowie an mögliche Anfechtungen, Gerichtsurteile und Berufungsverfahren denken. Rechnet man all diese Schillinge zusammen, ergibt sich mehr als eine halbe Million Sterling pro Jahr, und darin ist die zusätzliche Arbeit, die auf Postämter und Behörden zukommt, noch nicht enthalten, geschweige denn die viele unentgeltliche Arbeit. Allein schon das Aufkleben von elf Millionen Märkchen jeden Sonnabend ist eine Aufgabe für sich. Nimmt man die ehrenamtliche Tätigkeit der Mitglieder von Widerspruchsausschüssen, Kontrollräten und Überwachungskomitees hinzu, wird eine so gewaltige Maschinerie in Gang gesetzt, dass es jeder Beschreibung spottet.
>
> An dieser Stelle wird zugleich sichtbar, warum kein Land für dieses philanthropische Experiment geeigneter ist als Deutschland. Nirgendwo ist die Bürokratie schwerfälliger, gewissenhafter und unbestechlicher und noch dazu so leistungsfähig und preiswert.[26]

Trotz aller Zweifel funktionierte die Altersvorsorge in der wilhelminischen Ära. Wie andere erfolgreiche Institutionen wurde das System mit dem Beweis seiner Funktionstüchtigkeit übernommen. Dass andere Sozialversicherungen nicht unabhängig, sondern in enger Anlehnung an das deutsche Vorbild geschaffen wurde, lässt sich vielfach belegen. *David Lloyd George*, 1908 Schatzkanzler von Großbritannien, legte nach einem Besuch in Deutschland eigene Pläne für eine Sozialversicherung vor und merkte an: »Ich habe die Ausmaße des deutschen Rentensystems vorher überhaupt nicht wahrgenommen und erst recht nicht, wie gut es funktioniert.«[27] Louis Brandeis sprach in den USA 1911 davon, dass es seiner Beobachtung nach zu »sozialer Effizienz« führe, wenn man demselben »Pfad« wie Deutschland, Frankreich und England folge.

Dass Deutschland eine Rentenversicherung einführte, hat seine Gründe natürlich nicht nur in der Leistungsfähigkeit der deutschen Bürokratie. Erfindungsgeist und eine lebhafte öffentliche Debatte spielten ihre Rolle. Letztlich geht das monumentale Projekt auf Sozialutopisten außerhalb der Regierungskreise zurück, auf die »soziale Frage«, die damals die Gemüter bewegte und den Kommunisten Auftrieb gab. Die gemäßigten Kreise suchten nach einer Antwort, wie man den »Roten« den Wind aus den Segeln nehmen könnte. In diesem Sinn gründete sich 1872 der »Verein für Socialpolitik«.

Die öffentliche Diskussion verfehlte ihren Eindruck auf die politisch Verantwortlichen nicht. *Gustav von Schmoller*, Professor für Volkswirtschaft in Halle, Straßburg und zuletzt in Berlin und einer der führenden Köpfe im Verein für Socialpolitik, schrieb im Rückblick auf die Fortschritte am Ende des 19. Jahrhunderts:

> Es ist so der Sieg des Versicherungswesens auf allen denkbaren Gebieten einer der größten sozialen Fortschritte unseres Jahrhunderts. Es war eine ganz notwendige Entwicklung, daß die Versicherung von den oberen auf die unteren Klassen sich ausdehnte, daß sie versuchen mußte, so weit es gehe, das Armenwesen abzulösen, daß die mildtätigen, kümmerlichen, älteren Arbeiterhilfskassen mehr und mehr auf dem gesunden Prinzip der Versicherung aufgebaut wurden.[28]

Die Erfindung der Rentenversicherung war das Ergebnis eines langen experimentellen Vorlaufs in einem Land mit einem aufgeklärten Dialog über Risiken. In Deutschland erkannte man die Grenzen der menschlichen Psyche an, die bisher eine wirkungsvolle und umfassende Vorsorge verhindert hatten. Die wachsende Verfeinerung von Versicherungskonzepten verbindet sich hier mit dem faktischen Beginn der verhaltensorientierten Wirtschaftswissenschaft (behavioral economics). Die Rentenversicherung war ein gewagtes und von vielen bezweifeltes Experiment, das jedoch nach dem Erweis seiner Funktionstüchtigkeit weithin übernommen wurde und in den Grundzügen bis heute Bestand hat.

Die Erfindung der Arbeitslosenversicherung

Die erste nationale Arbeitslosenversicherung entstand in Großbritannien 1911 als Teil einer umfassenden Sozialversicherungsinitiative unter der Ägide von *David Lloyd George*. Die übrigen Bestandteile dieser Initiative wurden von anderen Ländern übernommen, nur die staatliche Arbeitslosenversicherung war etwas vollkommen Neues und fand ihrerseits Nachfolger. Österreich und Belgien führten sie 1920 ein, die Schweiz 1924, Deutschland 1927. Die Vereinigten Staaten konnten sich dazu erst nach der katastrophal hohen Arbeitslosenrate während der Weltwirtschaftskrise durchringen, 1935 wurde mit dem *Social Security Act* ein Gesetz verabschiedet, das dem amerikanischen Äquivalent die nötige Verankerung im Bundesgesetz sicherte.

Bis ins frühe 20. Jahrhundert galten persönliche Einkommensrisiken wegen des Missbrauchsrisikos als nicht versicherbar. Ein Arbeiter, der seinen Lohn auch nach Verlust der Arbeit erhalten würde, wäre weniger geneigt zu arbeiten. Deswegen erschien es weder Privatfirmen noch Regierungen opportun, Löhne und Gehälter zu versichern. Trotzdem ist die Arbeitslosenversicherung eine sinnvolle Einrichtung, die sehr wohl bestimmte Einbußen im persönlichen Einkommen versichern kann, indem sie sich auf jene Fälle beschränkt, bei denen das Missbrauchsrisiko beherrschbar ist.

Der Grundgedanke der Arbeitslosenversicherung beruht auf der Art von Arbeitsverträgen, wie sie zwischen modernen Unternehmen und ihren Angestellten üblich geworden sind, und auf den ebenso üblichen Entlassungswellen sowie auf der ordnungsgemäßen Buchhaltung, die sich in diesem Unternehmen durchgesetzt hat.

Moderne Unternehmen greifen bei Auftragseinbrüchen zum

Mittel der Entlassung, statt allgemein die Löhne oder die Arbeitszeit ihrer Mitarbeiter zu kürzen. Warum werden die Folgen der Nachfrageschwäche nicht gleichmäßig auf alle Mitarbeiter verteilt? Die Gründe variieren, wie der Volkswirtschaftler *Truman Bewley* in einem umfassende Buch zum Thema dargelegt hat.[29]

Wenn die Firmen die Löhne durch die Bank kürzen würden, würden sie in den Mitarbeitern das Gefühl erzeugen, dass ihr Arbeitsplatz gefährdet oder nicht mehr vollwertig ist und sie sich besser nach einer neuen Stelle umsehen sollten. Mit anderen Worten, die Arbeitsmoral und das langfristige Engagement der Beschäftigten würde leiden.

Ungünstig wirkt sich eine Lohnkürzung auf die Arbeitsmoral aus, auch wenn sie mit einer Kürzung der Arbeitszeit einhergeht. Die Arbeitsmoral ist für die Firmen jedoch wichtig, wie *Bewley* in Interviews mit Arbeitgebern herausfand, weil diese Arbeitsleistung und -ergebnisse nur unzureichend kontrollieren können. Es sei weit besser, so sagten sie *Bewley*, das geringere Arbeitsvolumen mit Entlassungen aufzufangen, sodass sich der Schmerz auf einige Personen konzentriert, die mit ihrer Unzufriedenheit die anderen jedoch nicht anstecken und das Betriebsklima vergiften können.

Ein weiterer Grund, Auftragsrückgänge nicht generell mit Kurzarbeit aufzufangen, liegt an den Kosten, die mit dem Arbeitsantritt verbunden sind. Dazu gehören die Ausgaben und der Zeitaufwand für die Anfahrt. Inzwischen hat sich die Trennung von Wohnort und Arbeitsplatz durchgesetzt, und manchmal lohnt es sich kaum noch, für einige Stunden zu einem Arbeitgeber zu fahren.

Die Arbeitgeber versuchen in Zeiten schwacher Nachfrage eine möglichst gerechte Entscheidung zu treffen, wer entlassen wird, damit die verbliebenen Angestellten das Gefühl eines fairen Vorgehens haben. Mitarbeiter, die in Zeiten schwacher Nachfrage eine eindeutig verzichtbare Aufgabe erfüllen, sind stärker gefährdet als Mitarbeiter, die offensichtlich Kerntätigkeiten erfüllen. Ein anderes Kriterium ist die Beschäftigungsdauer; je länger man bei einer Firma ist, desto unwahrscheinlicher ist eine Entlassung. Das hat etwas mit einer allgemein verbreiteten Vorstellung von Loyalität zu tun. Außerdem bieten Entlassungen den Arbeitgebern die Möglichkeit, weniger leistungsstarke Mitarbeiter loszuwerden, auch wenn sie es öffentlich nicht zugeben würden.

Auch wenn weniger leistungsstarke Mitarbeiter am ehesten zu den Entlassenen gehören mögen, sind Entlassungen in der heutigen Wirtschaft ein so allgemeines Mittel, dass es wirklich jeden treffen kann und vertuschte Rauswürfe nicht die Regel sein dürften. Vor allem sind Entlassungen zu verbreitet, als dass die Sozialversicherung darüber hinwegsehen könnte.

Doch die Einführung einer Arbeitslosenversicherung hat mit zahlreichen Schwierigkeiten zu kämpfen. Sie muss erstens gegen Betrug gefeit sein, zweitens darf sie dem moralischem Wagnis nicht Tür und Tor öffnen und drittens dürfen die Bestimmungen nicht zweideutig formuliert sein.

Ein weiteres Problem der Arbeitslosenversicherung ist, dass es zahlreiche verschiedene Beschäftigungsmodelle gibt, nicht nur die klassische Vollzeitstelle. Die Arbeitslosenversicherung muss auf alle Fälle zu unselbstständigen Beschäftigungen passen, bei denen es zu unerwarteten Entlassungen kommen kann.

Nicht wenige Menschen verlassen aus den unterschiedlichsten Gründen das Berufsleben, die einen wollen ausgedehnte Reisen unternehmen, die anderen legen eine Familienpause ein, es gibt viele Beispiele. In so manchem Familienbetrieb kann die Grenze zwischen Arbeiten und Nichtarbeiten verschwimmen. Arbeitslosigkeit muss genau definiert sein, damit ein Mitarbeiter seinen Arbeitgeber nicht um die Gefälligkeit bitten kann, sein Ausscheiden aus dem Beruf als Entlassung hinzustellen.

Die Arbeitslosenversicherung muss also Regeln und Bestimmungen aufstellen, die sowohl Beschäftigung als auch Arbeitslosigkeit definieren. Saisonarbeiter sind nur für eine gewisse Zeit im Jahr beschäftigt. Es wäre ziemlich kostspielig, wenn man ihnen für den Rest des Jahres Arbeitslosengeld zahlen würde. Also müssen Arbeitslosenversicherung typische und untypische Muster von Saisonarbeit definieren und ihre Leistungen auf die untypischen Fälle beschränken.

Da zur Überwindung dieser Schwierigkeiten in den 1880er Jahren noch keine Wege gefunden waren, wurde die Arbeitslosenversicherung nicht schon unter *Bismarck* in Deutschland eingeführt, obwohl den Vordenkern der Sozialversicherung die Bedeutung sehr bewusst war. In einer Abhandlung aus dem Jahr 1879 bezeichnete der deutsche Professor für Volkswirtschaft *Lujo Brentano* die Arbeitslosenversicherung als erste und dringlichste Aufgabe.[30] Doch der Umsetzung standen technische Probleme im Weg. Erst 1911 konnte Großbritannien beispielhaft zeigen, wie es gelingen konnte.

Die Arbeitslosenversicherung wurde dort in Kenntnis der Schwierigkeiten konzipiert, die man bisher bei entsprechenden Versuchen gesammelt hatte. Man wusste aus Erfahrungen der Städte Bern, Basel und Köln, dass man entweder von einer Pflichtmitgliedschaft oder von einem begrenzten Umfang ausgehen musste. Die Entscheidung fiel für eine Pflichtmitgliedschaft. Der Beitrag wurde direkt vom Arbeitgeber abgeführt, nicht vom Beitragspflichtigen, und Leistungsempfänger mussten eine aktive Stellensuche nachweisen. Dazu wurden eigens amtliche Arbeitsbörsen gegründet (Arbeitslosenämter). Die Arbeitslosen mussten den Empfang der Zahlungen während der normalen Arbeitszeiten auf dem Amt schriftlich bestätigen, um den gleichzeitigen Bezug von Arbeitslosengeld und Lohn zu verhindern.

Trotz dieser Neuerungen sagten viele der Einrichtung keine große Zukunft voraus. Einer der Gründe liegt in der Überzeugung, wer arbeiten wolle, finde auch umgehend Arbeit. Es gebe genug unangenehme und schlecht bezahlte Jobs, man könne sich zum Beispiel als Tagelöhner beim Bauern verdingen oder andere niedrige Arbeiten verrichten.

Die Väter und Mütter der Arbeitslosenversicherung sahen allerdings keinen Sinn darin, dass sich Menschen in Jobs verdingen, für die sie nicht ausgebildet sind. Das Arbeitslosengeld soll ihnen ermöglichen, nach einer adäquaten Stelle zu suchen.[31] Die ursprüngliche Gesetzesvorlage beweist große Weitsicht mit der Verbindung von Versicherung und Arbeitsbörsen, die sich ebenfalls an der Suche nach angemessenen Arbeitsplätzen beteiligten. Nicht zuletzt deren Urteil, wann Arbeitssuchende eine zu schlecht bezahlte Stelle besser ablehnen sollten, sorgte für den Erfolg des Modells.

Die Arbeitslosenversicherung hatte einen schweren Start, es war eine ganze Reihe von Versuchen und Vorarbeiten nötig, aber die Einzelheiten dieser Schwierigkeiten sind längst vergessen. Wie die anderen Bestandteile der Sozialversicherung nehmen wir sie heute als mehr oder weniger selbstverständlich hin.

Schlussfolgerungen

Die Risiken, vor denen jeder Mensch steht, wurden insbesondere in den letzten beiden Jahrhunderten immer stärker von der Gesellschaft übernommen. Der Weg war steinig, die Abstände zwischen den einzelnen Fortschritten groß, denn die Informationstechnologie war unzulänglich und erschwerte die Erkenntnis von Risiken, aus der allein sich die wirtschaftlich sinnvolle Handhabung ergibt. Trotz dieser Schwierigkeiten sind die fortschrittlichen Länder heute in der Lage, den Einzelnen vor dem Sturz ins Bodenlose zu bewahren. Das soziale Netz, von vielen als Hängematte geschmäht, fängt den auf, der sich wegen Alter oder Krankheit nicht mehr selbst helfen kann. Die Vorzüge systematischen Risikomanagements sind groß und haben unzählige Menschen vor der totalen persönlichen Katastrophe bewahrt.

Doch wir könnten mit Hilfe der in den früheren Kapiteln vorgeschlagenen Verbesserungen weit mehr erreichen. Die Beispiele zeigen die innere Entwicklung von immer weiter verbesserten Risikomanagement-Instrumenten, eine Entwicklung, die über sich hinausweist und für das 21. Jahrhundert durch Fortschritte im Finanzwesen eine echte Transformation unseres Lebens erwarten lässt.

Die medizinische Forschung hat nach Jahrhunderten einer teilweise dem Stillstand nahekommenden Langsamkeit im 20. Jahrhundert eine derartige Beschleunigung erfahren, dass die Lebenserwartung von 45 auf 75 Jahre und mehr stieg. Ein demokratisches Finanzwesen hat das Potenzial, Vergleichbares für die Lebensqualität zu erreichen. Es könnte die drückende Last der Sorge um den künftigen Lebensunterhalt mildern und Menschen die Entfaltung ihres gesamten Potenzials ermöglichen.

Die primitive Informationstechnologie von Antike und Mittelalter war der Grund für das primitive Risikomanagement in Form von Zehnten und Zakat. Die Informationstechnologie, die Ende des 19. Jahrhunderts in Deutschland das erste Sozialversicherungssystem der Welt ermöglichte, nutzte Märkchen, die auf Karten geklebt wurden – nicht gerade Hightech, aber effizient genug für die damalige Zeit. Unsere heutigen Möglichkeiten erweitern unseren Spielraum erheblich. Wenn Informationen in GRIDs gespeichert und gezielt abrufbar und sinnvolle Maßeinheiten, genannt indexierte Rechnungseinheiten, implementiert werden, dann wird sich das Risikomanagement dramatisch weiterentwickeln. Die Rentenversicherung muss sich nicht auf alle Zeiten an dem System orientieren, wie es 1880 erfunden wurde. Es sollte neu konzipiert werden, die Risiken gerecht auf die Generation verteilen und entsprechend der verfügbaren Informationen die wichtigsten Gefahren effizient bündeln.

Die Vorteile von bereits eingeführten Instrumenten wie der progressiven Einkommenssteuer und der Steuergutschrift auf Arbeitseinkommen könnten stärker systematisiert, zuverlässiger und umfassender werden. Wir haben heute die Möglichkeit, Steuerzahlungen in einer indexierten Rechnungseinheit zu berechnen und das System stringenter zu formulieren. Wichtiger noch, wir können die Progression so gestalten, dass sie ein weiteres Auseinanderdriften der Einkommensschere verhindert. Der Vorschlag zur Steuer gegen Einkommensungleichheit ähnelt der Steuergutschrift auf Arbeitseinkommen; beide gewährleisten, dass die Menschen umso mehr verdienen, je mehr sie arbeiten. Doch schon durch die Bezeichnung lenkt die Steuer gegen Einkommensungleichheit den Blick auf die

Einkommensschere. Stärker und umfassender als die Steuergutschrift könnte sie für mehr gesellschaftliche Gerechtigkeit sorgen, und zwar nicht nur für die einkommensschwachen Schichten.

Die Vorteile der Arbeitslosenversicherung könnten mit der modernen Informationstechnologie massiv ausgeweitet, der Missbrauch erheblich eingedämmt werden. Die verschiedenen Spielarten der Lebensstandard-Versicherung, durch Informationen aus den GRIDs auf individuelle Bedürfnisse zugeschnitten, könnte viel Druck von der derzeitigen, relativ primitiven Arbeitslosenversicherung nehmen.

Keiner der in diesem Kapitel beschriebenen Ansätze hat länderübergreifende Ausmaße. Derzeit gibt es praktisch keine Form des internationalen Risikoausgleichs. Doch Risikomanagement kann erst dann effizient wirken, wenn es die großen Unterschiede zwischen Menschen in unterschiedlichen Risikosituationen nutzt. Das geschieht durch Makromärkte und internationale Risikokontrolle, wie oben beschrieben. Die gewaltigen Differenzen zwischen den Ländern im Lebensstandard ließen sich verringern, wenn adäquate Finanztechniken zur Handhabung der großen Weltrisiken vorliegen.

Nachwort

Das Modell einer grundlegenden Veränderung der Finanzwelt

Zum Schluss werden die verschiedenen Vorschläge für Finanzinnovationen und Umsetzungskonstrukte zu einem Modell für die grundlegende Erneuerung des Finanzwesens zusammengeführt. Es geht nicht um eine nur schrittweise Erneuerung ohne eine große Leitlinie oder Strategie, sondern um eine Innovation, die unser Leben verändern wird. Die einzelnen Elemente des Modells kennen wir jetzt, die Vorschläge für verschiedene Risikomanagement-Institutionen sind vorgestellt, GRIDs und indexierte Rechnungseinheiten erläutert, die Notwendigkeit weiterer Forschung und persönlichen Engagements für die Erneuerung wurde angesprochen. An konkreten Beispielen wurde veranschaulicht, wie ähnliche Innovationen historisch verlaufen sind. Aus der Analyse müssen wir weitere Prinzipien extrahieren, die in der Vergangenheit zu Erfolg führten.

Risikomanifestationen

Das vielleicht größte Hindernis auf dem Weg zu einer effektiven Risikovorsorge ist psychologischer Natur. Die Mehrheit der Menschen erkennt die echten Gefahren nicht und konzentriert sich auf eher marginale, aber auffällige Brennpunkte. Es genügt nicht, die wichtigsten der echten Gefahren statistisch zu erfassen, wissenschaftlich zu untersuchen und zu analysieren. Solange die Menschen ihre Gefährdung nicht erkennen, werden sie nichts dagegen unternehmen und auch Institutionen, die Abhilfe schaffen, nicht unterstützen.

Mit demselben Problem hatten die Befürworter von Lebensversicherungen, der Renten- und der Arbeitslosenversicherung zu kämpfen: Der Allgemeinheit lag an der Bekämpfung solcher Risiken nichts. Sie musste dazu überredet werden, was schließlich auch gelang.

Die erste nationale Unfall- und Krankenversicherung sowie die erste Rentenversicherung wurden in den achtziger Jahren des 19. Jahrhunderts als Ergebnis einer intensiven öffentlichen Debatte in Deutschland gegründet. Erst der Erfolg dieser Systeme schuf ein allgemeines Verständnis für die Risiken und machte den Menschen begreiflich, dass unser wirtschaftliches Wohlergehen in hohem Maß von Zufällen abhängt, auf die wir keinen Einfluss haben.

Eine ähnliche Diskussion wurde in den Vereinigten Staaten während der dort so genannten »Großen Depression« geführt, die in anderen Ländern der Erde Weltwirtschaftskrise heißt, und löste eine Reihe von Innovationen im Bereich der privaten Vorsorge aus. Der wirtschaftliche Abschwung kam so plötzlich und traf viele so hart, dass der Zufallscharakter eines solchen Ereignisses überdeutlich wurde. Niemand konnte davor die Augen verschließen.

Es ist an der Zeit, dass wir heute über unsere Risiken diskutieren, dass wir sie uns vor Augen führen, bevor die Katastrophe eintritt. Vor allem unsere politischen Vertreter sollten sich dieser Aufgaben stellen.

Es wird ein hartes Stück Arbeit, die Menschen von den eigentlichen, größeren, langfristigen ökonomischen Risiken zu überzeugen, auf die es derzeit keine Antwort gibt. Sie scheinen kaum im Bewusstsein der Öffentlichkeit präsent zu sein. Dass sich der wirtschaftliche Rang ganzer Nationen ändern könnte, dass sich in den Industrieländern die Einkommensschere ähnlich weit wie in den Entwicklungsländern öffnen könnte, daran mag offenbar niemand denken. Wirtschaftsanalysten und andere Kommentatoren konzentrieren sich auf den Erfolg der nächsten sechs Monate, wenn es hochkommt. Glaubt man ihnen, ist das Auf und Ab von DAX und Dow Jones und anderen Indikatoren unsere einzige Sorge (»der größte Anstieg seit fünf Tagen ...«). Es liegt in der Verantwortung der Meinungsführer, die langfristigen Risiken zu thematisieren. Das hat nichts mit einer negativen oder pessimistischen Grundstimmung zu tun.

Es geht vielmehr darum, die auf mittlere und lange Sicht wirklich relevanten Dinge zu erörtern, und zwar im Kontext eines realistischen Risikomanagements. Nur so können wir den Gefahren rechtzeitig begegnen.

Instrumente wie Makromärkte, Märkte für langfristige Ansprüche auf Einkommensströme oder auf illiquide Vermögensgegenstände wie zum Beispiel Immobilien würden die Risiken spürbarer werden lassen, weil wir die Wertschwankungen täglich, ja minütlich verfolgen könnten. Heutzutage spielen sie sich ausschließlich im Verborgenen ab. Wenn die Menschen mit jeder Nachrichtensendung den aktuellen Stand des Bruttoinlandsprodukts ihres Landes erfahren, werden sie den Ausnahmezustand wirtschaftlicher Stabilität wohl erst richtig zu schätzen lernen.

Ähnliches gilt für die GRIDs. Ein ausgereiftes Konzept würde den Einzelnen Zugriff auf detaillierte Informationen gestatten, aus dem sich das Ausmaß ihrer Gefährdung ablesen ließe. Das bloße Vorhandensein sorgfältig differenzierter, detaillierter Daten über die privaten Einkommen wird ohne jeden Zweifel das Gefahrenbewusstsein der Öffentlichkeit steigern.

Nicht zuletzt können Gefahrenmerkmale Thema von Marketingkampagnen von einzelnen Unternehmen sein, wenn sie die neuen Risikomanagement-Produkte verkaufen wollen. Die Lebensversicherungen haben uns das brillant vorexerziert, indem sie die Menschen sanft, aber hartnäckig auf die Ungewissheit hinsichtlich des eigenen Todeszeitpunkts hinwiesen. Die Zeit arbeitet der Branche in die Hände, ihr Geschäft größer zu dimensionieren, die Menschen an die übergeordneten wirtschaftlichen Gefahren zu erinnern und gleichzeitig Abhilfe anzubieten.

Ein robustes psychologisches Framing

Die Betonung der psychologischen Seite der Angelegenheit gehört zu den wichtigsten Lektionen, die dieses Buch vermitteln will. Welche Bezeichnungen wir verwenden, welche Kategorien wir ableiten, welche Institutionen wir schaffen, von alledem hängt in hohem Maße der Erfolg der neuen Risikomanagement-Institutionen ab. Der Rahmen muss von Anfang an stimmen, das ganze Drumherum muss einleuchten, damit der Karren sich nicht vorzeitig festfährt.

Wer effizient finanzielle Neuerungen einführen will, muss sich über die Bezugspunkte, über das gesamte Bezugssystem Gedanken machen, damit die Umdeutung bisheriger Normen und Institutionen die Innovation in ihrem gesamten Potenzial unterstützt. Neuerer müssen das Denken in kleinen Schritten überwinden. Es geht nicht um Verbesserungen an Produkten, die in der gegenwärtigen Umgebung funktionieren würden. Es geht um einen grundsätzlichen Wandel, der sich der Vorstellungskraft der meisten Menschen derzeit entzieht. Gewohnheiten müssen durchbrochen, Blickpunkte verschoben werden, und das verlangt sehr viel Geduld. Man muss solche Ideen wieder und wieder vorstellen, bis sie in das Bewusstsein der Öffentlichkeit dringen.

Schon im Ansatz muss die Planung gesamtgesellschaftliche Risiken berücksichtigen, dass sich Menschen gegenüber ihren Mitmenschen persönlich verpflichtet fühlen müssen. Diese wechselseitige Anteilnahme und das Verantwortungsgefühl lassen sich fördern. Es muss eine persönliche Entscheidung sein, dann wird persönliches Engagement zum Persönlichkeitsmerkmal, zum Teil der eigenen Identität. Langfristig werden sich Risikomanagement-Verträge durchsetzen, wenn sie als freiwillige, aufgeklärte Maßnahme von Individuen gelten, die dem gesunden Menschenverstand entsprechen, lange bevor sich eine Entwicklungstendenz abzeichnet. Derartige psychologische Beweggründe würden bei der Schaffung einer Steuer gegen Einkommensungleichheit oder der Einrichtung einer generationengerechten Rentenversicherung eine fundamentale Rolle spielen und die Lebensfähigkeit der anderen hier diskutierten Risikomanagement-Instrumente stärken. Alle vorgeschlagenen Institutionen erfordern öffentliches Einverständnis über das Maß der geteilten Risiken, die zudem über lange Zeit Bestand haben müssen.

Beispiele für eine derartig robuste Einstellungsänderung finden sich im Lauf der Geschichte. Dass man Unfall-, Kranken- und Rentenversicherung im Ursprungsland eben *Versicherung* nannte, hat der Institutionen große Legitimität verschafft. Dass die deutsche Rentenversicherung und die amerikanische *Social Security* von Beiträgen und nicht von Steuern sprechen, gibt den Beitragszahlern die Gewissheit, eines Tages im Gegenzug Leistungen zu erhalten. Würde man die Steuergutschrift auf Arbeitseinkommen in negative Einkommenssteuer umbenennen, würde die öffentliche Akzeptanz steigen.

Doch die richtige psychologische Fundierung heißt nicht nur, den richtigen Namen für die Institution zu finden. Das Konzept muss Hand und Fuß haben und dem Zahn der Zeit standhalten. Der ursprüngliche Blickwinkel muss von den Erfahrungen bestätigt werden, damit er langfristige gesellschaftliche Veränderungen überlebt. Deswegen muss eine generationengerechte Rentenversicherung so angelegt sein, dass sie die tatsächlichen Risiken der Generation ausbalanciert. Deswegen muss eine internationale Risikokontrolle Länder zusammenschließen, die wirklich mit vollkommen unterschiedlichen Gefahren konfrontiert sind und Ausgleichszahlungen in einer vernünftigen und auch langfristig sinnvollen Höhe vorsehen.

Dieser Vorrang des Bauplans fordert unter anderem, dass die Steuer gegen Ungleichheit die zufälligen Sprünge der derzeitigen progressiven Einkommenssteuer durch eine Methode ersetzt, bei der die Steuersätze die Verteilung des Reichtums insofern festsetzen, als sich die Einkommensschere nicht weiter öffnen darf. Die Steuer gegen Einkommensungleichheit zeigt schon im Namen, dass es sich um ein Risikomanagement-Instrument handelt, um eine Investition in die Zukunft. Sie ist Teil eines feierlichen Gesellschaftsvertrages, um eine massive Polarisierung in Arm und Reich zu verhindern.

Wenn die neue Finanzordnung leistungsfähig sein soll, muss sie die psychologischen Fundamente legen, damit die Menschen nicht die Augen vor den echten Bedrohungen verschließen. Sie muss so »verpackt« werden, dass sie sich unter dem Strich auf den Wohlstand der Menschen positiv auswirkt. Auf keinen Fall darf sie auf Sand gebaut sein; nur eine solide und durchdachte Basis hat auf Dauer Bestand.

Grundsatzexperimente

Trotz aller Forschungen, trotz aller wissenschaftlichen Bemühungen lassen sich Risikomanagement-Instrumente nicht ausschließlich am Reißbrett entwerfen. Kein Risikomodell, keine Prognose des moralischen Wagnisses ist so genau, dass eine entsprechende Institution vom Fleck weg fehlerfrei funktionieren könnte. Die Unternehmen werden mit den Jahren Erfahrungen sammeln, und diese Erfahrungen werden in das Geschäftsmodell einfließen. Das war schon immer so und wird sich bei der Einführung einer radikalen neuen Finanzordnung wiederholen. Die Transformation unserer Wirtschaft muss mit vielfältigen kleinen Experimenten beginnen.

Die volle Tragweite wirtschaftlicher Neuerungen zeigt sich gewöhnlich erst im Lauf der Zeit. Niemand kann alle Folgen vorhersagen. Aber viele Länder, viele Regionen, viele Börsen, viele Kreditinstitute und viele Versicherungsgesellschaften können viele verschiedene Experimente durchführen. Wir müssen Versuchen mit neuen Finanzideen Priorität einräumen. Werden die erfolgreichen Modelle dann auf der ganzen Welt kopiert, wird sich die Welt fundamental verändern. Die Experimente zielen also explizit auf die Entdeckung fundamentaler Veränderungen ab. Das heißt, wir müssen auch Experimente mit geringen Erfolgsaussichten wagen.

Der Staat ist der wichtigste Partner bei der Einführung von Finanzinnovationen. Experimente können von Regierungen finanziell unterstützt werden. Sie können von Forschungen gefördern werden. So haben die Experimente zur negativen Einkommenssteuer in den siebziger Jahren zu grundsätzlichen Änderungen im Steuerwesen geführt. Leider ist die Aufbruchstimmung jener Jahre längst verflogen. Aber von staatlicher Seite könnte man sie wieder anheizen, zum Beispiel, indem man die Bedingungen für die Anerkennung von Patenten verbessert oder die Patentämter so ausstattet, dass sie das Ergebnis von Finanzexperimenten besser bewerten können.

Hinter vielen Finanzinnovationen steckt jedoch Privatinitiative. Sie verwandelt die Wirtschaft in ein gigantisches Labor für Versuche im Dienst der neuen Finanzordnung. Kaum ein anderer Bereich verzeichnete in der jüngsten Vergangenheit so viele Erfindungen und eine so ausgeprägte Experimentierfreude, und das dürfte sich noch eine Weile fortsetzen.

Wir müssen Experimente im Finanzwesen weiterhin sorgfältig beobachten. Wir sollten uns keinesfalls scheuen, in den Entwicklungsländern genau hinzuschauen. Gerade dort könnten Erfindungen entstehen, die sich auf die ganze Welt übertragen lassen. In so manchem Schwellenland weht ein frischer Wind, und die Institutionen sind noch nicht so verkrustet. Die Idee zu Terminkontrakten entstand in Japan mitten in der größten Isolation. Die chinesischen Freihandelszonen, wie zum Beispiel Shenzhen oder die russische Freihandelszonen rund um Kaliningrad, das ehemalige Königsberg, könnten für die Weltgemeinschaft wichtige Erkenntnisse produzieren. Lehrreich ist auch das Beispiel von Ländern, die in wirtschaftliche Turbulenzen geraten sind. Sie sind wahrscheinlich mehr als andere für Experimente offen, um die durch hohe Inflation oder Aktieneinbrüche verursachten Probleme zu lösen. Eine hohe Inflation ist Gift für den Wechselkurs, und wegen dieses Leidensdrucks haben wir von Ländern mit einer galoppierenden Geldentwertung erste Erfahrungen mit indexierten Rechnungseinheiten zu verdanken. Chile hat den UF in einer der schwierigsten Phasen seiner Geschichte eingeführt.

Feldversuche im Finanzwesen müssen sehr langfristig angelegt sein, wenn sie auf eine radikale Innovation hinauslaufen sollen. Sie dürfen nicht in Monaten, sondern müssen mit Dekaden rechnen. Bevor sich der UF in Chile durchsetzte, verstrichen 15 Jahre. Als Deutschland die Rentenversicherung einführte, dauerte es Jahrzehnte, bevor sich die Welt von deren Funktionsfähigkeit und Wichtigkeit überzeugen ließ. Das Denken der Menschen ändert sich nicht von heute auf morgen. Am Anfang muss daher die Unterstützung für neue Ideen stehen, bis sie sich voll durchgesetzt haben. Parallel dazu sind Anstöße zur Vermarktung der entsprechenden neuen Produkte nötig. Diese haben erst dann eine Chance, wenn viele Menschen ausführlich über die neuen Möglichkeiten nachgedacht haben und erste erfolgreiche Beispiele sehen konnten.

Tätigkeiten und Gelegenheiten

Vorschläge für eine neue Risikovorsorge in Verbindung mit den dazugehörigen Erneuerungen der Infrastruktur, so wie in diesem Buch vorgestellt, würden das Finanzwesen von seinen Hochburgen an der Wall Street und der Londoner City bis nach Hintertupfingen holen. Ob in Grönland oder am Äquator, ob Straßenkehrer oder Betriebsdirektorin, ob Kirchenmaus oder Privatier – eine Innovation dieses Ausmaßes käme allen zugute. Jeder einzelne Vorschlag steht für eine grundsätzliche Veränderung. Alle gleichzeitig können kaum eingeführt werden. Aber wir sollten irgendwo anfangen. Selbst wenn sich nur ein einziger durchsetzen ließe, wäre das schon eine wesentliche Verbesserung. Außerdem ergänzen sich die Vorschläge wechselseitig, sodass die Umsetzung des einen die Implementierung des nächsten erleichtert.

Zum Schluss seien einige Überlegungen zur Größenordnung der hier vorgeschlagenen Änderungen erlaubt. Eine Demokratisierung des Finanzwesens würde diesen Bereich so ausweiten, dass er unser aller Leben zutiefst beeinflussen würde. Das Unterfangen würde eine neue Branche und zahlreiche neue Berufsfelder eröffnen.

Mit der Entstehung von Lebensstandard- und Eigenheimkapital-versicherungen wäre ein Umbruch in der Versicherungsbranche verbunden. Versicherungen würden eine wesentlich größere Rolle in unserem Leben spielen als derzeit. Die Policen hätten eine ganz andere Dimension, die Versicherungssummen wären höher als bei den gängigen Lebensversicherungen.

Die Entstehung von Makromärkten würde eine vollständige Umwandlung der derzeitigen Finanzmärkte bedeuten. Makromärkte für Einfamilienhäuser bedeuten neue internationale liquide Märkte für Vermögensgegenstände, deren Kapitalisierung mit der aktueller Aktienmärkte kaum noch vergleichbar ist. Makromärkte für das Bruttoinlandsprodukt würden mit Ansprüchen handeln, deren Wert die heutigen Börsen und das Zehn- bis Zwanzigfache übersteigt. Solche Märkte hätten große Bedeutung für die Weltwirtschaft und wären nichts weniger als eine Revolution des Wertpapiergeschäfts.

Die Entstehung einkommensgebundener Darlehen würde an den Kreditinstituten nicht spurlos vorübergehen. Sie müssten sich in einem sehr viel prinzipielleren Sinne als bisher auf das Risikomanagement einlassen und würden den Menschen eine große Last abnehmen, indem sie deren Risiko der Zahlungsunfähigkeit verminderten. Die Veränderung würde auch jene Institute erfassen, die sich auf Unternehmens- und staatliche Kredite konzentrieren.

Die Entstehung der Steuer gegen Einkommensungleichheit, der generationengerechten Rentenversicherung und der internationalen Risikokontrolle würde Regeln des Finanzwesens in bisher nie gekanntem Ausmaß in die Regierungspolitik hineintragen. Das würde nicht – mit allen damit verbundenen moralischen Wagnissen – zu einem Wachstum des staatlichen Sektors auf Kosten des privatwirtschaftlichen Haushalts führen, sondern lediglich die staatliche Infrastruktur ausweiten, damit einige der wichtigsten Unsicherheiten handhabbar werden. Die Umsetzung solcher Vorschläge könnte katastrophale ökonomische Folgen auf Grund der sich rasch verändernden Technologien vermeiden, die andernfalls ganze Gesellschaftsschichten binnen weniger Jahrzehnte in ärgste Bedrängnis bringen könnten.

Die Schaffung und Verwaltung von GRIDs würde Privatunternehmen ebenso wie staatliche Stellen beschäftigen. Notwendig ist ein erweiterter Datenfluss. Eine komplett neue Branche würde sich weltweit mit der Lieferung und Einspeisung von Informationen befassen und, was den Datenschutz betrifft, immer auf dem aktuellsten Stand sein, damit sich der ausgedehnte öffentliche Zugriff auf diese Daten rechtfertigen lässt.

Auch die Schaffung neuer Maßeinheiten – der indizierten Rechnungseinheiten – ist zugleich Aufgabe des Staates und von Privatunternehmen. Die Regierungen müssen den ersten Schritt machen, zum Beispiel, indem sie das Steuersystem auf indizierte Rechnungseinheiten umstellen und den Gebrauch derselben gesetzlich regeln. Haben sich solche Einheiten erst einmal durchgesetzt, kann man erwarten, dass zahlreiche alternative Einheiten auf Privatinitiative hin entstehen, damit den staatlichem Einheiten Konkurrenz machen und so die unterschiedlichsten Bedürfnisse abdecken.

Ein demokratisches Finanzwesen ist eine monumentale Aufgabe, deren Vielfalt kaum absehbar ist, aber eine Finanzordnung, die das Beiwort »neu« wirklich verdiente, würde den Aufwand lohnen. Die Veränderungen reichen sehr tief und werden einen großen Teil unserer Zeit und unsrer Energie beanspruchen.

Die bisherigen Methoden zur Steuerung von wirtschaftlichen Gefahren haben ausgedient. Eben jene atemberaubenden technischen Fortschritte, die neue Gefahren heraufbeschwören, müssen zur Bekämpfung derselben eingesetzt werden. Wir dürfen wirtschaftliche Prosperität nicht für selbstverständlich halten. Wir müssen erkennen, dass wir ökonomisch verwundbar sind, und desto verwundbarer, je schneller sich die Technik weiterentwickelt, und wir müssen die Vorteile der neuen Informationstechnik zur Überwachung dieser Gefahren einsetzen. Wir sollten die Gelegenheiten ergreifen, die der technische Fortschritt uns bietet, wir sollten nicht einfach nur reagieren und dann verblüfft feststellen, dass der Zug längst abgefahren ist. Wir sollten uns auf Vorschläge zum Management von Risiken einlassen, die auf den ersten Blick völlig unnatürlich und undurchführbar wirken und uns so gar nicht in den Kopf wollen. Wir sollten Risikomanagement im großen Maßstab betreiben und uns jene elementaren Bedrohungen auf die Fersen heften, die den größten Schaden verursachen könnten.

Danksagung

Mein Schreibstil hat sich im Lauf der Jahre verändert. Mit so vielen Köpfen wie möglich versuche ich die vorhandenen Ideen aufzugreifen, neue zu entwickeln, Fakten herauszufiltern und genau das zu entdecken, was ich wirklich wissen will. Manchmal scheint es mir, als würde ich mehr Zeit mit Reden als mit Schreiben verbringen, aber diese Zeit ist gut investiert. Und so kommt es, dass ich ungewöhnlich viel anderen verdanke, was dieses Buch betrifft.

Von all den Menschen, mit denen ich an diesem Buch zusammen gearbeitet habe, ist einer als Erster zu nennen: mein ehemaliger Student *Allan Weiss*, heute der Präsident der 1991 von uns gemeinsam gegründeten Firma *Case Shiller Weiss Inc.* (inzwischen eine Tochter von *Fiserv Inc.*). Er entwickelt fantastische Ideen. Gemeinsam haben wir unsere Vorschläge zu regionalen Immobilien-Terminmärkten, Eigenheimkapital-Versicherungen sowie zu den Makro-Wertpapieren entwickelt.

»Mein« Lektor bei *Princeton University Press*, *Peter Dougherty*, hat meinem Denken in vielerlei Hinsicht auf die Sprünge geholfen und ich verdanke ihm viel. Ohne seine Unterstützung und seine Vorschläge hätte ich mich nicht an dieses Buch gewagt. Auch zu *Henning Gutmann*, bis vor kurzem Lektor an der *Yale University Press*, hat sich eine intellektuell enge Beziehung entwickelt. Ich habe Stunden mit ihm verbracht, vertieft in die Diskussion über die in diesem Buch vorgeschlagenen Ideen.

Auch mit *Stefano Athanasoulis*, ebenfalls ein ehemaliger Student von mir in Yale, habe ich sehr eng zusammen gearbeitet. Seit inzwischen fünf Jahren arbeiten wir an einer mathematischen Theorie der optimalen Marktdefinition, die in die Ausarbeitung der hier vorgetragenen Vorschläge eingeflossen ist. Das gilt insbesondere für den Markt der Volkseinkommen der Welt, eine Idee, die wir bereits an anderer Stelle veröffentlicht haben.

Viele der hier vorgestellten Vorschläge gehen auf die Tradition in Yale zurück, die mich seit nunmehr zwanzig Jahren umgibt. Man spürt hier allenthalben den Einfluss des verstorbenen *James Tobin*. Seine mathematische Diversifizierungstheorie, seine praktischen Innovationen im Risikomanagement wie zum Beispiel das Programm zur nachträglichen Zahlung der Studiengebühren, und seine aufrichtige Besorgtheit um die Unglücklichen unserer Gesellschaft sind ausgesprochen inspirierend. Auch seine gemeinsam mit *William Nordhaus* entwickelten Maßstäbe für die gesellschaftliche Wohlfahrt gaben mir den Mut, meinerseits über echte soziale Verbesserungen nachzudenken, die sich aus quantitativen Forschungen ergeben könnten. Die Arbeiten von *William Brainard* und *Trenery Dolbear* zum Management von Lebensrisiken präsentieren einen direkten Vorläufer der hier diskutierten Makromärkte. Beeinflusst bin ich auch von *John Geanakoplos'* Arbeiten zu Informations- und unvollständigen Märkten sowie von Martin Shubiks Arbeiten über Handelssysteme.

Auch die Kollegen von der *Case Shiller Weiss Inc.* sind für dieses Buch sehr wichtig. *Karl Case* hat an dem Vorschlag für Immobilien-Terminbörsen mitgearbeitet und vor allem den ersten Anstoß gegeben, dass der Schlüssel zu solchen Märkten in ausgefeilten Indizes liegt. An diesen Entdeckungen waren außerdem beteiligt *Howard Brick*, *David Costa*, *Jay Coomes*, *Neil Krishnaswami*, *Linda Ladner*, *Terry Loebs*, *James Mealey* und andere Mitarbeiter der *Case Shiller Weiss Inc.*

Allan Weiss und ich gründeten eine zweite Firma, die *Macro Securities Research LLC*, deren erste Schritte von *Sam Masucci* als Chief Operating Officer gelenkt werden. Das Unternehmen soll neue Risikomanangement-Instrumente entwickeln. *Neil Gordon*, *Larry Hirshik*, *Julius Levin*, *Tom Skinner* und andere haben beim Aufbau mitgeholfen. Der Beirat, unter anderem *John Campbell*, *Franco Modigliani* und *Jeremy Siegel*, war ebenfalls sehr hilfreich.

Erste Versionen von Teilen dieses Buches habe ich bei verschiedenen Gelegenheiten vorgetragen: *Spruill Lectures* an der *University of North Carolina* im Februar 1998, ein Vortrag an der *London School of Economics* im November 1998, *McKenna Lecture* am *St. Vincent College* im Januar 1999, *Jundt Lecture* an der *Gonzaga University* im März 1999, *Samuel Levin Lecture* an der *Wayne State University* im April 2001, *Kenneth Arrow Lecture* an der *Stanford University* im Mai 2001, *Henry George Lecture* an der *University of Scranton* September 2001, *»In the Company of Students« Lecture* an der *Yale University* im Januar 2002, ein Vortrag bei der *Europäischen Zentralbank* in Frankfurt am Main im Mai 2002, im Finanzseminar an der *University of Chicago* im Oktober 2002 und schließlich beim Treffen der *Hong Kong Economic Association* im Dezember 2002. Das Feedback bei all diesen Vorträgen war sehr hilfreich.

Ich bin *Luiz Abreu*, *Kenneth Arrow*, *Aleksander Askeland*, *Sohrab Behdad*, *Amar Bhide*, *Murray Biggs*, *Michael Boozer*, *David Bradford*, *Diane Coyle*, *David Darst*, *Brad DeLong*, *Keth Dengenis*, *Mohamd El-Erian*, *Herb Gintis*, *Nader Habibi*, *Robert Hall*, *Henry Hansmann*, *Robert Hockett*, *Jeeman Jung*, *Stephen Kaplan*, *Michael Krause*, *Stefan Krieger*, *David Laster*, *Gil Mehrez*, *Felipe Morandé*, *Stephen Morris*, *Jessica Paradise*, *Mats Persson*, *Andrew Powell*, *John Quiggin*, *Tano Santos*, *Ian Shapiro*, *Jermey Stein*, *Lars Svensson*, *James Tobin*, *Robert Townsend*, *Andrei Ukhov*, *Salvador Valdés-Prieto*, *Marek Weretka* und *Janet Yellen* für Kommentare, Anmerkungen, Vorschläge, Ergänzungen und Diskussionen zu Dank verpflichtet.

Viele Yale-Studenten haben an diesem Buch mitgewirkt, darunter *Claudio Aragón Ricciuto*, *Marlon Castillo*, *Michael Cheung*, *Chian Choo*, *Peter Devine*, *Peter Fabrizio*, *Sunil Gottipati*, *Makiko Harunari*, *Monali Jhaveri*, *Fadi Kanaan*, *Jay Kang*, *George Korniotis*, *Lingfeng Li*, *Adrienne Lo*, *Junzhao Ma*, *Nicola Mok*, *Gaye Mudderisoglu*, *Patrick Nemeroff*, *Steven Pawliczek*, *Michael Pyle*, *Virginia*

Raemy, *Isabel Reichardt*, *Kira Ryskina*, *Zaruhi Shakyan*, *Philip Shaw*, *Bjorn Tuypens*, *Michael Volpe* und *Maxine Wolfowitz*. Mit ihnen habe ich stundenlang über das Buch diskutiert, und jeder hat auf seine Weise an der Weiterentwicklung der Ideen mitgewirkt, seine eigenen Gedanken und Forschungsergebnisse beigetragen.

Zu großer Dankbarkeit bin ich auch meiner loyalen und engagierten Assistentin *Carol Copeland* verpflichtet, die meine Forschungen unermüdlich unterstützt. *Glena Ames* hat an der technischen Realisierung mitgewirkt.

Der größte Teil der in dieses Buch eingeflossenen Forschungen wurde von der *US National Science Foundation* gefördert. Mehr als zehn Jahre lang unterstützt die *Russell Sage Foundation* die Konferenzen über *Behavioral Economics*, die *Richard Thaler*, *George Akerlof* und ich organisieren und über die ich mit den jüngsten Entwicklungen in der Wirtschaftspsychologie auf Tuchfühlung bleiben konnte. Die *Smith Richardson Foundation* hat mir ein Stipendium für die konkrete Ausarbeitung dieses Buches gegeben.

Meine Frau *Virgina Shiller* ist klinische Psychologin am *Yale Child Study Center* und hat meine Arbeiten über das menschliche Verhalten in wirtschaftlichen Zusammenhängen sehr beflügelt. Sie hat mich in außergewöhnlichem Maß unterstützt, zumal sie selbst zur gleichen Zeit an einem eigenen Buch schrieb. Sie hat das ganze Manuskript gelesen und einige grundsätzliche Änderungen vorgeschlagen. Unsere Söhne *Ben* und *Derek* sind inzwischen alt genug, um mich in anspruchsvolle Diskussionen zu verwickeln, sie haben als Forschungsassistenten angeheuert und eigene Beiträge geliefert.

Dank schulde ich weiterhin vielen in Wissenschaft, Wirtschaft, Juristerei und Regierungsstellen Tätigen, die sich ihre Gedanken über unsere wirtschaftlichen Institutionen gemacht haben. Ich bin seit Jahrzehnten »im Geschäft« und konnte eine ganze Reihe theoretischer Modelle in der Entstehungsphase miterleben. Manchmal ist es frustrierend, nicht selten bin ich geneigt, viele dieser Arbeiten als allzu theoretisch und abseitig zu verwerfen – nur um später festzustellen, dass sich mein Denken unter dem Einfluss eben jener Modelle grundlegend verändert, eine neue Richtung bekommen hatte. Über die beiden Firmen *Case Shiller Weiss Inc.* und *Macro Securities Research LLC* habe ich Erfahrungen als aktiver Teilnehmer am Wirtschaftsgeschehen gesammelt und meine Ideen in der faktischen Umsetzung erleben können. Es ist oft frustierend, sich mit neuen oder anderen Finanzvorschlägen zu befassen, weil sie sich so ungeheuer schwer in die Praxis umsetzen lassen. Wie Hirngespinste scheinen sie Meilen von jeder Realität entfernt, ihre Verwirklichung wirkt wie ein einziger Hürdenlauf. Und doch stellt sich später heraus, dass die Fortschritte im Denken sich akkumulieren und irgendwann zu neuen, echten Verbesserungen auf dem Gebiet der Finanztechnologie führen, die der Gesellschaft wirklich dienen.

Anmerkungen

Einleitung: Das Versprechen sozialer Sicherheit

1 Robert J. Shiller, Allan N. Weiss: »Home Equity Insurance«. NBER Working Papier 4860, 1994. *Journal of Real Estate Finance and Economics* 19/1 (1999) S. 21–47.

2 Die Idee mit den Makromärkten habe ich erstmals 1992 anlässlich der Clarendon Lectures an der Oxford University vorgestellt, 1993 in Buchform veröffentlicht und seither immer wieder dafür geworben. Vgl. Robert J. Shiller: *Macro Markets*. New York: Oxford University Press 1993.

3 Gemeinsam mit Stefano Athanasoulis habe ich drei größere mathematische Analysen zur globalen Risikostreuung verfasst: »The Significance of Market Portfolio«, *Review of Financial Studies* 13/2 (2000) S. 301–329; »World Income Components: Measuring and Exploiting Risk Sharing Opportunities«, *American Economic Review* 91/4 (2001) S. 1031–1054; »Defining Residual Risk-Sharing Opportunities: Pooling World Income Components«, *Research in Economics* 56/1 (März 2002) S. 61–84.

4 In der ökonometrischen Literatur wird die Hypothese, Menschen würden Risiken effizient teilen, stark bezweifelt. Siehe z. B. Stephen P. Zeldes: »Consumption and Liquidity Constraints: An Empirical Investigation«, *Journal of Political Economy* 97 (1989) S. 305–346; John Cochrane: »A Simple Test of Consumption Insurance«, *Journal of Political Economy* 99 (1991) S. 957–996; Fumio Hayashi, Joseph Altonji, Laurence Kotlikoff: »Risk Sharing between and within Families«, *Econometria* 64/2 (1996) S. 261–294; Stefano Athanasoulis, Eric van Wincoop: »Growth, Uncertainity, and Risk Sharing«, *Journal of Monetary Economics* 45/3 (2000) S. 477–505; Eric van Wincoop: »How Big are Potential Welfare Gains from International Risk-

sharing?«, *Journal of International Economics* 47 (1999) S. 109–135; Laura Bottazzi, Paolo Pesenti, Eric Wincoop: »Wages, Profits, and the International Portfolio Puzzle«, *European Economic Review* 40 (1996) S. 219–254; Steven J. Davis, Jeremy Nalewaik, Paul Willen: »On the Gains to International Trade in Risky Financial Assets«, *NBER Working Paper w7796*, Juli 2000. Zu den Theoriebeiträgen, die sich mit möglichen nicht institutionellen Gründen der fehlenden Risikoteilung beschäftigen, gehören Fernando Alvarez, Urban J. Jermann: »Efficiency, Equilibrium, and Asset Pricing with Risk of Default«, *Econometria* 68/4 (2000) S. 775–797; Narayana R. Kocherlakota: »Implications of Efficient Risk Sharing without Commitment«, *Review of Economic Studies* 63 (1996) S. 595–609.

5 Die Zahlen zum realen BIP von 1996 in US-Dollar stammen von Penn World Table, Mark 6.0, vorläufige Fassung, abrufbar unter www.nber.org. Penn World Table erstellt internationale Vergleichszahlen, die genauer als die üblicherweise veröffentlichten Zahlen zum BIP und nach den Wechselkursen umgerechnet sind. Manchmal werden die Unterschiede zwischen den Nationen zu sehr betont.

6 Vgl. Karl E. Case, Robert J. Shiller, Allan N. Weiss: »Index-Based Futures and Options Trading in Real Estate«, *Journal of Portfolio Management* (Winter 1993) S. 83–92. Case Shiller Weiss, Inc., Cambridge, Mass., hat derzeit 23 Mitarbeiter, der Umsatz lag 2002 bei über 10 Millionen Dollar. Die Firma berechnet den Case Shiller Immobilienpreisindex für den größten Teil der USA. Es war der erste kommerzielle Immobilienpreisindex der Welt auf der Basis regelmäßiger Verkaufszahlen. Inzwischen wurde er vielfach kopiert. Hypothekendarlehen in Milliardenhöhe wurden anhand unseres automatischen Online-Berechnungsmodells vergeben, dem Characteristics and Sales Analysis, kurz CASA. Allan Weiss ist seit Gründung des Unternehmens dessen Vorsitzender, seine Kreativität ist die Grundlage unseres Erfolgs. Entscheidende Impulse gingen von Mitarbeitern aus, darunter Howard Brick, Jay Coomes, David Costa, Linda Ladner und Terry Loebs. 2002 verkauften wir die Firma an Fiserv, Inc., einen Finanzdienstler aus Wisconsin. Die Case Shiller Weiss, Inc., wird als 100-prozentige Tochter der Fiserv fortgeführt.

7 Diese theoretischen Implikationen wurden hervorragend dargestellt in John Y. Campbell, Luis M. Viceira: *Strategic Asset Allocation.* Oxford: Oxford University Press 2002.

8 Neuheiten im Bereich Wertpapiere gehen überwiegend auf Geschäfts- und Investmentbanken oder auf den organisierten Wertpapierhandel zurück und

nicht so sehr auf Firmen, die neue Wertpapiere ausgeben. Ursache sind sicher die höheren Gewinnchancen, die erstere sehen. Vgl. Douglas Gale: »Standard Securities«, *Review of Economic Studies* 59 (1992) S. 731–755.

9 Diese Innovationen der Vergangenheit entwickeln sich auch heute weiter. Künftig werden sie noch wirkungsmächtiger sein. Gegen Katastrophen kann man sich zum Beispiel bis heute nur begrenzt versichern. Vgl. Kenneth A. Froot (Hg.): *The Financing of Catastrophe Risk*. Chicago: National Bureau of Economic Research and University of Chicago Press 1999. Ich werde im weiteren Verlauf des Buches einen in diesem Zusammenhang wichtigen Vorschlag vorstellen: Wir sollten gesamtwirtschaftliche Risiken versichern, gebunden an die Kennzahl des entsprechend neu definierten BIP. Darin wären dann sowohl Unwetterschäden als auch ein Abrutschen des Lebensstandards enthalten.

10 Seit zwölf Jahren organisieren Richard Thaler und ich Konferenzen zur Behavioral Finance beim National Bureau of Economic Research. Eine vollständige Auflistung mit Links zu den Webseiten der Autoren findet sich auf meiner Homepage, www.econ.yale.edu/~shiller.

11 In meinem Buch über die Volatilität der Märkte bin ich zu dem Schluss gekommen, dass sich für die amerikanischen Börsen Hinweise auf eine überschießende Volatilität ergeben, nicht jedoch für die Kursbewegungen der Branchenindizes Transport, Versorger und Industriewerte. Vgl. Robert J. Shiller: *Market Volatility.* Cambridge: MIT Press 1989. Gemeinsam mit Jeeman Jung habe ich die Daten aller amerikanischen Unternehmen überprüft, von denen die Dividendenzahlungen seit 1926 lückenlos bekannt sind. Wir fanden Samuelsons Aussage bestätigt, nach der die amerikanischen Börsen im Kleinen effizient sind, im Großen jedoch versagen (Mikroeffizienz vs. Makroineffizienz). Vgl. Jeeman Jung, Robert J. Shiller: »One Simple Test of Samuelson's Dictum for the Stockmarket«, *Cowles Foundation Discussion Paper No. 1386*, Yale University 2002. Tuomo Vuolteenaho hat die Daten einzelner Firmen von 1956 bis 1996 analysiert. Die Mehrzahl der Kursbewegungen gingen auf Informationen zurück, die den künftigen Cashflow betrafen. Vgl. Tuomo Vuolteenaho: »What Drives Firm-Level Stock Returns?«, *Journal of Finance* 67 (2002) S. 233–264.

12 Der Stromkonzern und Finanzinnovator Enron brach 2001 zusammen. Das Wirtschaftsmagazin *Fortune* hatte Enron sechs Mal hintereinander, zuletzt

2001, als innovativstes Unternehmen genannt. Leider entsprach das Berufsethos an der Führungsspitze nicht dem Erfindungsreichtum des Unternehmens.

13 Die Konfiszierung von feindlichem Privateigentum ist nach Artikel 46 der Haager Konvention ausdrücklich verboten. Die Konvention postuliert das Prinzip der Humanität und die Respektierung persönlicher Rechte. Vgl. Nisuke Ando: *Surrender, Occupation, and Private Property in International Law.* Oxford: The Clarendon Press 1991.

14 Die Feindseligkeit am Ende des Ersten Weltkriegs und die hohen Reparationszahlungen, die Deutschland auferlegt wurden, legen die Vermutung nahe, dass die Auslandsvermögen von Deutschen konfisziert worden wären. Auch John Maynard Keynes Buch zu dem Thema, 1919 geschrieben, vermittelt den Eindruck, dies stehe unmittelbar bevor. Vgl. John Maynard Keynes: *Die wirtschaftlichen Folgen des Friedensvertrages.* München: Duncker & Humblot 1920. Aber als sich die Reparations-Kommission 1920 traf, stellte sich die Sachlage anders dar. Nach amerikanischer Auffassung sollten die Vermögen nicht eingezogen werden, und da die Reparations-Kommission einstimmig entscheiden musste, verlangte sie die Konfiszierung nicht. Vgl. Etienne Mantoux: *The Carthaginian Peace, or the Economic Consequences of Mr. Keynes.* Pittsburgh: University of Pittsburgh Press 1952. S. 136. Hinsichtlich des in den 1880er Jahren entstandenen deutschen Sozialversicherungssystems schreibt Peter A. Köhler:

So zeigt insbesondere die Entwicklung der Sozialversicherung in Deutschland das erstaunliche Beharrungsvermögen einmal errichteter Institutionen. Die Zweige der deutschen Sozialversicherung überstanden das finanzielle Ausbluten während des Ersten Weltkriegs und die galoppierende Inflation der zwanziger Jahre organisatorisch unbeschädigt. Trotz massiver Leistungseinschränkungen in der Weltwirtschaftskrise und trotz der politischen Instabilität der Weimarer Republik hatte die grundsätzliche Entscheidung für ein gegliedertes Sozialversicherungssystem Bestand. Die Kehrseite einer Verwaltungsorganisation, die soweit perfektioniert ist, dass sie selbst durch nationale Katastrophen nicht zu erschüttern ist, wird allerdings während des Nationalsozialismus und im Zweiten Weltkrieg sichtbar: Die Nationalsozialisten nahmen schnell davon Abstand, grundlegende Veränderungen des Systems zu verfolgen, statt dessen wurde es »gleichgeschaltet«. Unter bald auch politisch und rassistisch veränderten Zielvorgaben funktionierte die Sozialversicherung bis zum bitteren Ende, nach dem erstaunten Bericht der britischen Militärregierung vom Mai 1945 arbeitete die deutsche Sozialversicherung »continuing almost normally«.

Peter A. Köhler: *Historischer Kontext und Entwicklungsgeschichte von Systemen sozialer Sicherheit.* In Bern Baron von Maydell, Eva-Maria Hohnerlein (Hg.): *Die Umgestaltung der Systeme sozialer Sicherheit in den Staaten Mittel- und Osteuropas.* Berlin: Duncker & Humblot 1993, S. 21–38, hier S. 30f. Die Übersetzerin dankt dem Autor für die freundliche Unterstützung bei der Suche nach dem Zitat.

15 Iranische Staatsdiener, die nicht vom Revolutionsgericht wegen Korruption verurteilt wurden, behielten ihre Pensionen, die von der Regierung sogar erhöht wurden. Der Finanzmarkt war nach 1979 vergleichsweise bedeutungslos. Was es an Kapital gegeben hatte, wurde entweder durch die Inflation vernichtet oder ins Ausland geschafft. Finanzielle Vereinbarungen wurden im Iran häufig per Handschlag im Bazar geregelt, und diese Arrangements wurden von der Revolution nicht tangiert. Ich bin Professor Sohrab Behdad von der Denison University und Nader Habibi vom DRI-WEFA für diese Informationen zu Dank verpflichtet.

16 John Rawls: *Eine Theorie der Gerechtigkeit.* Übers. von Hermann Vetter. Frankfurt: Suhrkamp 1979. Die Grundidee von Rawls' Theorie wurde bereits früher formuliert, zuerst von dem Wirtschaftswissenschaftler William Vickrey: »Measuring Marginal Utility by Reactions to Risk«, *Econometrica* 13/4 (1945) S. 319–333, dann auch unabhängig davon von dem Wirtschaftswissenschaftler John C. Harsanyi: »Cardinal Utility in Welfare Economics and in the Theory of Risk-Taking«, *Journal of Political Economy* 61 (1953) S. 434f. Ich greife auf Rawls zurück, weil er die überzeugendste Form dieser Theorie entwickelt, sie philosophiehistorisch eingeordnet und mit dem Problem der Gerechtigkeit verbunden hat. Zudem wird sein Buch noch heute diskutiert.

17 Vgl. John C. Harsanyi: *Rational Behavior and Bargaining Equilibrium in Games and Social Situations.* Cambridge: Cambridge University Press 1977.

18 Was die Wahrscheinlichkeiten betrifft, übernehme ich den Gedankengang von Harsanyi, vgl. dessen »Can the Maximin Principle Serve as a Basis for Morality? A Critique of John Rawls' Theory«, *American Political Science Review* 69 (1975) S. 594–606. Amartya Sen diskutiert das Thema auf recht grundsätzliche Weise, vgl. *Ökonomische Ungleichheit.* Übers. von Hans G. Nutzinger. Frankfurt am Main/New York: Campus 1975. Auch Ian Shapiro

formuliert Zweifel an der Maximin-Regel, vgl. *The Evolution of Rights in Liberal Theory.* Cambridge: Cambridge University Press 1986. Rawls' Antwort auf seine Kritiker überzeugt nicht sonderlich. Vgl. John Rawls: »Some Reasons for the Maximin Criterion«, *American Economic Review Papers and Proceedings* 64 (1974) S. 141–166.

Kapitel 1: Wie die Welt nach 1950 hätte aussehen können

1 Der in Oxford lehrende Historiker Niall Ferguson setzt sich sehr überzeugend für die Disziplin einer alternativen Geschichtsbetrachtung (auch fiktive oder Parallelgeschichte genannt) ein. Sie bildet ein Gegengewicht zu der Neigung, Geschichte als determiniert und bestimmte Ereignisse als unvermeidlich anzusehen. Vgl. Niall Ferguson, *Virtuelle Geschichte. Alternativen im 20. Jahrhundert.* Darmstadt: Primus 1999.

2 Senator Arthur H. Vandenberg, der Vorsitzende des Ausschusses für Auswärtige Beziehungen des Senats, war 1947 nach eigener Aussage vom Botschafter der USA in Großbritannien, Lewis W. Douglas, beeinflusst. Vandenberg zitiert ihn wie folgt:

Wenn wir nichts unternehmen, wird mit an Sicherheit grenzender Wahrscheinlichkeit ein solches Chaos herrschen und für so viel Durcheinander und Verwirrung sorgen, dass sich spinnerte Ideen in den Köpfen der Menschen festsetzen werden, die ihrer eigenen und unserer Tradition widersprechen und uns vor große Schwierigkeiten in der westlichen Welt stellen und zum Beispiel unsere historisch gewachsenen, freien Institutionen beeinträchtigen könnten. Die Kosten sind schwer zu beziffern, können aber in die Milliarden gehen. Mir scheint, dass unsere nationalen Interessen zutiefst betroffen sind.

Der ganze Text von Vanderbergs Rede wurde in der *New York Times* am 25. November 1947 auf S. 14 abgedruckt.

3 Dieser Wunsch wird explizit in einer Rede von Thomas E. Dewey zum Marshallplan ausgesprochen. Dewey war Gouverneur von New York und kandidierte in den Präsidentschaftswahlen 1944 und 1948 für die Republikaner. »Es liegt jenseits jeder Vernunft, jetzt, nachdem wir einen erschütternd hohen Preis an Menschenleben und Ressourcen bezahlt haben, die Früchte des Sieges preiszugeben und das Feld zu räumen. Und nichts anderes wür-

den wir tun, wenn wir die freien Nationen ins wirtschaftliche Chaos abgleiten und dann unter sowjetische Kontrolle kommen ließen.« *New York Times*, 6. November 1947, S. 12.

4 Jonathan B. Bingham: *Shirt-Sleeve Diplomacy: Point 4 in Action.* New York: John Day 1954, S. 245.

5 Auch wenn sich das japanische Pro-Kopf-Einkommen inflationsbereinigt von einem tiefen Ausgangspunkt in den fünfziger Jahren verdoppelte, liegen die größten Wachstumsraten in den sechziger Jahren.

6 Die inflationsbereinigten Zahlen für 1996 in US-Dollar stammen vom Penn World Table, Mark 6.0, vorläufige Version, abrufbar unter www.nber.org.

Kapitel 2: Die unsichtbare Gefahr

1 Die Volkswirtschaft nennt eine Reihe von Gründen, warum Löhne nicht unbedingt mit dem Grenzprodukt übereinstimmen. Die Gewerkschaften können ein Monopol ausüben, Gewerkschaftsmitglieder die Lohnforderungen so hoch schrauben, dass es sich für die Firmen nicht mehr lohnt, neue Mitarbeiter einzustellen, weil der Lohn über dem Grenzprodukt liegt. Vgl. Assar Lindbeck, *Unemployment and Macroeconomics.* Cambridge: Cambridge University Press 1993. Die Arbeitgeber könnten ein Nachfragemonopol aufbauen und dadurch die Löhne unter das Grenzprodukt drücken. Vgl. Francis Green, Stephen Machin, Alan Manning: »The Employer Size-Wage Effect: Can Dynamic Monopsony Provide an Explanation?«, *Oxford Economic Papers* 48/3 (Juli 1996) S. 433–455. Nach der Effektivlohn-Theorie berücksichtigen die Unternehmen nicht nur das direkte Grenzprodukt des Angestellten, sondern auch die Auswirkungen des Arbeitslohns auf die Arbeitsmoral und die Produktivität. Auch dies verursacht eine Abweichung des Arbeitslohns vom Grenzprodukt durch den Bezug zu sozialen Normen und Erwartungen. Vgl. Janet Yellen: »Efficiency Wage Models of Unemployment«, *American Economic Review* 74/4 (September 1984) S. 200–205. Auch Status- und Gerechtigkeitsfragen schieben sich zwischen den Arbeitslohn und das Grenzprodukt, vgl. Robert H. Frank: »Are Workers Paid their Marginal Products?«, *American Economic Review* 74/4 (September 1984) S. 549–571. Einkommensunterschiede, die nicht mit immanenten Unterschieden im Grenzprodukt erklärt werden, untersuchen D. G. Champer-

nowne, F. A. Cowell, *Economic Inequality and Income Distribution.* Cambridge: Cambridge University Press 1998. Das kann auch zu spekulativen Blasen in der Entlohnung bestimmter Tätigkeiten kommen, nicht anders als an der Börse. Die in letzter Zeit ins Gerede gekommenen Vergütungsexzesse für Topmanager verdanken sich zumindest teilweise einer Überschätzung des Werts dieser Superstars für das Gesamtunternehmen, vgl. Rakesh Khurana, *Searching for a Corporate Savior.* Princeton: Princeton University Press 2002. Die Abweichungen der tatsächlichen Vergütungen vom Grenzprodukt rechtfertigen jedoch nicht den Glauben, die Einkommen aus Erwerbstätigkeit seien keinem Risiko unterworfen.

2 Barbara Ehrenreich: *Arbeit poor. Unterwegs in der Dienstleistungsgesellschaft.* Übers. von Niels Kadritzke. München: Antje Kunstmann 2001.

3 Daten zur aktuellen Volkszählung in den USA unter http://ferret.bls.census.gov/macro/032001/perinc/new01_001.htm.

4 Barbara Ehrenreich: *Arbeit poor. Unterwegs in der Dienstleistungsgesellschaft.* Übers. von Niels Kadritzke. München: Antje Kunstmann 2001, S. 224.

5 Katherine S. Newman: *Falling from Grace. The Experience of Downward Mobility in the American Middle Class.* New York: The Free Press 1988, S. 98.

6 George Katona: *Psychologicae of Economics.* New York: Elsevier 1975.

7 Vgl. Melfin J. Lerner: *Belief in a Just World: A Fundamental Delusion.* New York: Plenum Books 1980.

8 Eine Analyse der Konsumausgaben einzelner Haushalte zeigt, dass ein Teilen der Risiken innerhalb der Familie nur begrenzt möglich ist. Vgl. Fumio Hayashi, Joseph Altonji, Lawrence Kotlikoff: »Risk Sharing between and within Families«, *Econometria* 64/2 (1966) S. 261–294.

9 US Congress, Congressional Budget Office: »Estimates of Federal Tax Liabilities for Individuals and Families by Income Category and Family Type for 1995 and 1999«, Washington: Government Printing Office, Mai 1998, Tabelle 6.

10 Einblick in die finanzwissenschaftliche Literatur belegt die Zweideutigkeit der Progressivität des Steuersystems, jedenfalls wenn wir auf die Steuerinzidenz und nicht auf die Steuersätze schauen. Es ist zum Beispiel durchaus

eine berechtigte Frage, wer eigentlich die Unternehmenssteuern bezahlt. Die Antwort auf diese Frage ist schwierig, weil die Unternehmen die Steuern auf ihre Gewinne teilweise in Form höherer Preise auf den Verbraucher abwälzen. Der Anteil dieser Verschiebung lässt sich nur schwer ermitteln. Vgl. Laurence J. Kotlikoff, Lawrence H. Summers: »Tax Incidence«, in Alan Auerbach, Martin J. Feldstein (Hg.): *Handbook of Public Economics.* Amsterdam: North Holland 1987, S. 1034–1094 und Joseph Stiglitz, *Finanzwissenschaft.* Übers. von Bruno Schönfelder. München usw.: Oldenbourg 1994.

11 Sven Steinmo hat die provozierende These aufgestellt, dass das schwedische Steuersystem weniger progressiv sei als das der Vereinigten Staaten, aber auch er gibt zu, dass die kombinierte Wirkung von Steuer- und Ausgabenpolitik in Schweden sehr viel progressiver ist. Vgl. Sven Steinmo: *Taxation and Democracy.* New Haven: Yale University Press 1993. Eduardo Engel und seine Mitautoren haben am Beispiel Chile festgestellt, dass die Größenordnung der direkten Einkommensumverteilung durch progressive Steuersysteme schnell an Grenzen stößt. In den meisten Entwicklungsländern sei vermutlich die Besteuerung von Ausgaben und die Höhe des Durchschnittssteuersatzes wesentlich wichtiger für die Einkommensverteilung nach dem Transfer an den Staat. Vgl. Eduardo Engel, Alexander Galetovic, Claudio E. Raddatz: »Tax and Income Distribution in Chile: Some Unpleasant Redistributive Arithmetic«, *Journal of Development Economics* 59 (Juni 1999) S. 155–192.

12 Daniel Patrick Moynihan: Antrittsrede an der Harvard University am 6. Juni 2002

13 Peter H. Raven: »Science, Sustainability and the Human Prospect«, *Science* 297/5583 (9. August 2002), S. 955.

14 Die dem Buch vorangestellten Worte stammen aus einem hebräischen Text, dem Kohelet, und sind in der dem zeitgenössischen Sprachgebrauch angepassten Übersetzung von Martin Luther wiedergegeben (zitiert nach: *Lutherbibel*, Stuttgart: Deutsche Bibelgesellschaft, 1985). Die ursprünglichen Worte werden König Salomon zugeschrieben, der im 10. Jahrhundert v. Chr. gelebt hat, die Worte selbst wurden jedoch vermutlich erst im 3. Jahrhundert v. Chr. aufgeschrieben. Belegt sind sie in einer Qumran-Rolle aus dem ersten Jahrhundert nach Christus. Ich bin Professor Shlomo Carmy und Professor Aaron Levine von der Yeshiva-Universität für die erhellende Diskussion des antiken Textes zu Dank verpflichtet. Die Übersetzung des hebräischen Wortes *päga* mit *Glück* ist fraglich. Die Einheitsübersetzung

der Bibel übersetzt stattdessen *Zufall*, und althebräische Wörterbücher geben als Grundbedeutung für das Wort »unversehens überfallen«, daneben auch *Wiederfahrnis* und *Zufall* an. Unser modernes Verständnis von Zufall war damals noch nicht entwickelt, der Sinn des Wortes wäre vielleicht besser mit *Unfall* wiedergegeben. Andererseits ist die Übersetzung mit *Glück* oder *Zufall* im Kontext des Kapitels durchaus stimmig, das in seiner philosophischen Stoßrichtung das Zufällige und Fremdbestimmte unseres Schicksals betont.

Eine amüsante und heilsame, wenn auch respektlose Erörterung der menschlichen Tendenz, die Rolle des Zufalls zu ignorieren und unser Glück stattdessen dem eigenen Genie zuzuschreiben, liefert Nassim Nicholas Taleb: *Fooled by Randomness: The Hidden Role of Chance in Markets and Live.* New York: Texere 2001.

Kapitel 3: Die Risiken fortschrittlicher Technologien

1 Vgl. z.B. Malcolm I. Thomas: *The Luddites: Machine Breaking in Regency England.* Newton Abbot: David & Charles Archon Books 1970, Kirkpatrick Sale: *Rebels Against Future: The Luddites and their War on the Industrial Revolution.* Reading, Mass.: Addison Wesley 1995.

2 Zu der wirtschaftlich angespannten Lage trugen auch die Kriege im Zuge der Französischen Revolution und der amerikanischen Unabhängigkeitsbestrebungen bei, unter denen auch die britische Handelsschifffahrt zu leiden hatte. Die Maschinenstürmer beziehungsweise im angelsächsischen Sprachraum die Ludditen, bezeichnen im heutigen Sprachgebrauch Menschen, die prinzipiell jeden Fortschritt ablehnen. Ihre historischen Vorläufer unterschieden sich jedoch nicht sonderlich von anderen Arbeiterrevolutionären. Ein Historiker hält fest: »Die Ludditen hatten nichts gegen Maschinen an sich, sie wollten nur ihre Arbeit nicht verlieren!« David Linton: »The Luddites: How Did They Get That Bad Reputation?«, *Labor History* 33/4 (1992), S. 535.

3 Vgl. Amy Sue Bix: *Inventing Ourselves Out of Jobs? America's Debate over Technological Unemployment 1929–1981.* Baltimore: The Johns Hopkins University Press 2000.

4 Die ungleiche Einkommensverteilung hat sich offenbar seit der Industriellen Revolution verschärft, auch wenn das Tempo des Auseinanderdriftens

seit dem Zweiten Weltkrieg nachgelassen hat. Vgl. François Bourguignon, Christian Morrison: »Inequality among World Citizens: 1820–1992«, Weltbank und Delta, Paris 2001. Einer Studie zufolge betrifft die wachsende Ungleichheit vor allem die Verhältnisse zwischen den Staaten und weniger die Verhältnisse innerhalb der jeweiligen Staaten, vgl. Peter H. Lindert, Jeffrey G. Williamson: »Does Globalization Make the World More Unequal?«, *National Bureau of Economic Research Working Paper w8228* vom April 2001.

In jüngster Zeit wachsen die Einkommensunterschiede vor allem in den entwickelten Ländern. Eine Untersuchung aus dem Jahr 1998 von der Organisation für wirtschaftliche Zusammenarbeit und Entwicklung (OECD) nimmt die Entwicklung zwischen 1985 bis 1995 in 20 Industrieländern unter die Lupe. In dieser Zeit wurden die Einkommen weder von einer weltweiten Rezession noch von einer Boomphase verzerrt. Während dieses Zeitraums vergrößerten sich die Einkommensunterschiede in 19 der untersuchten Länder: in Belgien, Dänemark, Deutschland, Finnland, Frankreich, Großbritannien, Italien, Japan, Neuseeland, in den Niederlanden, in Norwegen, Österreich, Polen, Schweden, Schweiz, Südkorea, Tschechien, Ungarn und in den Vereinigten Staaten. Einzig in Kanada veränderte sich nichts zum Schlechteren, allerdings besserte sich dort auch nichts. Auch in Australien, so die Untersuchung, verstärkte sich die Ungleichheit im Lauf der achtziger Jahre. Die Fußnote zur Tabelle hält fest: »Die Ergebnisse beruhen auf verschiedenen Kennziffern zur Einkommensungleichheit und spiegeln die generelle Tendenz nationaler und vergleichender Untersuchungen wider.« Vgl. Organization for Economic Cooperation and Development, *Income Distribution and Poverty in Selected OECD Countries: Economics Department Working Papers No. 189* März 1998, Tabelle 2.2, S. 36. Weitere Ausblicke auf die wachsenden Einkommensunterschiede bieten sich in Ray Marshall (Hg.): *Back to Shared Prosperity: The Growing Inequality of Wealth and Income in America.* New York usw.: Sharpe 2000.

5 Eines der klassischen Einführungswerke zur Volkswirtschaft beschreibt den Sachverhalt so: »Bei hohen Arbeitslosenraten denken die Menschen oft, die Lösung liege in der möglichst gleichmäßigen Verteilung der vorhandenen Arbeit auf die Werktätigen. Als in Europa während der neunziger Jahre viele ihre Arbeit verloren, sprachen sich Gewerkschaftsführer und zahlreiche Politiker für eine Reduzierung der Arbeitswoche aus, damit mehr Menschen bei insgesamt gleichbleibender Stundenzahl in Lohn und Brot stünden. Diese Sichtweise – dass die Menge der Arbeit feststeht – heißt *lump of labor*

fallacy.« Doch das Lehrbuch fährt fort, »ein Nachfrageeinbruch nach bestimmten Tätigkeiten auf Grund technologischer Veränderungen in einer Branche kann durch im Verhältnis niedrigere Löhne aufgefangen werden. Die Wanderung von Arbeit und Kapital wird letztlich neue Stellen für die freigesetzten Beschäftigten schaffen.« Mit anderen Worten, die *lump-of-labor-fallacy* ist nur insofern ein Trugschluss, als sie sinkende Beschäftigungsmöglichkeiten unterstellt. In Wirklichkeit sinken die Löhne, und es kommt zu anderen unliebsamen Brüchen im Lebenslauf. Vgl. Paul A. Samuelson, William D. Nordhaus: *Economics.* New York: Irwin/McGraw-Hill 16. Aufl. 1998, S. 239. (In der deutschen Übersetzung der 15. Auflage ist diese Passage noch nicht enthalten.)

6 In den letzten 50 Jahren war das Wirtschaftswachstum stark genug, um die Auswirkungen der zunehmenden Ungleichheit für die Armen abzufangen. Der Volkswirtschaftler Richard Cooper hat darauf hingewiesen, dass das Realeinkommen weltweit zwischen 1950 und 1992 um 2 Prozent pro Jahr gewachsen ist. Diese Wachstumsrate hat im Lauf der Jahrzehnte die Lebensbedingungen dieser Menschen sehr verbessert. Vgl. Richard N. Cooper: »Growth and Inequality: The Role of Foreign Trade and Investment«, unveröffentlichter Vortrag, gehalten während der William-Brainard-Festschrift Konferenz an der Yale University am 27. Oktober 2001. David Dollar und Aart Kraay konnten zeigen, dass in Ländern mit einer hohen Wachstumsrate auch der Anteil der Bevölkerung mit niedrigem Einkommen wächst. Vgl. David Dollar, Aart Kraay: »Growth Is Good for the Poor«, Weltbank, Washington 2000. Auch lassen sich Hinweise darauf finden, dass die Einkommen ärmerer Staaten, wenn man sie um bestimmte Bedingungen korrigiert (Bildung, Gesundheit, gesetzliche Vorgabe), mit jenen reicherer Staaten konvergieren. Vgl. Robert J. Barro: *Determinants of Economic Growth.* Cambridge: MIT Press 1997; Robert J. Barro, Xavier Sala-i-Martin: *Wirtschaftswachstum.* Übers. von Walter Buhr. München usw.: Oldenbourg 1998. Aber diese rein statistischen Anhaltspunkte können kein Wachstumsprinzip für die Zukunft rechtfertigen, auf das man sich verlassen könnte.

7 Norbert Wiener: *Kybernetik. Regelung und Nachrichtenübertragung im Lebewesen und in der Maschine.* Übers. von E. H. Serr unter Mitarbeit von Dr. E. Henze, Düsseldorf: Econ 2. Aufl. 1963, S. 59f.

8 Ich zitiere aus *Technology Review:* »Die Maschine besteht aus einer beweglichen Plattform, auf der ein Bildverarbeitungssystem, mehrere Gebläse und ein mechanischer Greifarm montiert sind. Während ein Traktor die Platt-

form langsam durch das Feld zieht, filmt die Kamera Bilder, die vom Bildverarbeitungssystem analysiert werden. (Die Gebläse sollen die Blätter bewegen, damit die Früchte zu sehen sind.) Wenn die Erntemaschine eine Melone erkennt, deren Größe einen bestimmten Umfang überschreitet, fährt der Greifarm aus und hebt die Melone vom Boden. Am Greifarm sind Messer angebracht, die den Stiel durchtrennen. Anschließend wird die Frucht auf ein Förderband gelegt.« Vgl. »Prototype: Straight from the Lab, Technology's First Draft«, *Technology Review* 104/8 (2001) S. 16f.

9 Vgl. Gregory D. Abowd, Elizabeth Mynatt: »Charting Past, Present and Future in Ubiquitous Computing«, *ACM Transactions on Computer-Human Interaction* 7/1 (März 2000) S. 29–58.

10 Diese Möglichkeit betont Philippe Aghion: »Schumpeterian Growth Theory and the Dynamics of Income Inequality«, *Econometria* 70/3 (Mai 2002) S. 855–882.

11 Die beiden einflussreichsten Arbeiten zum Thema »Winner-takes-it-all« sind Sherwin Rosen: »The Economics of Superstars«, *American Economic Review* 71 (Dezember 1981) S. 845–868; Robert H. Frank, Philip J. Cook: *The Winner-Take-All Society: How More and More Americans Compete for Ever Fewer and Bigger Prizes, Encouraging Economic Waste, Income Inequality, and an Impoverished Cultural Life.* New York: Martin Kessler Books 1995. Beide Bücher untermauern ihre Behauptung, immer weniger Superstars würden immer mehr verdienen, kaum mit Zahlen. Sie konkretisieren ihre Behauptungen nicht. Rosen entschuldigt sich mit dem Argument: »Die Verpflichtung zur Geheimhaltung und andere Schwierigkeiten machen es praktisch unmöglich, in diesem Gebiet Zahlen zu erhalten« (S. 845). Es mag heutzutage prozentual gesehen mehr Sängerinnen und Sänger geben als vor 100 Jahren, aber das heißt nicht, dass es mehr gut bezahlte Sänger und Sängerinnen gäbe. Angesichts des hohen Lebensstandards geben die Menschen vielleicht etwas mehr Geld für Life-Musik bei Hochzeiten oder ähnlichen Gelegenheiten aus. Aber dass einige wenige Superstars ein Vermögen verdienen, ist offensichtlich.

12 Zeichen unserer Zeit ist ein 2002 in die Kinos gekommener Film mit dem Titel »Simone«, wobei Simone für Sim(ulation) One steht. Der Regisseur ist von Andrew Niccoli, der Plot handelt von einem Regisseur, der die Fiktion verteidigt, eine simulierte Schauspielerin sei ein reales Wesen.

13 Lisa Guerney: »Software is Called Capable of Copying Any Human Voice«, *New York Times*, 31. Juli 2001, S. 1 Sp. 1.

14 Globalisierungsrisiken wurden von verschiedenen Zukunftsforschern untersucht, insbesondere von John Naisbitt: *Global Paradox – Warum in einer Welt der Riesen die Kleinen überleben werden.* Übers. von Ilse Davis Schauer. Düsseldorf: Econ 1994; Kenichi Ohmae: *Der neue Weltmarkt: Das Ende des Nationalsstaats und der Aufstieg der regionalen Wirtschaftszonen.* Übers. von Jutta Scherer. Hamburg: Hoffmann und Campe 1996; Alvin Toffler: *Die dritte Welle – Zukunftschance. Perspektiven für die Gesellschaft des 21. Jahrhunderts.* Übers. von Christel Rost und Till Lohmeyer. München: Goldmann 1987.

15 »Back Office to the World«, *Economist*, 3. Mai 2001.

16 Derartige Möglichkeiten beschreibt Michael Dertouzos: *What Will Be: Die Zukunft des Informationszeitalters.* Übers. von Michael Zillgitt. Wien usw.: Springer 1999.

17 Die wachsende Verbreitung des Telefons im 20. Jahrhundert hat nicht zu einem Rückgang von Geschäftsreisen geführt. Auch der Aufschwung der E-Mails Ende des 20. Jahrhunderts hat weder die Geschäftsreisen noch die normale Briefpost vermindert. Offenbar ergänzen die herkömmlichen Wege zwischenmenschlichen Austausches, die auf physischer Nähe beruhen, die elektronischen Medien eher, als dass sie sie ersetzen würden. Vgl. Jess Gaspar, Edward L. Glaeser: »Information Technology and the Future of Cities«, *Journal of Urban Economics* 43 (Januar 1998) S,. 136–156. Branchen, die auf ausgebildete Fachkräfte, Forschungsarbeiten und Entwicklung sowie auf Universitäten angewiesen sind, neigen geografisch gesehen zu größerer Konzentration. Das würde darauf hindeuten, dass die Konzentration in Zukunft eher zu- und abnimmt. Vgl. David B. Audretsch, Maryann P. Feldman: »R&D Spillovers and the Geography of Innovation and Production«, *American Economic Review* 86/3 (Juni 1995) S. 630–640.

18 Vgl. John Seabrook: »Why Did the World Trade Center Buildings Fall Down When They Did?«, *New Yorker*, 19. November 2001, S. 64.

19 Vgl. Martin Shubik: »Terrorism, Technology, and the Socioeconomics of Death«, *Comparative Strategy* 16 (1997) S. 399–414.

Kapitel 4:
Die 40 Räuber: Viele Wege führen in den Ruin

1 Rudimentäre Kenntnisse der Wahrscheinlichkeitstheorie genügen, um das Maß der Unsicherheit in diesem Beispiel auszurechnen. Wenn alle Diebe unabhängig voneinander handeln, dann entspricht die Zahl der Diebstähle der Bernoulli-Verteilung, woraus folgt, dass die Regelabweichung des Verlusts bei ungefähr 20 Prozent des Reichtums liegt. Handeln die Diebe jedoch nicht unabhängig voneinander, kann die Regelabweichung sehr viel höher liegen; sie steigt mit jedem abgesprochenen Diebstahl.

2 Einem neueren Literaturüberblick zufolge sind diese Variablen zwischen einem Fünftel und einem Drittel an den Einkommensunterschieden innerhalb der Vereinigten Staaten »schuld«. Vgl. Samuel Bowles, Herbert Gintis, Melissa Osborne: »The Determinants of Earnings: A Behavioral Approach«. *Journal of Economic Literature* 39/4 (Dezember 2001) S. 1137–1176. Bezogen auf die ganze Welt würden sie wohl in noch sehr viel geringerem Maße Einkommensunterschiede erklären (wenn man einmal vom Einkommen der Eltern absieht).

3 Vgl. Lee Ross: »The Problem of Construal in Social Inference and Social Psychology«, in: N. Grunberg, R.E. Nisbett, J. Singer (Hg.): *A Distinctive Approach to Psychological Research: The Influence of Stanley Schachter.* Hillsdale: Erlbaum 1987. Breit abgestützt ist die Behauptung, unser Leben wäre weit größeren Risiken ausgesetzt, als wir glauben, bei Michael Mandel: *The High Risk Society: Peril and Promise in the New Economy.* New York: Times Business 1996.

4 Ein Bericht über die Schwierigkeiten, die volkswirtschaftliche Gesamtrechnung zu verstehen, liefert Christopher A. Sims: »Macroeconomics and Reality«, *Econometria* 48/1 (Januar 1980) S. 1–48. Zu den vielfältigen Ursachen makroökonomischer Schwankungen im Zusammenhang mit dem Fair-Modell, einem groß angelegten ökonometrischen Modell der amerikanischen Volkswirtschaft, vgl. Ray C. Fair: »Sources of Output and Price Variability in a Macroeconomic Model«, Cowles Foundation Working Paper No. 815, Yale University 1987.

5 Innerhalb der Makroökonomik herrscht bezüglich der Konjunkturzyklen die Auffassung vor, dass die Schwankungen letztlich auf technologische Veränderungen zurückgehen. Vgl. z.B. Finn Kydland, Edward C. Prescott: »Time to Build and Aggregate Fluctuations«, *Econometria* 50 (1982)

S. 1345–1370; Kevin D. Hoover, James E. Hartley, Kevy Salyer: *Real Business Cycles: A Reader.* New York: Routledge 1998.

6 Vgl. Milton Friedman, Anna J. Schwartz: *A Monetary History of the United States 1867–1960.* Princeton: Princeton University Press 1963. Dass 78 Prozent der Schwankungen bei der Arbeitslosenrate zwischen 1946 und 1977 in den USA auf unerwartete Veränderungen der Geldmenge, der Beschäftigungszahlen des Militärs und beim Mindestlohn zurückgingen, behauptet der Volkswirtschaftler Robert Barro: »Unanticipated Money Growth and Unemployment in the United States«, *American Economic Review* 67 (1977) S. 101–115.

7 Vgl. Robert E. Hall: »The Role of Consumption in Economic Fluctuations«, in: Robert J. Gordon (Hg.): *The American Business Cycle: Continuity and Change.* Chicago: National Bureau of Economic Research und University of Chicago Press 1986.

8 David Lilien sieht eine wesentliche Ursache für Schwankungen der US-Wirtschaft in außergewöhnlichen Strukturveränderungen, etwa der Verschiebung des Nachfrageschwerpunkts von Gütern zu Dienstleistungen. Vgl. David Lilien: »Sectoral Shifts and Cyclical Unemployment«, *Journal of Political Economy* 60 (1982) S. 777–793.

9 James Hamilton wies 1983 darauf hin, dass der Ölpreisschock nur eine der Rezessionen in den USA seit dem Zweiten Weltkrieg ausgelöst hat. Vgl. James D. Hamilton: »Oil and the Macroeconomy since World War II«, *Journal of Political Economy* 91 (April 1983) S. 228–248. Auch während der Rezession 1990/91 schnellte der Ölpreis in die Höhe, dasselbe drohte für die Rezession 2000/01. Dass es im zuletzt genannten Fall bei der Drohung blieb, wird als Grund für den milden Verlauf dieses Wirtschaftseinbruchs angegeben.

10 Vgl. N. Gregory Mankiw, David Romer, David N. Weil: »A Contribution to the Empirics of Economic Growth«, *Quarterly Journal of Economics* 107 (Mai 1992) S. 407–437.

11 Vgl. Ben S. Bernanke: »Bankruptcy, Liquidity, and Recession«, *American Economic Review* 76 (Juni 1986) S. 155–159.

12 Vgl. Julio J. Rotemberg, Garth Saloner: »A Supergame-Theoretic Model of Price Wars during Booms«, *American Economic Review* 76 (Juni 1986) S. 390–407.

13 Man kann belegen, dass die Weltwirtschaftskrise in den Vereinigten Staaten deshalb so lang anhaltend und tiefgreifend ausfiel, weil die Regierung die Gewerkschaften unterstützte und Kartelle duldete. Vgl. Harold L. Cole, Lee Ohanian: »New Deal Politics and the Persistence of the Great Depression«, unveröffentlicht, UCLA 2001.

14 Vgl. Gabriel Almond, Sidney Verba: *The Civic Culture: Political Attitudes and Democracy in Five Nations.* Princeton: Princeton University Press 1963; James S. Coleman: »Social Capital in the Creation of Human Capital«, *American Journal of Sociology* Suppl. 94 (1998) S. 95–120; Francis Fukayama: *Trust.* New York: Free Press 1995; Robert D. Putnam: *Bowling Alone: The Collapse and Revival of American Community.* New York: Simon & Schuster 2000; Peter J. Dougherty: *Who's Afraid of Adam Smith? How the Market Got Its Soul.* Hoboken: John Wiley & Sons 2002.

15 Vgl. Hernando De Soto: *Freiheit für das Kapital! Warum der Kapitalismus nicht weltweit funktioniert.* Übers. von Hainer Kober. Berlin: Rowohlt Berlin 2002.

16 Vgl. Edward F. Denison: *Why Growth Rates Differ.* Washington: The Brookings Institution 1967; N. Gregory Mankiw, David Romer, David N. Weil: »A Contribution to the Empirics of Economic Growth«, *Quarterly Journal of Economics* 107 (Mai 1992) S. 407–437.

17 Vgl. Paul Krugman: *Rethinking International Trade.* Cambridge: MIT Press 1994; Robert E. Lucas: »On the Mechanics of Economic Development«, *Journal of Monetary Economics* 22 (Juli 1988) S. 30–42.

18 Vgl. Kenneth J. Arrow: »The Economic Foundations of Learning by Doing«, *Review of Economic Studies* 29 (Juni 1962) S. 153–173.

19 Vgl. Michael Woodford: »Self-Fulfilling Expectations and Business Cycle«, *American Economic Review Papers and Proceedings* 77 (Mai 1987) S. 93–98; Christina Romer: »The Great Crash and the Onset of the Great Depression«, *Quarterly Journal of Economics* 105/3 (1990) S. 597–624; Roger E. A. Farmer: *Macroeconomics of Self-Fulfilling Prophecies.* Cambridge: MIT Press 1999.

20 Vgl. Joshua D. Angrist: »Lifetime Earnings and the Vietnam-Era Draft Lottery: Evidence from Social Security Administration Records«, *American Economic Review* 80 (Juni 1990) S. 313–335.

21 Die Zahlen zu den Unternehmensgewinnen stammen von Alfred Cowles, der den Standard & Poor's Composite Index bis ins Jahr 1871 zurückgerech-

net hat. Vgl. Alfred Cowles: *Common Stock Indexes*. Bloomington: Principia Press 2. Aufl. 1939. Die Zahlenreihen reichen in Verbindung mit der später beginnenden S&P Earnings Series ohne Unterbrechung von 1871 bis heute und können auf meiner Web-Seite eingesehen werden: www.econ.yale.edu/~shiller.

22 Frederick Lewis Allen: »Who's Getting the Money?«, *Harper's Magazine* 189/1129 (Juni 1944) S. 1–10.

23 T. A. Bisson: *Zaibatsu Dissolution in Japan*. Berkeley: University of California 1954, S. 93–96.

Kapitel 5: Die neue Informationstechnologie im Risikomanagement

1 1799 kosteten alle drei Londoner Tageszeitungen – *Times, Observer* und *Oracle and The Daily Advertizer* – einen Sixpence.

2 Die Druckerpresse war in diesem Zusammenhang zunächst von untergeordneter Bedeutung. Erst nach einigen Verbesserungen wurde in der zweiten Hälfte des 19. Jahrhunderts folgendes Verfahren Standard: Mit der Gänse-, später mit Stahlfeder und einer Spezialtinte geschriebene Briefe wurden vor dem vollständigen Abtrocknen zwischen einen Block aus Seidenpapier gelegt und mit der Buchdruckerpresse fest angedrückt. Die Spezialtinte drückte sich auf die Blankoseiten durch, sodass eine Kopie entstand, die zwar spiegelverkehrt war, aber durch das dünne Seidenpapier schimmerte und von der Vorderseite gelesen werden konnte. Das Kohlepapier funktionierte bei Verwendung von Gänsekiel oder Stahlfeder nicht. Man konnte nicht den nötigen Druck ausüben, ohne dass die Tinte spritzte. Deswegen war das erste funktionierende Kopierverfahren erst mit der Druckerpresse gefunden. Allerdings war jeweils nur eine lesbare Kopie möglich und die Reihenfolge durch den Block vorgegeben. Man konnte diese Kopien nicht separat ablegen. Wollte man also einen Briefverkehr nachlesen, musste man sich durch viele verschiedene Blöcke arbeiten.

3 Vgl. Jo Anne Yates: *Control through Communication*. Baltimore: The Johns Hopkins University Press 1989, S. 54ff.

4 Formularähnliche Dokumente wurden in Holland zum Beispiel für Aktien bereits Anfang des 18. Jahrhunderts verwendet, teilweise auch schon sehr

viel früher. Eine echte Industrie zur Produktion von Formularen entstand jedoch erst im 19. Jahrhundert. Das *Oxford English Dictionary* nennt das englische Wort für Formular, »form«, 1855 zum ersten Mal in seiner heutigen Bedeutung. Um 1880 waren Formulare mit Durchschlagpapier auf dem Markt. Zusammen mit der Schreibmaschine, die starken Druck auf das Papier ausüben konnte, erlaubten sie die Herstellung mehrerer Kopien gleichzeitig. Um die Jahrhundertwende war dieses Verfahren allgegenwärtig. Auf diese Weise konnte man an mehreren Stellen systematisch identische Unterlagen aufbewahren, eine unentbehrliche Voraussetzung für zuverlässige Akten.

5 Aktenordner aus Pappkarton wurden erstmals 1893 auf der Weltausstellung in Chicago vorgestellt und gewannen dort die Goldmedaille. 1896 erhielt die Ordnermechanik mit Umlegebügel und Hebel die bis heute gebräuchliche Form. Die vertikale Aufbewahrung von Schriftstücken ist eine bedeutsame Erfindung, die rund um die Welt kopiert wurde und heute in praktisch jedem Büro zu finden ist. Ältere Ablagemöglichkeiten bestanden in Ablagefächern, hölzernen Schubladen, in denen die Dokumente übereinander gestapelt wurden, und Holzkästen, die auf Regale gestellt wurden. Große Dokumente wurden in der Regel auf Quart oder Oktav gefaltet, und der Inhalt stichpunktartig auf die Außenseite geschrieben. Zusammengehörige Dokumente wurden mit Schnüren verbunden. Suchte man ein Dokument, konnte man Ablagefächer, Schubladen oder Regale auf dieses Dokument hin durchsuchen, indem man die Notizen auf den gefalteten Bögen überflog. Aber diese Aufbewahrungsmethode war nicht sonderlich effizient und die Notwendigkeit, die Dokumente vom Regal zu nehmen, um etwas zu suchen, erhöhte das Verlust- und Beschädigungsrisiko. Aktenordner ersetzten Ablagefächer und die teuren Holzkästen, die sich der Materialfülle nicht flexibel anpassen konnten, Aktenordner ersetzten auch die billigen Pappumschläge, deren Inhalt auf heraushängenden Papierlaschen notiert war. Moderne Aktenschränke mit Auszügen sind durch die stabile Radkonstruktion eine eigene wichtige Erfindung. Sie ermöglicht es, eine Schublade mit Hängerordnern ganz aufzuziehen, ohne dass die Schublade herausfällt, sodass man bequem auch an den hintersten Ordner kommt. Das System funktioniert mit zwei Rädern, die auf Schienen laufen und zueinander im Verhältnis zwei zu eins stehen. Ist die Schublade ganz ausgezogen, dann ist die stützende Schiene nur halb ausgezogen und gewährleistet so die nötige Stabilität. Von diesen zuverlässigen und soliden Schubladen konnten vier oder fünf übereinander in einem Schrank verbunden werden, sodass man die Wandflächen optimal ausnutzen konnte.

6 Um die Jahrhundertwende verzeichnete die Aufbewahrungstechnik massive Fortschritte. 1876 übernahmen die Bibliotheken die Dezimalklassifikation von Dewey, ein Ordnungssystem für das menschliche Gesamtwissen nach einer Zehnereinteilung. In den folgenden Jahrzehnten wurden viele verschiedene Archivierungssysteme für gedrucktes Material entwickelt. Ungefähr gleichzeitig mit dem Aktenordner gingen die Geschäftsleute dazu über, alle Dokumente zu einem bestimmten Kunden oder Klienten einschließlich des eingehenden und ausgehenden Briefverkehrs in einem Ordner zu sammeln und diesen mit dem Namen des Klienten zu beschriften. Da Kopien auf einzelnen Blättern vorlagen, konnte man diese einzelnen Vorgängen zuordnen. Damit entfiel die Notwendigkeit, sich durch verschiedene Kopieblöcke chronologisch durchzuarbeiten. Die verschiedenen Fortschritte der Bürotechnik werden ausführlich gewürdigt bei Yates: *Control through Communication.* Baltimore: The Johns Hopkins University Press 1989.

7 Das Papierformat wurde standardisiert, sodass Dokumente ungefaltet aufbewahrt und gelesen werden konnten. Das war nicht unerheblich, da Papier durch das häufige Falten und wieder Auffalten spröde wird und dadurch viele Dokumente verloren gingen. Später machte den Archivaren dann die Säure im Papier Kummer.

8 Mechanische Rechenmaschinen, entwickelt in den 1870er und 1880er Jahren, waren zum Beispiel die Odhner-Maschine und der Felt-Comptometer. Beide beschleunigten Additionen ungefähr um den Faktor 6. Die Hollerithmaschine, 1880 von H. Hollerith erfunden, arbeitet elektrisch mit Lochkarten und wurde für die statistischen Rechnungen bei der Volkszählung in den USA 1890 verwendet. Diese Geräte beschreibt William D. Nordhaus: »The Progress of Computing«, *Cowles Foundation Discussion Paper No. 1324*, Yale University September 2001. Nordhaus schätzt, dass sich die Rechnerleistung gemessen in eingesparten Arbeitsstunden um einen Faktor zwischen 1 und 5 Milliarden erhöht hat.

9 Hans-Eberhard Mueller: *Bureaucracy, Education, and Monopoly: Civil Service Reforms in Prussia and England.* Berkeley: University of California Press 1984, S. 80.

10 1874 wurden in Preußen die Geburts- und Sterberegister, die bislang von der Kirche geführt wurden, Teil der staatlichen Verwaltung, für die das Standesamt zuständig war. Das war eine der wesentlichen Voraussetzungen für die Schaffung einer Sozialversicherung wenig später. Der Historiker Jürgen Kocka schreibt:

Im internationalen Vergleich mit England und den Vereinigten Staaten, Ost- und Südeuropa ist eine Tatsache in ihrer Bedeutung kaum zu unterschätzen: In Preußen, Österreich und anderen wichtigen deutschen Ländern, später im Deutschen Reich, bildete sich früh eine leistungsfähige, einflussreiche, angesehene Bürokratie heraus – lange vor der Industrialisierung, lange vor den ersten Parlamenten, erst recht lange vor der Demokratisierung. Der deutsche Verwaltungsstaat ist ein Produkt des 18. Jahrhunderts, trotz aller Ausweitung und Veränderungen hat er sämtliche Brüche der deutschen Gesellschaft durch das ganze 20. Jahrhundert hindurch überlebt.

Jürgen Kocka: *Industrial Culture and Bourgeois Society: Business, Labor, and Bureaucracy in Modern Germany*, New York: Berghan Books 1999, S. 199. Der deutsche Text lag der Übersetzerin leider nicht vor, ist aber nachzulesen in W. Hardtwig, H. H. Brandt (Hg.): *Deutschlands Weg in die Moderne. Politik, Gesellschaft und Kultur im 19. Jahrhundert*. München 1993, S. 107–121.

11 Die amerikanische Regierung veröffentlicht den Verbraucherpreisindex regelmäßig seit dem Ersten Weltkrieg, um die Anpassung der Löhne an die steigenden Lebenshaltungskosten zu ermöglichen. Regelmäßige Statistiken zum Volkseinkommen werden in den USA seit 1942 veröffentlicht, Schätzwerte bereits früher. In Japan begann die jährliche Veröffentlichung des Volkseinkommens 1953. Auch viele andere Staaten begannen Mitte der fünfziger Jahre mit der Veröffentlichung derartiger Statistiken.

12 Viele Verbraucherpreisindizes berücksichtigten zum Beispiel nicht, dass Verbraucher bestimmte, im Preis besonders stark gestiegene Güter durch andere Waren ersetzen und so die Auswirkungen der Teuerung umgehen. Dieses Problem musste erst gelöst werden, bevor Verbraucherpreisindizes für Risikomanagementklauseln, etwa Anpassungsklauseln in Arbeitsverträgen, genutzt werden konnten.

13 Die Fortschritte bei der Preisbildung für liquide Vermögensgegenstände wie zum Beispiel Immobilien werden im Überblick in meinem Buch *Macro Markets* vorgestellt.

14 Vgl. Evan I. Schwartz: »Digit Cash Payoff«, *Technology Review* 361/8247 (2001) S. 62–68.

15 Die derzeit in Entwicklung befindlichen, elektronischen Finanzbörsen wie Opt4 und Hedgestreet könnten das Volumen handelbarer Güter erweitern.

16 Vgl. Paul Milgrom: *Auction Theory for Privatization.* Cambridge: Cambridge University Press 2001. Für wissenschaftliche Zwecke künstlich geschaffene Märkte haben die Erforschung alternativer Marktmechanismen ermöglicht. Vgl. z.B. Alvin E. Roth: »The Economist as Engineer: Game Theory, Experimental Economics, and Computation as Tools of Design Economics«, *Econometria* 70 (Juli 2001) S. 1341–1378; Stephen Rassenti, Vernon L. Smith, Bart J. Wilson: »Controlling Market Power and Price Spikes in Electricity Networks: Demand-Side Bidding«, unveröffentlicht, Interdisciplinary Center for Economic Science, George Mason Univerisity 2001.

17 Unmittelbar nach dem Zusammenbruch der Sowjetunion wollte die russische Regierung den Kapitalstock der Russischen Republik an die Einwohner Russlands verkaufen, aber die hatten natürlich kein Geld. In einer der großartigsten Erfindungen der Finanzgeschichte entwickelte die russische Regierung so genannte »Privatisierungsbelege«, die allen 147 Millionen Russen 1992/93 zustanden. Mit diesen Wertpapieren konnten sie Anteile an Staatsunternehmen kaufen. Von 147 Millionen Papieren wurden 144 Millionen oder 98 Prozent angenommen. Russland war damals das Land mit den meisten Aktionären weltweit. Die Auktion veränderte die russische Wirtschaft grundlegend. Nach der Auktion waren die meisten Angestellten bei Unternehmen tätig, die in der Hand von Privataktionären lagen. Vgl. Maxim Boycko, Andrei Shleifer, Robert Vishny: *Privatizing Russia.* Cambridge: MIT Press 1995; Alfred Kokh: *The Selling of the Soviet Empire: Politics and Economics of Russia's Privatization – Revelations of the Principal Insider.* New York: SPI Books 1998. Leider halten sich hartnäckig Gerüchte, nach denen die russischen Reformer, die die Auktion planten, zutiefst korrupt waren. Diesem Umstand schreibt man die ökonomische Ungleichheit Russlands heute zu. Aber diese Ungleichheit resultiert nicht in erster Linie aus dieser Auktion. Vgl. Anders Aslund: »Inequalities in Wealth Should Not Be Blamed on Russia's Economic Reformers«, *Financial Times,* 31. Mai 1996, S. 16. Eine ausgewogene Sicht der Erfolge und Unzulänglichkeiten dieser Auktion findet sich bei Chrystia Freeland: *Sale of the Century: Russia's Wild Ride from Communism to Capitalism.* New York: Crown Business 2000.

18 Vgl. Maureen O'Hara: *Market Microstructure Theory.* London: Basil Blackwell 1997.

19 Das Wettsystem, das Pierre Oller 1872 in Frankreich erfand, ist ein interessanter Vorläufer und eine wichtige Anregung für die Entwicklung moderner

elektronischer Finanzmärkte; es gab letztlich auch den Anstoß zur Entwicklung von Computern. Oller nannte sein System »parier mutuel«, was soviel wie wechselseitiger Einsatz bedeutet und mit der Übernahme nach Amerika als »parimutuel« bekannt ist. Das System verband automatisch die einzelnen Wetten einschließlich der gesetzten Beträge, berechnete die Quoten und die Gewinnssummen. Der Buchmacher war fortan überflüssig. Auf der Rennbahn war es jedoch schwierig, die nötigen Berechnungen in der Kürze der Zeit durchzuführen, um die Quoten auf Anschlagtafeln zu schreiben. Ab 1880 wurde dieses Problem von einer ganzen Reihe einzelner Erfindungen für primitive Computer schrittweise reduziert. 1928 entwickelte der amerikanische Ingenieur Harry Straus mit Hilfe der Relaistechnik einen »Totalisator«, der automatisch die Summen der einzelnen Wetten berechnete, während Dutzende von Ausgabemaschinen Tickets druckten und der aktuelle Stand mit Glühbirnen auf einer großen Tafel – Vorläufer moderner Digitaldisplays – angezeigt wurde. Durch Einsatz der Totalisatoren wurden die Buchmacher endgültig arbeitslos, das öffentliche Vertrauen wuchs und die Wettindustrie boomte. Vgl. Fred S. Buck: *Horse Race Betting. A Comprehensive Account of Pari-Mutuel, Off-Track Betting and Bookmaking Operations.* New York: ARCO 4. Aufl. 1978; John C. Schmidt: *Win-Place-Show: A Biography of Harry Straus, the Man Who Gave America the Tote.* Baltimore: The Johns Hopkins University 1989. Longitude Inc. entwickelte ein fortschrittliches Handelssystem für Finanzrisiken, das den Handel innerhalb verschiedenster ökonomischer Indizes erleichtert. Vgl. Jeffrey Lange, Nick Economides: »A Parimutuel Market Microstructure for Contingent Claims Trading«, unveröffentlicht, Longitude Inc., New York 2001; Lloyd S. Shapley, Martin Shubik: »Trade Using One Commodity as a Means of Payment«, *Journal of Political Economy* 85/5 (1977) S. 937–968. Das System geht auf eine ältere Idee von Nils Hakansson zurück, Supershares – Superaktien – genannt. Vgl. Nils Hakansson: »Welfare Aspects of Options and Supershares«, *Journal of Finance* 33 (Juni 1978) S. 754–776.

20 Nach Elizabeth Tibbetts von der Cornell University geht die persönliche Erkennung der Wespenart *Polistes fuscatus* weit über die bloße Zugehörigkeit zum gleichen Schwarm hinaus. Die Wespen erkennen sich visuell gegenseitig anhand der Streifen auf Gesicht und Hinterleib. Mit dieser Fähigkeit halten sie ihre soziale Rangordnung aufrecht. Vgl. S. Milius: »Wasp Painting«, *Science* 161/26 (29. Juni 2002) S. 405.

21 Der Kongress hat die Ausgabe derartiger Karten verboten und damit den öffentlichen Bedenken bezüglich des Datenschutzes Rechnung getragen.

1996 wurde mit dem Illegal Immigration and Responsibility Act ein anderes Erkennungssystem unterstützt. Das Gesetz wurde im Kongress verabschiedet und von Präsident Clinton unterzeichnet, 1999 jedoch wieder aufgehoben. Alle berufstätigen Amerikaner sollten eine Smartcard erhalten, der Arbeitgeber hätte diese Karte durch eine speziale Maschine bei Einstellung des Arbeitnehmers ziehen müssen und hätte damit Zugriff auf die Datenbank des Bundes gehabt und feststellen können, ob es sich um einen illegalen Einwanderer handelte. Der Kongress hob das Gesetz infolge des öffentlichen Aufschreis auf. Die Menschen fürchteten, dass die Regierung das System missbrauchen könne und das Gesetz der Anfang vom Ende des Datenschutzes überhaupt sei. Ende der achtziger Jahre wurde in Australien, Mitte der neunziger Jahre in Großbritannien die Einführung eines digitalen Personalausweises überlegt, jedoch wegen der öffentlichen Bedenken hinsichtlich des Datenschutzes wieder fallen gelassen. In Kanada gab 1999 eine Taskforce aus fünf Bundesbehörden einen Bericht über ein nationales Erkennungssystem heraus. In den kanadischen Provinzparlamenten wurden Pläne zur Verbindung von Führerschein und Krankenversicherungskarte zu einem Ausweis diskutiert, aus denen später ein gesamtkanadisches System hervorgehen könnte.

22 In Deutschland hat jeder Erwachsene einen maschinenlesbaren Personalausweis. In Frankreich ist der Personalausweis im Prinzip freiwillig, faktisch jedoch unvermeidlich, da das Leben ohne zunehmend schwieriger wird. Keiner der Ausweise ist an eine nationale Datenbank gekoppelt. In Deutschland ist dies sogar vom Grundgesetz verboten.

23 Larry Ellison: »Digital IDs Can Help Prevent Terrorism«, *Wall Street Journal*, 8. Oktober 2001, A26.

24 Eine Reihe von Entwicklungsländern hat ehrgeizige Pläne für die Entwicklung und Implementierung von digitalen Erkennungssystemen angekündigt, darunter »Singapore One« in Singapur, »Internet City« in Dubai und »Smart Villages« in Ägypten. Auch im Silicon Valley wird an zahlreichen derartigen Projekten gearbeitet.

Kapitel 6: Eine psychologische Betrachtung des Risikomanagements

1 Daniel Kahneman beschreibt direkt anschließend die grundsätzliche Zweideutigkeit des Begriffs: »Eine wichtige und vielleicht voreilige Entscheidung

betrifft die Bezeichnung des neuen Konzepts. Um die Terminologie nicht zu überfrachten, entschieden wir uns dafür, die Bezeichnung Frame auf zwei Ebenen für die Beschreibung von Entscheidungsproblemen zu verwenden: sowohl die Formulierung, mit der der Entscheider konfrontiert wird, als auch die Interpretation, die er daraus für sich abgeleitet hat, gelten als Frame, also als Rahmen.« Ich verwende den Begriff in der Regel in der ersten Bedeutung.

2 Vgl. zum Beispiel Daniel Kahneman, Amos Tversky: *Choices, Values, and Frames.* Cambridge: Cambridge University Press 2000.

3 In einer Meinungsumfrage zum Thema Sozialhilfe wurde die Fragestellung entweder in den »Empfängerrahmen« oder in den »Wirtschaftsrahmen« gestellt. Die Antworten wurden von dieser Vorgabe beeinflusst. Vgl. Thomas E. Nelson, Zoe M. Oxley, Rosalee Clawson: »Toward a Psychology of Framing Effects«, *Political Behavior* 19/3 (1997) S. 221–246.

4 Soziologen verfolgten zum Beispiel das Framing in den Medien zum Thema positive Diskriminierung. Vgl. William A. Gamson, André Modigliani: »The Changing Culture of Affirmative Action«, *Research in Political Sociology* 2 (1987) S. 137–177.

5 Vgl. Colin Camerer, Howard Kunreuther: »Experimental Markets for Insurance«, *Journal of Risk and Uncertainity* 2 (1989) S. 265–300.

6 Hayne Leland: »Who Should Buy Portfolio Insurance«, *Journal of Finance* 75/2 (Mai 1980), S. 581–594.

7 Amos Tversky, Daniel Kahneman: »Judgement under Uncertainty: Heuristics and Biases«, *Science* 185/4157 (1974) S. 1124–1131.

8 Vgl. G.B. Northcraft und M.A. Neale: »Experts, Amateurs, and Real Estate: An Anchoring-and-Adjustment Perspective on Property Pricing Decisions«, *Organizational Behavior and Human Decision Processes* 39 (1987) S. 84–97.

9 Amos Tversky, Daniel Kahneman: »The Framing of Decisions and the Psychology of Choice«, *Science* 211/4481 (30. Januar 1981) S. 453–458.

10 Graham Loomes und Robert Sugden haben eine Variante der Theorie des erwarteten Nutzens vorgeschlagen, die das Mitleid vernachlässigt. Eine ähnliche Theorie hat David E. Bell entwickelt. Vgl. Graham Loomes, Robert Sugden: »Regret Theory: An Alternative Theory of Choice under Uncer-

tainty«, *Economic Journal* 92 (1982) S. 805–824; David E. Bell: »Regret in Decision Making under Uncertainty«, *Operations Research* 30 (1982) S. 961–981. Auch Handlungen in Vorfreude auf künftige Belohnungen vertragen sich nicht immer mit der herkömmlichen Theorie des erwarteten Nutzens, vgl. John Leahy, Andrew Caplin: »Anticipation, Uncertainty, and Time Inconsistency«, unveröffentlicht, Boston University 1998.

11 Die Autoren sprechen von einem »Knick« in der »Wertfunktion« am »Referenzpunkt«. Vgl. Daniel Kahneman, Amos Tversky: »An Analysis of Decision under Risk«, *Econometria* 47/2 (1979) 263–91; vgl. auch Matthew Rabin, Richard Thaler: »Anomalies: Risk Aversion«, *Journal of Economic Perspectives* 15/2 (2001) 219–222.

12 Vgl. B. Combs, P. Slovic: »Causes of Death: Biased Newspaper Coverage and Biased Judgements«, *Journalism Quarterly* 56 (1979) S. 837–843.

13 Vgl. Robert Eisner, Robert H. Strotz: »Flight Insurance and the Theory of Choice«, *Journal of Political Economy* 69 (1961) S. 355–368.

14 Vgl. George F. Loewenstein, Christopher K. Hsee, Elke U. Weber, Ned Welch: »Risk as Feelings«, *Psychological Bulletin* 127/2 (2001) S. 267–286. Die neurologischen Grundlagen dieser Neigung beschreibt Antonio R. Damasio: *Descartes' Irrtum. Fühlen, Denken und das menschliche Gehirn.* Übers. von Hainer Kober. 6. Auflage. München: dtv 2001.

15 Guy E. Baker: *Why People Buy.* Newport Beach, Cal.: Standel Publishing 2000, S. 101f.

16 Vgl. Steven J. Sherman: »On the Self-Erasing Nature of Errors of Prediction«, *Journal of Personality and Social Psychology* 39/2 (1980) S. 211–221. Eine Reihe von Experimenten belegt, dass persönliches Engagement gegenüber anderen Personen davon abhängt, ob man selbst früher freiwillige Mitarbeit und Hilfe erlebt hat. Vg. auch Jonathan L. Freedmann, Scott C. Fraser: »Compliance without Pressure: The Foot in the Door Technique«, *Journal of Personality and Social Psychology* 4/2 (1966) S. 201. Vgl. D. Cioffi, R. Garner: »On Doing the Decision: The Effects of Active versus Passive Choice on Commitment and Self Perception«, *Personality and Social Psychology Bulletin* 22 (1996) S. 133–147. Einen nützlichen Überblick zur Framing- und Konsistenzforschung bietet Robert B. Cialdini: *Die Psychologie des Überzeugens: ein Lehrbuch für alle, die ihren Mitmenschen und sich selbst auf die Schliche kommen wollen.* Übers. von Matthias Wengenroth. 2. Auflage. Bern usw.: Huber 2002.

17 Vgl. Leon Festinger: *Theorie der kognitiven Dissonanz.* Hrsg. von Martin Irle u. Volker Möntmann. Übers. von Volker Möntmann. Bern usw.: Huber 1978.

18 Ebenda S. 32f.

19 Vgl. Ernst Fehr, Urs Fischbacher: »Why Social Preferences Matter – The Impact of Non-Selfish Motives on Competition, Cooperation and Incentives«. Vortrag beim Nobel Symposium on Behavioral and Experimental Economics Stockholm 2001.

20 Daniel Kahneman, Jack L. Knetsch, Richard Thaler: »Fairness as a Constraint on Profit Seeking«, *American Economic Review* 76/4 (1986) S. 728–741.

21 Meine gemeinsam mit Maxim Boycko und Vladimir Korobov durchgeführte Umfragetätigkeit enthüllt eine grundsätzliche Übereinstimmung in vielen Ländern der Welt bezüglich der Frage, was als faires Handeln in der Wirtschaft gilt. Wir haben die Antworten auf hypothetische Fragen zur Einstellung gegenüber wirtschaftlichem Handeln und Wirtschaftsinstitutionen aus den USA, Russland, der Ukraine, Ostdeutschland, Westdeutschland und Japan verglichen. Robert J. Shiller, Maxim Boycko, Vladimir Korobov: »Popular Attitudes Toward Free Markets: The Soviet Union and the United States Compared«, *American Economic Review* 81/3 (1991) S. 385–400; Robert J. Shiller, Maxim Boycko, Vladimir Korobov: »Hunting Homo Sovieticus: Situational versus Attitudinal Factors in Economic Behavior«, *Brookings Papers on Economic Activity* 1 (1992) S. 127–194. Die Analyse wurde inzwischen auf weitere Staaten ausgedehnt. Vgl. Fathollah M. Bagheri, Nader Habibi, Aygul Ozbafly: »Attitudes Towards Free Markets in Iran, Turkey, and the Former Soviet Union: A Survey Analysis«, unveröffentlicht, University of North Dakota 1997.

22 Zum Ultimatumspiel vgl. den Artikel seiner Erfinder Werner Güth, Rolf Schmittberger, Bernd Schwarze: »An Experimental Analyses of Ultimatum Bargaining«, *Journal of Economic Behavior and Organizations* 3 (1982) S. 367–388.

23 Vgl. Lee Ross, Steven M. Samuels: »The Predictive Power of Personal Reputation vs. Labels and Construal in the Prisoner's Dilemma Game«, unveröffentlicht, Stanford University 1993. Eine Beschreibung liefern Lee Ross, Andrew Ward: »Naive Realism in Everyday Life: Implications for Social Conflict and Misunderstanding«, in Edward S. Reed, Elliot Turiel, Terrance Brown (Hg.): *Values and Knowledge.* Mahwah: Lawrence Erlbaum 1996.

24 Die Schätzung der Reparationen als Teil des BIP stammt von Etienne Montoux: *The Carthaginian Peace. The Economic Consequences of Mr. Keynes.* Pittsburgh: University of Pittsburgh Press 1952, S. 116.

25 Vgl. Derek Howard Aldcroft: *Die zwanziger Jahre: Von Versailles zur Wall Street 1919–1929.* Übers. von Heinrich W. Bauer. München: dtv 1978. John Maynard Keynes sagte 1919, Deutschland könne die Reparationszahlungen nicht tragen und ein »transfer problem« vergrößere die Schwierigkeiten. Vgl. John Maynard Keynes: *Die wirtschaftlichen Folgen des Friedensvertrages.* Übers. von M. J. Bonn. München: Duncker & Humblot 1920.

26 Artikel 231 des Versailler Vertrags bestimmt unter dem Oberbegriff Wiedergutmachungen: »Die alliierten und assoziierten Regierungen erklären, und Deutschland erkennt an, dass Deutschland und seine Verbündeten als Urheber für alle Verluste und Schäden verantwortlich sind, die die alliierten und assoziierten Regierungen und ihre Staatsangehörigen infolge des ihnen durch den Angriff Deutschlands und seiner Verbündeten aufgezwungenen Krieges erlitten haben.«

27 Ab 1937 erhielt, wer in Ruhestand ging, eine Einmalzahlung, jedoch nur als Ausgleich der geleisteten Zahlungen. Monatliche Auszahlungen begannen 1940.

28 Zitiert nach William E. Leuchtenberg: *Franklin Roosevelt and the New Deal, 1932–1940.* New York: Harper & Row 1963.

29 *Analysis of the Social Security System: Hearings before a Subcommittee of the Committee on Ways and Means House of Representatives, Eighty-Third Congress on Legal Status of OASI Benefits, Part 6.* Washington: United States Government Printing Office 1953, S. 980.

Kapitel 7: Wie sich das Finanzwesen weiterentwickelt

1 Die amerikanische Justiz hat lange den Grundsatz aufrechterhalten, Geschäftsverfahren seien nicht patentierbar. Der Wendepunkt kam 1982 mit dem Patent für das Kundenkonto für Merrill Lynch (in dem alle Vermögenswerte eines Kunden in einem Konto gebündelt werden). Das Patent wurde von Wettbewerbern angefochten, sie unterlagen jedoch vor Gericht. Seit den neunziger Jahren gehören Finanzpatente zum Standard. Vgl. Robert

M. Hunt: »Can You Patent That? Are Patents on Computer Programs and Business Methods Good for the New Economy?«, *Business Review,* Federal Reserve Bank of Philadelphia Q1 (2001) S. 5–14. Künftig ließen sich Innovationen ermutigen, wenn der Staat Finanzpatente aufkaufen würde, die sinnvollerweise Allgemeingut sein sollten, wie es der französische Staat mit der Fotografie im 19. Jahrhundert getan hat. Vgl. Michael Kremer: »Patent Buyouts: A Mechanism for Encouraging Invention«, *Quarterly Journal of Economics* 113/4 (1998) S. 1137–1168.

2 Schon in der Antike waren versicherungsähnliche Provisionen an Seedarlehen geknüpft, auch boten Beerdigungsgesellschaften so etwas wie eine Lebensversicherung an. Der älteste bekannte echte Versicherungsvertrag lässt sich auf das Jahr 1343 datieren, vgl. Humbert O'Nelli: »The Earliest Insurance Contract: A New Discovery«, *Journal of Risk and Insurance* 39 (September 1972) S. 215–220. Der Nationalökonom Johann Beckmann schreibt über die Erfindung der Versicherung: »Aber weniger bekannt ist, daß schon jemand im Anfange des 17. Jahrhunderts den Vorschlag gethan hat, daß der Landesherrn die Assekuranz aller Häuser der Unterthanen wider Brand übernehmen solte, wenn dieser ihm jährlich ein Prozent vom Werthe, wozu sie ihre Häuser selbst angeschlagen würden, bezahlen wolten. Der Angeber both diesen Einfall dem Grafen Anthon Günther von Oldenburg im J. 1609 an, und zwar als eine Finanzoperation, dergleichen bis dahin in keinem gedruckten *aeraris* und Rentgefällen zu finden wäre.« Beckmann zitiert aus J. J. Winkelmanns »Oldenburgischen Friedens- und der benachbarten Oerter Kriegshandlungen«, die 1671 erschienen waren, wie folgt: »Er ... stünde in guter Zuversicht, ob zwar der Anfang etwas schwer fallen möchte, dass doch allgemach von Jahren zu Jahren ein ansehnliches Gelt dadurch aufgetrieben, und ein jeder seiner Behausung, auf den unverhofften Fall, versichert seyn könte; dessen eine Probe zu haben, zweifelte er nicht, wann ein Überschlag könte gemacht werden, wie viel Häuser innerhalb von 30 Jahren, durch Feuersbrunst dieses Orts verdorben, es würde sich der Schaden bey weitem so hoch nicht erstrecken, als wohl die Hebung in so geraumer Zeit, hätte austragen können; jedoch wäre nichts zu rathen, alle Häuser in den Städten insgemein in diese Vereinbarung einzunehmen, alldiweil derogestalt der Abgang auf einmal zu hoch ablaufen würde, sondern solten nur etliche und gewisse Häuser zugelassen werden.« Johann Beckmann: *Beyträge zur Geschichte der Erfindungen, Zweytes Stück.* Leipzig: Paul Gotthelf Kummer 1781, S. 219–221.

Ian Hacking ist ein genauer Kenner der Geschichte der Wahrscheinlichkeitsrechnung. Ihm zufolge reicht die Vorstellung von Wahrscheinlichkeit

im modernen Sinn ins 17. Jahrhundert zurück. Noch in der Renaissance sucht man sie vergeblich. Wenn Galileo von *probabilitá* spricht, nutzt er das Wort in einem ganz anderen Sinn als heute. Wenn Galileo »nicht unwahrscheinlich« schreibt, meint er »durchaus möglich, aber nicht zutreffend«. Wissenschaft hatte mit Tatsachen, nicht mit Meinungen zu tun, und das intuitive Element der modernen Wahrscheinlichkeit wurde damals als Meinung empfunden.
Die ersten bekannten Sterbetabellen für Versicherungszwecke legte der niederländische Staatsmann Jan de Witt 1671 unter dem Titel *Waerdije van lijfrenten naer proportie van losrenten* vor. Er war mit der Wahrscheinlichkeitsrechnung vertraut und genoss als Mathematiker einen guten Ruf. Vgl. Ian Hacking: *The Emergence of Probability. A Philosophical Study of Early Ideas about Probability, Induction, and Statistical Inference.* London: Cambridge University Press 1975.

3 US-Patent Nr. 3653.474, »Rolling Luggage« (Rollgepäck), Erfinder Bernard Sadow, eingereicht April 1972.

4 Sadow schaffte es, mit dem Vice-President von Macy's zu reden, der Anfang der siebziger Jahre einem Versuch mit dem rollenden Gepäck zustimmte. Die Koffer verkauften sich tatsächlich gut und galten als schick, obwohl das erste Modell auf vier winzigen Rädern sehr instabil war. Wenn man schnell ging und ihn hinter sich herzog, wackelte der Koffer, schlingerte und kippte nicht selten um. Weil der Griff eines Koffers relativ tief ist, wenn er neben einem steht, musste der Riemen zum Ziehen relativ lang sein. Da er zudem flexibel sein musste, erlaubte er keine Kontrolle über die Schlingerbewegungen. Deswegen gingen die Besitzer meist gebückt über dem eigentlichen Griff, was sehr unbequem und meistens auch nicht besonders erfolgreich war.

5 US-Patent Nr. 4995.487, »Wheeled Suitcase and Luggage Support« (Koffer und Gepäckhilfe mit Rollen), Erfinder Robert V. Plath, eingereicht August 1989.

6 Präkolumbianisches Spielzeug auf Rädern ist in Museen ausgestellt. Das Anthropologische Museum im mexikanischen Xalapa besitzt zum Beispiel Spielzeughunde und -jaguare auf Rädern aus Veracruz, die auf die spätklassische Zeit zwischen 650 und 950 nach Christus zurückgehen.

7 Vgl. James Card: *Seductive Cinema. The Art of Silent Film.* New York: Alfred A. Knopf 1994, S. 57f, dort auch Abbildung einer Szene mit Sprechblase aus dem Film.

8 Auch nach Schomers Experiment war es offensichtlich einfacher, Zwischentitel zwischen die Szenen zu schneiden als mit Untertiteln zu arbeiten, insbesondere wenn der Film in mehreren Sprachen erscheinen sollte. Der Anreiz, eine effiziente und einfach zu handhabende Maschine für Untertitel zu entwickeln, kam erst mit dem Tonfilm auf, der eine große Auslandsnachfrage mit sich brachte.
Es gibt viele Möglichkeiten, Filme zu untertiteln, die Herausforderung liegt eher in der Wirtschaftlichkeit. Die Rolle des Tonfilms für die Erfindung der ersten modernen Maschine zum Untertiteln beschreibt Nina Kagansky: *Titra Film. Une Chronique cinématographique et familiale.* N. Kagansky, 21-Quétigny, Impr. Darantière 1995.

Kapitel 8: Lebensstandard- und Eigenheimkapital-Versicherungen

1 National Research Council: *Trends in the Early Careers of Life Scientists.* Washington: National Academy Press 1998, abrufbar unter http://www.nap.edu/html/trends.

2 Vgl. Richard Freeman, Eric Weinstein, Elizabeth Marincola, Janet Rosenbaum, Frank Salomon: »Competition and Careers in Biosciences«, *Science* 294 (14. Dezember 2001) S. 2293f.

3 Ich halte es für selbstverständlich, dass auch eine staatlich geförderte Krankenversicherung bestehen sollte. Buchstäblich jedes Land der Erde stellt diese ihren Bürgern zur Verfügung. Unrühmliche und beklagenswerte Ausnahme: die Vereinigten Staaten von Amerika. Dort leben mehr als 40 Millionen Menschen ohne Krankenversicherung.

4 Shiller, *Macro Markets.* Ich habe auch eine Methode mit der Bezeichnung ›hedonistischer Wiederholungsindex‹ beschrieben, vgl. »Measuring Asset Value for Cash Settlement in Derivative Markets: Hedonic Repeated Measures Indices and Perpetual Futures«, *Journal of Finance* 68 (Juli 1993) S. 911–931. Diese Methoden stehen in Zusammenhang mit den von Karl Case und mir entwickelten Wiederverkaufspreisspiegeln. Vgl. Karl E. Case, Robert J. Shiller: »The Efficiency of the Market for Single Family Homes«, *American Economic Review* 79/1 (1989) S. 125–137.

5 Robert J. Shiller, Ryan Schneider: »Labor Income Indices Designed for Use in Contracts Promoting Income Risk Management«, *Review of Income and Wealth* 44/2 (Juni 1998) S. 1–20.

6 Probleme mit der International Labor Organization werden diskutiert (und teilweise korrigiert) in Richard B. Freeman, Remco H. Oostendorp: »Wages around the World: Pay Across Occupations and Countries«, *NBER Working Paper 8058*, Dezember 2000.

7 Der Volkswirt John H. Cochrane hat den Plan zu einer optimalen Krankenversicherung entwickelt, die jederzeit sowohl von dem Versicherten als von der Versicherungsgesellschaft gekündigt werden kann. Bei konventionellen Krankenversicherungen hat der Versicherte einen Anreiz, die Versicherung zu kündigen, wenn er gesünder ist als er erwartet hätte, die Versicherung will ihn kündigen, wenn er kränker ist als erwartet. Nach Cochranes Vorstellung müsste die kündigende Partei die Veränderungen des erwarteten aktuellen Werts der Krankenkosten des Versicherten auf ein »Gesundheitskonto« einzahlen, das für den Versicherten unterhalten wird. Der Wissenschaftler konnte nachweisen, dass der Kontostand dieses Kontos nicht negativ werden kann, solange sich die Menschen jung und gesund versichern. Der Vorschlag ist relativ akademisch, weil wir den Wert der künftigen Behandlungskosten nicht messen können, und weil er nur deshalb zu dem nicht negativen Ergebnis kommen konnte, weil er von einer einseitigen Konzeption der Gesundheitskosten ausging. Trotzdem könnten sich Elemente aus seinem Vorschlag eines Tages gut in die Lebensstandard-Versicherung einfügen. Vgl. John H. Cochrane: »Time Consistent Health Insurance«, *Journal of Political Economy* 103/3 (1995) S. 445–473.

8 William Nowlan: »A Rational View of Insurance and Genetic Discrimination«, *Science* 297/5579 (12. Juli 2002) S. 195f.

9 Befürwortet von Louis Kelso und Senator Russell Long wurde der Employee Stock Ownership Plan (ESOP) vom Employment Retirement Income Security Act (ERISA) 1974 geschaffen. Das Gesetz beinhaltete verschiedene Steuererleichterungen, die von weiteren Gesetzen ergänzt wurden. Andere Mitarbeiterbeteiligungs-Programme sind die 401(K)-Pläne und die verschiedenen Options-Anreize. Die Steuergesetze sollten verbessert werden, um der Altersvorsorge zu einer angemessenen Risikostreuung zu verhelfen.

10 Die russische Regierung habe sehr genau gewusst, schreiben Maxim Boycko, Andrei Shleifer und Robert Vishny über das russische Privatisierungsprogramm, dass der Staat keine echte Gewalt über die zu privatisierenden Vermögenswerte hatte. Diverse Interessengruppen, darunter Führungskräfte, Mitarbeiter und die Behörden und Regierungsvertreter vor Ort kontrollierten die angeblich staatlichen Einrichtungen in hohem Maß und hät-

ten die Privatisierung effektiv verhindern können. Deshalb wurden die Ansprüche dieser Interessengruppe großzügig anerkannt, um ihre Unterstützung für den Verkauf zu gewinnen. Vgl. Maxim Boycko, Andrei Shleifer, Robert Vishny: *Privatizing Russia.* Cambridge: MIT Press 1995, S. 13.

11 Vgl. z. B. Jeff Gates: *The Ownership Solution. Toward a Shared Capitalism for the 21st Century.* Vancouver: Employee Share Ownership and Investment Association 1998.

12 Einige Autoren wollten in der Mitarbeiterbeteiligung die kapitalistische Lösung des Entfremdungsproblems sehen, das einer der stärksten Motivationsgründe für die marxistische Bewegung war. Vgl. Louis Kelso, Mortimer J. Adler: *The Capitalist Manifesto.* New York: Random House 1958.

13 Vgl. Martin J. Conyon, Richard B. Freeman: »Shared Modes of Compensation and Company Performance: UK Evidence«, *NBER Working Paper w8448* 2001; Douglas Kruse, Joseph Blasi: »Employee Ownership, Employee Attitudes and Firm Performance«, in Daniel J. B. Mitchell, David Lewin, Mahummed Zaid (Hg.): *Handbook of Resource Management.* Greenwich: JAI Press 1997.

14 Shlomo Benartzi und Richard Thaler haben ein Schulungsprogramm – Sell More Tomorrow, verkauf morgen mehr – konzipiert, um die Menschen über die Risiken einer Investition in Aktien ihres Arbeitgebers zu informieren. Es sollte die Mitarbeiter ermutigen, ihre Anteile auch gegen psychologische Widerstände durch Intervallverkäufe wieder abzustoßen. Shlomo Benartzi, Richard Thaler: »Save More Tomorrow: An Easy Way to Increase Employee Saving«, unveröffentlicht, University of Chicago 2001.

15 Das Chicagoer »Southwest Home Equity Assurance Program« musste bisher nur zehn Schadensfälle regulieren. Der Anteil der weißen Bevölkerung ist in diesem Gebiet auf 20 Prozent gefallen, die Immobilienpreise sind jedoch stetig gestiegen. Insofern scheint das Programm ein Erfolg zu sein.

16 Konkret haben wir »Ereignis-provozierte«-Policen vorgeschlagen, aus denen den Versicherten Ansprüche zustünden, wenn in ihrem Leben bestimmte Ereignisse, etwa der Umzug in eine andere Stadt, stattfinden. Wir schätzten die notwendige Mindesthöhe der Police ab, indem wir sowohl die Kündigungs- als auch die Wahrscheinlichkeit der verschiedenen Lebensereignisse berechneten. Vgl. Robert J. Shiller, Allan Weiss: »Home Equity Insurance«, *NBER Working Paper w4860* 1994.

17 »Report of the Yale / NR Home Equity Project Group«, 14. Dezember 2001. Warum Ansprüche an Indexveränderungen gebunden sein müssen, wird erläutert in Robert J. Shiller, Allan Weiss: »Moral Hazard and Home Equity Conversion«, *Real Estate Economics* 28/1 (2000) S. 1–31.

18 Risiken des Immobilienbesitzes lassen sich auch mit der so genannten »shared appreciation mortgage« (SAM), einer Hypothek mit Gewinnbeteiligung des Käufers, mindern. Sie wurden in den neunziger Jahren zum Beispiel von der Bank of Scotland angeboten, führend war Sam Masucci, damals bei UBS Warburg. Mit den SAMs fällt der Bank statt Hypothekenzinsen die Wertsteigerung der Immobilie zu. Auch bestimmte »reverse mortgages« (Gegen-Hypotheken) können die Risiken von Hauseigentümern abfedern, vgl. Ken Scholen: *Retirement Income on the House.* Apple Valley: National Center for Home Equity Conversion Press 1993. Denkbar ist auch das Modell eines partnerschaftlichen Eigentums, bei dem der Immobilienbesitzer Anteile an seinem Haus an institutionelle Investoren verkauft. Vgl. Andrew Caplin, Sewin Chan, Charles Freeman, Joseph Tracy: *Housing Market Partnerships. A New Approach to a Market at a Crossroads.* Cambridge: MIT Press 1997. Ein Vergleich all dieser Möglichkeiten einschließlich einer Analyse der Missbrauchsgefahren findet sich in Shiller, Weiss: »Moral Hazard and Home Equity Conversion«.

Kapitel 9: Makromärkte: der Handel mit großen Risiken

1 Zum Beleg der auf der heutigen Welt nicht vollständig geteilten Risiken vgl. Marianne Baxter, Urban Jermann: »The International Diversification Puzzle Is Worse Than You Think«, *American Economic Review* 87 (1997) S. 170–180; Maurice Obstfeld: »Risk-Taking, Global Diversification, and Growth«, *American Economic Review* 84 (1994) S. 1310–1329; Xavier Sala-i-Martin, Jeffrey Sachs: »Fiscal Federalism and Optimum Currency Areas: Evidence for Europe and the United States«, in M. B. Canzoni et al. (Hg.): *Establishing a Central Bank. Issues in Europe and Lessons for the United States.* Cambridge: Cambridge University Press 1992; Linda L. Tesar: »Evaluating Gains from International Risk Sharing«, *Carnegie-Rochester Conference Series on Public Policy* 42 (1995) S. 95–103; Linda L. Tesar, Ingrid Werner: »Home Bias and High Turnover«, *Journal of International Money and Finance* 14 (1995) S. 467–492.

2 Dividenden auf Aktien sind nicht in ausreichendem Maß von den Risiken der jeweiligen Länder abhängig, um als Absicherung gegen diese größeren Risiken dienen zu können. Belege dazu finden sich in L. Bottazzi, P. Pesenti, E. van Wincoop: »Wages, Profits, and the International Portfolio Puzzle«, *European Economic Review* 40 (1996) S. 219–254; vgl. auch Shiller, *Macro Markets.*

3 Konkret handelt es sich um Bezugsrechte, die an eine 30-jährige unter pari emittierte Anleihe geknüpft sind. Emissionshaus war die Citibank N. A., Emissionswährung US-Dollar, Gesamthöhe 1,865 Milliarden Dollar. Die Anleihe war die Reaktion auf ein Ersuchen Bulgariens nach Umschuldung und wurde als Teil der Refinanzierung begeben. Die Bezugsrechte ergänzen die jährlichen Zinszahlungen und belaufen sich auf die Hälfte der Wachstumsrate des BIP von Bulgarien, wie von der Weltbank berechnet, vorausgesetzt, es steigt um über 25 Prozent über das Niveau von 1993.

4 Die ewigen Futures ähneln den heute üblichen index-gebundenen Futures, der Tagesschlusskurs berechnet sich allerdings anders, und es gibt keinen Fälligkeitstermin. Täglich zahlt der Baissier dem Haussier die Tagesveränderung des Schlusswerts eines alternativen Vermögenswerts, mit dem die Terminbörse aus dem Handel geht, multipliziert mit der Differenz zwischen dem heutigen Schlusswert und dem Schlusswert des Vortags. Als alternativer Vermögenswert kann zum Beispiel die Rendite auf ein mündelsicheres kurzfristiges Staatspapier dienen. Mit einem solchen ewigen Future würde – so meine Argumentation in *Macro Markets* – der Baissier im Grunde das Risiko eines langfristigen Anspruchs auf den Einkommensindex gegen den Ertrag aus dem alternativen Vermögenswert tauschen. Vorbilder der ewigen Futures waren in gewissem Sinn die Index Participations (IRs), die 1989 kurze Zeit an der American Stock Exchange gehandelt wurden. Weitere Einzelheiten vgl. *Macro Markets* S. 42–46; Robert J. Shiller: »Measuring Asset Value for Cash Settlement in Derivative Markets: Hedonic Repeated Measures Indices and Perpetual Futures«, *Journal of Finance* 68 (Juli 1993) S. 911–931.

5 Allan Weiss sprach ursprünglich von *proxy assets*, später nannten wir sie *macro securities,* Makrowertpapiere. Sie sind in unserer Patentschrift beschrieben, Allan Weiss, Robert J. Shiller: »Proxy Asset Data Processor«, US-Patent Nr. 5 987.435 von 1999.
Es gibt eine grundsätzliche Differenz zwischen Makromärkten zu Einkommensindizes wie dem BIP und Makromärkten zum Beispiel auf Immobilien-

preisspiegel. Die zuletzt genannten Börsen haben andere Merkmale und ökonomisch eine andere Funktion. Sie sollen einen echten Marktpreis für Immobilien ermitteln helfen, der erreicht würde, wenn Häuser und Wohnungen weit häufiger verkauft würden als tatsächlich der Fall. Sie sollten also die Illiquidität des Marktes aufheben. Zu weiteren Details vgl. *Macro Markets.*
1999 gründeten Allen Weiss und ich zunächst als Tochter der Case Shiller Weiss Inc. eine neue Firma, Macro Securities Research LLC, um diese Ideen in der Praxis zu erproben. COO der Firma ist derzeit Sam Masucci.

6 Manchen Berichten zufolge erreichte die Jubilee Campaign einen Schuldenerlass von 18 Milliarden Dollar von insgesamt 300 Milliarden Dollar. Doch diese Schulden wären vielleicht ohnehin erlassen worden. Vgl. Nick Mathiason: »G7's Debt Relief Plan a ›Cruel Joke‹«, *The Guardian,* 30. Dezember 2001, S. 21.

7 Vgl. Stefano Athanasoulis, Robert J. Shiller: »The Significance of the Market Portfolio«, *Review of Financial Studies* 13/2 (2000) S. 301–329; Stefano Athanasoulis: »Essays in Risk Sharing, Derivatives Design, and Macroeconomic Policy«, unveröffentlichte Dissertation, Yale University 1995; Stefano Athanasoulis, Eric van Wincoop, Robert J. Shiller: »Macro Markets and Financial Security«, *Economic Policy Review* 5/1 (1999) S. 21–39. Ein analoger Vorschlag ist die »Weltwährungseinheit«, die sich proportional zu einem Währungskorb mit den wichtigsten Währungen der Welt entwickeln würde. In einer solchen Einheit denominierte Anleihen wären den hier vorgeschlagenen Welt-Wertpapieren vergleichbar. Vgl. Lok-Sang Ho: »Toward a New International Monetary Order: The World Currency and the Global Indexed Bond«, *The World Economy* 23/7 (2000) S. 939–950.

8 Stefano Athanasoulis und ich haben die optimalen Märkte im Zusammenhang mit einem allgemeinen Gleichgewichtsmodell der Welt mathematisch abgeleitet. Die Ableitung ergibt, dass es sinnvoller wäre, Märkte zu verbessern, bevor man einen Weltmarkt schaffen würde, solange die Risikobereitschaft der Menschen sich nicht unterscheidet. Falls sich diese jedoch unterscheidet, sprechen gute Gründe für die Schaffung eines Weltmarkts noch vor den anderen Märkten. Die weniger risikoscheuen Anleger können Weltaktien kaufen und entsprechend höhere Renditen für ihre Risikofreude erwarten. Risikoscheue Anleger könnten Weltaktien leerverkaufen und damit das Risiko auf ihr Einkommen mindern. In allen Staaten mag die Zahl der Menschen mit unterschiedlicher Risikobereitschaft gering sein, aber Weltaktien

gehen alle an. Die Nachfrage sollte hoch sein. Selbst wenn alle dieselbe Risikobereitschaft haben, übernimmt ein Weltmarkt in Ermangelung anderer Märkte eine wichtige ökonomische Funktion. Auch Robustheit und Einfachheit sprechen für eine Weltbörse. Vgl. Athanasoulis, Shiller: »The Significance of the Market Portfolio«, dies.: »World Income Components: Measuring and Exploiting Risk Sharing Opportunities«, *American Economic Review* 91/4 (2001) S. 1031–1054. Eine verwandte Theorie haben Gabrielle DeMange, Guy Laroque: »Optimality of Incomplete Markets«, *Journal of Economic Theory* 65 (1995) S. 218–232. Vgl. auch Paul Willen: »Welfare, Financial Innovation and Self Insurance in Dynamic Incomplete Market Models«, unveröffentlicht, Princeton University 1999.

9 William Nordhaus, James Tobin: »Is Growth Obsolete?«, in *Economic Growth: Fiftieth Anniversary Colloquium.* New York: National Bureau of Economic Research, Columbia University Press 1972 S. 1–80; abgedruckt in James Tobin: *Essays in Economics: Theory and Policy,* Bd. 3, Cambridge: MIT Press, S. 360–450.

10 Richard B. Freeman: *The Market for College-Trained Manpower. A Study in the Economics of Career Choice.* Cambridge: Harvard University Press 1971. Eine jüngere Untersuchung konnte die Ergebnisse für Fachärzte bestätigen, vgl. Sean Nicholson, Nicholas S. Souleles: »Physician Incomes Expectations and Speciality Choice«, *NBER Working Paper 8536* Oktober 2001.

11 Vgl. http://stats.bls.gov/oco.

12 Die Fähigkeit von Marktpreisen, Informationen zu berücksichtigen, wird von den marktimmanenten Bewegungen, den Auf- und Abschwüngen in gewisser Weise kompromittiert, die in keiner Weise mit den Informationen zusammenhängen oder eine Überreaktion darstellen. Dennoch negieren sie die Informationsrelevanz von Preisen nicht vollständig. Vgl. Sanford J. Grossman: *The Informational Role of Prices.* Cambridge: MIT Press 1989; Franklin Allen, Stephen Morris, Hyung Song Shin: »Beauty Contests, Bubbles, and Iterated Expectations in Asset Markets, unveröffentlicht, Yale University, April 2002.

13 Diese Veränderungen werden von den Case Shiller Home Price-Indizes unserer Firma Case Shiller Weiss Inc. berechnet. Die Preisspiegel werden nach der Wiederverkaufs-Ökonometrie berechnet, die Karl Case und ich entwickelt haben. Vgl. Karl E. Case, Robert J. Shiller: »Prices of Single-Family Homes Since 1970: New Indexes for Four Cities«, *New England*

Economic Review (1987) S. 46–56; dies.: »The Efficiency of the Market for Single-Family Homes«, *American Economic Review* 79/1 (1989) S. 125–137.

14 Vgl. Case, Shiller: »The Efficiency ...«; dies.: »Forecasting Prices and Excess Returns in the Housing Market«, *AREUEA Journal* 18/3 (1990) S. 253–273.

15 Vgl. Karl E. Case, Robert J. Shiller, Allan N. Weiss: »Index-Based Futures and Options Trading in Real Estate«, *Journal of Portfolio Management* (Winter 1993) S. 83–92.

16 Vgl. Matt Carroll: »Home-Equity Insurance Part of New Market Plan«, *Boston Globe* 18. November 1993, S. 45.

17 Der neuseeländische Wirtschaftswissenschaftler Ronnie Horesh hat vorgeschlagen, die Regierung solle »sozialpolitische Anleihen« ausgeben, deren Rendite von der Erreichung einiger wichtiger, langfristiger, nationaler Ziele abhängen sollte, etwa die Reduzierung der Kriminalitätsrate oder umweltpolitische Verbesserungen. Die Rendite dieser Anleihen sollte an einen zuvor definierten Index geknüpft sein, der den Erfolg beim Erreichen der Ziele objektiv belegt. Dann könnte ein Unternehmen, das einen Weg oder auch nur eine geringe Chance sieht, wie die von diesen Indizes gemessene Situation verbessert werden könnte, entsprechende Anleihen erwerben und unter Umständen selbst dann von ihrem Bemühen profitieren, wenn nur ein Teilerfolg herauskäme. Solche sozialpolitischen Anleihen würden nach Horesh kurzfristige finanzielle Anreize schaffen, sich über einen sinnvollen, effizienten Beitrag zu langfristigen Zielen den Kopf zu zerbrechen. Vgl. Ronnie Horesh: »Injecting Incentives into Social Problems: Social Policy Bonds«, *Economic Affairs* 20/3 (September 2000) S. 39–42.

18 Vgl. meine Darstellung des Problems in *Macro Markets,* S. 202–207.

Kapitel 10: Einkommensgebundene Kreditmodelle: Kampf dem Offenbarungseid

1 Milton Friedman: *Kapitalismus und Freiheit.* Übers. von Paul C. Martin. Frankfurt usw.: Ullstein 1984, S. 138.

2 Ebenda.

3 Die Zusammenfassung von einkommensgebundenen Privatdarlehen auf persönliche Einkommen in Wertpapieren heißt, die Substitution von Kredi-

ten durch handelbare Wertpapiere bis auf die Ebene der einzelnen Personen fortzuschreiben. Es gibt diese Form der Verbriefung bereits für Hypotheken und andere Darlehensformen, zum Beispiel für Auto- oder Verbraucherkredite. Bisher noch nicht auf dem Markt sind Ansprüche auf einen Anteil am künftigen individuellen oder am Familieneinkommen selbst. Zusammengefasste einkommensgebundene Privatdarlehen können Makrowertpapieren ähneln, wer in diese Wertpapiere investiert, kann sich über Makromärkte absichern.

4 Diese Unternehmensanleihe ist auch insofern ungewöhnlich, als sie gemeinschaftlich von einer Bank und einer Versicherungsgesellschaft arrangiert wurde.

5 Vgl. Eduardo Borensztein, Paulo Mauro: »Receiving the Case for GDP-Indexed Bonds«, *IMF Policy Discussion Paper*, Septemter 2002. Der Umschuldungsvorschlag von Anne Krueger vom Internationalen Währungsfonds könnte ebenfalls, je nach Umsetzung, Kredite effektiv an das Volkseinkommen binden. »Der Umschuldungsmechanismus für Schuldtitel staatlicher Kreditnehmer soll die ordnungsgemäße, vorhersagbare und schnelle Restrukturierung ausfallgefährdeter Schuldtitel erleichtern«, schreibt Krueger, er würde bemüht, falls »eine vernünftige und nachhaltige makroökonomische Politik nicht absehbar ist, die dem Schuldner die Lösung der unmittelbaren Krise und die Wiederherstellung der mittelfristigen Zahlungsfähigkeit ermöglichen würde«. Vgl. Anne O. Krueger: *A New Approach to Sovereign Debt Restructuring*. Washington: International Monetary Fund 2002, S. 4.

6 Vgl. William M. Bulkeley: »Old Blues: Some Alumni of Yale Realize That They Owe College a Lasting Debt«, *Wall Street Journal* 23. Februar 1999, AI.

7 Der TPO-Plan von Yale beruht auf der Annahme, dass die endgültige Höhe der Studiengebühren von den Einkünften aller Studenten derselben Altersgruppe abhängt. Schwankt dieses Einkommen, sind die Einzelnen einer unnötigen Risikobelastung ausgesetzt, unnötig gesehen aus der Perspektive geteilter Risiken.

8 Vgl. Bret Ladine: »'70s Debt Program Finally Ending«, *Yale Daily News* 27. März 2001, S. 1.

9 Die *Financial Times* zitiert einen Banker: »Pullmans Dinger sind cool, aber letztlich den Aufwand nicht wert … Der Umfang ist gering. Man braucht Monate, um sie zusammenzustellen, und die Kunden sind echte Nervensä-

gen.« Die Emission der Anleihen erfordert eine umfassende Bewertung und Dokumentation der zugrunde liegenden Vermögenswerte. Vgl. Joshua Chaffin: »Man Who Sold the World Loves to Court Top Artists: David Pullman Created Bowie Bonds and He Likes to Litigate«, *Financial Times* 16. August 2001, S. 23.

10 Vgl. David A. Moss: *When All Else Fails. Government as the Ultimate Risk Manager.* Cambridge: Harvard Business School Press 2002.

Kapitel 11: Steuer gegen Einkommensungleichheit: die Kluft nicht weiter vertiefen

1 In der Literatur ist hier auch vom Gini-Koeffizienten die Rede, vgl. z.B. Amartya Sen: *Ökonomische Ungleichheit.* Übers. von Hans G. Nutzinger. Frankfurt am Main/New York: Campus 1975, S. 41–46. Gini-Koeffizient oder Lorenzsches Konzentrationsmaß bezeichnen den Bereich zwischen der Geraden und der Lorenzkurve als Anteil an der Gesamtfläche unterhalb der Geraden. Die Kennziffer kann zwischen 0 (absolute Gleichheit der Einkommensverteilung) und 100 (das gesamte Einkommen fällt einer Person zu) liegen.

2 Unser Steuersystem auf eine Verbrauchssteuer umzustellen, hieße, dass die Steuerpflichtigen alle Sparbeiträge von ihren Einkünften abziehen dürfen, sodass nur das tatsächlich ausgegebene Einkommen besteuert würde. Verschiedene Varianten einer solchen Verbrauchssteuer wurden vorgeschlagen, die erste von John Stuart Mill im 19. Jahrhundert. Die Einführung einer Verbrauchssteuer wurde im amerikanischen Kongress Anfang der zwanziger Jahre ernsthaft diskutiert. Jüngste Beispiele sind die »flache Steuer« (Flat Tax) von Robert Hall und Alvin Rabushka oder die USA-Steuer (hier ist USA ein Akronym für »unlimited savings allowance«, was sich in diesem Fall sogar auf Deutsch nachbilden lässt: unbegrenzter Spar-Abzug), die von dem republikanischen Senator Pete Domenici und dem demokratischen Senator Sam Nunn Mitte der neunziger Jahre vorgestellt wurde.
Der Vorschlag einer USA-Steuer war besonders interessant, weil er das derzeitige Steuersystem so modifiziert, dass es seine Progressivität behält. Der Vorschlag sah die hundertprozentige Abzugsfähigkeit von Beiträgen auf Geldanlagekonten vor. Dieses Modell könnte die Probleme von Menschen lösen, die genau wissen, dass sie in diesem Jahr sehr viel verdienen und dieses

Einkommen in den nächsten Jahren nicht mehr erreichen werden – man denke etwa an den Autor eines Romans, der jahrelang am Schreibtisch vor sich hin schreibt, das Buch veröffentlicht, ein großes Honorar einstreicht und dann wieder jahrelang am nächsten Buch schreibt. Solche Menschen könnten den größten Teil des Mehrverdienstes sparen und so einen einmaligen Sprung in der Steuerzahlung vermeiden.

Die Befürworter führen eine Reihe von Argumenten ins Feld, die trotz der problematischen Besteuerung von Kapitalerträgen und der Wichtigkeit einer möglichst einfachen Besteuerung für eine Verbrauchssteuer sprechen. Die steuerlich unbegrenzte Absetzbarkeit von Sparbeiträgen würde eine ganze Reihe mehr oder weniger sinnloser Maßnahmen zur Steuerreduzierung überflüssig machen, etwa den Erwerb absetzbarer Güter oder die Verschiebung von Einnahmen von einem ins andere Jahr, mit denen die Steuerpflichtigen das Erreichen bestimmter Grenzsteuersätze vermeiden wollen. Außerdem lässt sich über die Verbrauchssteuer die Wohltätigkeit fördern. Denn auch Spenden für gemeinnützige Zwecke sind kein Verbrauch, mindern also ohne die nach derzeitigem Recht in den USA geltenden Einschränkungen zu 100 Prozent das zu versteuernde Einkommen.

Gegen eine progressive Verbrauchssteuer könnte man einwenden, dass der Verbrauch nicht, wie von der Volkswirtschaft behauptet, der Maßstab des Lebenseinkommens ist, denn die Menschen sparen nicht viel und sie können keinen Kredit auf künftiges Einkommen aufnehmen. Das Problem unseres Autors wäre nicht gelöst, wenn er im Jahr der Veröffentlichung seines Romans einem Kaufrausch erläge. Eine progressive Verbrauchssteuer könnte ähnliche Probleme wie die progressive Einkommenssteuer nach sich ziehen. Durch außergewöhnliche Umstände könnten z. B. Menschen mit einem gleichmäßigen Einkommen gezwungen sein, in einem Jahr besonders viel Geld auszugeben. Gründe gibt es genug: Scheidung, Krankheit, Geburt von Kindern, Berufswechsel, Wiederheirat. Solche Ereignisse würden sie dann zusätzlich noch über bestimmte Steuergrenzsätze treiben.

Es lässt sich nicht immer eindeutig abgrenzen, was Verbrauch, was Investition ist. So mancher Steuerpflichtige könnte versucht sein, Konsumausgaben als Geldanlage auszugeben, um Steuern zu hinterziehen. Ausgesprochen problematisch ist zudem der Übergang von einer Einkommens- zu einer Verbrauchssteuer – dies wäre unfair jenen Menschen gegenüber, die in Zeiten der Einkommenssteuer viel gespart haben.

Wahrscheinlich werden diese Probleme die wichtigen Länder in nächster Zukunft davon abhalten, eine Verbrauchssteuer einzuführen. Die Vereinigten Staaten könnten sich jedoch auf eine Verbrauchssteuer und damit auf

Europa zubewegen, denn dort gibt es neben der Einkommenssteuer die Mehrwertsteuer. Die Chancen für einen solchen Wechsel stehen nicht schlecht.
Im Zusammenhang mit der Steuer gegen Einkommensungleichheit kann man sagen, dass sich deren Grundidee mit beinahe jeder Mischung von Einkommens- und Verbrauchssteuer verträgt, vorausgesetzt, es werden einige Anpassungen vorgenommen. Dominiert die Einkommenssteuer, so muss das Einkommen gemietet werden und sich die Steuer gegen Einkommensungleichheit an der Einkommenssteuer ausrichten. Dominiert die Verbrauchssteuer, müssen wir eine Verbrauchssteuer gegen Einkommensungleichheit entwickeln.

3 Manche sind der Ansicht, dass die Einkommenssteuer notgedrungen ineffizient ist, weil das Einkommen doppelt besteuert wird: zunächst beim Verdienst, dann durch die Zinsen auf Gespartes. Das liefe darauf hinaus, dass die Einkommenssteuer den künftigen Konsum höher besteuern würde als eine Verbrauchssteuer. In der Finanzwissenschaft gilt eine reine Verbrauchssteuer, die den gegenwärtigen und den künftigen Verbrauch gleichbehandelt, nur unter ganz besonderen Umständen als optimal. Vgl. Anthony B. Atkinson, Joseph E. Stiglitz: *Lectures on Public Economics.* New York: McGraw-Hill 1979; Martin Feldstein: »The Welfare Cost of Capital Income Taxation«, *Journal of Political Economy* 86/2 (1978) S. 29–51; David F. Bradford: »The Case for a Personal Consumption Tax«, in Joseph A. Pechman (Hg.): *What Should Be Taxed: Income or Expenditure?* Washington: Brookings Institution 1980, S. 75–113.

4 Vgl. Zick Rubin, Anne Peplau: »Belief in a Just World and Reactions to Another's Lot: A Study of Participants in the National Draft Lottery«, *Journal of Social Issues* 29/4 (1973) S. 73–93. Die Experimente bestätigen die menschliche Neigung, moralische Gerechtigkeit in rein zufällige Ergebnisse hineinzuinterpretieren. Vgl. Melvin J. Lerner: *The Belief in a Just World. A Fundamental Delusion.* New York: Plenum 1980.

5 So gesehen ähnelt die Steuer gegen Einkommensungleichheit einem Vorschlag von Shlomo Benartzi und Richard Thaler unter dem Schlagwort »Spar morgen mehr« (Save More Tomorrow). Die Mitarbeiter beteiligter Firmen können veranlassen, dass ein großer Teil künftiger Gehaltserhöhungen auf ein Sparkonto abgeführt wird. Die Autoren konnten zeigen, dass sich der Anteil des Sparens mit solchen Plänen erheblich steigern lässt. Vgl. Shlomo Benartzi, Richard Thaler: »Save More Tomorrow: An Easy

Way to Increase Employee Saving«, unveröffentlicht, University of Chicago 2001.

6 Vgl. z.B. Wallace Oates, Robert Schwab: »Economic Competition Among Jurisdictions: Efficiency Enhancing or Distortion Inducing?«, *Journal of Public Economics* 35 (1988) S. 333–354; dies.: »The Theory of Regulatory Federalism. The Case of Environmental Regulation«, in Wallace Oates (Hg.): *The Economics of Environmental Regulation.* Cheltenham: Edward Elgar 1996; Edward Glaeser: »The Incentive Effects of Property Taxes on Local Governments«, *Public Choice* 37 (1996) S. 93–111; John P. Conley, Antonio Rangel: »Intergenerational Fiscal Constitutions: How To Protect Future Generations Using Land Taxes and Federalism«, unveröffentlicht, University of Illinois 2001.

7 Im Vergleich mehrerer Länder konnte gezeigt werden, dass die Bereitschaft, soziale Dienstleistungen für arme Menschen zu unterstützen, von den in der öffentlichen Meinung vorherrschenden Gründen abhängt, warum die Armen arm sind. In Dänemark glauben 11 Prozent, in den Niederlanden 12 Prozent der Menschen, dass Armut auf persönliche Eigenschaften wie Faulheit oder Willensschwäche zurückgeht; in Großbritannien und den Vereinigten Staaten sind mehr als 40 Prozent der Menschen dieser Meinung. Vgl. Alan Lewis: *The Psychology of Taxation.* New York: St. Martin's Press 1982, S. 95.

8 Edward McCaffrey: »Cognitive Theory and Tax«, in Cass Sunstein (Hg.): *Behavioral Law and Economics.* Cambridge: Cambridge University Press 2000.

9 Die Migrationsströme richten sich nachweislich auf die Gebiete mit der relativ großzügigeren Unterstützung für einkommensschwache Menschen. Vgl. George J. Borjas: »Immigration and Welfare Magnets«, *Journal of Labor Economics* 17/4 (Oktober 1995) S. 607–637.

10 Es gibt Belege, denen zufolge Einwanderer den Wohlstand der Einheimischen beeinträchtigen können. Vgl. Joseph Altonji, David Card: »The Effects of Immigration on the Labor Market Outcomes of Natives«, in John Abowd, Richard Freeman (Hg.): *Immigration, Trade, and Labor.* Chicago: National Bureau of Economic Research und University of Chicago Press 1991; George J. Borjas: »The Economics of Immigration«, *Journal of Economic Literature* 32/4 (1994) S. 1667–1715; Rachel Freedberg, Jennifer Hunt: »The Impact of Immigrants on Host Country Wages, Employment and Growth«, *Journal of Economic Perspectives* 9/2 (1995) S. 23–44.

11 1986 wurde allen illegalen Einwanderern, die vor 1982 in die Vereinigten Staaten gekommen waren, eine Generalamnestie durch den Immigration Reform and Control Act gewährt. Präsident George W. Bush unterstützt das Angebot einer erneuten Generalamnestie. Auch andere Staaten gewähren ihren Illegalen legale Aufenthaltsrechte, so Großbritannien 1973, Italien 1986, Argentien 1993 und Malaysia 1998.

12 Der Volkswirtschaftler Julian Simon schlug 1986 die Versteigerung einer begrenzten Zahl von Einwanderungsrechten an Menschen aus Entwicklungsländern vor und dass die Kosten dafür in Form späterer Steuerzahlungen erhoben werden könnten. Simon nannte andere Vertreter der Volkswirtschaftslehre – Gary Becker, Barry Chiswick, Milton Friedman, Melvin Reder – als Befürworter eines solchen Systems. Vgl. Julian Simon: »Auction the Right to Be an Immigrant«, *New York Times* 28. Januar 1986, A25.

13 Eine Reihe von Ländern bat Einwanderer zur Kasse, Listen dieser Länder wurden in den Zeitungen von Hongkong kurz vor der Rückgabe an China 1997 veröffentlicht, als viele Menschen in letzter Minute die Auswanderung erwogen. Diesen Zeitungsberichten zufolge konnte man sich für 30 000 US-Dollar auf die Fiji-Inseln einkaufen, wenn man zusätzlich 10 000 US-Dollar auf ein Konto anlegte. Sierra Leone verkaufte Pass und Einbürgerungsrechte für 28 000 US-Dollar, Peru für 35 000 US-Dollar, Tonga für 20 000 US-Dollar. Wer 250 000 kanadische Dollar in Kanada investierte, konnte legal einwandern. Auch die Vereinigten Staaten erlaubten 10 000 Immigranten pro Jahr, mit der Investition von einer Million US-Dollar in ein Geschäft, in dem mindestens zehn Arbeitsplätze entstanden, die Einwanderung. Das kanadische und das US-amerikanische Verfahren kann man als indirekte Gebühr für Einwanderung bezeichnen. Nicht der Staat kassiert von den Einwanderern Geld, er verlangt lediglich Investitionen in Projekte, die vom Standpunkt der Einwanderer nicht unbedingt so lukrativ sind, dass sie sie von sich aus getätigt hätten, und in diesem Sinn kann man von einer Einwanderungsgebühr sprechen.
So manches Land lässt sich auch die Ausreise bezahlen. China und Kuba verlangen so hohe Gebühren, dass man von einem echten Auswanderungshindernis ausgehen muss. Chinesische Studenten, die ein Ausreisevisum beantragten, mussten 50 000 Yuan (ungefähr 6000 US-Dollar) hinterlegen, die sie nur im Falle ihrer Wiedereinreise zurückbekamen. Die Summe wirkte niedrig angesichts des möglichen Verdienstes, den ein solcher Student im Ausland erwerben könnte, aber da er sich auf die bloße Aussicht kein Geld leihen kann, stellt die Auflage ein echtes Ausreisehindernis dar. Die meisten Staaten verzichten jedenfalls auf derartige Ausreisegebühren.

Manche Staaten bestrafen Auswanderer, indem sie ihre Rentenansprüche kappen. Diese Maßnahme ist ziemlich willkürlich. Die Jungen können gehen wie sie wollen, sie haben noch kaum Rentenansprüche gesammelt, ab einem bestimmten Alter jedoch kann man die Ausreise praktisch nicht mehr riskieren. Die mit der Ausreise verbundenen Kosten stehen in keinem Verhältnis zu dem Vorteil, den das Einwanderungsland bietet, und zu dem Nachteil, den das Auswanderungsland hat.
Einige, jedoch nicht alle Staaten haben miteinander Verträge abgeschlossen, um die Leistungen der Sozialversicherungen zu koordinieren. Die Vereinigten Staaten zum Beispiel haben mit den meisten europäischen Ländern derartige Abkommen getroffen. Ohne vernünftige Verträge kann der Wechsel der Bürger von einem zum anderen Staat ausgesprochen schwierig werden. Es gibt zum Beispiel kein Abkommen zwischen den Vereinigten Staaten und Japan.

14 Vgl. Lawrence Lindsey: »Individual Taxpayer Response to Tax Cuts 1982–84, with Implications for the Revenue-Maximizing Tax Rate«, *Journal of Public Economics* 33/2 (Juli 1987) S. 173–206. Andere wichtige Untersuchungen, die in den Reaganschen Steuerkürzungen ein »natürliches Experiment« sahen, sind Daniel Feenberg, James Poterba: »Incom Inequality and the Incomes of Very High Income Taxpayers«, in James Poterba (Hg.): *Tax Policy and the Economy.* Cambridge: MIT Press 1992; Martin Feldstein: »The Effect of Marginal Tax Rates on Taxable Income. A Panel Study of the 1986 Tax Reform Act«, *Journal of Political Economy* 103/3 (Juni 1995) S. 561–573.

15 Vgl. Austan Goolsby: »It's Not About the Money: Why Natural Experiments Don't Work on the Rich«, in Joel Slemrod (Hg.): *Does Atlas Shrug? The Economic Consequences of Taxing the Rich*. Cambridge: Harvard University Press 2000.

16 Vgl. Vickrey: »Measuring Marginal Utility by Reactions to Risk«, *Econometrica* 13/4 (1945) S. 319–333.

17 Leon Festinger: »Wish, Expectation and Group Standards as Factors Influencing Level of Aspiration«, *Journal of Abnormal Psychology* 37 (1942) S. 184–200.

18 Robert H. Frank: *Luxury Fever. Money and Happiness in an Era of Excess.* Riverside: The Free Press 1999; ders.: »Progressive Taxation and the Incentive Problem«, in Joel H. Slemrod (Hg.): *Does Atlas Shrug? The Economic Consequences of Taxing the Rich*. Cambridge: Harvard University Press 2000, S. 490–507.

19 Diese Länder waren nicht immer so egalitär. Der Wunsch nach Gleichheit wuchs in Kanada und Schweden seit der Mitte des 20. Jahrhunderts und geht in jüngster Zeit wieder zurück. Zu Kanada vgl. Barbara Murphy: *The Ugly Canadian. The Rise and Fall of a Caring Society.* Winnipeg: J. Gordon Shillingford 1999. Zu Schweden vgl. Nils-Eric Sanberg: *Vad Gick Snett I Sverige.* Timbro 1997 (Englische Übersetzung einsehbar unter http://www.wrong-in-sweden.com).

20 Business Council on National Issues: »Mediocrity Versus Excellence: The Choice Facing Canada«, vgl. http://www.bcni.com/memos/sep99.html 1999, S. 5.

21 Sandberg a.a.O. S. 4.

22 Assar Lindbeck: »The Swedish Experiment«, *Journal of Economic Literature* 35 (September 1997) 1273–1319, hier S. 1297.

Kapitel 12: Generationengerechte Rentenversicherung: die Lasten auf alten und jungen Schultern verteilen

1 Weltbank: *Averting the Old Age Crisis.* Oxford: Oxford University Press 1994.

2 Netter Bericht dieses Vorgangs im Vereinigten Königreich liefert Leslie Hannah: *Inventing Retirement. The Development of Occupational Pensions in Britain.* Cambridge: Cambridge University Press 1986.

3 Der Grundsatz der generationengerechten Verteilung von Risiken entspricht meinem Aufsatz »Social Security and Institutions for Intergenerational, Intragenerational, and International Risk Sharing«, *Carnegie Rochester Conference Series on Public Policy* 50 (1990) S. 165–204. Vgl. auch mein Referat »Social Security and Individual Accounts as Elements of Overall Risk Sharing«, vorgetragen beim Treffen der American Economic Association in Washington DC im Januar 2003. Weitere Äußerungen zur Notwendigkeit der Risikoteilung zwischen den Generationen als wesentlichem Merkmal der Konstruktion sozialer Sicherheit vgl. Laurence Ball, N. Gregory Mankiw: »Intergenerational Risk Sharing in the Spirit of Arrow, Debreu and Rawls, with Applications to Social Security«, *NBER Working Paper w8270* 2001; Henning Bohn: »Social Security and Demographic Uncertainity. The

Risk Sharing Properties of Alternative Policies«, *NBER Working Paper w7030* März 1999; Angus Deaton, Pierre-Olivier Gourinchas, Christina Paxson: »Social Security and Inequality Over the Life Cycle«, *NBER Working Paper w7570* Februar 2000; Gabrielle De-Mange, Guy Laroque: »Social Security with Heterogeneous Populations Subject to Dempgraphic Shocks«, *Geneva Papers on Risk and Insurance Theory* 26/1 (2001) S. 5–24.

4 Die Alternative zu einkommensabhängigen Beitragssystemen beschränkt sich im Prinzip auf eine an der Zahl der Dienstjahre oder der Jahre am Wohnort orientierten Auszahlungshöhe und/oder einer Auszahlung nur an Menschen mit beschränkten Mitteln. Einige Staaten setzen auf Zwangssparraten oder eine Pflicht, private Rentenverträge abzuschließen. Vgl. US Social Security System, Office of Research, Evaluation and Statistics: *Social Security Programs throughout the World 1999*. Washington: US Government Printing Office 1999, S. xxxiv-xxxix

5 Zur Berechnung der Sozialversicherungsbezüge in den USA vgl. http://www.ssa.gov/pubs/10070.html.

6 Das hier vereinfachte Beispiel stammt aus meinem Aufsatz »Social Security and Institutions for Intergenerational, Intragenerational, and International Risk Sharing«, *Carnegie Rochester Conference Series on Public Policy* 50 (1990) S. 165–204.

7 Nach Angaben der amerikanischen Social Security Administration 1999 erhielten 31 Millionen Menschen im Ruhestand und von ihnen abhängige Familienmitglieder Leistungen aus der Sozialversicherung, das waren damals 11 Prozent der US-Bevölkerung.

8 Was das individuelle Konto betrifft, kann man im schwedischen Sozialversicherungssystem zwischen über 500 verschiedenen Fonds wählen, um die 2,5 Prozent vom Gehalt zwangsweise abzuführenden Gelder anzulegen. Vgl. Ole Settergren: »The Automatic Balance Mechanism of the Swedish Pension System. A Non-Technical Introduction«, Riksförsäkringsverket, The Swedish National Insurance Board 2001, http://www.rfv.se/english/auto107.pdf.

9 Persönliche Konten könnten über das Diversifizierungs-Argument gerechtfertigt werden, solange diese ohne Beeinträchtigung der Generationengerechtigkeit zu erreichen ist. Vgl. Peter A. Diamond, John Geanakoplos: »Social Security Investment in Equities«, *Cowles Foundation Discussion Paper No. 1214R*, Yale University 2002.

10 Eine Untersuchung versuchte mit sehr mäßigem Erfolg nachzuweisen, dass Unterschiede in der Risikobereitschaft bestehen und sich auch in dem Kauf beziehungsweise Nichtkauf von Versicherungen oder in der Rücksicht auf die eigene Gesundheit ausdrücken. Vgl. Robert Barsky, F. Thomas Juster, Myles S. Kimball, Matthew D. Shapiro: »Preference Parameters and Behavioral Heterogeneity«, *Quarterly Journal of Economics* (1997) S. 537–579.

Kapitel 13: Internationale Risikokontrolle

1 Die BIP-Angaben (in US-Dollar) aus dem Jahr 1996 stammen von der Penn World Table, Mark 6.0, vorläufige Version, abrufbar unter www.nber.org. 1998 war das südkoreanische BIP per capita auf 13,247 Dollar und das Argentiniens auf 11,749 Dollar gestiegen, und der Abstand ist damit etwas geringer geworden. Aber die tiefe Wirtschaftskrise in Argentinien könnte die Kluft wieder vergrößern.

2 Marek Weretka bietet ein Modell an, nach dem die Verluste durch Missbrauch niedriger sind, wenn nicht Makromärkte, sondern Regierungen die Risikomanagement-Verträge aushandeln. Vgl. Marek Weretka: »Moral Hazard in Macro-Markets: Welfare Evaluation«, unveröffentlicht, Yale University 2002. Ein ähnliches Argument trifft man bei Wolf B. Wagner: *Risk Sharing under Incentive Constraints.* Dissertation (unveröffentlicht), Center for Economic Research, Tilburg-Universität, Niederlande 2002. Beide Autoren sehen die Gefahr, dass Makromärkte Individuen nicht direkt, wohl aber über den Einfluss auf die Politik durch die Stimmabgabe Missbrauchsmöglichkeiten einräumen. Die Politik könnte in ihrer entschlossenen Wachstumsförderung geschwächt werden, ist das Risikomanagement erst einmal institutionalisiert. Beide Arbeiten plädieren nicht gegen internationale Risikokontrolle, sondern für eine staatlich geregelte Risikokontrolle.

3 Solche Limits steigern die Wahrscheinlichkeit, dass sich alle Parteien an den Vertrag halten. Entwickelt sich die Wirtschaft eines Landes über alle Erwartungen gut, erhalten seine Vertragspartner ohnehin große Summen. Entsprechende Wirtschaftsmodelle diskutieren Timothy J. Kehoe, David K. Levine: »Debt Constrained Markets«, *Review of Economic Studies* 60 (1993) S. 865–888; dies.: »Liquidity Constrained Markets versus Debt Constrained Markets«, unveröffentlicht, University of Minnesota, Minneapolis, Department of Economics, UCLA 2001.

4 In unserem Aufsatz aus dem Jahr 2001 zeigen wir, mit welchen Vertragsbedingungen sich der gesellschaftliche Wohlstand der Welt voraussichtlich maximieren lässt. Vgl. Stefano Athanasoulis, Robert J. Shiller: »World Income Components: Measuring and Exploiting Risk Sharing Opportunities«, *American Economic Review* 91/4 (2001) S. 1031–1054.

5 Athanasoulis und ich haben dieses als privaten Risikomanagement-Vertrag zwischen Individuen beschrieben, die innerhalb eines Landes leben. Die Idee lässt sich jedoch auf Vereinbarungen zwischen Staaten übertragen. Gerade in einigen Entwicklungsländern, deren Finanzmärkte noch nicht so entwickelt und die nicht besonders experimentierfreudig sind, sind staatliche Verträge die wahrscheinlichere Form für ein solches Risikomanagement. Vgl. Athanasoulis, Shiller: »World Income Components«, a.a.O., Tabelle 3A. Das Arbeitspapier lässt sich auch unter http://cowles.econ.yale.edu/P/au/d_shiller.htm als Cowles Foundation Discussion Paper Nr. 1097 abrufen. Eine revidierte Fassung (ohne Tabelle 3) wurde in *American Economic Review* 91/4 (2001) veröffentlicht.

6 Zur Beschreibung der Parallelanleihen in den siebziger Jahren vgl. John F. Marshall, Kenneth R. Kapner: *Understanding Swaps*. New York: Wiley Finance Editions 1993; Clifford W. Smith, Charles W. Smithson, D. Sykes Wilford: *Managing Financial Risk*. New York: Harper Business 1990.

7 Nach der Auflösung der Sowjetunion 1991 war die genaue Summe der ungefähr 10 Milliarden US-Dollar unklar, die Indien der Sowjetunion schuldete, denn die Kredithöhe war in Rubel und Rupien festgehalten. Jede der nunmehr eigenständigen Sowjetrepubliken legte ihre eigene Währung fest, und es war auch nicht klar, wem welche Rückzahlungen aus den alten Krediten zustanden. Indien nutzte diese Situation jedoch nicht aus.

8 Mit anderen Worten: Die bloße Schaffung solcher Verträge könnte bereits den erwarteten Nutzen hervorbringen, die Konsumausgaben der Inder könnten in einem Maß steigen, die einem beschenkten Entwicklungshilfebeitrag in Höhe von 10 Prozent des indischen Bruttoinlandsprodukts entsprechen würden. Diese Schätzung beruht natürlich auf einer Reihe von Annahmen zu Risikobereitschaft, Diskontsatz und Streuungsmatrix des Bruttoinlandsprodukts, die allesamt in Frage gestellt werden können. Zur Beschreibung der zugrunde liegenden Annahmen vgl. Robert J. Shiller, Stefano Athanasoulis: »World Income Components: Measuring and Exploiting International Risk Sharing Opportunities«, *NBER Working Paper w5095* April 1995.

9 Vgl. Alberto Alesino, David Dollar: »Who Gives Foreign Aid to Whom and Why?«, *NBER Working Paper w6612*, Cambridge, Mass., Juni 1998.

10 Shiller, Athanasoulis 1995, a.a.O.

11 Nehmen wir zum Beispiel die Abschlusserklärung der internationalen Konferenz für Entwicklung, die vom 18. bis 29. März 2002 im mexikanischen Monterrey stattfand und von den meisten Entwicklungs- und Industrieländern sowie vom Internationalen Währungsfonds, von der Weltbank und der Welthandelsorganisation besucht wurde. Dieser so genannte »Monterrey-Konsens« plädiert nicht eindeutig für eine Aufteilung der Risiken. Kein Hinweis findet sich darin, dass sowohl Entwicklungs- wie Industrieländer von geteilten Risiken profitieren könnten, nur die vage Formulierung: »Wir halten es für sinnvoll, innovative Finanzierungsquellen zu prüfen, vorausgesetzt, dass sie die Entwicklungsländer nicht über Gebühr belasten.«

Kapitel 14: GRID – Globale Risiko-Informations-Datenbanken

1 Die Methode wurde vom amerikanischen National Institute of Statistical Sciences entwickelt. Vgl. Alan F. Karr, Ashish P. Sanil: »Web Systems that Disseminate Information but Protect Confidential Data«, National Institute of Statistical Sciences, Research Triangle Park, North Carolina 2001.

2 G. T. Duncan, R. B. Pearson: »Enhancing Access to Microdata while Protecting Confidentiality«, *Statistical Science* 6 (1991) S. 219–239.

3 Vgl. Donald B. Rubin: »Discussion of Statistical Disclosure Limitation«, *Journal of Official Statistics* 9 (1993) S. 461–468; Stephen E. Fienberg: »Confidentiality and Data Protection through Disclosure Limitation: Evolving Principles and Technical Advances«, *The Philippine Statistician* 49 (2000) S. 1–12; Arthur B. Kennickell: »Multiple Imputation and Disclosure Protection: The Case of the 1995 Survey of Consumer Finances«, *SCF Working Paper* 1997.

4 Die mit der Volkszählung befasste US-Behörde hat in Zusammenarbeit mit Wirtschaftswissenschaftlern eine Methode entwickelt, um verschiedene Datenbanken mit Einkommens- und Beschäftigungszahlen zu integrieren; sie läuft unter dem Namen Longitudinal Employer-Household Dynamics Program. Momentan werden Maskierungstechniken entwickelt, die den öffent-

lichen Zugriff auf Daten erlauben und gleichzeitig die Privatsphäre schützen. Vgl. John M. Abowd: »Unlocking the Information in Integrated Soical Data«, unveröffentlicht, Cornell University 2002, soll in den *New Zealand Economic Papers* erscheinen.

5 Die Bedeutung von Datenformaten beschreibt Michael Dertouzos: *What will be. Die Zukunft des Informationszeitalters.* Übers. von Michael Zillgitt. Wien usw.: Springer 1999.

6 Vgl. William D. Nordhaus, James Tobin: »Is Growth Obsolete?«, in *Economic Growth. Fiftieth Anniversary Colloquium.* New York: National Bureau of Economic Research und Columbia University Press 1972, S. 1–80.

7 Unter anderem Australien (HILDA), Belgien, Deutschland (SOEP, siehe http://www.diw.de/deutsch/sop), Frankreich, Großbritannien (BHPS), Indonesien, Japan (JPSC), Kanada (SLID), Luxemburg (Liewen zu Letzebuerg, PSELL), Mexiko (MxFLS), die Niederlande (SEP), Polen (PHP), Russland (RLMS), Schweden (HUS), Schweiz (SHP), Spanien (Encuesta Continua de Presupuestos Familiares), Südkorea (KLIPS), Taiwan (PSF) und Ungarn. Die verschiedenen repräsentativen Längsschnittstudien werden auf der Homepage von PSID beschrieben, siehe www.isr.umich.edu/src/psid/panelstu dies.html

8 Vgl. Robert J. Shiller, Ryan Schneider: »Labor Incom Indices Designed for Use in Contracts Promoting Income Risk Management«, *Review of Income and Wealth* 44 (Juni 1998) S. 163–182.

9 Louis D. Brandeis: *Other People's Money.* New York: Augustus M. Kelley Publishers 1971 (Reprint der Ausgabe von 1914), S. 92.

10 Ebenda S. 104.

11 Die französische Commission des Opérations de Bourse hat eine Datenbank mit Unternehmensinformationen erstellt, abrufbar unter www.cob.fr (SOPHIE). Die britische Börsenaufsicht FSA plant eine EDGAR vergleichbare Webseite. Für Europa gibt es das European Business Register (www.ebr.org), auf der Webseite kann man Informationen zu vielen Unternehmen online abfragen. Die kanadische Variante von EDGAR heißt SEDAR (System for Electronic Document Analysis and Retrieval, www.sedar.com). Auch die japanische Regierung stellt Finanzinformationen im Internet zur Verfügung (www.japanfinancials.com).

12 1997 wurde in den USA der Taxpayer Relief Act verabschiedet, der die

Durchschnittsbesteuerung für Farmer und Rancher wieder herstellt, deren Einkünfte notorisch schwanken.

13 William Vickrey: »Averaging of Income for Tax Purposes«, *Journal of Political Economy* 37/3 (Juni 1939) S. 305–337.

14 Der römische Satiriker Juvenal (ca. 57–127 n.Chr.) dichtete:

Leben sollte man dort, wo es keine Feuersbrünste gibt, keine / nächtliche Furcht. Schon ruft nach Wasser, schon schleppt seinen / Krempel fort Ucalegon, schon raucht bei dir die dritte Etage: / du bist ahnungslos; denn wenn von der untersten Treppe her Unruhe entsteht, / brennt als letzter der ab, den nur noch das Ziegeldach vor dem / Regen schützt, wo die sanften Tauben ihre Eier legen. / Ein Bett besaß Cordus, zu klein für Procula, sechs Krüglein als / Zierde der Anrichte, außerdem darunter einen winzigen Humpen / und unter derselben Marmorplatte gelagert eine Figur Chirons, / eine schon betagte Kiste verwahrte griechische Bücher, / und an den göttlichen Liedern nagten die unkultivierten Mäuse. / Nichts besaß Cordus, wer könnte es leugnen? Und dennoch verlor / der Unglückliche dieses Nichts vollständig. Der höchste Gipfel / des Kummers aber ist, dass niemand den Nackten und um Brocken Bettelnden / mit Nahrung unterstützen wird, niemand mit gastlichem Obdach: / wenn aber das große Haus des Asturicus einstürzte, trägt Trauer die Matrone, / legen dunkle Gewänder die hohen Herren an, verschiebt der Praetor die Prozesstermine, / dann jammern wir über die Schicksalsschläge der Stadt, dann verwünschen wir das Feuer. / Noch brennt es, und schon eilt jemand herbei, der Marmor schenkt, / der Baumaterial beisteuert; dieser wird nackte, leuchtende Statuen / spenden, dieser ein Meisterwerk Euphranos und Polyklets, / diese alte Prunkstücke der Göttertempel in Asia, / dieser Bücher und Regale sowie in der Mitte davon eine Minerva, / dieser einen Scheffel Silber. Besseren und größeren Ersatz schafft sich Persicus, der begütertste der Kinderlosen und zu Recht schon / verdächtigt, selbst seinen Palast angezündet zu haben.

Deciumus Junius Juvenalis: *Satiren*. Übers. von Joachim Adamietz. München: Artemis und Winkler 1993, S. 52f.
Nach Marshall Sahlins herrschte in vormodernen Gesellschaften innerhalb der Sippenverbände und teilweise auch über diese hinaus ganz generell ein System der Gegenseitigkeit. Vgl. Marshall Sahlins: *Stone Age Economics.* Aldine De Gruyter 1972. Ein Überblick über einige einfache Möglichkeiten geteilter Risiken geben Pranab Bradhan, Christopher R. Udry: *Development Microeconomics.* Oxford: Oxford University Press 1999.

15 Im Extremfall könnte man Geldkarten ausgeben, die die Menschen einem Bettler geben können. Der Bettler zieht den Betrag dann mit der Karte an einem Geldautomaten. Wenn der Geldautomat mit einem automatischen Erkennungssystem arbeitet und mit einer nationalen Datenbank verbunden ist, kann die Auszahlung verweigert werden, wenn das Einkommen des Bettlers über einem bestimmten Niveau liegt. Damit hätte man das Problem der Profibettler vom Tisch.

16 Vgl. Ann E. Kaplan (Hg.): *Giving USA. The Annual Report on Philanthropy for the Year 1999.* New York: American Association of Fund-Raising Counsel 2000.

Kapitel 15: Indexierte Rechnungseinheiten und elektronisches Geld

1 Vgl. Robert J. Shiller: »Why Do People Dislike Inflation?«, in Christina Romer, David Romer (Hg.): *Reducing Inflation. Motivation and Strategy.* Chicago: National Bureau of Economic Research, University of Chicago Press 1997.

2 Der Peso-Kurs des UF wird täglich nach dem chilenischen Verbraucherpreisindex berechnet. Da dieser nicht auf Tagesdaten beruhen kann, ist er etwas veraltet. In den Zeitungen ist sowohl der Wert vom Folgetag als auch vom aktuellen Tag abgedruckt, aber die Werte sind maximal einen Monat im Voraus bekannt, weil sie auf größeren Berechnungen des Verbraucherpreisindexes beruhen.

3 Vgl. http://www.sii.cl/pagina/valores/uf/uf2002.htm.

4 Diese Vorschläge habe ich in einigen Arbeitspapieren vorgestellt, vgl. Robert J. Shiller: »Indexed Units of Account: Theory and Assessment of Historical Experience«, *NBER Working Paper 6356* Januar 1998, auch in Fernando Lefort, Klaus Schmidt-Hebbel (Hg.): *Indexation, Inflation, and Monetary Policy.* Santiago de Chile: Central Bank of Chile 2002; Robert J. Shiller: »Designing Indexed Units of Account«, *Cowles Foundation Discussion Paper 1179*, Yale University 1998, *NBER Working Paper w7160* 1999.

5 Newcombs Entdeckung spiegelt sein massives Interesse an Messungen. 1881 notierte er, dass Bücher mit logarithmischen Tabellen die heftigsten Gebrauchsspuren auf den Seiten für die Zehnerlogarithmen mit einer 1 als ers-

ter Zahl und die wenigsten Gebrauchsspuren für die Zehnerlogarithmen mit einer 9 als erster Zahl aufwiesen. Daraus schloss er, dass die Menschen öfter auf Zahlen mit einer 1 an der ersten Stelle treffen denn auf Zahlen mit einer 9 am Anfang. Empirische Untersuchungen bestätigten daraufhin, dass die Ergebnisse von Messungen mehr als sechsmal so häufig mit einer 1 als mit einer 9 begannen. Warum das so ist, beschäftigte die Mathematiker über ein Jahrhundert lang. Vgl. Ted Hill: »The First Digit Phenomenon«, *American Scientist* 86 (Juli/August 1998) S. 358–363.

6 Simon Newcomb: »The Standard of Value«, *North American Review* (1879) S. 223–237.

7 Irving Fisher: *Die Illusion des Geldes.* Übers. von Hermann Scheibler. Berlin: Hobbing 1928.

8 Vgl. Robert J. Shiller: »Public Resistance to Indexation: A Puzzle«, *Brookings Papers on Economic Activity* I (1997) S. 159–228; Eldar Shafir, Peter Diamond, Amos Tversky: »Money Illusion«, *Quarterly Journal of Economics* 112 (Mai 1997) S. 341–374.

9 So wurde zum Beispiel in den Vereinigten Staaten vor 30 Jahren eine Mindeststeuer eingeführt, die verhindern sollte, dass sich gerade die Reichen durch die Abschreibungsmöglichkeiten ganz vor Steuerzahlungen drücken konnten. Sie erfasst Erwerbseinkommen zwischen 72 000 bis 627 000 US-Dollar, nicht jedoch Jahreseinkommen über 627 000 Dollar. Weil gesetzlich keine Anpassung an die Inflation vorgesehen ist, trifft die Regelung die eigentliche Zielgruppe heute nicht mehr.

10 Vgl. Jeremy J. Siegel: *Stocks for the Long Run. The Definitive Guide to Financial Market Returns and Long-Term Investment Strategies.* New York: McGraw-Hill 3. Aufl. 2002, S. 33.

11 Die meisten Hypothekennehmer entschieden sich für eine kurzfristige Zinsbindung, aber damit nahmen sie das Risiko in Kauf, dass sie nach fünf Jahren noch höhere Zinsen hätten zahlen müssen.

12 Die amerikanische Verbraucherschutzorganisation Consumer Union (CU) ist Herausgeber der *Consumer Reports.* Einer ihrer Tipps für die Aufnahme eines Hypothekenkredits lautet: »Nicht in den roten Bereich.« Die CU sprach sich explizit gegen Annuitäten-Berechnungen auf inflationsbereinigter Basis aus: »Da es nicht immer einfach sein dürfte, die kumulierte negative Tilgung mit dem Wert des Eigentums über einzubringen, hat die CU bei den

Behörden darauf hingewirkt, die kumulierbare negative Tilgung zu begrenzen.« Vgl. »Can You Afford a Mortgage?«, *Consumer Reports* 46/7 (Juli 1981) S. 400–405, hier S. 405.

13 »So attraktiv die inflationsindexierte Anleihe erscheinen mag, sollte man wohl zunächst lieber zuwarten und beobachten statt direkt zu kaufen.« »Your Money: New Inflation-Proof Bonds Should They Be in Your Portfolio?«, *Consumer Reports* 62/4 (April 1997) S. 88f, hier S. 89.

14 Ich habe diese Tendenz an den UF-Preisen für Eigentumswohnungen überprüft (unter Ausschluss von Preisen, die auf eine Null endeten), sowie sie in der Sonntagsausgabe vom 10. August 1997 im Immobilienteil der Tageszeitung *El Mercurio* von Santiago de Chile genannt waren (in den größeren Anzeigen, die oft von einem Bild des Apartmenthauses oder von einer Grundrisszeichnung begleitet wurden). 26 Preise endeten auf eine 9, 16 auf eine 8, 11 auf eine 7, 9 auf eine 6, 16 auf eine 5, 4 auf eine 4, 10 auf eine 3, 8 auf eine 2 und 6 auf eine 1.

15 Roger Bootle: *Das Ende der Inflation. Worauf sich Unternehmen und Anleger in der Ära stabiler Preise einstellen müssen.* Übers. von Hans-Peter Meyer. Frankfurt am Main/New York: Campus 1997.

16 Innerhalb der letzten Jahre haben zum Beispiel Japan, die Europäische Union und Großbritannien Schritte unternommen, um die Unabhängigkeit der Zentralbank zu gewährleisten. Vgl. Alan Blinder: *The Quiet Revolution. Central Banking Goes Modern.* New Haven: Yale University Press 2003.

17 Der entscheidende Punkt ist wahrscheinlich die Ungewissheit. Wäre die Inflation konstant hoch, würden sich die Menschen wahrscheinlich daran gewöhnen und entsprechende Vorkehrungen treffen, damit sie keine realen Wertverluste hinnehmen müssen. Aber die Jahreswerte für die Inflation weichen sehr häufig von dem 20-Jahresdurchschnitt ab, das heißt, der Unsicherheitsfaktor ist sehr hoch. Für Argentinien, Brasilien, Chile, Deutschland, Frankreich, Großbritannien, Indien, Indonesien, Italien, Japan, Kanada, Mexiko, Nigeria, Südkorea, die Türkei und die Vereinigten Staaten lag die mittlere Abweichung vom 20-Jahres-Durchschnitt der Nachkriegszeit (1950–1992) bei 519 Prozent. Das Land mit der niedrigsten Standardabweichung war Deutschland (19,2 Prozent), die höchste hatte Argentinien zu verzeichnen ($1{,}1 \times 10^{12}$ Prozent). Vgl. Robert J. Shiller: »Public Resistance to Indexation: A Puzzle«, *Brookings Papers on Economic Activity* I (1997) S. 159–228.

18 Ebenda S. 188.

19 Der brasilianische Volkswirtschaftler Márcio Garcia konnte belegen, dass indexierte Anleihen durch die Zeitverzögerung bei der Berechnung des Verbraucherpreisindexes aufgrund der galoppierenden Inflation in Brasilien bis 1990 erheblich an Realwert verloren hatten. Márcio G. P. Garcia: »The Fisher Effect in a Signal Extraction Framework: The Recent Brazilian Experience«, *Journal of Development Economics* 41/1 (Januar 1993) S. 71–93.

20 Irving Fisher: »A Compensated Dollar«, *Quarterly Journal of Economics* 27 (1913) S. 213–235. Zu Newcomb vgl. »The Standard of Value«, a.a.O. Andere Möglichkeiten, den Realwert der Währung zu erhalten, diskutiert Robert E. Hall: »Optimal Fiduciary Monetary Systems«, *Journal of Monetary Economics* 12 (1983) S. 33–50; ders.: »Irving Fisher's Self-Stabilizing Money«, *American Economic Review* 87 (1997) S. 436–438.

21 Näheres dazu in Robert J. Shiller: »Indexed Units of Account«, a.a.O.

22 Vgl. zum Beispiel die Weltwährungseinheit, vorgeschlagen von Lok-Sang Ho: »Toward a New International Monetary Order: the World Currency and the Global Indexed Bond«, *The World Economy* 23/7 (2000) S. 939–950.

23 Schon in Kapitel 9 wurde die Bedeutung eines Marktes für die ganze Welt deutlich, vgl. Stefano Athanasoulis, Robert J. Shiller: »The Significance of Market Portfolio«, *Review of Financial Studies* 13/2 (2000) S. 301–329.

24 George Akerlof, William Dickens, George Perry: »The Macroeconomics of Low Inflation«, *Brookings Paper on Economic Activity* I (1996) S. 1–76.

25 Truman Bewly: *Why Wages Don't Fall During a Recession.* Cambridge: Harvard University Press 2000.

Kapitel 16: Wie es gehen könnte: Forschung und Engagement

1 Robert J. Shiller, Ryan Schneider: »Labor Income Indices Designed for Use in Contracts Promoting Income Risk Management«, *Review of Income and Wealth* 44 (Juni 1998) S. 163–182.

2 Die in Kapitel 9 vorgestellte Weltaktie hätte dennoch Sinn, denn die Menschen sind vom Welt-BIP unterschiedlich bedroht oder betroffen.

3 Wichtigste Literatur hierzu ist Stefano Athanasoulis, Robert J. Shiller: »World Income Components: Measuring and Exploiting Risk Sharing Opportunities«, *American Economic Review* 91/4 (2001) S. 1031–1054. Vgl. auch Stefano Athanasoulis: »Essays in Risk Sharing, Derivatives Design, and Macroeconomic Policy«, unveröffentlichte Dissertation, Yale University 1995; Stefano Athanasoulis, Eric van Wincoop, Robert J. Shiller: »Macro Markets and Financial Security«, *Economic Policy Review* 5/1 (1999) S. 21–39; Stefano Athanasoulis, Robert J. Shiller: »Defining Residual Risk-Sharing Opportunities: Pooling World Income Components«, *Research in Economics* 56/1 (März 2002) S. 61–84.

4 Unserem mathematischen Modell zufolge werden optimale Risikoverträge durch Eigenvektoren auf die Streuungsmatrix der Abweichung individueller Einkünfte von dem Durchschnittseinkommen der Welt definiert. Der zugehörige Eigenwert ist ein Index für die Vermögenszuwächse durch das Teilen von Risiken. Wir würden also gern die Vektoren mit den höchsten Eigenwerten nehmen und die darin liegenden Risiko-Verträge verfolgen. Die Tatsache, dass einem Vektor null Eigenwert zugeordnet ist, zeigt an, dass ein von allen geteiltes Risiko der schlechteste denkbare Risikovertrag ist, der niemandem einen Vermögenszuwachs beschert, nachdem alle anderen Gelegenheiten zu geteilten Risiken genutzt wurden. Vgl. Athanasoulis, Shiller: »World Income Components«, a.a.O.; Athanasoulis: »Essays in Risk-Sharing«, a.a.O. Zu ähnlichen Ergebnissen kommen Gabrielle DeMange, Guy Laroque: »Optimality of Incomplete Markets«, *Journal of Economic Theory* 65 (1995) S. 218–232.
In Kapitel 9 habe ich für einen Weltmarkt plädiert, obwohl dieser Null Eigenwert entspricht und unserer eigenen Theorie zufolge eigentlich das Letzte ist, was die Welt braucht. Trotzdem hat er seine Berechtigung, solange noch nicht alle anderen Märkte funktionsfähig sind und obwohl er von diesen anderen Märkten, wenn sie einmal geschaffen sind, dominiert wird. Athanasoulis und ich haben Varianten des mathematischen Grundmodells entworfen, die unserer Meinung nach den Sinn eines Weltmarktes belegen. Vgl. Stefano Athanasoulis, Robert J. Shiller: »The Significance of Market Portfolio«, *Review of Financial Studies* 13/2 (2000) S. 301–329.

Kapitel 17: Lektionen aus Innovationen im Finanzwesen

1 »Und sie sind, unseres Wissens, die ersten auf der Welt gewesen, die Gold- und Silbermünzen geprägt und gebraucht haben, und auch die ersten Kaufleute.« Herodot: *Geschichte und Geschichten.* Übers. von Walter Marg. München usw.: Artemis 2. Aufl. 1990, S. 55 [94].

2 Die Erfindung wurde in der Antike Phaidon von Argos, Theseus von Athen und anderen zugeschrieben. Die tatsächlichen Ursprünge sind schwer zu lokalisieren. Münzenähnliche verzierte Goldscheiben, die noch 1000 Jahre älter sind, wurden in Kreta gefunden. Es lässt sich im Nachhinein unmöglich feststellen, wann derartige Dinge zuerst als Geld behandelt wurden. Vgl. Robert A. Mundell: »The Birth of Coinage«, Department of Economics, Columbia University, Discussion Paper No. 0102–08 Februar 2002.

3 Auch wenn die Herstellung der Münzen preiswert war, gestaltete es sich doch schwierig, Münzen mit unedlen Metallen zu fälschen. Man konnte eine Silbermünze in Lehm drücken, mit der Form eine Kupfer- oder Bronzemünze gießen und diese wiederum versilbern. Aber solche Fälschungen waren meist auf den ersten Blick erkennbar, weil sie nicht denselben Glanz hatten. Dennoch bohrten manche Menschen Löcher durch die Münzen, um das Basismetall zu betrachten.

4 Metallplatten wurden mit einem Metallgriffel sorgsam vom Fachmann graviert. Noch heute sind derartige handwerkliche Arbeiten bei der Herstellung modernen Papiergeldes üblich. Jede handgemachte Metallplatte ist ein Unikat. Es ist kein Verfahren bekannt, mit dem sie sich einschließlich aller Spuren durch den unterschiedlichen Druck der Hand kopieren ließe. Die Banknoten werden im Tiefdruckverfahren gedruckt, das heißt, die Druckerfarbe füllt die Vertiefungen. Auf dem Papier werden nach dem Anpressen alle Details der gravierten Platte wiedergegeben, jede erhöhte oder vertiefte Stelle bleibt erkennbar. Kein Fälscher der Welt kann die so gedruckte Banknote perfekt fälschen.

5 Zwischen dem 15. und 17. Jahrhundert gestatteten technische Fortschritte den Regierungen zunehmend die Herstellung fälschungssicherer Scheidemünzen. Scheidemünzen sind aus unedlem Metall und erhalten ihren Wert durch einen feststehenden Umtauschkurs zu Münzen aus Edelmetallen. Aus diesem Grund ist die Fälschungssicherheit hier besonders wichtig. Großbritannien führte Scheidemünzen erst 1816 ein, die Vereinigten Staaten 1853.

Vgl. Thomas J. Sargent, François R. Velde: *The Big Problem of Small Change.* Princeton: Princeton University Press 2001.

6 Vgl. Carlo M. Cippola: *Money, Prices and Civilization in the Mediterranean World. Fifth to Seventeenth Century.* New York: Gordian Press 1956. Bis zur Übernahme des Dezimalsystems in Großbritannien 1971 nutzte das Vereinigte Königreich noch das *d* (von Denarius) als Symbol für einen Penny.

7 Das Gesetz von 1811 schreibt vor, der Aktionär sei im Ausmaß seines Anteils am Unternehmen persönlich verantwortlich, nicht jedoch darüber hinaus. Auch wenn der Wortlaut recht eindeutig klingt, urteilte 1826 ein New Yorker Gericht, er impliziere eine doppelte Verbindlichkeit: Der Investor könnte gezwungen sein, denselben Betrag noch einmal zu leisten. Faktisch begrenzte das Gesetz von 1811 die Haftung auf den doppelten Betrag, der investiert wurde. Das war der Anfang der heute in den Vereinigten Staaten gültigen Haftungsbeschränkung. Vgl. David Moss: *When All Else Fails. Government as the Ultimate Risk Manager.* Cambridge: Harvard Business School Press 2002, S. 57.

8 Ebenda.

9 Die gesetzliche Haftungsbeschränkung wurde 1855 in Großbritannien, 1867 in Frankreich, 1870 in Deutschland eingeführt. Vgl. Tony Orhnial: *Limited Liability and the Corporation.* London: Croom Helm 1982.

10 Kahneman, Tversky: »An Analysis of Decision under Risk«, *Econometria* 47/2 (1979) S. 263–291.

11 Der Einschuss wurde täglich bar eingezahlt, Effektenkreditkonten waren unbekannt. Vgl. Ulrike Schrader: »Forwards and Futures in Tokugawa-Period Japan: A New Perspective on the Dojima Rice Market«, *Journal of Banking and Finance* 13 (1989) S. 487–513.

12 Einen umfassenden Überblick über die Geschichte der Versicherungsvertreter bietet J. Owen Stalson: *Marketing Life Insurance. Its History in America.* Homewood: Richard B. Irvin 1969. Stalson merkt auf S. 129 zu Robinsons Erfolg und seiner Bedeutung für die Zukunft an:

Trotz aller Vorzüge ließen sich Lebensversicherungen auf Gegenseitigkeit nur schwer verkaufen. Nicht daß sich etwas Negatives über das Konzept – oder dessen Umsetzung – hätte sagen lassen, das Unternehmen war vom ersten Tag an seriös. Daß Mutual Life nicht von Anfang an florierte, erklärt sich aus der einfachen Tatsache, daß eine Lebensversicherung ungeachtet ihrer Vorzüge Geld kostet, Geld, das die Menschen lieber für andere Dinge ausgeben. Eine dauerhaft wirksame Absatzstrategie muß also die beste Lebensversicherung auf den Markt bringen, jedenfalls wenn man an einen Absatz im großen Stil denkt. Für eine begrenzte Zahl von Kunden ist immer ein Markt vorhanden, auch ohne Verkaufsprogramm, denn manche Menschen wollen sich sogar bei hohen Beiträgen und niedrigen Leistungen noch versichern. Aber dieser Marktanteil hätte Mutual Life nicht zum Überleben gereicht.

13 Vgl. James E. Post: *Risk and Response. Management and Social Change in the American Insurance Industry.* Lexington: Lexington Books 1976. Versicherungen auf den Todesfall gehen bis auf die Pennsylvania Company for Insurances on Lives and Granting Annuities zurück, die 1812 gegründet wurde. Vgl. Stalson, *Marketing Life Insurance*, a.a.O.

14 John Alford Stevenson: *Selling Life Insurance.* New York: Harper & Brothers 1922, S. 240.

15 Viviana A. Rotman Zelizer: *Morals and Markets. The Development of Life Insurance in the United States.* New York: Transaction Books 1983, S. 132.

16 »Faktisch liegt der Wert Ihrer Hinterbliebenen-Versicherungen bei der Social Security höher als der Wert Ihrer privaten Lebensversicherung«, US Social Security Administration: *Social Security Survivors Benefits.* Publication No. 05–10084 August 2000, S. 1. Die wichtigsten Sozialversicherungen der USA sind unter dem Akronym OASDI (Old Age Survivors Disability Insurance, also Alters-, Hinterbliebenen- und Invaliditäts-Versicherung) zusammengefasst. Privatwirtschaftliche Versicherungsgesellschaften haben mit der Invalidität ihre liebe Not, aus psychologischen Gründen sperren sich die meisten Menschen dagegen, für den Fall einer verkrüppelten Existenz vorzusorgen, selbst wenn die Gefahr sehr groß ist und ganze Familien dadurch bedroht sind. Es ist von daher sehr wichtig, dass diese Aufgabe vom Staat übernommen wird.

17 Eine Untersuchung, die zu dem Schluss kommt, die Menschen würden zu wenig für Lebensversicherungen ausgeben, ist Jegadeesh Gokhale, Laurence Kotlikoff: »The Adequacy of Life Insurance«, *Research Dialogue No. 71.* New York: TIAA-CREF Institute 2002.

Kapitel 18: Lektionen aus Innovationen im Sozialwesen

1 Die althergebrachte Wirtschaftsweise hat eine Reihe von Vorsorgeinstrumenten entwickelt, die über Zehnten und Zakat hinausgehen. Robert M. Townsend konnte zeigen, dass die dörfliche Tradition in Indien die Risiken zu einem guten Teil auf viele Schultern verteilt. Dasselbe gilt für ländliche Regionen in Thailand. Vgl. Robert M. Townsend: »Risk and Insurance in Village India«, *Econometria* 62 (1994) S. 539–591; ders.: »Financial Systems in Northern Thai Villages«, *Quarterly Journal of Economics* 110/4 (November 1995) S. 1011–1046. Bei verschiedenen Stämmen in Nigeria lassen sich ebenfalls Ansätze zur Risikoverteilung erkennen, vgl. Christoper Udry: »Risk and Saving in Northern Nigeria«, *American Economic Review* 85/5 (Dezember 1995) S. 1287–1300.

2 Adam Smith: *Der Wohlstand der Nationen. Eine Untersuchung seiner Natur und seiner Ursachen.* Übers. von Horst Claus Recktenwald. München: Beck 1974, S. 745 [161].

3 Ebenda S. 720 [136].

4 John Stuart Mill: *Principles of Political Economy. With Some of their Applications to Social Philosophy.* Fairfield: Augustus M. Kelley 1976, S. 834f.

5 Smith, a.a.O.

6 Die in Großbritannien 1799 eingeführte Einkommenssteuer wird oft als erste Einkommenssteuer überhaupt beschrieben, aber ältere Vorläufer wurden in England kurz nach der Restauration des Königstums (1660) erhoben, um den Krieg gegen Frankreich zu finanzieren, in Frankreich während der Terrorphase der Revolution 1793, in Holland 1798 zur Finanzierung der Kriegskosten. Vgl. Carolyn Webber, Aaron Wildafsky: *A History of Taxation and Expenditure in the Western World.* New York: Simon and Schuster 1986.

7 Brief an den Herausgeber, unterzeichnet J.H., *The London Times* 5. März 1816, S. 4.

8 US Office of the Commissioner of Internal Revenue: *Report of the Commissioner of Internal Revenue on the Operations of the Internal Revenue System for the Year Ending June 30, 1867.* Washington: US Government Printing Office 1867, S. XVII.

9 Ebenda.

10 US House 1871:1 23. Januar 1871. Zitiert auch in der *Sewanee Review* August 1893, S. 472.

11 Henry George: *Progress and Poverty.* New York: Henry George and Company 1880, S. 228 [*Fortschritt und Armut. Eine Untersuchung über die Ursache der industriellen Krisen und der Zunahme der Armut bei zunehmendem Reichtum.* Jena: Fischer 1920]. George wendet sich dann einem anderen Problem mit der Einkommensteuer zu: »Je mehr die Steuer ihr Ziel erreicht, desto stärker mindert sie den Anreiz zur Anhäufung von Reichtum, der den industriellen Fortschritt antreibt.« Dieses Problem lässt sich durch eine unbegrenzte Abzugsfähigkeit von Sparbeiträgen vom zu versteuernden Einkommen lösen, das heißt durch den Übergang zu einer Verbrauchssteuer. Aber eine Verbrauchssteuer hätte zu Georges Zeiten noch wesentlich ausgefeiltere Informationstechniken erfordert als die Erhebung der Einkommenssteuer.

12 Der Ausdruck »negative Steuer« wurde von Augustin Cournot 1838 verwendet, er plädiert jedoch nicht für eine solche Steuer. Vgl. Antoine Augustin Cournot: *Recherches sur les principes mathématiques de la théorie des richesses.* Paris: Riviere 1938 [Reprint der Ausgabe Paris: Hachette 1838].

13 So Lady Juliet Rhys-Williams in ihrem privat in Umlauf gebrachten Pamphlet *Something to Look Forward To* (1942), abgedruckt in dies.: *Taxation and Incentives.* Oxford: Oxford University Press 1953, S. 121f. Eine Fassung des Pamphlets veröffentlichte sie 1943 bei MacDonald in London.

14 Ebenda.

15 Ebenda, Hervorhebungen von der Autorin.

16 Robert Theobald: *Free Men and Free Markets.* New York: Clarkson N. Potter 1963.

17 Barbara Ehrenreich: *Angst vor dem Absturz. Das Dilemma der Mittelklasse.* Übers. von Wolfgang Heuss. Reinbek bei Hamburg: Rowohlt 1994 zitiert verschiedene Meinungen zu diesem in den frühen sechziger Jahren allgegenwärtigen Thema.

18 Theobald, a.a.O., S. 156f.

19 Ebenda S. 151.

20 Daniel Patrick Moynihan: *The Politics of Guaranteed Income. The Nixon Administration and the Family Assistance Plan.* New York: Random House 1973.

21 In Italien und Spanien gibt es das garantierte Mindesteinkommen nicht überall, in Griechenland ist es völlig unbekannt. Vgl. »Commission Report to the Council, The European Parliament, and Social Committee of the Committee of the Regions on the Implementation of the Recommendation 92/441 EEC of June 23 1992 on Common Criteria Concerning Sufficient Resources and Social Insurance in Social Protection Systems, 1999«.

22 Ebenda.

23 Vgl. Anthony B. Atkinson: »The Case for Participation Income«, *The Political Quarterly* 67 (1996) S. 67–70.

24 Vgl. *First Report,* Sonderheft des CESifo Forum, IFO. München: CESifo Council of Economic Experts 2001.

25 Die Ähnlichkeit dieser Programme über Ländergrenzen hinweg lässt sich leicht nachvollziehen, vgl. US Social Securities Administration: *Social Security Programs Throughout the World 1999.* Washington: US Government Printing Office 2000.

26 »State Socialism in Germany«, *The Times* 19. Juni 1889, S. 15.

27 David Lloyd George in *The Daily News* 27. August 1908, zitiert nach E. P. Hennock: »The Origins of British National Insurance and The German Precedent 1880–1914«, in W. J. Mommsen (Hg.): *The Emergence of the Welfare State in Britain and Germany.* London: Croom Helm 1981, S. 87.

28 Gustav Schmoller: »Vier Briefe über Bismarcks sozialpolitische und volkswirtschaftliche Stellung und Bedeutung«, in ders.: *Charakterbilder.* München usw.: Duncker & Humblot 1913, S. 57.

29 Truman F. Bewley: *Why Wages Don't Fall in a Recession.* Cambridge: Harvard University Press 2000.

30 Lujo Brentano: *Die Arbeitsversicherung gemäß der heutigen Wirtschaftsordnung.* München usw.: Duncker & Humblot 1879, S. 200.

31 Die Schaffung der Arbeitslosenversicherung ermutigt nicht nur die Betroffenen, ein höheres Risiko zugunsten eines höheren Gehalts in Kauf zu nehmen, sondern auch die Unternehmen, höher qualifizierte Stellen auszu-

schreiben, die nicht besonders sicher sind. Die Arbeitslosenversicherung erhöht auf diese Weise auch die Produktivität. Vgl. Daron Acemoglu, Robert Shimer: »Efficient Unemployment Insurance«, *Journal of Political Economy* 107 (Oktober 1999) S. 893–928.

Literatur

Abowd, Gregory D., Elizabeth Mynatt: »Charting Past, Present and Future in Ubiquitous Computing«, *ACM Transactions on Computer-Human Interaction* 7/1 (März 2000) S. 29–58.

Abowd, John M.: »Unlocking the Information in Integrated Soical Data«, unveröffentlicht, Cornell University 2002 (soll in den *New Zealand Economic Papers* erscheinen).

Acemoglu, Daron, Simon Johnson, James A. Robinson: »Reversal of Fortune: Geography and Institutions in the Making of the Modern World Income Distribution«, *NBER Working Paper w8460* September 2001.

–, Robert Shimer: »Efficient Unemployment Insurance«, *Journal of Political Economy* 107 (Oktober 1999) S. 893–928.

Ackerman, Bruce, Anne Alscott: *Die Stakeholder-Gesellschaft. Ein Modell für mehr Chancengleichheit.* Übers. von Gabriele von Ricke. Frankfurt am Main/New York: Campus 2001.

Adler, Alfred: *Der Sinn des Lebens.* Frankfurt am Main: Fischer TB 1994.

–: *Menschenkenntnis.* Frankfurt am Main: Fischer TB 1995.

–, J. S. Kounin: »Some Factors Operating at the Moment of Resumption of Interrupted Tasks«, *Journal of Psychology* 7 (1939) S. 355–367.

Aghion, Philippe: »Schumpeterian Growth Theory and the Dynamics of Income Inequality«, *Econometria* 70/3 (Mai 2002) S. 855–882.

–, Peter Howitt: »Technological Change and Wage Inequality«, unveröffentlicht, Vortrag auf Festschrift-Konferenz für Ned Phelps, Columbia University 5./6. Oktober 2001.

Ainslie, George W.: »Specious Reward: A Behavioral Theory of Impulsivness and Impulse Control«, *Psychological Bulletin* 82 (1975) S. 463–496.

Akerlof, George: »The Market for Lemons: Quality Uncertainty and the Market Mechanism«, *Quarterly Journal of Economics* 84 (1970) S. 488–500.

–, William Dickens, George Perry: »The Macroeconomics of Low Inflation«, *Brookings Paper on Economic Activity* I (1996) S. 1–76.

–, Rachel E. Kranton: »Economics and Identity«, *Quarterly Journal of Economics* (2001).
Aldcroft, Derek Howard: *Die zwanziger Jahre: Von Versailles zur Wall Street 1919–1929.* Übers. von Heinrich W. Bauer. München: dtv 1978.
Alesino, Alberto, David Dollar: »Who Gives Foreign Aid to Whom and Why?«, *NBER Working Paper w6612* Juni 1998.
Allen, Franklin, Douglas Gale: *Financial Innovation and Risk Sharing.* Cambridge: MIT Press 1994.
–, Stephen Morris, Hyung Song Shin: »Beauty Contests, Bubbles, and Iterated Expectations in Asset Markets, unveröffentlicht, Yale University, April 2002.
Allen, Frederick Lewis: »Who's Getting the Money?«, *Harper's Magazine* 189/1129 (Juni 1944) S. 1–10.
Almond, Gabriel, Sidney Verba: *The Civic Culture: Political Attitudes and Democracy in Five Nations.* Princeton: Princeton University Press 1963.
Altonji, Joseph, Fumio Hayashi, Laurence Kotlikoff: »Risk Sharing between and within Families«, *Econometria* 64/2 (1996) S. 261–294.
–, David Card: »The Effects of Immigration on the Labor Market Outcomes of Natives«, in John Abowd, Richard Freeman (Hg.): *Immigration, Trade, and Labor.* Chicago: National Bureau of Economic Research und University of Chicago Press 1991.
Alvarez, Fernando, Urban J. Jermann: »Efficiency, Equilibrium, and Asset Pricing with Risk of Default«, *Econometria* 68/4 (2000) S. 775–797.
Ando, Nisuke: *Surrender, Occupation, and Private Property in International Law.* Oxford: The Clarendon Press 1991.
Angrist, Joshua D.: »Lifetime Earnings and the Vietnam-Era Draft Lottery: Evidence from Social Security Administration Records«, *American Economic Review* 80 (Juni 1990) S. 313–335.
Arrow, Kenneth J.: »The Economic Foundations of Learning by Doing«, *Review of Economic Studies* 29 (Juni 1962) S. 153–173.
–: *Essays in the Theory of Risk Bearing.* Amsterdam: North Holland 1974.
Aschinger, Gerhard: *Börsenkrach und Spekulation. Eine ökonomische Analyse.* München: Vahlen 1995.
Athanasoulis, Stefano: »Essays in Risk Sharing, Derivatives Design, and Macroeconomic Policy«, unveröffentlichte Dissertation, Yale University 1995.
–, Robert J. Shiller: »Defining Residual Risk-Sharing Opportunities: Pooling World Income Components«, *Research in Economics* 56/1 (März 2002) S. 61–84.
–, Robert J. Shiller: »The Significance of Market Portfolio«, *Review of Financial Studies* 13/2 (2000) S. 301–329.

–, Robert J. Shiller: »World Income Components: Measuring and Exploiting Risk Sharing Opportunities«, *American Economic Review* 91/4 (2001) S. 1031–1054 [*NBER Working Paper w5095* April 1995].

–, Robert J. Shiller, Eric van Wincoop: »Macro Markets and Financial Security«, *Economic Policy Review* 5/1 (1999) S. 21–39.

–, Eric van Wincoop: »Growth, Uncertainity, and Risk Sharing«, *Journal of Monetary Economics* 45/3 (2000) S. 477–505.

Atkeson, A., Robert E. Lucas: »Efficiency and Equality in a Simple Model of Efficient Unemployment Insurance«, *NBER Working Paper w4381* 1993.

Atkinson, Anthony B.: »Income Maintenance and Social Insurance«, in Alan J. Auerbach, Martin Feldstein (Hg.): *Handbook of Public Economics.* Amsterdam: North Holland 1987, S. 779–908.

–: *Poverty in Europe.* Oxford: Blackwell 1998.

–: »The Case for Participation Income«, *The Political Quarterly* 67 (1996) S. 67–70.

–, Joseph E. Stiglitz: *Lectures on Public Economics.* New York: McGraw-Hill 1979.

Attanasio, Orazio, James Banks, Costas Meghir, Guglielmo Weber: »Humps and Bumps in Lifetime Consumption«, *NBER Working Paper w5350* November 1995.

Audretsch, David B., Maryann P. Feldman: »R&D Spillovers and the Geography of Innovation and Production«, *American Economic Review* 86/3 (Juni 1995) S. 630–640.

Bagheri, Fathollah M., Nader Habibi, Aygul Ozbafly: »Attitudes Towards Free Markets in Iran, Turkey, and the Former Soviet Union: A Survey Analysis«, unveröffentlicht, University of North Dakota 1997.

Bailey, Martin J., Richard F. Muth, Hugh O. Nourse: »A Regression Method for Real Estate Price Index Construction«, *Journal of the American Statistical Association* 58 (1963) S. 933–942.

Baker, Guy E.: *Why People Buy.* Newport Beach: Standel Publishing 2000.

Ball, Laurence, N. Gregory Mankiw: »Intergenerational Risk Sharing in the Spirit of Arrow, Debreu and Rawls, with Applications to Social Security«, *NBER Working Paper w8270* 2001.

Bardhan, Pranab, Christopher R. Udry: *Development Microeconomics.* Oxford: Oxford University Press 1999.

Barro, Robert J.: *Determinants of Economic Growth.* Cambridge: MIT Press 1997.

–: »Unanticipated Money Growth and Unemployment in the United States«, *American Economic Review* 67 (1977) S. 101–115.

–, Xavier Sala-i-Martin: *Wirtschaftswachstum.* Übers. von Walter Buhr. München usw.: Oldenbourg 1998.

Barsky, Robert, F. Thomas Juster, Myles S. Kimball, Matthew D. Shapiro: »Preference Parameters and Behavioral Heterogeneity«, *Quarterly Journal of Economics* (1997) S. 537–579.

Baxter, Marianne, Urban Jermann: »The International Diversification Puzzle Is Worse Than You Think«, *American Economic Review* 87 (1997) S. 170–180.

–, Urban Jermann, Robert C. King: »Synthetic Returs on NIPA Assets: An International Comparison«, *European Economic Review* 42 (1998) S. 1141–1172.

Becker, Lawrence, in J. Roland Pennock, John W. Chapman (Hg.): *Property.* New York: New York University Press 1980.

Beckmann, Johann: Beyträge zur Geschichte der Erfindungen, Band 1, *Zweytes Stück.* Leipzig: Paul Gotthelf Kummer 1781.

Behm, G.: »Über Alters- und Invalidencassen für Arbeiter«, *Schriften des Vereins für Sozialpolitik* 5 (1874).

Bell, David E.: »Regret in Decision Making under Uncertainty«, *Operations Research* 30 (1982) S. 961–981.

Bellante, Don, Gabriel Picone: »Fast Food and Unnatural Experiments: Another Perspective on the New Jersey Minimum Wage«, *Journal of Labor Research* 20/4 (Herbst 1999) S. 463–477.

Benartzi, Shlomo, Richard Thaler: »Save More Tomorrow: An Easy Way to Increase Employee Saving«, unveröffentlicht, University of Chicago 2001.

Bernanke, Ben S.: »Bankruptcy, Liquidity, and Recession«, *American Economic Review* 76 (Juni 1986) S. 155–159.

Bernheim, B. Douglas: »How Strong Are Bequest Motives? Evidence Based on Estimates of the Demand for Life Insurance«, *Journal of Political Economy* 99/5 (1991) S. 899–927.

–, Andrei Shleifer, Lawrence H. Summers: »The Strategic Bequest Motive«, *Journal of Political Economy* 93 (1985) S. 1045–1076.

Bernstein, Peter L.: *Wider die Götter. Die Geschichte von Risiko und Riskmanagement von der Antike bis heute.* Übers. von Gerhard Beckmann. München: dtv 2002.

Bewley, Truman F.: *Why Wages Don't Fall in a Recession.* Cambridge: Harvard University Press 2000.

Bingham, Jonathan B.: *Shirt-Sleeve Diplomacy: Point 4 in Action.* New York: John Day 1954.

Bisson, T. A.: *Zaibatsu Dissolution in Japan.* Berkeley: University of California 1954.

Bix, Amy Sue: *Inventing Ourselves Out of Jobs? America's Debate over Technological Unemployment 1929–1981.* Baltimore: The Johns Hopkins University Press 2000.

Blinder, Alan: *The Quiet Revolution: Central Banking Goes Modern.* New Haven: Yale University Press 2003.

Bohn, Henning: »Social Security and Demographic Uncertainity. The Risk Sharing Properties of Alternative Policies«, *NBER Working Paper w7030* März 1999.

Bootle, Roger: *Das Ende der Inflation. Worauf sich Unternehmen und Anleger in der Ära stabiler Preise einstellen müssen.* Übers. von Hans-Peter Meyer. Frankfurt am Main/New York: Campus 1997.

Bordo, Michael D., Finn E. Kydland: »The Gold Standard as a Rule. An Essay in Exploration«, *Explorations in Economic History* 32 (Oktober 1995) S. 423–464.

Borensztein, Eduardo, Paulo Mauro: »Reviving the Case for GDP-Indexed Bonds«, *IMF Policy Discussion Paper* September 2002.

Borjas, George J.: »Immigration and Welfare Magnets«, *Journal of Labor Economics* 17/4 (Oktober 1995) S. 607–637.

–: »The Economics of Immigration«, *Journal of Economic Literature* 32/4 (1994) S. 1667–1715.

–: *Heaven's Door. Immigration Policy and the American Economy.* Princeton: Princeton University Press 2001.

–, Richard B. Freeman, Lawrence F. Katz: »How Much Do Immigration and Trade Affect Labor Market Outcomes«, *Brookings Papers on Economic Activity* (1997) S. 1–90.

Bottazzi, Laura, Paolo Pesenti, Eric van Wincoop: »Wages, Profits, and the International Portfolio Puzzle«, *European Economic Review* 40 (1996) S. 219–254.

Boulding, Kenneth E.: »The Balance of Peace«, *Papers, Peace Research Society* 13 (1970) S. 59–65 [erneut –: *Collected Papers.* Boulder: Colorado Associated University Press 1975].

Bourguignon, François, Christian Morrison: »Inequality among World Citizens: 1820–1992«, Weltbank und Delta, Paris 2001.

Bowles, Samuel, Herbert Gintis, Melissa Osborne: »The Determinants of Earnings: A Behavioral Approach«. *Journal of Economic Literature* 39/4 (Dezember 2001) S. 1137–1176.

Boycko, Maxim, Andrei Shleifer, Robert Vishny: *Privatizing Russia.* Cambridge: MIT Press 1995.

Boycko, Maxim, Vladimir Korobov, Robert J. Shiller: »Hunting Homo Sovieticus: Situational versus Attitudinal Factors in Economic Behavior«, *Brookings Papers on Economic Activity* 1 (1992) S. 127–194.

–: »Popular Attitudes Toward Free Markets: The Soviet Union and the United States Compared«, *American Economic Review* 81/3 (1991) S. 385–400.

Bradford, David F.: »The Case for a Personal Consumption Tax«, in Joseph A. Pechman (Hg.): *What Should Be Taxed: Income or Expenditure?* Washington: Brookings Institution 1980, S. 75–113.

–: *Untangling the Income Tax*. Cambridge: Harvard University Press 1986.

–: *Distributional Analysis of Tax Policy*. Washington: AEI Press 1995.

Brainard, William C., F. Trenery Dolbear: »Social Risks in Financial Markets«, *American Economic Review* 61 (1971) S. 360–370.

Brandeis, Louis D.: *Other People's Money*. New York: Augustus M. Kelley Publishers 1971 [Reprint der Ausgabe von 1914].

Brentano, Lujo: *Die Arbeitsversicherung gemäß der heutigen Wirtschaftsordnung*. München usw.: Duncker & Humblot 1879.

Brown, Charles: »Minimum Wages, Employment, and the Distribution of Income«, in *Handbook of Labor Economics*. Amsterdam: North Holland 1999.

Buck, Fred S.: *Horse Race Betting. A Comprehensive Account of Pari-Mutuel, Off-Track Betting and Bookmaking Operations*. New York: ARCO [4]1978.

Buckley, Robert, Barbara Lipman, Thakoor Persaud: »Mortgage Design under Inflation and Real Wage Uncertainty: The Use of a Dual Index Instrument«, *World Development* 21/3 (1993) S. 455–464.

Bulkeley, William M.: »Old Blues: Some Alumni of Yale Realize That They Owe College a Lasting Debt«, *Wall Street Journal* 23. Februar 1999, A1.

Butler, Frank O.: *The Story of Paper-Making. An Account of Paper-Making from Its Earliest Known Record Down to the Present Time*. Chicago: J. W. Butler Paper Co. 1901.

Camerer, Colin, Howard Kunreuther: »Experimental Markets for Insurance«, *Journal of Risk and Uncertainty* 2 (1989) S. 265–300.

Campbell, John Y., Luis M. Viceira: *Strategic Asset Allocation*. Oxford: Oxford University Press 2002.

–, N. Gregory Mankiw: »Permanent and Transitory Components of Macroeconomic Fluctuations«, *American Economic Review* 77 (Mai 1987) S. 111–117.

–, Andrew W. Lo, A. Craig MacKinlay: *The Econometrics of Financial Markets*. Princeton: Princeton University Press 1996.

Campbell, Karl, Kunal Kamlani: »The Reasons for Wage Rigidity: Evidence from a Survey of Firms«, unveröffentlicht, Dartmouth College 1996.

Caplin, Andrew, Sewin Chan, Charles Freeman, Joseph Tracy: *Housing Market*

Partnerships. A New Approach to a Market at a Crossroads. Cambridge: MIT Press 1997.

Card, David, Dean Hyslop: »Does Inflation Grease the Wheels of the Labor Market«, in Christina Romer, David Romer (Hg.): *Reducing Inflation. Motivation and Strategy.* Chicago: National Bureau of Economic Research, University of Chicago Press 1997 S. 71–121 [*NBER Working Paper w5538* 1996].

–, Alan Krueger: *Myths and Measurement: The New Economics of the Minimum Wage.* Princeton: Princeton University Press 1995.

Card, James: *Seductive Cinema. The Art of Silent Film.* New York: Alfred A. Knopf 1994.

Carroll, Christopher D.: »The Buffer Stock Theory of Saving«, *Brookings Papers on Economic Activity* 2 (1992) S. 61–156.

–, Lawrence H. Summers: »Consumption Growth Parallels Income Growth: Some New Evidence«, in B. Douglas Bernheim, John Shoven (Hg.): *National Savings and Economic Performance* Chicago: University of Chicago Press 1991 [*NBER Working Paper w3090* 1989].

Carroll, Matt: »Home-Equity Insurance Part of New Market Plan«, *Boston Globe* 18. November 1993, S. 45.

Case, Karl E.: »The Market for Single-Family Homes in Boston«, *New England Economic Review* (Mai/Juni 1986) S. 38–48.

–, Robert J. Shiller: »The Behavior of Home Buyers in Boom and Post-Boom Markets«, *New England Economic Review* (1988) S. 29–46.

–, Robert J. Shiller: »Forecasting Prices and Excess Returns in the Housing Market«, *AREUEA Journal* 18/3 (1990) S. 253–273.

–, Robert J. Shiller: »Prices of Single-Family Homes Since 1970: New Indexes for Four Cities«, *New England Economic Review* (1987) S. 46–56.

–, Robert J. Shiller: »The Efficiency of the Market for Single Family Homes«, *American Economic Review* 79/1 (1989) S. 125–137.

–, Robert J. Shiller, Allan N. Weiss: »Index-Based Futures and Options Trading in Real Estate«, *Journal of Portfolio Management* (Winter 1993) S. 83–92.

CESifo Council of Economic Experts: *First Report,* Sonderheft des CESifo Forum. München: IFO 2001.

Chaffin, Joshua: »Man Who Sold the World Loves to Court Top Artists: David Pullman Created Bowie Bonds and He Likes to Litigate«, *Financial Times* 16. August 2001, S. 23.

Champernowne, D. G., F. A. Cowell, *Economic Inequality and Income Distribution.* Cambridge: Cambridge University Press 1998.

Chwe, Michael Suk-Young: *Rational Ritual: Culture, Coordination, and Common Knowledge.* Princeton: Princeton University Press 2001.

Cialdini, Robert B.: *Die Psychologie des Überzeugens: ein Lehrbuch für alle, die ihren Mitmenschen und sich selbst auf die Schliche kommen wollen.* Übers. von Matthias Wengenroth. Bern usw.: Huber 2. Auflage 2002.

Cioffi, D., R. Garner: »On Doing the Decision: The Effects of Active versus Passive Choice on Commitment and Self Perception«, *Personality and Social Psychology Bulletin* 22 (1996) S. 133–147.

Cippola, Carlo M.: *Money, Prices and Civilization in the Mediterreanean World. Fifth to Seventeenth Century.* New York: Gordian Press 1956.

Cochrane, John H.: »Time Consistent Health Insurance«, *Jounal of Political Economy* 103/3 (1995) S. 445–473.

Cochrane, John H.: »A Simple Test of Consumption Insurance«, *Journal of Political Economy* 99 (1991) S. 957–996.

Cole, Harold L., Maurice Obstfeld: »Commodity Trade and International Risksharing: How Much Do Financial Markets Matter?«, *Journal of Monetary Economics* 28 (1994) S. 3–24.

–, Lee Ohanian: »New Deal Politics and the Persistence of the Great Depression«, unveröffentlicht, UCLA 2001.

Coleman, James S.: »Social Capital in the Creation of Human Capital«, *American Journal of Sociology* Suppl. 94 (1998) S. 95–120.

Combs, B., P. Slovic: »Causes of Death: Biased Newspaper Coverage and Biased Judgements«, *Journalism Quarterly* 56 (1979) S. 837–843.

Conley, John P., Antonio Rangel: »Intergenerational Fiscal Constitutions: How To Protect Future Generations Using Land Taxes and Federalism«, unveröffentlicht, University of Illinois 2001.

Connor, Robert A.: »More than Risk Reduction: The Investment Appeal of Insurance«. *Journal of Economic Psychology* 17 (1996) S. 39–54.

Conyon, Martin J., Richard B. Freeman: »Shared Modes of Compensation and Company Performance: UK Evidence«, *NBER Working Paper w8448* 2001.

Cook, Philip J., Robert H. Frank: *The Winner-Take-All Society: How More and More Americans Compete for Ever Fewer and Bigger Prizes, Encouraging Economic Waste, Income Inequality, and an Impoverished Cultural Life.* New York: Martin Kessler Books 1995.

Cooper, Richard N.: »Growth and Inequality: The Role of Foreign Trade and Investment«, unveröffentlichter Vortrag, gehalten während der William Brainard-Festschrift Konferenz an der Yale University am 27. Oktober 2001.

Cournot, Antoine Augustin: *Recherches sur les principes mathématiques de la théorie des richesses.* Paris: Riviere 1938 [Reprint der Ausgabe Paris: Hachette 1838].

Cowles, Alfred: *Common Stock Indexes*. Bloomington: Principia Press ²1939.
Coyle, Diane: *Paradoxes of Prosperity. Why New Capitalism Benefits All.* New York: Texere 2001.
Damasio, Antonio R.: *Descartes' Irrtum. Fühlen, Denken und das menschliche Gehirn*. Übers. von Hainer Kober. 6. Auflage. München: dtv 2001.
Davis, Steven J., Jeremy Nalewaik, Paul Willen: »On the Gains to International Trade in Risky Financial Assets«, *NBER Working Paper w7796*, Juli 2000.
Deaton, Angus: *Understanding Consumption.* Oxford: Oxford University Press 1992.
–, Pierre-Olivier Gourinchas, Christina Paxson: »Social Security and Inequality Over the Life Cycle«, *NBER Working Paper w7570* Februar 2000.
DeMange, Gabrielle, Guy Laroque: »Optimality of Incomplete Markets«, *Journal of Economic Theory* 65 (1995) S. 218–232.
–: »Social Security with Heterogeneous Populations Subject to Dempgraphic Shocks«, *Geneva Papers on Risk and Insurance Theory* 26/1 (2001) S. 5–24.
Denison, Edward F.: *Why Growth Rates Differ.* Washington: The Brookings Institution 1967.
Dertouzos, Michael: *What Will Be: Die Zukunft des Informationszeitalters.* Übers. von Michael Zillgitt. Wien usw.: Springer 1999.
De Soto, Hernando: *Freiheit für das Kapital! Warum der Kapitalismus nicht weltweit funktioniert.* Übers. von Hainer Kober. Berlin: Rowohlt Berlin 2002.
Diamond, Peter A.: »Optimal Income Taxation: An Example with a U-Shaped Pattern of Optimal Marginal Tax Rates«, *American Economic Review* 88 (1998) S. 83–95.
–, John Geanakoplos: »Social Security Investment in Equities«, *Cowles Foundation Discussion Paper No. 1214R*, Yale University 2002.
Dixit, Avinash, Joseph Stiglitz: »Monopolistic Competition and Optimum Product Diversity«, *American Economic Review* 67 (1977) S. 297–308.
Dollar, David, Aart Kraay: »Growth Is Good for the Poor«, Washington: Weltbank 2000.
Dougherty, Peter J.: *Who's Afraid of Adam Smith? How the Market Got Its Soul.* Hoboken: John Wiley & Sons 2002.
Duncan, G. T., R. B. Pearson: »Enhancing Access to Microdata while Protecting Confidentiality«, *Statistical Science* 6 (1991) S. 219–239.
Dynan, Karen E.: »How Prudent Are Consumers?«, *Journal of Political Economy* 101 (1993) S. 1104–1113.
Easterlin, Richard: »Does Economic Growth Improve the Human Lot?«, in Paul A. David, Melvin W. Reder (Hg.): *Nations and Households in Economic Growth.* New York: Academic Press 1974.

Ehrenreich, Barbara: *Angst vor dem Absturz. Das Dilemma der Mittelklasse.* Übers. von Wolfgang Heuss. Reinbek bei Hamburg: Rowohlt 1994.
–: *Armut poor. Unterwegs in der Dienstleistungsgesellschaft.* Übers. von Niels Kadritzke. München: Antje Kunstmann 2001.
Eisner, Robert, Robert H. Strotz: »Flight Insurance and the Theory of Choice«, *Journal of Political Economy* 69 (1961) S. 355–368.
Ellison, Larry: »Digital IDs Can Help Prevent Terrorism«, *Wall Street Journal,* 8. Oktober 2001, A26.
Engel, Eduardo, Alexander Galetovic, Claudio E. Raddatz: »Tax and Income Distribution in Chile: Some Unpleasant Redistributive Arithmetic«, *Journal of Development Economics* 59 (Juni 1999) S. 155–192.
Fair, Ray C.: »Sources of Output and Price Variability in a Macroeconomic Model«, *Cowles Foundation Working Paper No. 815*, Yale University 1987.
Farmer, Roger E. A.: *Macroeconomics of Self-Fulfilling Prophecies.* Cambridge: MIT Press 1999.
Feenberg, Daniel, James Poterba: »Incom Inequality and the Incomes of Very High Income Taxpayers«, in James Poterba (Hg.): *Tax Policy and the Economy.* Cambridge: MIT Press 1992.
Fehr, Ernst, Urs Fischbacher: »Why Social Preferences Matter – The Impact of Non-Selfish Motives on Competition, Cooperation and Incentives«. Vortrag beim Nobel Symposium on Behavioral and Experimental Economics 2001.
Feldstein, Martin: »The Effect of Marginal Tax Rates on Taxable Income. A Panel Study of the 1986 Tax Reform Act«, *Journal of Political Economy* 103/3 (Juni 1995) S. 561–573.
–: »The Effect of Unemployment Insurance on Temporary Layoff Unemployment«, *American Economic Review* 68 (1978) S. 834–846.
–: »The Welfare Cost of Capital Income Taxation«, *Journal of Political Economy* 86/2 (1978) S. 29–51.
–: *The Risk of Economic Crisis.* Cambridge: National Bureau of Economic Research 1991.
Ferguson, Niall: *Virtuelle Geschichte. Alternativen im 20. Jahrhundert.* Darmstadt: Primus 1999.
Festinger, Leon: »Wish, Expectation and Group Standards as Factors Influencing Level of Aspiration«, *Journal of Abnormal Psychology* 37 (1942) S. 184–200.
–: *Theorie der kognitiven Dissonanz.* Hrsg. von Martin Irle u. Volker Möntmann. Übers. von Volker Möntmann. Bern usw.: Huber 1978.
Fienberg, Stephen E.: »Confidentiality and Data Protection through Disclosure Limitation: Evolving Principles and Technical Advances«, *The Philippine Statistician* 49 (2000) S. 1–12.

Fischer, Stanley, Franco Modigliani: »Towards an Understanding of the Real Effects and Costs of Inflation«, *Weltwirtschaftliches Archiv* 114/4 (1978) S. 810–833.

Fisher, Irving: »A Compensated Dollar«, *Quarterly Journal of Economics* 27 (1913) S. 213–235.

–: *Die Illusion des Geldes.* Übers. von Hermann Scheibler. Berlin: Hobbing 1928.

–: »The Debt-Deflation Theory of Great Depressions«, *Econometria* 1 (1933) S. 337–357.

Fisher, Williard C.: »The Tabular Stnadard in Massachusetts History«, *Quarterly Journal of Economics* 27 (1913) S. 417–451.

Frank, Robert H.: »Are Workers Paid their Marginal Products?«, *American Economic Review* 74/4 (September 1984) S. 549–571.

–: »Progressive Taxation and the Incentive Problem«, in Joel H. Slemrod (Hg.): *Does Atlas Shrug? The Economic Consequences of Taxing the Rich.* Cambridge: Harvard University Press 2000, S. 490–507.

–: *Luxury Fever. Money and Happiness in an Era of Excess.* Riverside: The Free Press 1999.

Fraser, Scott C., Jonathan L. Freedmann: »Compliance without Pressure: The Foot in the Door Technique«, *Journal of Personality and Social Psychology* 4/2 (1966) 201.

Frederick, Shane, George Lowenstein, Ted O'Donoghue: »Time Discounting: A Critical Review«, unveröffentlicht, MIT 2001.

Freedberg, Rachel, Jennifer Hunt: »The Impact of Immigrants on Host Country Wages, Employment and Growth«, *Journal of Economic Perspectives* 9/2 (1995) S. 23–44.

Freeland, Chrystia: *Sale of the Century: Russia's Wild Ride from Communism to Capitalism.* New York: Crown Business 2000.

Freeman, Richard B.: *The Market for College-Trained Manpower. A Study in the Economics of Career Choice.* Cambridge: Harvard University Press 1971.

–, Remco H. Oostendorp: »Wages around the World: Pay Across Occupations and Countries«, *NBER Working Paper 8058*, Dezember 2000.

–, Elizabeth Marincola, Janet Rosenbaum, Frank Salomon, Eric Weinstein: »Competition and Careers in Biosciences«, *Science* 294 (14. Dezember 2001) 2293f.

Friedman, Milton: *Kapitalismus und Freiheit.* Übers. von Paul C. Martin. Frankfurt usw.: Ullstein 1984.

–: »Lerner on the Economics Control«, *Journal of Political Economy* 55/5 (1947) 2293f.

–: »Choice, Chance, and the Personal Distribution of Income«, *Journal of Political Economy* 41 (1953) S. 277–290.
–, Anna J. Schwartz: *A Monetary History of the United States 1867–1960*. Princeton: Princeton University Press 1963.
Froot, Kenneth A. (Hg.): *The Financing of Catastrophe Risk*. Chicago: National Bureau of Economic Research und University of Chicago Press 1999.
Fukayama, Francis: *Trust*. New York: Free Press 1995.
Galbraith, John Kenneth: *Gesellschaft im Überfluß*. Übers. von Rudolf Mühlfenzl und Dietrich Stössl. München: Droemer Knaur 1972.
Gale, Douglas: »Standard Securities«, *Review of Economic Studies* 59 (1992) S. 731–755, erneut in Franklin Allen, Douglas Gale (Hg.): *Financial Innovation and Risk Sharing*. Cambridge: MIT Press 1994.
–: »The Efficient Design of Public Debt«, in Rudiger Dornbusch (Hg.): *Public Debt Management. Theory and History*. Cambridge: Cambridge University Press 1990, erneut in Franklin Allen, Douglas Gale (Hg.): *Financial Innovation and Risk Sharing*. Cambridge: MIT Press 1994.
Gamson, William A., André Modigliani: »The Changing Culture of Affirmative Action«, *Research in Political Sociology* 2 (1987) S. 137–177.
Garcia, Márcio G. P.: »The Fisher Effect in a Signal Extraction Framework: The Recent Brazilian Experience«, *Journal of Development Economics* 41/1 (Januar 1993) S. 71–93.
Gaspar, Jess, Edward L. Glaeser: »Information Technology and the Future of Cities«, *Journal of Urban Economics* 43 (Januar 1998) S. 136–156.
Gates, Jeff: *The Ownership Solution. Toward a Shared Capitalism for the 21st Century*. Vancouver: Employee Share Ownership and Investment Association 1998.
Geanakoplos, John: »Common Knowledge«, *Journal of Economic Perspectives* 6 (1992) S. 53–82.
–, Martin Shubik: »The Capital Asset Pricing Model as a General Equilibrium with Incomplete Markets«, *The Geneva Papers on Risk and Insurance Theory* 15/1 (1990) S. 55–71.
–, Olivia S. Mitchell, Stephen P. Zeldes: »Social Security Money's Worth«, in Robert J. Myers, Howard Young (Hg.): *Prospects for Social Security Reform*. Philadelphia: Pension Research Council Publications, University of Pennsylvania Press S. 93–111.
Geduld, Harry: *The Birth of the Talkies*. Bloomington: Indiana University Press 1975.
George, Henry: *Fortschritt und Armut. Eine Untersuchung über die Ursache der industriellen Krisen und der Zunahme der Armut bei zunehmendem Reichtum*. Jena: Fischer 1920.

Gertler, Marc: »Financial Structure and Aggregate Economic Activity: An Overview«, *Journal of Money, Credit and Banking* 20/2 (1988) S. 559–588.

Glaeser, Edward: »The Incentive Effects of Property Taxes on Local Governments«, *Public Choice* 37 (1996) S. 93–111.

Gohman, Stephen E.: »Age-Earnings Profile Estimates for Older Persons in Wrongful Death and Injury Cases«, *Journal of Risk and Insurance* 59/1 (1992) S. 124–135.

Gokhale, Jegadeesh, Laurence Kotlikoff: »The Adequacy of Life Insurance«, *Research Dialogue No. 71*. New York: TIAA-CREF Institute 2002.

Goode, Richard: »Long-Term Averaging of Income for Tax Purposes«, in Henry J. Aaron, Michael J. Boskin (Hg.): *The Economics of Taxation.* Washington: The Brookings Institution 1980.

–: »The Superiority of the Income Tax«, in Joseph A. Pechman (Hg.): *What Should Be Taxed: Income or Expenditure?* Washington: Brookings Institution 1980, S. 49–73.

Goolsby, Austan: »It's Not About the Money: Why Natural Experiments Don't Work on the Rich«, in Joel Slemrod (Hg.): *Does Atlas Shrug? The Economic Consequences of Taxing the Rich*. Cambridge: Harvard University Press 2000.

Graetz, Michael J.: *The Decline (and Fall?) of the Income Tax.* New York: Norton 1997.

Green, Francis, Stephen Machin, Alan Manning: »The Employer Size-Wage Effect: Can Dynamic Monopsony Provide an Explanation?«, *Oxford Economic Papers* 48/3 (Juli 1996) S. 433–455.

Grossman, Sanford J.: *The Informational Role of Prices.* Cambridge: MIT Press 1989.

Gustman, Alan L., Thomas L. Steinmeier: »The Effect of Partial Retirement on the Wage Profile of Older Workers«, *Industrial Relations* 24 (1985) S. 257–265.

Güth, Werner, Rolf Schmittberger, Bernd Schwarze: »An Experimental Analyses of Ultimatum Bargaining«, *Journal of Economic Behavior and Organizations* 3 (1982) S. 367–388.

Hacking, Ian: *The Emergence of Probability. A Philosophical Study of Early Ideas about Probability, Induction, and Statistical Inference.* London: Cambridge University Press 1975.

Hakansson, Nils: »Welfare Aspects of Options and Supershares«, *Journal of Finance* 33 (Juni 1978) S. 754–776.

Hall, Robert E.: »Irving Fisher's Self-Stabilizing Money«, *American Economic Review* 87 (1997) S. 436–508.

–: »Optimal Fiduciary Monetary Systems«, *Journal of Monetary Economics* 12 (1983) S. 33–50.
–: »The Role of Consumption in Economic Fluctuations«, in: Robert J. Gordon (Hg.): *The American Business Cycle: Continuity and Change.* Chicago: National Bureau of Economic Research und University of Chicago Press 1986.
–: »The Importance of Lifetime Jobs in the U.S. Economy«, *American Economic Review* 74/2 (1982) S. 716–724.
–, Alvin Rabushka: *The Flat Tax.* Stanford: Hoover Institution 2. Auflage 1995.
Halle, Fritz, D. Zillmer, L. F. Ludwig-Wolf, F. Hiltrop, G. Behm: »Über Alters- und Invalidencassen für Arbeiter«, *Schriften des Vereins für Sozialpolitik* 1 (1874).
Hamilton, James D.: »Oil and the Macroeconomy since World War II«, *Journal of Political Economy* 91 (April 1983) S. 228–248.
Hannah, Leslie: *Inventing Retirement. The Development of Occupational Pensions in Britain.* Cambridge: Cambridge University Press 1986.
Hansmann, Henry: *The Ownership of Enterprise.* Cambridge: The Belknap Press of Harvard University Press 1996.
Hardtwig, W., H. H. Brandt (Hg.): *Deutschlands Weg in die Moderne. Politik, Gesellschaft und Kultur im 19. Jahrhundert.* München 1993.
Harrington, Michael: *Das andere Amerika. Die Armut in den Vereinigten Staaten.* Übers. von Emi Ehm. München: dtv 1964.
Harsanyi, John C.: »Can the Maximin Principle Serve as a Basis for Morality? A Critique of John Rawls' Theory«, *American Political Science Review* 69 (1975) S. 594–606.
–: »Cardinal Utility in Welfare Economics and in the Theory of Risk-Taking«, *Journal of Political Economy* 61 (1953) 434f.
–: »Cardinal Welfare, Individualist Ethics, and Interpersonal Comparisons of Utility«, *Journal of Political Economy* 63 (1955) S. 309–321.
–: *Rational Behavior and Bargaining Equilibrium in Games and Social Situations.* Cambridge: Cambridge University Press 1977.
Heaton, John, Deborah Lucas: »Evaluating the Effects of Incomplete Markets on Risk Sharing and Asset Pricing«, *Journal of Political Economy* 104/3 (1996) S. 443–487.
Helliwell, John F.: »Do Borders Matter for Social Capital? Economic Growth and Civic Culture in U.S. States and Canadian Provinces«, *NBER Working Paper w5863* Dezember 1996.
–, Robert D. Putnam: »Economic Growth and Social Capital in Italy«, *Eastern Economic Journal* 21/3 (1995) S. 295–307.
Hennock E. P.: »The Origins of British National Insurance and The German

Precedent 1880–1914«, in W. J. Mommsen (Hg.): *The Emergence of the Welfare State in Britain and Germany.* London: Croom Helm 1981, S. 84–106.
Hill, Ted: »The First Digit Phenomenon«, *American Scientist* 86 (Juli/August 1998) S. 358–363.
Hirschman, Albert O.: *Getting Ahead Collectively. Grassroots Experiences in Latin America.* Elmsford: Pergamon 1984.
Ho, Lok-Sang: »Toward a New International Monetary Order: The World Currency and the Global Indexed Bond«, *The World Economy* 23/7 (2000) S.939–950.
Holmström, Bengt, Jean Tirole: »Private and Public Supply of Liquidity«, *Journal of Political Economy* 106/1 (1998) S. 1–40.
Hoover, Kevin D., James E. Hartley, Kevy Salyer: *Real Business Cycles: A Reader.* New York: Routledge 1998.
Horesh, Ronnie: »Injecting Incentives into Social Problems: Social Policy Bonds«, *Economic Affairs* 20/3 (September 2000) S. 39–42.
Hunt, Robert M.: »Can You Patent That? Are Patents on Computer Programs and Business Methods Good for the New Economy?«, *Business Review,* Federal Reserve Bank of Philadelphia Q1 (2001) S. 5–14.
James, William: *Psychologie.* Leipzig: Quelle & Meyer 1920.
Jevons, William Stanley: *Geld und Geldverkehr.* Leipzig: Brockhaus 1876.
Johnson, Bryan: »U.S. Foreign Aid and United Nations Voting Records«, *Backgrounder #1186*, Heritage Foundation, Juni 1998.
Jung, Jeeman, Robert J. Shiller: »One Simple Test of Samuelson's Dictum for the Stockmarket«, *Cowles Foundation Discussion Paper No. 1386*, Yale University 2002.
Juvenalis, Deciumus Junius: *Satiren*. Übers. von Joachim Adamietz. München: Artemis und Winkler 1993.
Kagansky, Nina: *Titra Film. Une Chronique cinématographique et familiale.* N. Kagansky, 21-Quétigny, Impr. Darantière 1995.
Kahneman, Daniel, Amos Tversky: »An Analysis of Decision under Risk«, *Econometria* 47/2 (1979) S. 263–291.
–: »Alternative Conceptions of Utility«, unveröffentlicht, Vortrag beim Nobel Symposium on Behavioral and Experimental Economics Stockholm 2001.
–: *Choices, Values, and Frames.* Cambridge: Cambridge University Press 2000.
–: »Judgement under Uncertainty: Heuristics and Biases«, *Science* 185/4157 (1974) S. 1124–1131.
–: »The Framing of Decisions and the Psychology of Choice«, *Science* 211/4481 (30. Januar 1981) S. 453–508.
Kahneman, Daniel, Jack L. Knetsch, Richard Thaler: »Fairness as a Constraint on Profit Seeking«, *American Economic Review* 76/4 (1986) S. 728–741.

–: »Experimental Tests of the Endowment Effect and the Coase Theorem«, *Journal of Political Economy* 98 (1990) S. 1325–1348.

Kakwani, Nanak: »Applications of Concetration Curves to Optimal Negative Income Taxation«, *Journal of Quantitative Economics* 1/2 (1985) S. 165–186.

Kaplan, Ann E. (Hg.): *Giving USA. The Annual Report on Philanthropy for the Year 1999.* New York: American Association of Fund-Raising Counsel 2000.

Karr, Alan F., Ashish P. Sanil: »Web Systems that Disseminate Information but Protect Confidential Data«, National Institute of Statistical Sciences, Research Triangle Park, North Carolina 2001.

Katona, George: *Psychology of Economics.* New York: Elsevier 1975.

Kehoe, Timothy J., David K. Levine: »Debt Constrained Markets«, *Review of Economic Studies* 60 (1993) S. 865–888.

–: »Liquidity Constrained Markets versus Debt Constrained Markets«, unveröffentlicht, University of Minnesota, Minneapolis, Department of Economics, UCLA 2001.

Kelso, Louis, Mortimer J. Adler: *The Capitalist Manifesto.* New York: Random House 1958.

Kennickell, Arthur B.: »Multiple Imputation and Disclosure Protection: The Case of the 1995 Survey of Consumer Finances«, *SCF Working Paper* 1997.

Keynes, John Maynard: *Die wirtschaftlichen Folgen des Friedensvertrages.* Übers. von M. J. Bonn. München: Duncker & Humblot 1920.

Khurana, Rakesh: *Searching for a Corporate Savior. The Irrational Quest for Charismatic CEOs.* Princeton: Princeton University Press 2002.

Knetsch, Jack L., J. A. Sinden: »Willingness to Pay and Compensation Demanded: Experimental Evidence of an Unexpected Disparity in Measures of Value«, *Quarterly Journal of Economics* 99 (1984) S. 507–521.

Kocherlakota, Narayana R.: »Implications of Efficient Risk Sharing without Commitment«, *Review of Economic Studies* 63 (1996) S. 595–609.

Kocka, Jürgen: *Industrial Culture and Bourgeois Society: Business, Labor, and Bureaucracy in Modern Germany,* New York: Berghan Books 1999.

Köhler, Peter A.: Historischer Kontext und Entwicklungsgeschichte von Systemen sozialer Sicherheit. In Bern Baron von Maydell, Eva-Maria Hohnerlein (Hg.): *Die Umgestaltung der Systeme sozialer Sicherheit in den Staaten Mittel- und Osteuropas.* Berlin: Duncker & Humblot 1993, S. 21–38.

Kokh, Alfred: *The Selling of the Soviet Empire: Politics and Economics of Russia's Privatization – Revelations of the Principal Insider.* New York: SPI Books 1998.

Kotlikoff, Laurence J.: »Intergenerational Transfers and Savings«, *Journal of Economic Perspectives* 2 (1988) S. 41–58.

–: *Generational Accounting. Knowing Who Pays, and When, for What We Spend.* New York: The Free Press 1992.

Kotlikoff, Laurence J., Lawrence H. Summers: »The Role of Intergenerational Transfers in Aggregate Capital Formation«, *Journal of Political Economy* 89 (1981) S. 706–732.

–: »Tax Incidence«, in Alan J. Auerbach, Martin Feldstein (Hg.): *Handbook of Public Economics.* Amsterdam: North Holland 1987, S. 1034–1094.

Kremer, Michael: »Population Growth and Technological Change. One Million B.C. to 1990«, *Quarterly Journal of Economics* 108 (August 1993) S. 681–716.

–: »Patent Buyouts: A Mechanism for Encouraging Invention«, *Quarterly Journal of Economics* 113/4 (1998) S. 1137–1168.

Krueger, Anne O.: *A New Approach to Sovereign Debt Restructuring.* Washington: International Monetary Fund 2002.

Krugman, Paul: *Rethinking International Trade.* Cambridge: MIT Press 1994.

Kruse, Douglas, Joseph Blasi: »Employee Ownership, Employee Attitudes and Firm Performance«, in Daniel J. B. Mitchell, David Lewin, Mahummed Zaid (Hg.): *Handbook of Resource Management.* Greenwich: JAI Press 1997.

Kydland, Finn, Edward C. Prescott: »Time to Build and Aggregate Fluctuations«, *Econometria* 50 (1982) S. 1345–1370.

Ladine, Bret: »'70s Debt Program Finally Ending«, *Yale Daily News* 27. März 2001, S. 1.

Laibson, David I.: »Golden Eggs and Hyperbolic Discounting«, *Quarterly Journal of Economics* 62/2 (1997) S. 443–478.

–, Andrea Repetto, Jeremy Tobacman: »Self-Control and Retirement Savings«, National Bureau of Economic Research Summer Institute 1998.

Lange, Jeffrey, Nick Economides: »A Parimutuel Market Microstructure for Contingent Claims Trading«, unveröffentlicht, Longitude Inc., New York 2001.

LaPorta, Rafael, Florencio Lopez-de-Silanes, Andrei Shleifer, Robert W. Vishny: »Trust in Large Organizations«, *NBER Working Paper w5864* Dezember 1996.

Leahy, John, Andrew Caplin: »Anticipation, Uncertainty, and Time Inconsistency«, unveröffentlicht, Boston University 1998.

Lee, David S.: »Wage Inequality in the United States during the 1980s: Rising Dispersion or Falling Minimum Wage?«, *Quarterly Journal of Economics* 114/3 (1999) S. 941–1024.

Leland, Hayne E.: »Who Should Buy Portfolio Insurance«, *Journal of Finance* 75/2 (Mai 1980), S. 581–594.

Lerner, Melvin J.: *The Belief in a Just World. A Fundamental Delusion.* New York: Plenum 1980.

Lesard, Donald, Franco Modigliani: *New Mortgage Designs for an Inflationary Environment. Proceedings of a Conference Held at Cambridge, MA, January 1995*. Boston: Federal Reserve Bank of Boston 1975.

Leuchtenberg, William E.: *Franklin Roosevelt and the New Deal, 1932–1940*. New York: Harper & Row 1963.

Lewis, Alan: *The Psychology of Taxation*. New York: St. Martin's Press 1982.

Lilien, David: »Sectoral Shifts and Cyclical Unemployment«, *Journal of Political Economy* 60 (1982) S. 777–793.

Lindbeck, Assar, *Unemployment and Macroeconomics*. Cambridge: Cambridge University Press 1993.

–: »The Swedish Experiment«, *Journal of Economic Literature* 35 (September 1997) S. 1273–1319.

Lindert, Peter H., Jeffrey G. Williamson: »Does Globalization Make the World More Unequal?«, *National Bureau of Economic Research Working Paper w8228* April 2001.

Lindsey, Lawrence: »Individual Taxpayer Response to Tax Cuts 1982–84, with Implications for the Revenue-Maximizing Tax Rate«, *Journal of Public Economics* 33/2 (Juli 1987) S. 173–206.

Linton, David: »The Luddites: How Did They Get That Bad Reputation?«, *Labor History* 33/4 (1992) S. 529–537.

Locke, Edwin A., Gary P. Latham: »Building a Practically Useful Theory of Goal Setting and Task Motivation. A 35-Year Odyssey«, *American Psychologist* 52/9 (September 2002) S. 705–717.

Loewenstein, George F., Christopher K. Hsee, Elke U. Weber, Ned Welch: »Risk as Feelings«, *Psychological Bulletin* 127/2 (2001) S. 267–286.

Loomis, Graham, Robert Sugden: »Regret Theory: An Alternative Theory of Choice under Uncertainty«, *The Economic Journal* 92 (1982) S. 805–824.

Lucas, Robert E.: »On the Mechanics of Economic Development«, *Journal of Monetary Economics* 22 (Juli 1988) S. 30–42.

MacLean, F.J.: *The Human Side of Insurance*. London: Sampson Low, Marston & Co. 1931.

Maddison, Angus: *Monitoring the World Economy 1820–1992*. Paris: Development Centre Studies OECD 1995.

Mandel, Michael: *The High Risk Society: Peril and Promise in the New Economy*. New York: Times Business 1996.

Mankiw, N. Gregory, David Romer, David N. Weil: »A Contribution to the Empirics of Economic Growth«, *Quarterly Journal of Economics* 107 (Mai 1992) S. 407–437.

Mantoux, Etienne: *The Carthaginian Peace, or the Economic Consequences of Mr. Keynes*. Pittsburgh: University of Pittsburgh Press 1952.

Marshall, John F., Kenneth R. Kapner: *Understanding Swaps.* New York: Wiley Finance Editions 1993.
Marshall, John F., V. Bansal, A. F. Herbst, A. L. Tucker: »Hedging Business Cycle Risk with Macro Swaps and Options«, *Continental Bank Journal of Applied Corporate Finance* 4/1 (1992) S. 103–108.
Marshall, Ray (Hg.): *Back to Shared Prosperity: The Growing Inequality of Wealth and Income in America.* New York usw.: Sharpe 2000.
Marx, Karl: *Das Kapital. Kritik der politischen Ökonomie.* Köln: Parkland 2000 [Reprint der Ausgabe 1932].
Mathiason, Nick: »G7's Debt Relief Plan a ‚Cruel Joke'«, *The Guardian,* 30. Dezember 2001, S. 21.
McCaffrey, Edward: »Cognitive Theory and Tax«, in Cass Sunstein (Hg.): *Behavioral Law and Economics.* Cambridge: Cambridge University Press 2000.
Mehrling, Perry: »The Social Mutual Fund. A Proposal for Social Security Reform«, unveröffentlicht, Barnard College New York 1998.
Mendelsohn, Robert: *Global Warming and the American Economy. A Regional Assessment of Climate Change Impacts.* London: Edward Elgar 2002.
Merton, Robert C.: »On Consumption-Indexed Public Pension Plans«, in Zvi Bodie, John Shoven (Hg.): *Financial Aspects of the United States Pension System.* Chicago: National Bureau of Economic Research, University of Chicago Press 1983, S. 259–290.
Milgrom, Paul: *Auction Theory for Privatization.* Cambridge: Cambridge University Press 2001.
Mill, John Stuart: *Principles of Political Economy. With Some of their Applications to Social Philosophy.* Fairfield: Augustus M. Kelley 1976.
Milius, S.: »Wasp Painting«, *Science* 161/26 (29. Juni 2002) 405.
Mirrlees, James: »An Exploration in the Theory of Optimal Income Taxation«, *Review of Economic Studies* 38/114 (1971) S. 175–208.
–: »The Optimal Structure of Incentives and Authority within an Organization«, *The Bell Journal of Economics* 7/1 (1976) S. 103–131.
Mishkin, Frederic: »Understanding Financial Crisis. A Developing Country Perspective«, *NBER Working Paper w5600* Mai 1996.
–, Philip E. Strahan: »What Will Technology Do to Financial Structure?«, *Brookings-Wharton Papers on Financial Services,* 1999.
Modigliani, Franco: »The Role of Intergenerational Transfers and Life Cycle Saving in the Accumulation of Wealth«, *Journal of Economic Perspectives* 1988.
Mokyr, Journal of Economic Literature: *Lever of Riches. Technological Creativity and Economic Progress.* New York: Oxford University Press 1990.

Moskowitz, Gordon B.: »Preconscious Effects of Temporary Goals on Attention«, *Journal of Experimental Social Psychology* 38/4 (Juli 2002) S. 397–404.

Moss, David A.: *When All Else Fails. Government as the Ultimate Risk Manager.* Cambridge: Harvard Business School Press 2002.

Mowery, David C., Nathan Rosenberg: *Paths of Innovation. Technological Change in 20th Century America.* Cambridge: Cambridge University Press 1998.

Moynihan, Daniel Patrick: *The Politics of Guaranteed Income. The Nixon Administration and the Family Assistance Plan.* New York: Random House 1973.

Mueller, Eva: »Public Attitudes toward Fiscal Programs«, *Quarterly Journal of Economics* 77/2 (1963) S. 210–235.

Mueller, Hans-Eberhard: *Bureaucracy, Education, and Monopoly: Civil Service Reforms in Prussia and England.* Berkeley: University of California Press 1984.

Mundell, Robert A.: »The Birth of Coinage«, Department of Economics, *Columbia University, Discussion Paper No. 0102–08* Februar 2002.

Munsell, J.: *Chronology of Paper and Paper-Making.* Albany: J. Munsell 1864.

Murphy, Barbara: *The Ugly Canadian. The Rise and Fall of a Caring Society.* Winnipeg: J. Gordon Shillingford 1999.

Murphy, Kevin M., Finis Welch: »Empirical Age-Earnings Profiles«, *Journal of Labor Economics* 8 (1990) S. 202–229.

Murray, Christoper J., Alan D. Lopez: *The Global Burden of Disease.* Cambridge: Harvard School of Public Health, Harvard University Press 1996.

Musgrave, Richard Abel: *Finanztheorie*. Übers. von Lore Kullmer unter Mitarb. von Hans Fechner. Tübingen: Mohr 1974.

Naisbitt, John: *Global Paradox – Warum in einer Welt der Riesen die Kleinen überleben werden.* Übers. von Ilse Davis Schauer. Düsseldorf: Econ 1994.

National Research Council: *Trends in the Early Careers of Life Scientists.* Washington: National Academy Press 1998.

Neal, Larry: »The Integration and Efficiency of the London and Amsterdam Stock Markets in the Eighteenth Century«, *Journal of Economic History* 47/1 (1987) S. 97–115.

Nelson, Thomas E., Donald R. Kinder: »Issue Frames and Group-Centrism in American Public Opinion«, *Journal of Politics* 58 (1996) S. 1055–1078.

Nelson, Thomas E., Zoe M. Oxley, Rosalee Clawson: »Toward a Psychology of Framing Effects«, *Political Behavior* 19/3 (1997) S. 221–246.

Neumark, David, William Wascher: »Using the EITC to Help Poor Families. New Evidence and Comparison with the Minimum Wage«, *National Tax Journal* 54/2 (Juni 2001) S. 281–317.

Newcomb, Simon: »The Standard of Value«, *NOrth American Review* (1879) S. 223–237.

Newman, Katherine S.: *Falling from Grace. The Experience of Downward Mobility in the American Middle Class.* New York: The Free Press 1988.

Nicholson, Sean, Nicholas S. Souleles: »Physician Incomes Expectations and Speciality Choice«, *NBER Working Paper 8536* Oktober 2001.

Noble, David F.: *Maschinenstürmer oder die komplizierten Beziehungen der Menschen zu ihren Maschinen.* Übers. von Paula Bradish. Berlin: Wechselwirkung-Verlag 1986.

Nordhaus, William D.: »Epert Opion on Climatic Change«, *American Scientist* (1994) S. 45–51.

–: »Do Real-Output and Real-Wage Measures Capture Reality? The History of Lighting Suggests Not«, in Timothy Breshahan, Robert J. Gordon (Hg.): *The Economics of New Goods,* Bd. 58, Chicago: University of Chicago Press 1997, S. 29–66.

–: »The Health of Nations: Irving Fisher and the Contribution of Improved Longevity to Living Standards«, unveröffentlicht, Yale University Mai 1998.

–: »The Progress of Computing«, *Cowles Foundation Discussion Paper No. 1324*, Yale University September 2001.

–, James Tobin: »Is Growth Obsolete?«, in *Economic Growth: Fiftieth Anniversary Colloquium.* New York: National Bureau of Economic Research, Columbia University Press 1972 1–80 [abgedruckt in James Tobin: *Essays in Economics: Theory and Policy,* Bd. 3, Cambridge: MIT Press, S. 360–450].

–, Zili Yang: »A Regional Dynamic General-Equilibrium Model of Alternative Climate-Change Strategies«, *American Economic Review* S. 741–765.

Northcraft, G. B., M. A. Neale: »Experts, Amateurs, and Real Estate: An Anchoring-and-Adjustment Perspective on Property Pricing Decisions«, *Organizational Behavior and Human Decision Processes* 39 (1987) S. 84–97.

Nowland, William: »A Rational View of Insurance and Genetic Discrimination«, *Science* 297/5579 (12. Juli 2002) 195f.

Oates, Wallace, Robert Schwab: »Economic Competition Among Jurisdictions: Efficiency Enhancing or Distortion Inducing?«, *Journal of Public Economics* 35 (1988) S. 333–354.

–: »The Theory of Regulatory Federalism. The Case of Environmental Regulation«, in Wallace Oates (Hg.): *The Economics of Environmental Regulation.* Cheltenham: Edward Elgar 1996.

Obstfeld, Maurice: »Risk-Taking, Global Diversification, and Growth«, *American Economic Review* 84 (1994) S. 1310–1329.

O'Hara, Maureen: *Market Microstructure Theory.* London: Basil Blackwell 1997.

Ohmae, Kenichi: *Der neue Weltmarkt: Das Ende des Nationalsstaats und der Aufstieg der regionalen Wirtschaftszonen.* Übers. von Jutta Scherer. Hamburg: Hoffmann und Campe 1996.

O'Nelli, Humbert: »The Earliest Insurance Contract: A New Discovery«, *Journal of Risk and Insurance* 39 (September 1972) S. 215–220.

Organization for Economic Cooperation and Development, *Income Distribution and Poverty in Selected OECD Countries: Economics Department Working Papers No. 189* März 1998.

Orhnial, Tony: *Limited Liability and the Corporation.* London: Croom Helm 1982.

Orwell, George: *Erledigt in Paris und London.* Übers. von Alexander Schmitz. Zürich: Diogenes 1978.

Palme, Mårten, Ingemar Svensson: »Social Security, Occupational Pensions, and Retirement in Sweden«, in Jonathan Gruber, David A. Wise (Hg.): *Social Security and Retirement around the World.* Chicago: National Bureau of Economic Research und University of Chicago Press 1999, S. 355–402.

Persson, Torsten, Guido Tabellini: »Federal Fiscal Constitutions: Risk Sharing and Redistribution«, *Journal of Political Economy* 104/5 (1996) S. 979–1009.

Phelps, E. S., Robert A. Pollak: »On the Second-Best National Saving and Game-Equilibrium Growth«, *Review of Economic Studies* 35 (1968) S. 185–199.

Post, James E.: *Risk and Response. Management and Social Change in the American Insurance Industry.* Lexington: Lexington Books 1976.

Poterba, James M.: »The History of Annuities in the United States«, *NBER Working Paper w6001* April 1997.

–: »The Rate of Return to Corporate Capital and Factor Shares: New Estimates Using Revised National Income Accounts and Capital Stock«, *Carnegie Rochester Conference Series on Public Policy* 48 (1998) S. 211–246.

Putnam, Robert D.: *Bowling Alone: The Collapse and Revival of American Community.* New York: Simon & Schuster 2000.

–: »Bowling Alone. America's Declining Social Capital«, *Journal of Democracy* (1995) S. 65–78.

–: *Making Democracy Work. Civic Traditions in Modern Italy.* Princeton: Princeton University Press 1993.

Rabin, Matthew: »Incorporating Fairness into Game Theory«, *American Economic Review* 83 (1993) S. 1281–1302.

–, Richard Thaler: »Anomalies: Risk Aversion«, *Journal of Economic Perspectives* 15/2 (2001) S. 219–222.

Radelet, Steven, Jeffrey Sachs: »The Onset of the East Asian Financial Crisis«, Harvard Institute for International Development 1998.

Rahnema, Saeeb, Sohrab Behdad: *Iran. After the Revolution.* London: Tauris, St. Martins Press 1995.
Rassenti, Stephen, Vernon L. Smith, Bart J. Wilson: »Controlling Market Power and Price Spikes in Electricity Networks: Demand-Side Bidding«, unveröffentlicht, Interdisciplinary Center for Economic Science, George Mason Univerisity 2001.
Raven, Peter H.: »Science, Sustainability and the Human Prospect«, *Science* 297/5583 (9. August 2002) S. 954–1008.
Rawls, John: »Some Reasons for the Maximin Criterion«, *American Economic Review Papers and Proceedings* 64 (1974) S. 141–166.
–: *Eine Theorie der Gerechtigkeit.* Übers. von Hermann Vetter. Frankfurt: Suhrkamp 1979.
Reich, Robert B.: *Die neue Weltwirtschaft. Das Ende der nationalen Ökonomie.* Übers. von Hans-Ullrich Seebohm. Frankfurt: Fischer TB 1996.
Rhys-Williams, Lady Juliet: *Something to Look Forward To.* London: MacDonald 1943.
–: *Taxation and Incentives.* Oxford: Oxford University Press 1953.
Ritter, Gerhard A.: *Sozialversicherung in Deutschland und England. Entstehung und Grundzüge im Vergleich.* München: Beck 1983.
Rodgers, Daniel T.: *Atlantic Crossings. Social Politics in a Progressive Age.* Cambridge: Belknap Press of Harvard University Press 1998.
Rodgers, James D., Michael Brookshire, Robert J. Thornton: »Forecasting Earnings Using Age-Earnings Profiles in Longitudinal Data«, *Journal of Forensic Economics* 9/2 (1996) S. 169–200.
Roemer, John: »Egalitarism Against the Veil of Ignorance«, *Cowles Foundation Discussion Paper 1328*, Yale University 18. April 2001.
Rogers, Dann: »Citizenship for Sale' Programme Criticism Grows«, *South China Morning Post* 30. September 1993, S. 4.
Romer, Christina: »The Great Crash and the Onset of the Great Depression«, *Quarterly Journal of Economics* 105/3 (1990) S. 597–624.
Romer, Paul: »A Taste of Violence«, unveröffentlicht, Stanford University.
Rosen, Sherwin: »The Economics of Superstars«, *American Economic Review* 71 (Dezember 1981) S. 845–868.
Ross, Lee: »The Problem of Construal in Social Inference and Social Psychology«, in: N. Grunberg, R.E. Nisbett, J. Singer (Hg.): *A Distinctive Approach to Psychological Research. The Influence of Stanley Schachter.* Hillsdale: Erlbaum 1987.
–, Andrew Ward: »Naive Realism in Everyday Life: Implications for Social Conflict and Misunderstanding«, in Edward S. Reed, Elliot Turiel, Terrance Brown (Hg.): *Values and Knowledge.* Mahwah: Lawrence Erlbaum 1996.

–, Steven M. Samuels: »The Predictive Power of Personal Reputation vs. Labels and Construal in the Prisoner's Dilemma Game«, unveröffentlicht, Stanford University 1993.

Rotemberg, Julio J., Garth Saloner: »A Supergame-Theoretic Model of Price Wars during Booms«, *American Economic Review* 76 (Juni 1986) S. 390–407.

Roth, Alvin E.: »The Economist as Engineer: Game Theory, Experimental Economics, and Computation as Tools of Design Economics«, *Econometria* 70 (Juli 2001) S. 1341–1378.

Rubin, Donald B.: »Discussion of Statistical Disclosure Limitation«, *Journal of Official Statistics* 9 (1993) S. 461–508.

Rubin, Zick, Anne Peplau: »Belief in a Just World and Reactions to Another's Lot: A Study of Participants in the National Draft Lottery«, *Journal of Social Issues* 29/4 (1973) S. 73–93.

Sahlins, Marshall: *Stone Age Economics*. Aldine De Gruyter 1972.

Sala-i-Martin, Xavier, Jeffrey Sachs: »Fiscal Federalism and Optimum Currency Areas: Evidence for Europe and the United States«, in M. B. Canzoni et al. (Hg.): *Establishing a Central Bank. Issues in Europe and Lessons for the United States.* Cambridge: Cambridge University Press 1992.

Sale, Kirkpatrick: *Rebels Against Future: The Luddites and their War on the Industrial Revolution.* Reading: Addison Wesley 1995.

Samuelson, Paul A., William D. Nordhaus: *Volkswirtschaftslehre.* Übers. von Regina und Helmut Berger. Wien usw.: Ueberreuter 1998.

–: *Economics*. New York: Irwin/McGraw-Hill 16. Auflage 1998.

Sandberg, Nils-Eric: *Vad Gick Snett I Sverige.* Stockholm: Timbro 1997 (Englische Übersetzung einsehbar unter http://www.wrong-in-sweden.com).

Sargent, Thomas J., François R. Velde: *The Big Problem of Small Change.* Princeton: Princeton University Press 2001.

Schieber, Sylvester J., John B. Shoven: *The Real Deal. The History and Future of Social Security.* New Haven: Yale University Press 1999.

Schloss, Glenn: »Passport Trade Worth Billions«, *South China Morning Post,* 19. August 1996, S. 3.

–: »Fiji Backs Plan to Lure Rich Migrants«, *South China Morning Post,* 29. September 1996, S. 4.

Schmidt, John C.: *Win-Place-Show: A Biography of Harry Straus, the Man Who Gave America the Tote.* Baltimore: The Johns Hopkins University 1989.

Schmoller, Gustav: »Vier Briefe über Bismarcks sozialpolitische und volkswirtschaftliche Stellung und Bedeutung«, in ders.: *Charakterbilder.* München usw.: Duncker & Humblot 1913.

–: *Die Entwicklung der deutschen Volkswirtschaft im neunzehnten Jahrhundert.* München usw.: Duncker & Humblot 1908.

Schneider, Friedrich, Dominik H. Enste: »Shadow Economics: Size, Causes, and Consequences«, *Journal of Economic Literature* 38 (März 2000) S. 77–114.

Schneider, Ryan, Robert J. Shiller: »Labor Income Indices Designed for Use in Contracts Promoting Income Risk Management«, *Review of Income and Wealth* 44 (Juni 1998) S. 163–182.

Scholen, Ken: *Retirement Income on the House.* Apple Valley: National Center for Home Equity Conversion Press 1993.

Schrader, Ulrike: »Forwards and Futures in Tokugawa-Period Japan: A New Perspective on the Dojima Rice Market«, *Journal of Banking and Finance* 13 (1989) S. 487–513.

Schwartz, Evan I.: »Digit Cash Payoff«, *Technology Review* 361/8247 (2001) S. 62–68.

Sen, Amartya: *Ökonomische Ungleichheit.* Übers. von Hans G. Nutzinger. Frankfurt am Main/New York: Campus 1975.

–: »Rational Fools. A Critique of the Behavioral Foundations of Economic Theory«, *Philosophy and Public Affairs* 1977.

Settergren, Ole: »The Automatic Balance Mechanism of the Swedish Pension System. A Non-Technical Introduction«, Riksförsäkringsverket, The Swedish National Insurance Board 2001.

Shafir, Eldar, Peter Diamond, Amos Tversky: »Money Illusion«, *Quarterly Journal of Economics* 112 (Mai 1997) S. 341–374.

Shapiro, Ian: *The Evolution of Rights in Liberal Theory.* Cambridge: Cambridge University Press 1986.

Shapley, Lloyd S., Martin Shubik: »Trade Using One Commodity as a Means of Payment«, *Journal of Political Economy* 85/5 (1977) S. 937–968.

Shavell, Steven, Tanguy van Ypserle: »Rewards versus Intellectual Property Rights«, Harvard Law School 1998.

Shefrin, Hersch M., Richard H. Thaler: »An Economic Theory of Self Control«, *Journal of Political Economy* 89/2 (1981) S. 392–406.

Sherman, Steven J.: »On the Self-Erasing Nature of Errors of Prediction«, *Journal of Personality and Social Psychology* 39/2 (1980) S. 211–221.

Sheshinski, Eytan: »The Optimal Linear Income Tax«, *Review of Economic Studies* 39/119 (1972) S. 297–302.

Shiller, Robert J.: »Designing Indexed Units of Account«, *Cowles Foundation Discussion Paper 1179*, Yale University 1998, *NBER Working Paper w7160* 1999.

–: »Indexed Units of Account: Theory and Assessment of Historical Experience«, in Fernando Lefort, Klaus Schmidt-Hebbel (Hg.): *Indexation, Infla-*

tion, and Monetary Policy. Santiago de Chile: Central Bank of Chile 2002 [auch *NBER Working Paper 6356* Januar 1998].
–: »Measuring Asset Value for Cash Settlement in Derivative Markets: Hedonic Repeated Measures Indices and Perpetual Futures«, *Journal of Finance* 68 (Juli 1993) S. 911–931.
–: »Public Resistance to Indexation: A Puzzle«, *Brookings Papers on Economic Activity* I (1997) S. 159–211.
–: »Social Security and Individual Accounts as Elements of Overall Risk Sharing«, Vortrag beim Treffen der American Economic Association in Washington DC, Januar 2003.
–: »Social Security and Institutions for Intergenerational, Intragenerational, and International Risk Sharing«, *Carnegie Rochester Conference Series on Public Policy* 50 (1990) S. 165–204.
–: »Why Do People Dislike Inflation?«, in Christina Romer, David Romer (Hg.): *Reducing Inflation. Motivation and Strategy.* Chicago: National Bureau of Economic Research, University of Chicago Press 1997.
–: *Macro Markets. Creating Institutions for Managing Society's Largest Economic Risks.* New York: Oxford University Press 1993.
–: *Market Volatility.* Cambridge: MIT Press 1989.
–: »Arithmetic Repeat Sales Price Estimators«, *Journal of Housing Economics* 1 (1991) S. 110–126.
–: *Irrationaler Überschwang. Warum eine lange Baisse an der Börse unvermeidlich ist.* Übers. von Brigitte Kleidt. Frankfurt am Main/New York: Campus 2000.
Shiller, Robert J., Allan N. Weiss: »Home Equity Insurance«, *Journal of Real Estate Finance and Economics* 19/1 (1999) S. 21–47 [*NBER Working Paper w4860* 1994].
–: »Evaluating Real Estate Evaluation Systems«, *Journal of Real Estate Finance and Economics* 18/2 (1999) S. 147–161.
–: »Moral Hazard and Home Equity Conversion«, *Real Estate Economics* 28/1 (2000) S. 1–31.
Shoven, John B., David A. Wise: »The Taxation of Pensions. A Shelter Can Become a Trap«, *NBER Working Paper w5815* November 1996.
Shubik, Martin: »Terrorism, Technology, and the Socioeconomics of Death«, *Comparative Strategy* 16 (1997) S. 399–414.
Siegel, Jeremy J.: *Stocks for the Long Run. The Definitive Guide to Financial Market Returns and Long-Term Investment Strategies.* New York: McGraw-Hill 3. Auflage 2002.
Simon, Julian: »Auction the Right to Be an Immigrant«, *New York Times* 28. Januar 1986, A25.

Sims, Christopher A.: »Macroeconomics and Reality«, *Econometria* 48/1 (Januar 1980) S. 1–48.
Sims, George: *How the Poor Live.* London: Chatto & Windus 1889.
Slovic, Paul: »Rational Actors and Rational Fools: Implications of the Affect Heuristic for Behavioral Economics«, unveröffentlicht, University of Oregon 2001.
Smith, Adam: *Der Wohlstand der Nationen. Eine Untersuchung seiner Natur und seiner Ursachen.* Übers. von Horst Claus Recktenwald. München: Beck 1974.
Smith, Clifford W., Charles W. Smithson, D. Sykes Wilford: *Managing Financial Risk.* New York: Harper Business 1990.
Soltow, Lee: »America's First Progressive Tax«, *National Tax Journal* 30/1 (1977) S. 53–58.
Srinivasan, T. N.: »Development in the Context of Rapid Population Growth: An Overall Assessment«, Proceedings of the United Nations Expert Group Meeting on Population Growth and Demographic Structure, ST/ESA/SER.R/132 New York: UNO 1994.
Stalson, J. Owen: *Marketing Life Insurance. Its History in America.* Homewood: Richard B. Irvin 1969.
Stavins, Robert N.: »Policy Instruments for Climate Change. How Can National Government Address a Global Problem?«, *The University of Chicago Legal Forum* (1977) S. 293–329.
Steinmo, Sven: *Taxation and Democracy.* New Haven: Yale University Press 1993.
Stevenson, John Alford: *Selling Life Insurance.* New York: Harper & Brothers 1922.
Stiglitz, Joseph: *Finanzwissenschaft.* Übers. von Bruno Schönfelder. München usw.: Oldenbourg 1994.
–, Andrew Weiss: »Incentive Effects of Termination. Applications to Credit and Labor Markets«, *American Economic Review* 73 (1983) S. 912–927.
Stone, Richard: *Input-Output and National Accounts.* Paris: OECD 1961.
–, Giovanna Stone: *National Income and Expenditure.* Chicago: Quadrangle Books 1962 [1944].
Strotz, Robert H.: »Myopia and Inconsistency in Dynamic Utility Maximation«, *Review of Economic Studies* 23/3 (1955) S. 165–180.
Suls, Jerry M.: »Social Comparison Theory and Research. An Overview from 1954«, in –, Richard L. Miller (Hg.): *Social Comparison Processes.* New York: Hemisphere Publ., Wiley & Sons 1977, S. 1–19.
Taleb, Nassim Nicholas: *Fooled by Randomness: The Hidden Role of Chance in Markets and Live.* New York: Texere 2001.

Tesar, Linda L.: »Evaluating Gains from International Risk Sharing«, *Carnegie-Rochester Conference Series on Public Policy* 42 (1995) S. 95–103.
–, Ingrid Werner: »Home Bias and High Turnover«, *Journal of International Money and Finance* 14 (1995) S. 467–492.
Theobald, Robert: *Free Men and Free Markets.* New York: Clarkson N. Potter 1963.
Thomis, Malcolm I.: *The Luddites: Machine Breaking in Regency England.* Newton Abbot: David & Charles Archon Books 1970.
Tobin, James: »Raising the Incomes of the Poor«, in Kermit Gordon (Hg.): *Agenda for the Nation.* Washington: Brookings Institution 1968, S. 77–116.
–, Joseph A. Pechman, Peter Mieszkowski: »Is a Negative Income Tax Practical?«, *Yale Law Journal* 77 (1967) S. 1–27.
Toffler, Alvin: *Die dritte Welle – Zukunftschance. Perspektiven für die Gesellschaft des 21. Jahrhunderts.* Übers. von Christel Rost und Till Lohmeyer. München: Goldmann 1987.
Townsend, Robert M.: »Financial Systems in Northern Thai Villages«, *Quarterly Journal of Economics* 110/4 (November 1995) S. 1011–1046.
–: »Risk and Insurance in Village India«, *Econometria* 62 (1994) S. 539–591.
Trenerry, C. F.: *The Origin and Early History of Insurance.* London: King & Son 1926.
Tuomala, M.: *Optimal Income Tax and Redistribution.* Oxford: The Clarendon Press 1990.
Udry, Christoper: »Risk and Saving in Northern Nigeria«, *American Economic Review* 85/5 (Dezember 1995) S. 1287–1300.
UNDP: *The Human Development Report.* New York: UNDP 1992.
US Congress, Congressional Budget Office: »Estimates of Federal Tax Liabilities for Individuals and Families by Income Category and Family Type for 1995 and 1999«, Washington: Government Printing Office, Mai 1998 [siehe unter http://www.cbo.gov/showdoc].
US House of Representatives, Committee on Ways and Means: *Analysis of the Social Security System: Hearings before a Subcommittee of the Committee on Ways and Means House of Representatives, Eighty-Third Congress on Legal Status of OASI Benefits, Part 6.* Washington: United States Government Printing Office 1953.
US Office of the Commissioner of Internal Revenue: *Report of the Commissioner of Internal Revenue on the Operations of the Internal Revenue System for the Year Ending June 30, 1867.* Washington: US Government Printing Office 1867.
US Social Securities Administration: *Social Security Programs Throughout the World 1999.* Washington: US Government Printing Office 2000.

–: *Social Security Survivors Benefits.* Publication No. 05–10084 August 2000.
Varian, Hal R.: »Redistributive Taxation as Social Insurance«, *Journal of Public Economics* 14 (1980) S. 49–68.
Veblen, Thorstein: *Theorie der feinen Leute. Eine ökonomische Untersuchung der Institutionen.* Übers. von Suzanne Heintz und Peter von Haselberg. Frankfurt: Fischer TB 1993.
Veen, Robert van der, Loek Groot (Hg.): *Basic Income on the Agenda.* Amsterdam: Amsterdam University Press 2000.
Venti, Steven F., David A. Wise: »Choice, Chance and Wealth Dispersion at Retirement«, Vortrag für JCER-NBER-Konferenz 8./9. Mai 1997 in Kyoto.
–: »Aging and Housing Equity. Another Look«, *NBER Working Paper w8609* November 2001.
Vickrey, William: »Averaging of Income for Tax Purposes«, *Journal of Political Economy* 37/3 (Juni 1939) S. 305–337.
–: »Measuring Marginal Utility by Reactions to Risk«, *Econometrica* 13/4 (1945) S. 319–333.
Voogd, J. de, J. de Konig, M. M. J. Leenders, A. Gelderblom, N. Mathieu: *Guaranteed Minimum Income Arrangements in the Netherlands, Belgium, Denmark, France, Germany and Great Britain.* Sociale Zekerheid, Niederländisches Sozial- und Arbeitsministerum 1992.
Vuolteenaho, Tuomo: »What Drives Firm-Level Stock Returns?«, *Journal of Finance* 67 (2002) S. 233–264.
Wagner, Wolf B.: *Risk Sharing under Incentive Constraints.* Dissertation (unveröffentlicht), Center for Economic Research, Tilburg-Universität, Niederlande 2002.
Webber, Carolyn, Aaron Wildafsky: *A History of Taxation and Expenditure in the Western World.* New York: Simon and Schuster 1986.
Weltbank: *Averting the Old Age Crisis.* Oxford: Oxford University Press 1994.
Weretka, Marek: »Moral Hazard in Macro-Markets: Welfare Evaluation«, unveröffentlicht, Yale University 2002.
Wiener, Norbert: *Kybernetik. Regelung und Nachrichtenübertragung im Lebewesen und in der Maschine.* Übers. von E. H. Serr unter Mitarbeit von E. Henze. Düsseldorf: Econ 1963.
Willen, Paul: »Welfare, Financial Innovation and Self Insurance in Dynamic Incomplete Market Models«, unveröffentlicht, Princeton University 1999.
Williams, C. Arthur: *An International Comparison of Workers' Compensation.* Boston: Kluwer Academic Publishers 1991.
Wilmoth, John R.: »The Future of Human Longevity: A Demographic Perspective«. *Science* 280 (1998) S. 395–397.

Wilson, Edward O.: *Biologie als Schicksal. Die soziobiologischen Grundlagen menschlichen Verhaltens.* Übers. von Friedrich Griese. Frankfurt usw.: Ullstein 1980.
Wilson, Gail: »Money and Independence in Old Age«, in Sara Aber, Maria Evandrou (Hg.): *Aging, Independence and the Life Course.* London: Jessica Kingsley 1993.
Wincoop, Eric van: »How Big are Potential Welfare Gains from International Risksharing?«, *Journal of International Economics* 47 (1999) S. 109–135.
–: »Welfare Gains from International Risksharing«, *Journal of Monetary Economics* 34 (1994) S. 175–200.
Woodford, Michael: »Self-Fulfilling Expectations and Business Cycle«, *American Economic Review Papers and Proceedings* 77 (Mai 1987) S. 93–98.
Yates, Jo Anne: *Control through Communication. The Rise of System in American Management.* Baltimore: The Johns Hopkins University Press 1989.
Yellen, Janet: »Efficiency Wage Models of Unemployment«, *American Economic Review* 74/4 (September 1984) S. 200–205.
Zeldes, Stephen P.: »Consumption and Liquidity Constraints: An Empirical Investigation«, *Journal of Political Economy* 97 (1989) S. 305–346.
Zelizer, Viviana A. Rotman: *Morals and Markets. The Development of Life Insurance in the United States.* New York: Transaction Books 1983.

Register